JAHRBUCH
DES DEUTSCHEN
ARCHÄOLOGISCHEN
INSTITUTS

BAND 129

2014

DE GRUYTER

JAHRBUCH DES DEUTSCHEN ARCHÄOLOGISCHEN INSTITUTS
erscheint seit 1886

JdI 129, 2014 · IV, 272 Seiten mit 111 Abbildungen und 1 Klapptafel

HERAUSGEBER
Philipp von Rummel und Ulrike Wulf-Rheidt
Deutsches Archäologisches Institut
Zentrale
Podbielskiallee 69–71
14195 Berlin
Deutschland
www.dainst.org

WISSENSCHAFTLICHER BEIRAT
Martin Bachmann, Istanbul
Marianne Bergmann, Göttingen
Adolf H. Borbein, Berlin
Luca Giuliani, Berlin
Lothar Haselberger, Philadelphia
Henner von Hesberg, Berlin
Tonio Hölscher, Heidelberg
Eugenio La Rocca, Rom
Andreas Scholl, Berlin
Anthony Snodgrass, Cambridge
Theodosia Stephanidou-Tiveriou, Thessaloniki
Markus Trunk, Trier
Martin Zimmermann, München

Umschlagphoto: Archäologisches Museum der WWU Münster Inv. 817 (Photo: R. Dylka)
Umschlaggestaltung: Catrin Gerlach, Deutsches Archäologisches Institut, Zentrale Berlin

Verantwortlicher Redakteur: Peter Baumeister, Deutsches Archäologisches Institut, Zentrale Berlin
Redaktion: Wissenschaftslektorat Löwe/Schulte-Beckhausen, Berlin
Herstellung der digitalen Bildvorlagen: Catrin Gerlach, Deutsches Archäologisches Institut, Zentrale Berlin

ISBN 978-3-11-037440-7
ISSN 0070-4415

Bibliografische Information der Deutschen Nationalbibliothek

Die Deutsche Nationalbibliothek verzeichnet diese Publikation in der Deutschen
Nationalbibliografie; detaillierte Daten sind im Internet
über http://dnb.dnb.de abrufbar.

© 2014 Walter de Gruyter GmbH & Co. KG, Berlin/Boston
Produktion: stm media GmbH, druckhaus Köthen GmbH & Co. KG
♾ Gedruckt auf säurefreiem Papier

Printed in Germany
www.degruyter.com

INHALT

CONTENTS

ANAKREONS MÄNTELCHEN

von Peter Kranz

Die Statue des Dichters Anakreon in der Kopenhagener Ny Carlsberg Glyptotek[1] (Abb. 1 a–d) ist bereits vielfach als eines der wenigen heute noch erhaltenen Beispiele des griechischen ›Ganzkörper-Porträts‹ klassischer Zeit gewürdigt worden[2]. Bekanntlich sind es nicht die Gesichtszüge, die hier, wie uns heutzutage vertraut, die jeweilige Person charakterisieren[3]; im Gegenteil: Kopf und Gesicht könnten ohne weiteres auch die einer Gottheit oder eines Heros sein[4]. Es ist vielmehr die ganze Gestalt, die hier durch Haltung und Gestik ebenso wie durch ihre Kleidung das jeweils Besondere der dargestellten Person charakterisiert. Der nur leicht angehobene, ein wenig schräg gestellte Kopf kennzeichnet den Dichter, der hier singend eines seiner Werke vorträgt – wobei er sich auf dem Barbiton begleitet[5], das in der linken Hand zu ergänzen ist. Anakreon nämlich war dafür bekannt, dass er seine Gedichte, die er eigens zu diesem Anlass verfasst hatte, beim Symposion vortrug[6]. Der unsichere, für Statuen der Zeit etwas breitbeinige Stand – man vergleiche dagegen etwa die Statue des sog. Kasseler

---

Für die Vermittlung bzw. Bereitstellung von Abbildungsvorlagen danke ich A. Fendt (München), J. Heiden (Athen), F. Knauss (München), J. S. Østergaard (Kopenhagen) und M. Rabe (Erlangen).

[1] Inv. 491: Johansen 1992, Nr. 1 (mit einem Teil der älteren Lit.); vgl. ferner z. B. R. Neudecker, Die Skulpturen-Ausstattung römischer Villen in Italien (Mainz 1988) 182 Kat. 35.13; Schäfer 1997, 88 f. Taf. 50, 1; Lehmann – Raeder 2007 sowie jetzt auch Shapiro 2012 und Mandel – Ribbeck 2013, 206–209. 213 Anm. 16 Abb. 215 mit weiterer Lit.

[2] s. bes. Metzler 1971, 265 (»eines der wenigen erhaltenen Beispiele für die Einheit von Gesicht und Körper«) sowie weitere hier in Anm. 3–6. 8–10. 14. 15. 18 genannte Autoren. – Ridgway 1998, 717. 735–737, hält die Statue allerdings für eine Schöpfung der mittleren römischen Kaiserzeit; s. hierzu weiter unten.

[3] s. z. B. Borbein 1995, 286; Ridgway 1998, 736.

[4] s. z. B. bereits Metzler 1971, 266, der in diesem Zusammenhang auf den Kopf des sog. Kapaneus auf dem Schild-relief der Athena Parthenos sowie des Kentauren der Parthenon-Metope Süd IV verweist, sowie ferner Voutiras 1980, 84, der den Kopf des Anakreon mit dem des Kentauren der Parthenon-Metope Süd II vergleicht. – Hafner 1956, 17 f., hielt den sog. Kapaneus sogar für ein Bildnis des Anakreon; ebenso F. Eckstein, Phidias und Perikles auf dem Schild der Athena Parthenos, in: N. Himmelmann – H. Biesantz (Hrsg.), Festschrift für F. Matz (Mainz 1962) 68. – Zum sog. Kapaneus s. z. B. A. D. Fraser, The ›Capaneus‹ Relief of the Villa Albani and the Art In-stitute of Chicago, AJA 43, 1939, 447–457 Abb. 1. 2; Hafner 1956, 7. 9 f. Abb. 2. 4. 5; Th. Stephanidou-Tiveriou, Neoattika (Athen 1979) 14 f. Taf. 42; 43 a; 61; zu den Parthenon-Südmetopen II und IV s. z. B. F. Brommer, Die Metopen des Parthenon (Mainz 1967) Taf. 165–167; 176, 2. – Auch Zanker 1995, 34, wies in diesem Zusammen-hang auf das »vollkommen emotionslose Gesicht [hin], das man ... ohne weiteres auch für das Porträt eines Königs oder Heros halten könnte«; so jetzt auch Lehmann – Raeder 2013, 48.

[5] s. bereits Heckler 1962, 18 (»wie im Rausche singend«); Gauer 1968, 141; Metzler 1971, 266 (»im Rausche singender Mensch«) sowie ferner z. B. Voutiras 1980, 89; Zanker 1995, 30; Klug 1995, 184; Shapiro 2012, 21. 26.

[6] s. z. B. Murray 1993, 265 f., sowie Gentili 1988, 89; Shapiro 1989, 89 mit Anm. 61, der auf D. L. Page, Poetae melici Graeci (Oxford 1962) fr. 357. 365. 410, verweist, ferner Schäfer 1998, 88, und jetzt auch Shapiro 2012, 21. 25 mit Anm. 45; 26 und Mandel – Ribbeck 2013, 208.

Abb. 1 a–d. Kopenhagen, Ny Carlsberg Glyptotek: Porträtstatue des Dichters Anakreon

Apoll[7] – charakterisiert den Dichter als Leicht-Angetrunkenen[8] und die bereits etwas nach-lassende Festigkeit des Körpers als einen Mann, der bereits ›über das beste Alter hinaus‹ ist[9]. Das infibulierte Glied[10] schließlich verdeutlicht, dass Anakreon selbst beim Symposion, an dem er bis ins hohe Alter teilzunehmen pflegte[11], die gebotene Sittsamkeit walten ließ.

All dies ist von der Forschung wiederholt beschrieben worden, wobei eine bemerkens-werte Unsicherheit hinsichtlich der Bezeichnung des kurzen Mantels herrscht, den Anakreon hier trägt. Er wird sowohl als ›Himation‹[12] bezeichnet – bzw. als ein ›Himation‹, das wie eine ›Chlamys‹ getragen wird[13] – als auch als ›Chlamys‹[14] oder ›Chlaina‹[15]; wobei es sich bei Letzterer möglicherweise um eine lange, schwere Form des Mantels gehandelt haben könnte, die sich nicht wesentlich von einem gewöhnlichen ›Himation‹ unterschieden hat[16]. Vor allem aber ist bisher, wie bereits B. Sismondo Ridgway zu Recht bemängelt hat[17], in keiner der Pu-blikationen der Anakreon-Statue auf das hier vorliegende »scarflike arrangement« des kurzen Mantels näher eingegangen worden oder auf die besondere Form, in der Anakreon diesen

[7]   s. z. B. E. Schmidt, Der Kasseler Apoll und seine Repliken, AntPl 5 (Berlin 1966); P. Gercke, Apollon und Athe-na. Klassische Götterstatuen in Abgüssen und Rekonstruktionen. Ausstellungskatalog Kassel (Kassel 1991) bes. 92–101; vgl. auch den sog. Diskophoros des Polyklet (z. B. D. Kreikenbom, Bildwerke nach Polyklet. Kopien-kritische Untersuchungen zu den männlichen statuarischen Typen nachpolykletischer Vorbilder. ›Diskophoros‹, Hermes, Doryphoros, Herakles, Diadumenos [Berlin 1990] Kap. 1), auf den z. B. Zanker 1995, 30, in diesem Zusammenhang hinweist.

[8]   s. bereits Gauer 1968, 141 f.; Metzler 1971, 266; Ridgway 1984, 55 (»depiction of intoxication«) sowie z. B. auch Borbein 1995, 287; Zanker 1995, 30. 32; Klug 1995, 184; Schefold 1997, 102; P. C. Bol, Die Porträts des Strengen Stils und der Hochklassik. Anakreon, in: P. C. Bol (Hrsg.), Die Geschichte der antiken Bildhauerkunst 2. Klassische Plastik (Mainz 2004) 105; Mandel – Ribbeck 2013, 208. – Anders Voutiras 1980, 88 f., der hierin die »Andeutung eines Tanzschrittes« erkennt, ebenso wie Krumeich 1997, 70 Anm. 156; Ridgway 1998, 729; Lehmann – Raeder 2007, 48, und jetzt auch Shapiro 2012, 25, die dies darüber hinaus als ein Zeichen des dichteri-schen »Enthousiasmos« deuten. – Schäfer 1997, 88, meinte dagegen zunächst, dass Anakreon hier als »ein sicher auf beiden Beinen stehender Kitharöde« dargestellt sei, stellte später allerdings dann doch den schwankenden Stand eines Leicht-Angetrunkenen fest (A. Schäfer, Alte Werte, neue Bilder: Das Trinkgelage klassischer Zeit in Athen, in: Die griechische Klassik. Idee oder Wirklichkeit. Ausstellungskatalog Berlin [Berlin 2002] 288 f. 291 f. Kat. 179). – Zu den unterschiedlichen Deutungen des Standmotivs s. z. B. Ridgway 1998, 729, sowie jetzt auch Shapiro 2012, 24 mit Anm. 39. 40.

[9]   s. z. B. bereits Gauer 1968, 142, sowie jetzt auch Klug 1995, 184; Schefold 1997, 102; Zanker 1995, 32 (»dezenter Hinweis auf das Alter«); Mandel – Ribbeck 2013, 208 f.

[10] s. z. B. Gossel-Raeck 1990, 297 (zu Abb. 49.9 a); Klug 1995, 184; Schäfer 1997, 88; Zanker 1995, 35 f. mit Abb. 17; Daehner 2005, 284 f.; Lehmann – Raeder 2007, 48, sowie jetzt auch Shapiro 2012, 22–24, und Mandel – Ribbeck 2013, 209. – Poulsen 1931, 15, brachte die ›Infibulatio‹ dagegen mit der Vorstellung des »clusus chitharoedus« in Verbindung, ebenso z. B. auch Voutiras 1980, 89; Ridgway 1998, 729 f.

[11] Es sind zwar vor allem junge Männer, die in der griechischen Vasenmalerei als Teilnehmer an solchen Komoi dar-gestellt werden, doch finden sich dort immer wieder auch ältere Komasten; vgl. hierzu auch Lamer 1922, 1293.

[12] So z. B. Democracy and Classical Culture. Ausstellungskatalog Athen (Athen 1985) 81 zu Nr. 64 (»short hima-tion«); Peschel 1987, *passim*; s. jetzt auch Shapiro 2012, 21, der schlicht von einem »garment« spricht.

[13] So z. B. Borbein 1995, 287; ähnlich auch Westervelt 2009, 135 (zu Abb. 12, 3).

[14] So z. B. Tölle 1966, 158 (zu Abb. 17, 2); Ridgway 1984, 55; Fuchs 1993, 45 (zu Abb. 33); S. Brusini, L'Anacreonte Borghese. Una nuova proposta di lettura, RdA 20, 1996, 61. 63; Krumeich 1997, 70 (»Schultermäntelchen«).

[15] So bereits Poulsen 1931, 4 (»he wears a chlaina«) sowie F. Poulsen, Catalogue of Ancient Sculpture in the Ny Carlsberg Glyptotek (Kopenhagen 1951) 280 Nr. 409 (»a light cloak, the chlaina«), ebenso Johansen 1992, 18 Nr. 1; Ridgway 1998, 718. 729. 732. 737; vgl. ferner z. B. Dörig 1977, 28, sowie W. Fuchs, In Search of Herodo-tus' Poseidon at the Isthmos, Thetis 2, 1995, 76, der die ›Chlaina‹ mit der ›Chlamys‹ gleichsetzt, und Ridgway 1998, 732 Anm. 47 (»after the Archaic period, the chlaina appears worn asymmetrically pinned on one shoulder and is indistinguishable from the chlamys«).

[16] s. zuletzt Ridgway 1998, 732 mit Anm. 47.

[17] Ridgway 1998, 732 mit Anm. 47.

umgelegt hat. Gewöhnlich nämlich fallen beide Enden eines solchen kurzen Mantels von den Schultern über die Brust bzw. über die Oberarme herab; im Falle der Anakreon-Statue jedoch ist eines der beiden Enden von hinten unter der rechten Achsel hindurchgeführt und von dort wieder über die Schulter zurück, so dass es jetzt nicht über die Brust, sondern über den Rücken herabfällt.

Bereits F. Poulsen hat bemerkt[18], dass sich eine solche ungewöhnliche Führung des kurzen Mantels interessanterweise auch bei der Gestalt des Oinomaos im Ostgiebel des Zeus-Tempels von Olympia[19] (Abb. 2. 3) findet. Hinzu komme ferner eine Statue in den Musei Capitolini[20], die gewöhnlich als Krieger oder Poseidon gedeutet wird. Diese kann allerdings, wie ebenfalls bereits Sismondo Ridgway festgestellt hat[21], schon wegen der deutlich abweichenden, eigentümlich steifen Wiedergabe des Mantels und wegen des ebenso starren Standmotivs – man muss hinzufügen: auch wegen der Führung des Mantels auf der Rückseite –, weder als eine Kopie der Statue des Oinomaos noch als eine Kopie der des Anakreon gelten. Im Falle dieser beiden Statuen jedoch sind die Übereinstimmungen in der Wiedergabe der Manteltracht so groß, dass Sismondo Ridgway sogar vorschlug[22], die Porträtstatue des Anakreon als eine Neuschöpfung der mittleren Kaiserzeit aufzufassen, zumal es erst seit dem 4. Jh. v. Chr. im Zusammenhang mit wiederholten Restaurierungsarbeiten der Giebelfiguren des Zeus-Tempels möglich gewesen sei, die Statue des Oinomaos – und hier vor allem deren Rückenansicht – in der hierfür erforderlichen Weise zu studieren. Dennoch wird man hierin Sismondo Ridgway kaum folgen können[23]; gerade im Hinblick auf die eingangs genannten Besonderheiten des griechischen ›Ganzkörper-Porträts‹ unterscheidet sich die Anakreon-Statue nämlich grundsätzlich von Porträtstatuen der römischen Kaiserzeit[24], bei denen bekanntlich durchaus individuell wirkende Porträts stets mit einigen wenigen standardisierten Körpertypen verbunden sind. Die Tatsache allerdings, dass der Dichter Anakreon und die Gestalt eines mythischen Königs wie Oinomaos diesen kurzen Mantel auf erstaunlich ähnliche Weise tragen, bleibt

---

[18]   Poulsen 1931, 10; s. ferner z. B. Hafner 1956, 3; Ridgway 1970, 71 (zu Nr. 4); Dörig 1977, 28; Ridgway 1984, 55, sowie jetzt auch Ridgway 1998, 732 f., und Shapiro 2012, 21 Anm. 29.

[19]   Vgl. z. B. B. Asmole – N. Yalouris, Olympia. The Sculptures of the Temple of Zeus (London 1967) Abb. 18; M.-L. Säflund, The East Pediment of the Temple of Zeus at Olympia. A Reconstruction and Interpretation of its Composition, SIMA 27 (Göteborg 1970) Abb. 38. 39; Dörig 1977, Abb. 55. 57; H. Kyrieleis, Zeus and Pelops in the East Pediment of the Temple of Zeus at Olympia, in: D. Buitron-Oliver (Hrsg.), The Interpretation of Architectural Sculpture in Greece and Rome. Centre for Advanced Study in the Visual Arts, Symposion Papers 29 (Washington 1997) 20. 22 Abb. 9; I. Trianti, Neue technische Beobachtungen an den Skulpturen des Zeustempels von Olympia, in: H. Kyrieleis (Hrsg.), Olympia 1875–2000. 125 Jahre Deutsche Ausgrabungen. Internationales Symposion Berlin 9.–11.11.2000 (Mainz 2002) 281–300, bes. 289 Abb. 27; 295 Abb. 48; Westervelt 2009, 135 Abb. 12.3. – Erstaunlicherweise existieren – mit Ausnahme der offenbar privaten Dias, die I. Trianti a. O. abbildet – offenbar bisher keine neueren Aufnahmen, die die Gestalt des Oinomaos von hinten, geschweige denn von allen vier Seiten zeigen.

[20]   Rom, Museo Capitolino Nuovo Inv. 1389: z. B. Poulsen 1931, 10 Abb. 6. 7; Tölle 1966, 158; Helbig II [4](1966) Nr. 1767 (H. v. Steuben); Dörig 1977, 27–29 Abb. 48. 50. 54. 56; Ridgway 1984, 55; Fuchs 1993, 76–78 Abb. 3–5; Ridgway 1998, 732 f. mit Anm. 47 Abb. 8. 9. – Dagegen weist der sog. Poseidon-Torso in Rom, Museo Nazionale Romano (z. B. E. Paribeni, Museo Nazionale Romano. Sculture greche del V secolo [Rom 1953] Nr. 32), den Tölle 1966, 158, in diesem Zusammenhang ebenfalls anführt, keinesfalls dieselbe Form der Manteltracht auf.

[21]   Ridgway 1998, 734.

[22]   s. hier Anm. 2 sowie Ridgway 1970, 71 (zu Nr. 4); Ridgway 1984, 55.

[23]   Ebenso jetzt auch Shapiro 2012, 14.

[24]   Bereits Ridgway 1998, 736, erkannte im Übrigen diesen Widerspruch.

Abb. 2. Olympia, Archäologisches Museum: Statuen des Oinomaos
und der Sterope aus dem Ostgiebel des Zeus-Tempels

weiterhin bemerkenswert. Wie nämlich lässt sich diese gemeinsame Manteltracht zweier so unterschiedlicher Persönlichkeiten erklären?

Beim Versuch, diese Frage zu beantworten, empfiehlt es sich, zunächst die in beiden Fällen zugrundeliegende Form eines kurzen Mantels, dessen beide Enden symmetrisch über die Brust bzw. über die Oberarme herabfallen, etwas genauer zu betrachten; dabei kann dessen ungewöhnliche Führung, wie sie sich bei den Statuen des Oinomaos und des Anakreon findet, vorerst außer Betracht bleiben. In der Forschung wird das kurze Mäntelchen in der Regel mit dem Symposion in Verbindung gebracht[25]; und zwar handelt es sich bei den Trägern stets um

[25] So zuletzt z. B. Zanker 1995, 30; Ridgway 1998, 732, und Daehner 2005, 294; s. allerdings hier Anm. 35. – Zum Symposion s. bes. den Sammelband Sympotica 1990 und vor allem die darin enthaltenen Beiträge von P. Schmitt Pantel (Sacrificial Meal and Symposion: Two Models of Civic Institutions in the Archaic City, 14–33, bes. 15) und O. Murray (The Affair of the Mysteries: Democracy and the Drinking Group, 149–161, bes. 150) sowie bereits O. Murray, The Greek Symposium in History, in: E. Gabba (Hrsg.), Tria Corda. Scitti in onore di A. Momigliano (Como 1983) 257–272; E. Gabba, The Symposion as Social Organization, in: R. Hägg (Hrsg.), The Greek Renaissance of the Eighth Century B.C. Tradition and Innovation. Proceedings of the Second International Symposium at the Swedish Institute in Athens, 1–5 June 1981 (Stockholm 1983) 195–200, bes. 196–198, und

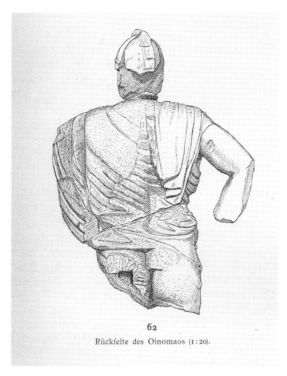

62
Rückseite des Oinomaos (1:20).

Abb. 3. Wie Abb. 2: Rückansicht des Oinomaos

Teilnehmer am Komos[26], dem feucht-fröhlichen Umzug auf dem Heimweg vom Symposion. So lautet z. B. die Beischrift, die eine solche Gestalt im Innenbild einer Schale des Antiphon-Malers in Erlangen[27] (Abb. 4) umgibt: »ich tanze den Komos zur Flötenbegleitung«[28]. Der kurze Mantel wird dabei auf zweierlei Weise getragen: Entweder beide Enden des Mantels

Murray 1993, 266 f., ferner z. B. Gossel-Raeck 1990, 216–221. 222–227; Schmitt – Schnapp 1982; P. Schmitt Pantel, La cité au banquet. Histoire des repas publics dans les cités grecques (Rom 1992; ²1997) *passim*, bes. 4–7. 13. 31–34. 41. 45–48; J. N. Davidson, Courtesans and Fishcakes. The Consuming Passions of Classical Athens (Chicago 1997) 43–49. 53. 223; Schäfer 1997, 14. 25, sowie jetzt auch Lynch 2011, 75–79.

[26] So zuletzt auch Gossel-Raeck 1990, 296 (zu Abb. 48.6: »Mantel nach Komastenart über die Schulter gewor-fen«). – Zum Komos vgl. z. B. DNP VI (1999) 705 f. s. v. Komos (F. Graf), sowie vor allem Lamer 1922, bes. 1293–1298, und P. Ghiron-Bistagne, Recherches sur les acteurs dans la Grèce antique (Paris 1976) 208–238, bes. 231–238; Peschel 1987, 21–25, bes. 23, sowie ferner z. B. auch Schäfer 1997, 52–56; Murray 1993, 273 f., und O. Murray in: Sympotica 1990, 150, sowie S. Pfisterer-Haas, Komos, in: Kunst der Schale 1990, 146 f.; Gossel-Raeck 1990, 293–298. 299–302. – Nach Peschel 1987, 23, bezeichnet der Begriff Komos »in den frühen schriftlichen Quellen … keineswegs regelmäßig ›Umzüge‹«.

[27] Erlangen, Antikensammlung der Universität Inv. I 454: z. B. ARV² 339, 49; W. Grünhagen, Antike Original-arbeiten der Kunstsammlung des Instituts. Archäologisches Institut der Universität Erlangen (Nürnberg 1948) 50 Taf. 22; Schäfer 1997, 52 Anm. 422; Lissarrague 1990, 199 Abb. 17; O. Murray in: Sympotica 1990, 133 f. Abb. 104.

[28] Von der jüngst noch einmal von M. Rabe, Die attisch rotfigurige Schale I 454 der Erlanger Sammlung (BA Er-langen 2012) 11–13, unter Streiflicht gelesenen Inschrift sind lediglich die Buchstaben »EIMI KO[- -]ZON H (sic!) YΠ AY« erhalten; zu deren Lesung s. ebenda 13 sowie zuvor z. B. J. D. Beazley, Some Inscriptions on Vases, AJA 31, 1927, 349 (zu Nr. 9); A. Greifenhagen, Eine attische schwarzfigurige Vasengattung und die Darstellung des Komos im 6. Jahrhundert (Königsberg 1929) 35 mit Anm. 64; Lissarrague 1990, 199; Schäfer 1997, 52 Anm. 422.

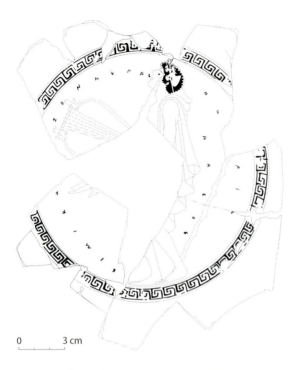

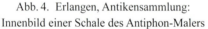

0   3 cm

Abb. 4. Erlangen, Antikensammlung:
Innenbild einer Schale des Antiphon-Malers

Abb. 5. München, Staatliche Antikensammlungen
und Glyptothek: Komasten-Szene auf einer
Amphora des Euthymides

fallen über der Brust herab, wobei der am Hals liegende Teil wie hier weit über den Rücken hinabreicht[29] – jedoch auch eine schmalere, eher schalförmige Form besitzen kann[30] – oder beide Enden liegen wie etwa bei dem rechten der drei Komasten auf der bekannten Amphora des Euthymides in München[31] (Abb. 5) auf den Oberarmen[32]; wobei auch hier der Mantel weit über dem Rücken herabfallen bzw. eine schmalere, schalförmige Form besitzen kann.

[29] Vgl. im 6. Jh. und im 1. Viertel des 5. Jhs. v. Chr. z. B. Kunst der Schale 1990, 141 Abb. 20.2 (um 570); 298 Abb. 48.14 (Komast, um 520); 277 Abb. 44.4 (Komast, um 510); 222 Abb. 36.2 (Flötenspieler, um 500); 301 Abb. 49.7 (Komasten, um 500), sowie auch Peschel 1987, Kat. 6 (um 525). 87 (1. Viertel 5. Jh.). 96 (1. Viertel 5. Jh.); Smith 2010, 329 Nr. 22 C. – Für das 2. Viertel des 5. Jhs. v. Chr. s. hier Anm. 53. 54.

[30] Vgl. z. B. Kunst der Schale 1990, 245 Abb. 39.11 (Komasten, um 510); 277 Abb. 44.4 (= 300 Abb. 49.4; Komasten, um 510); 298 Abb. 48.13 (Komast, um 500/490); 299 Abb. 49.2 a (Komasten, um 500/490); 298 Abb. 48.11 (Komast, um 490); 298 Abb. 48.16 (Komast, um 470). – Auch Helden des Mythos können diese Form des Mäntelchens tragen; s. z. B. Kunst der Schale 1990, 210 Abb. 34.1 (Odysseus, um 560); 191 Abb. 30.11 (Memnon, um 490/80), sowie Koch-Harnack 1983, 181 Abb. 87 (Ajax, Hektor, um 490/80). – Für das 2. Viertel des 5. Jhs. v. Chr. s. hier Anm. 53. 54.

[31] München, Staatliche Antikensammlungen und Glyptothek Inv. 8730 (alte Inv. 2307): z. B. ARV² 26, 1; CVA München (4) Taf. 165; Kunst der Schale 1990, 295 Abb. 48.5 a (um 510/500), sowie Schäfer 1997, 44 Anm. 332; 54 f. mit Anm. 436 (mit weiterer Lit.) Taf. 21, 2; Smith 2010, 319 Nr. 15 D (mit Abb.).

[32] Über den Rücken herabreichender Mantel: z. B. Kunst der Schale 1990, 301 Abb. 49.7 (Komasten, um 500); 298 Abb. 49.14 (Komast, um 490); 276 Abb. 44.1 (Komast, 470), sowie ferner E. Langlotz, Griechische Vasen. Martin von Wagner Museum der Universität Würzburg (München 1932) Nr. 479 Taf. 147. – Schmales, schalförmiges Mäntelchen: z. B. Kunst der Schale 1990, 277 Abb. 44.4 (Komast, um 510), sowie ferner auf einer Pelike von der Athener Agora (Lynch 2011, 127–130. 224–227 Kat. 84 Abb. 82 Farbabb. 13 [vor S. 91]).

Vielfach liegt der kurze Mantel aber auch nur noch über einer Schulter und einem Oberarm oder gänzlich auf dem vorgestreckten Arm[33].

Offensichtlich gehören die Träger eines solchen kurzen Mäntelchens stets zur ›besseren Gesellschaft‹ Athens; ihnen allein war es bekanntlich zunächst vorbehalten, am Symposion und somit am anschließenden Komos teilzunehmen. Beim Symposion selbst waren die Männer in der Regel in ein weites ›Himation‹ gekleidet[34], das eine Schulter und den Unterkörper einschließlich der Beine bedeckte, jedoch offenbar niemals in einen solchen kurzen Mantel. Dieser wurde vielmehr allein von den Teilnehmern am anschließenden Komos getragen[35] – bei einem Vorgang, der im Vergleich zum Symposion selbst, das bekanntlich Ausdruck des hohen Status der Teilnehmer war[36], in dieser Beziehung doch wohl eher von untergeordneter Bedeutung gewesen sein dürfte. Es sei denn, man betrachtet den Komos, wie es O. Murray tut, als »the ritual drunken riot at the end of the symposion, performed in public with the intention of demonstrating the power and lawlessness of the drinking groups«[37]. Doch sollte der kurze Mantel beim Dichter Anakreon und mehr noch bei der königlichen Gestalt des Oinomaos im Ostgiebel des Zeus-Tempels von Olympia lediglich als Hinweis auf deren Teilnahme an einem solchen feucht-fröhlichen – möglicherweise sogar gesellschaftlich provozierenden – Umzug fungiert haben?

Eine gewissermaßen ergänzende Möglichkeit der Deutung erwog, ausgehend von den meist stereotypen Tanzbewegungen, die die Teilnehmer solcher Komoi vollführen, zumindest für einige dieser Darstellungen vor einigen Jahren A. Schäfer. Zuvor hatte bereits H. Engelmann die bekannte die tanzenden Männer auf der Amphora des Euthymides in München (Abb. 5) umgebende Beischrift »so wie niemals Euphronios« nicht wie bisher üblich auf die künstlerische Qualität der Darstellung bezogen, sondern vielmehr auf die Aktion der Tänzer selbst, und vorgeschlagen, hierin einen Wortwechsel zwischen den drei Komasten über dasjenige Kunststück zu erkennen[38], welches der linke von ihnen vollführt, indem er beim Tanz einen Kantharos auf dem Oberschenkel balanciert. Diese Interpretation Engelmanns nahm Schäfer wieder auf und verwies darüber hinaus auf die große Bedeutung des Tanzes im agonistischen Denken der aristokratischen Gesellschaft der Zeit[39] – sozusagen als ein weiteres ›statusbe-

---

[33]   Vgl. z. B. Kunst der Schale 1990, 413 Abb. 74.5 b (Komast, um 520); 300 Abb. 49.5 (Komast, um 510); 295 Abb. 48.5 a (Komast, um 510/500); 299 Abb. 49.1 b (Komast, um 500/490); 334 Abb. 56.18 b (Komast, um 490); 230 Abb. 37.3 (Komast, um 490); 297 Abb. 48.9 b (Komast, um 480); 297 Abb. 48.10 b (Komast, um 480); 299 Abb. 49.3 (Komasten, um 480/70), sowie Peschel 1987, Kat. 98 (Anfang 5. Jh.). 100 (Anfang 5. Jh.). 107 (Anfang 5. Jh.). 110 (um 500). 120 (1. Viertel 5. Jh.). 146 (1. Viertel 5. Jh.). 148 (um 500). – Vgl. die entsprechende Manteltracht auch bei Göttern: z. B. Kunst der Schale 1990, 259 Abb. 41.2 (Apollon, um 480). – Für das 2. Viertel des 5. Jhs. v. Chr. s. hier Anm. 53. 54.

[34]   Vgl. z. B. Kunst der Schale 1990, 222 Abb. 36.1 b (um 560); 216 Abb. 35.1 a (um 510); 224 Abb. 36.6 (um 510); 222 Abb. 36.2 (um 500); 224 Abb. 36.6 (um 500); 225 Abb. 36.7 (um 500); 259 Abb. 41.1 (um 500); 280 Abb. 45.1 (um 500); 310 Abb. 52.2 (um 500); 273 Abb. 43.2 (um 490); 223 Abb. 36.3 (um 490/80); 265 Abb. 42.1 (um 480); 240 Abb. 39.3 (um 470/60); 272 Abb. 43.1 (um 430), sowie Götter und Heroen in entsprechenden Darstellungen: z. B. Kunst der Schale 1990, 340 f. Abb. 58.3 (Herakles, um 520); 391 Abb. 69.2 (Dionysos, um 520/10); 311 Abb. 52.3 (Achill; um 490). – Nur in Ausnahmefällen sind Symposiasten auch einmal nackt dargestellt; s. z. B. Kunst der Schale 1990, 224 Abb. 36.5 (um 490).

[35]   Die Feststellung von Zanker 1995, 30, das über die Schultern geworfene Mäntelchen sei auch beim Symposion getragen worden, entspricht dagegen nicht den Tatsachen.

[36]   s. hierzu die in Anm. 25 genannten Autoren, hier vor allem Murray und Gossel-Raeck.

[37]   O. Murray in: Sympotica 1990, 150; ähnlich auch Murray 1993, 274.

[38]   H. Engelmann, ›Wie nie Euphronios‹. Euthymides-Amphora München 2307, ZPE 68, 1987, 129–134, bes. 133; s. auch A. Linfert, Zwei Versuche über antiken Witz und Esprit, RdA 1, 1977, 20.

[39]   Schäfer 1997, 51–56, bes. 53–55.

stimmendes Element‹ neben dem Symposion. Allerdings bleibt auch hiermit weiterhin un-
geklärt, weshalb ausgerechnet der Dichter Anakreon das kurze Mäntelchen auf die gleiche
Weise trägt wie die königliche Gestalt des Oinomaos.

Blicken wir daher etwas genauer auf die ›Geschichte‹ der hier zugrundeliegenden Form des
kurzen Mäntelchens. In den einschlägigen Abhandlungen zur griechischen Kleidung findet es
keine sonderliche Beachtung[40] und wird vielfach erst gar nicht erwähnt, obgleich es sich schon
seit frühester Zeit nachweisen lässt[41]. So trägt ein solches kurzes Mäntelchen, das hier den
größeren Teil des Rückens, der Schultern und der Oberarme bedeckt, z. B. bereits kurz vor der
Mitte des 6. Jhs. v. Chr. der sog. Kalbträger von der Athener Akropolis[42]. Bei diesem handelt
es sich bekanntlich nicht etwa um einen schlichten Hirten, sondern offensichtlich um einen
wohlhabenden Aristokraten, der auf diese Weise verewigt wissen wollte, dass er der Göttin
Athena ein Kalb geweiht hatte[43]. Zweifellos derselben Schicht dürften im Übrigen auch junge
Männer wie der im sog. Torso vom Ilissos[44] Dargestellte angehören, die in der Rundplastik
der ausgehenden Archaik ebenfalls diese Form des kurzen Mantels tragen. Entsprechendes
wird auch für die Jäger gelten, die in zahlreichen Darstellungen der Vasenmalerei ein solches
kurzes Mäntelchen tragen[45]; so hat bereits P. Schmidt Pantel auf den engen Zusammenhang
hingewiesen, der in der Wertewelt der griechischen Aristokratie zwischen der Jagd und dem
Symposion bestanden hat[46]. Zu nennen wären ferner die Männer, die auf griechischen Vasen
als Erastes um einen Eromenos werben und ebenfalls einen solchen kurzen Mantel tragen[47];
auch hier besteht bekanntlich eine enge Verbindung zwischen derartigen ›Liebesbeziehungen‹
und der Welt des Symposions[48].

Zweifellos handelt es sich also auch in solchen Fällen um Mitglieder jener aristokratischen
Oberschicht, denen es offenbar zunächst vorbehalten blieb, am Symposion teilzunehmen und
lediglich mit einem kurzen Mantel mehr oder weniger ›bekleidet‹ beim Komos zu tanzen.

[40]   s. z. B. M. Bieber, Griechische Kleidung (Berlin – Leipzig 1928) 69–77, sowie ferner DNP VI (1999) 505–513 s. v.
       Kleidung (R. Hurschmann) und die dort aufgeführte neuere Lit.
[41]   Ob bereits mit dem Mantel, den der ›König‹ im Halsbild der bekannten spätgeometrischen Amphora in New York,
       Metropolitan Mus. of Art Inv. 21.88.18 (z. B. CVA Metropolitan Museum of Art [5] Taf. 39, 1; 41, 2) trägt, ein
       solches Mäntelchen gemeint sein könnte, bleibt ungewiss.
[42]   Athen, Akropolis-Mus. Inv. 624: z. B. H. Payne, Archaic Marble Sculpture from the Acropolis (London 1936;
       ²1950) 1–3 Taf. 2–4; N. Himmelmann, Die private Bildnisweihung bei den Griechen, Nordrhein-Westfälische
       Akademie der Wissenschaften, Vorträge G 373 (Wiesbaden 2001) 38–40 Abb. 27.
[43]   So z. B. bereits Hekler 1962, 16 (»in archaischem Sinne [ein] Selbstbildnis«).
[44]   Athen, NM 3687: z. B. J. Floren, Die griechische Plastik I. Die geometrische und archaische Plastik, HdArch 2, 1
       (München 1987) 259 f. mit Anm. 39; Fuchs 1993, 5 f. Abb. 33.
[45]   Vgl. z. B. Kunst der Schale 1990, 165 Abb. 27.1 a (um 550/40; s. auch Kunst der Schale 1990, 333 Abb. 56.14);
       Koch-Harnack 1983, 81 Abb. 16 b. c (Anfang 5. Jh.); 96 Abb. 29 (Anfang 5. Jh.).
[46]   Schmitt – Schnapp 1982, 57–74, bes. 61 f. 64; s. auch Schäfer 1997, 14. 25.
[47]   Vgl. z. B. Koch-Harnack 1983, 65 Abb. 1 (Mitte 6. Jh.); 118 Abb. 53 (Mitte 6. Jh.); 82 Abb. 17 (um 500); 74
       Abb. 11. 12 (Anfang 5. Jh.); 78 Abb. 15 (Anfang 5. Jh.); 162 Abb. 82 (Anfang 5. Jh.); Schäfer 1997, 51 Taf. 19, 1
       (um 510). – Das gilt im Übrigen auch für Götter in entsprechenden Szenen; vgl. z. B. Koch-Harnack 1983, 233
       Abb. 115 b (Zeus; 2. Viertel 5. Jh.); 232 Abb. 114 (Hermes; Mitte 5. Jh.); 235 Abb. 117 (Zeus; Mitte 5. Jh.).
[48]   s. z. B. J. N. Bremmer, Adolescents, Symposion, and Pederastry, in: Sympotica 1990, 135–148, bes. 142 f., sowie
       ferner Gentili 1988, 89–95; Shapiro 1989, 123; Murray 1993, 267. 270 f.; Schäfer 1997, 44. 49; A. Stähli, Der
       Körper, das Begehren, die Bilder. Visuelle Strategien der Konstruktion einer homosexuellen Männlichkeit, in: R.
       von den Hoff – S. Schmidt (Hrsg.), Konstruktionen von Wirklichkeit (Stuttgart 2001) 204–206; Lynch 2011, 128
       (mit Bezug auf die Pelike Kat. 84), sowie jetzt vor allem auch Shapiro 2012, 27–44. 45 f., der Anakreon sogar als
       »the prototype of the noble erastes« bezeichnet (a. O. 44); s. hierzu auch A. Lear, Anacreons ›Self‹: An Alternative
       Role Model for the Archaic Elite Male?, AJPh 129, 2008, 47–76.

Allerdings ist, wie gesehen, der kurze Mantel bereits deutlich früher bezeugt als in solchen Darstellungen des Komos, nämlich spätestens seit dem mittleren Drittel des 6. Jhs. v. Chr.[49], während die entsprechenden Darstellungen von Teilnehmern am Komos erst in spätarchaischer Zeit beginnen. Das kurze Mäntelchen dürfte somit hier gewissermaßen als ein Kennzeichen des Aristokraten fungieren, zumal es den Körper nur unwesentlich bedeckt. Ähnlich wie die ›Nacktheit‹ der Kuroi wird man daher ein solches Auftreten aristokratischer Männer am ehesten als einen Hinweis auf deren körperliche Vollkommenheit verstehen müssen – eine Idealvorstellung, die seit der Hochklassik unter der Bezeichnung ›kalokagathia‹, also äußere und innere Vollkommenheit, dann auch literarisch bezeugt ist[50]. Dies jedenfalls würde zumindest bei der königlichen Gestalt des Oinomaos die Wiedergabe des kurzen Mäntelchens erklären.

Im Falle der Statue des Dichters Anakreon jedoch bezieht sich dieselbe Form der Manteltracht zweifellos auf dessen Teilnahme am Komos. Als das kurze Mäntelchen im letzten Viertel des 6. Jhs. v. Chr. erstmals auch in diesem Zusammenhang auf Vasenbildern nachzuweisen ist, erscheint es, ebenso wie hin und wieder später auch noch in frühklassischer Zeit, sogar ›verkehrt‹ umgelegt – vorne dicht am Hals anliegend und beide Mantelzipfel über den Rücken herabfallend; so als wäre es beim munteren Treiben in Unordnung geraten[51]. Ebenfalls seit spätarchaischer Zeit findet sich darüber hinaus dort auch eine ganze Reihe von Komasten, die ebenso wie Anakreon in ein solches kurzes Mäntelchen gekleidet sind und wie er das Barbiton spielen[52] – die somit als thematische und ikonographische Vorläufer seiner Statue gelten können. Und auch im zweiten Viertel des 5. Jhs. v. Chr., also in der Zeit kurz vor der Entstehung der Anakreon-Statue, tragen immer wieder die Teilnehmer am Komos ebenso wie der Dichter ein solches kurzes Mäntelchen[53], dessen bisher übliche Formen dabei in der Regel nur geringfügig variiert werden[54]. Schließlich findet sich um die Mitte des 5. Jhs. v. Chr., wie

[49]   s. außer dem Kalbträger (hier Anm. 42) unter den in Anm. 45 genannten Darstellungen von Jägern z. B. auch Kunst der Schale 1990, 141 Abb. 20.2 (um 570); 153 Abb. 24.4 (um 560); 132 Abb. 18.5 (Mitte 6. Jh.); 165 Abb. 27.1 a (um 550/40; s. auch Kunst der Schale 1990, 333 Abb. 56.14). – Vgl. außerdem entsprechende Darstellungen von Göttern und Helden: z. B. Kunst der Schale 1990, 210 Abb. 34.1 (Odysseus, 560 v. Chr.); 168 f. Abb. 27.6 (Hermes, um 540 v. Chr.).

[50]   s. z. B. U. Kreilinger, Anständige Nacktheit (Rahden 2007) 207 mit Anm. 1358 sowie ebenda 182. 207–209.

[51]   Vgl. z. B. Peschel 1987, Kat. 5 (um 520/10). 6 (um 520/10), sowie aus dem 1. Viertel des 5. Jhs. v. Chr. z. B. Kat. 99.

[52]   s. die bereits genannte Darstellung auf einer Erlanger Schale (Abb. 4; hier Anm. 27) sowie ferner z. B. Kunst der Schale 1990, 259 Abb. 41.1 (um 500); 246 Abb. 39.12 (um 490/80); 297 Abb. 48.9 a (um 480), und hier Anm. 57. – Vgl. ferner den bärtigen, ebenfalls das Barbiton spielenden Mann auf einer spätarchaischen Stele aus Akarnanien in Athen, der offenbar das schalförmige Mäntelchen lediglich über einer Schulter liegend trägt: NM 4985, aus Vonitsa (z. B. K. Friis Johansen, The Attic Grave-Reliefs of the Classical Period [Kopenhagen 1951] 126 Abb. 61; E. Berger, Das Basler Arztrelief. Studien zum griechischen Grab- und Votivrelief um 500 v. Chr. und zur vorhippokratischen Medizin [Basel 1970] 148 f. Abb. 159; 190 Anm. 381).

[53]   Vgl. z. B. Kunst der Schale 1990, 276 Abb. 44.1 (Komast, um 470); 296 Abb. 48.6 b (Komast, um 470); 296 Abb. 48.7 b (Komast, um 470); 298 Abb. 48.11; 48.16 (Komasten, um 470); 243 Abb. 39.7 (um 470/60); 434 Abb. 78.9 (um 460); 301 f. Abb. 49.8; 49.9 (Komasten, um 460/50), sowie z. B. Peschel 1987, Kat. 189. 190. 193. 201. 203. 210. 213. 218. 261. 264. 286. 290. 291, und Koch-Harnack 1983, 77 Abb. 14 (2. Viertel 5. Jh.), ferner auch entsprechende Barbiton-Spieler (hier Anm. 52).

[54]   Vgl. z. B. Peschel 1987, Kat. 189. 191. 195. 196. 204. 211. 212. 214. 217. – Was die Mäntelchen-Tracht im 1. Viertel des 5. Jhs. v. Chr. betrifft, so fällt auf, dass sowohl Makron als auch der Erzgießerei- und der Brygos-Maler eine Vorliebe für die Form eines schweren, über Schultern und Oberarmen liegenden Mantels haben, der tief über den Rücken herabfällt; s. z. B. Peschel 1987, Kat. 119. 122. 124–128. 130. 131.

etwa auf einem Stamnos des Kleophon-Malers[55], sogar die eine oder andere völlig neue Form, das kurze Mäntelchen zu tragen, ohne dass sich allerdings auch hier eine Entsprechung zur besonderen Manteltracht des Oinomaos und des Anakreon ergäbe.

Es ist insofern in hohem Maße bemerkenswert, dass ausgerechnet deren beide Statuen in ihrer Manteltracht so weitgehend miteinander übereinstimmen. B. Sismondo Ridgway hat, wie gesagt, daher vorgeschlagen, die Statue des Anakreon erst für eine Erfindung der römischen Kaiserzeit zu halten, da ihrer Ansicht nach die Giebelfigur des Oinomaos frühestens seit dem 4. Jh. v. Chr. im Zusammenhang mit wiederholten Restaurierungsarbeiten in der erforderlichen Weise zugänglich gewesen sei[56]. Ein Vergleich der Rückenansichten beider Gestalten (Abb. 1 d; 3) zeigt jedoch, dass dies gar nicht erst erforderlich war. Dem Bildhauer der Anakreon-Statue war nämlich ganz offensichtlich die Gliederung der Mantelpartie auf der Rückseite der Giebelfigur gar nicht bekannt; er scheint sie vielmehr lediglich aus deren Vorderansicht erschlossen zu haben. So verlaufen die Falten des Mantels hier in regelmäßigen parallelen Bahnen von der linken Schulter in schräger Linie zur rechten Seite, wo der obere Teil des Mantels unter der Achsel hindurch- und wieder auf den Rücken zurückgeführt ist, so dass er dort in Höhe des rechten Schulterblattes endet, während dessen unterer Teil die rechte Hüfte und teilweise auch den Oberschenkel bedeckt. Bei der Statue des Anakreon hingegen reicht das Mäntelchen im Rücken auf der linken Seite nicht nur wesentlich tiefer herab, sondern endet auf der rechten auch deutlich höher in einem beinahe waagerecht über den Glutäen verlaufenden Saum; zudem ist die Gliederung der Falten hier wesentlich reicher gestaltet. Der Bildhauer der Anakreon-Statue hat somit die spezifische Manteltracht des Oinomaos keinesfalls in einem so weitgehenden Maße übernommen, dass man hier – über generelle Züge hinaus, die sich bereits aus der Vorderansicht erschließen ließen – von einem eingehenderen Studium der Giebelfigur etwa anlässlich gelegentlicher Restaurierungen ausgehen müsste.

Entsprechendes verdeutlicht im Übrigen auch ein Blick auf die Vorderseiten der beiden Statuen (Abb. 1 a; 2); auch hier hätte sich der Bildhauer der Anakreon-Statue an der besonderen Manteltracht des Oinomaos lediglich orientiert – nicht ohne sie dabei deutlich zu verändern. So bedeckt bei der Gestalt des Anakreon das auf der linken Schulter liegende Ende des Mantels den Oberarm nicht wie beim Oinomaos nur teilweise, sondern ganz bis zur Armbeuge; auch fällt der Mantel hier nicht wie dort gerade herab, sondern schmiegt sich eng dem Körperkontur an. Und auch das andere Ende des Mantels endet bei der Anakreon-Statue deutlich über der rechten Hüfte und ist von hier aus direkt über die Schulter nach hinten geführt, während es im Falle des Oinomaos bis auf den Oberschenkel hinabfällt. Wieder also handelt es sich auch hier um keine wortwörtliche Wiederholung der spezifischen Manteltracht der Giebelfigur, die ein genaueres Studium erforderlich gemacht hätte, sondern vielmehr um eine freie Weiterentwicklung der auch aus der Ferne erkennbaren Grundzüge dieser Mantelform in den Stilformen der Hochklassik, ohne dass die Erkennbarkeit des Vorbildes allerdings hierdurch beeinträchtigt worden wäre.

Zwar ist die umfangreiche Produktion antiker Keramik lediglich zu einem äußerst geringen Teil erhalten, so dass sich nicht völlig ausschließen lässt, dass die hier vorliegende spezielle

---

[55] Vgl. bes. Kunst der Schale 1990, 297 Abb. 48.8 a (um 440/30). – Bereits auf einer Schale aus der Zeit um 500 v. Chr. (z. B. Peschel 1987, Kat. 6; Kunst der Schale 1990, 301 Abb. 49.7 a) erscheint ein Flöte spielender Komast, bei dem beide Enden des schalförmigen Mäntelchens nach hinten geschlagen sind; s. auch die in Anm. 51 genannten Komasten mit ›verkehrt‹ umgelegten Mäntelchen.

[56] s. hier Anm. 2 und Anm. 22.

Form der Mäntelchen-Tracht unter Umständen hin und wieder auch in Komos-Darstellungen hochklassischer Vasen wiedergegeben worden war, doch bleibt es angesichts der vielen Varianten, in denen uns das kurze Mäntelchen auch dort überliefert ist, äußerst bemerkenswert, dass der Bildhauer der Anakreon-Statue ausgerechnet diese uns bisher allein durch die Gestalt des Oinomaos bezeugte Form der Manteltracht verwendet hat. Und dies umso mehr, als es an sich wesentlich näher gelegen hätte, sich in dieser Beziehung an den zahlreichen Komasten zu orientieren, die auf zeitgenössischen Vasen ebenso wie Anakreon das Barbiton spielen[57] – bei denen allerdings stets beide Enden des Mäntelchens über die Brust herabfallen.

Es dürfte somit einiges dafür sprechen, dass im vorliegenden Fall mit Bedacht auf die besondere Form der Manteltracht des Oinomaos zurückgegriffen wurde, um hierdurch Anakreon ganz im Sinne des griechischen ›Ganzkörper-Porträts‹ auf besondere Weise zu charakterisieren – nämlich als einen bereits Generationen zuvor verstorbenen Dichter und Repräsentanten des aristokratischen Symposions. Und dies umso mehr, als seit dem ausgehenden 6. Jh. v. Chr. ›bürgerliche Schichten‹ immer stärker durch Veranstaltungen eigener Symposia in Konkurrenz zur Aristokratie zu treten beginnen, wie jüngst noch einmal M. Lynch in ihrer Untersuchung spezifischer Symposions-Keramik aus der Umgebung der Athener Agora gezeigt hat[58]. Bereits das bekannte Fragment eines Kelchkraters des Euphronios in München[59] zeugt von einem solchen Anspruch eines zu Reichtum gelangten Töpfers beziehungsweise Vasenmalers auf dieses – bisher offenbar allein Aristokraten vorbehaltene – Recht auf Teilnahme am Symposion; einer der Männer nämlich ist hier als Smikros benannt[60] – doch wohl der bekannte Vasenmaler und Kollege des Euphronios. Entsprechendes gilt im Übrigen auch für die Darstellung auf der Schulter einer Hydria des Phinthias ebenfalls in München[61], wo eine der dort beim Symposion liegenden Hetären beim sog. Kottabos-Spiel ausruft: »Dir, schöner Euthymides, schleudere ich die Neige«.

Gerade vor diesem Hintergrund könnte es dem Stifter der Anakreon-Statue, in dem man immer wieder ein Mitglied oligarchischer Kreise Athens vermutet hat[62], wichtig gewesen sein, mit Bezug auf die spezifische Manteltracht der königlichen Gestalt des Oinomaos auf den ursprünglich aristokratischen Kontext[63] von Symposion und Komos zu verweisen – zumal Oinomaos, wie aus dem Vorausgehenden deutlich geworden sein dürfte, ganz offensichtlich durch das kurze Mäntelchen als Mitglied der Aristokratie gekennzeichnet ist, dessen besonderes Privileg zumindest bis zum Ende der Archaik ebendiese Teilnahme am Symposion war, bei dem auch Anakreon aufzutreten pflegte und auf dem er seine Dichtungen vortrug.

[57] Vgl. z. B. Peschel 1987, Kat. 204. 253. 254. 257. 259. 262. 264.

[58] Lynch 2011, bes. 172 f.; s. auch Schäfer 1997, 49. 56, sowie bereits Peschel 1987, 353. 360 f.; Gossel-Raeck 1990, 221; M. Vickers, Attic Symposia after the Persian Wars, in: Sympotica 1990, 106.

[59] Vgl. z. B. Kunst der Schale 1990, 216–221 Abb. 35.1; 238 f. Abb. 39.1.

[60] Vgl. z. B. Kunst der Schale 1990, 220 Abb. 35.1 d; Neer 2002, 111–113 Kat. P 2 Abb. 54; Shapiro 2012, 32 mit Abb. 12; s. in diesem Zusammenhang auch den Stamnos des Smikros mit dessen ›Selbstporträt‹ in Brüssel, Musées royaux d'art et d'histoire Inv. A 717: ARV² 20, 1; Neer 2002, 89–91. 96–102. 115 Kat. P 1 Abb. 43.

[61] München, Staatliche Antikensammlungen und Glyptothek Inv. 2421: z. B. ARV² 23, 7; R. Lullies, Griechische Vasen der reifarchaischen Zeit (München 1953) Taf. 35; Peschel 1987, Kat. 44; Kunst der Schale 1990, 232 Abb. 37.5; 274 Abb. 43.4.

[62] s. z. B. Voutiras 1980, 90 f.; N. Himmelmann, Ideale Nacktheit in der griechischen Kunst, JdI Ergh. 26 (Berlin – New York 1990) 76 f.; N. Himmelmann, Rez. zu P. Zanker, Die Maske des Sokrates, BJb 195, 1995, 654, und jetzt auch Shapiro 2012, 16 f. 25. 44, sowie stärker differenzierend z. B. bereits Klug 1995, 184 f., und Lehmann – Raeder 2007, 49; anders dagegen z. B. Zanker 1995, 38 Anm. 49.

[63] Vgl. die in Anm. 25 genannten Autoren sowie jetzt auch Shapiro 2012, 26 (»a purely setting of the elite symposion«).

Abkürzungen:

Borbein 1995   A. H. Borbein, Das Porträt, in: A. H. Borbein (Hrsg.), Das alte Grie-
                        chenland. Geschichte und Kultur der Hellenen (München 1995)
                        286–289

Daehner 2005   J. Daehner, Die Grenzen der Nacktheit. Studien zum nackten männ-
                        lichen Körper in der griechischen Plastik des 5. und 4. Jahrhunderts
                        v. Chr., JdI 120, 2005, 155–299

Dörig 1977   J. Dörig, Onatas of Aegina (Leiden 1977)

Fuchs 1993   W. Fuchs, Die Skulptur der Griechen ⁴(München 1993)

Gauer 1968   W. Gauer, Die griechischen Bildnisse der klassischen Zeit als politi-
                        sche und persönliche Denkmäler, JdI 83, 1968, 118–179

Gentili 1988   B. Gentili, Poetry and its Public in Ancient Greece (Baltimore 1988)

Gossel-Raeck 1990   B. Gossel-Raeck in: Kunst der Schale 1990, 216–221 (Das Symposion
                        – ein Beispiel). 222–227 (Bilder vom Symposion). 289–292 (Tanz der
                        Zecher). 293–298 (Komos – Bürger ziehen durch die Nacht). 299–302
                        (Komos – Tanz um den Krater)

Hafner 1956   G. Hafner, Anakreon und Xanthippos, JdI 71, 1956, 1–28

Hekler 1962   A. Hekler, Bildnisse berühmter Griechen (Berlin 1962)

Johansen 1992   F. Johansen, Greek Portraits. Catalogue Ny Carlsberg Glyptotek (Ko-
                        penhagen 1992)

Klug 1995   D. Klug in: K. Stemmer (Hrsg.), Standorte. Kontext und Funktion anti-
                        ker Skulptur. Ausstellungskatalog Berlin (Berlin 1995) 184 f. Nr. B 46

Koch-Harnack 1983   G. Koch-Harnack, Knabenliebe und Tiergeschenke (Berlin 1983)

Krumeich 1997   R. Krumeich, Bildnisse griechischer Herrscher und Staatsmänner im
                        5. Jahrhundert v. Chr. (München 1997)

Kunst der Schale 1990   K. Vierneisel – B. Kaeser (Hrsg.), Kunst der Schale – Kultur des Trin-
                        kens. Ausstellungskatalog München (München 1990)

Lamer 1922   H. Lamer in: RE XI (1922) 1286–1304 s. v. Komos

Lehmann – Raeder 2007   L. Lehmann – J. Raeder, Statue des Anakreon, in: S. Kansteiner –
                        L. Lehmann – B. Seidensticker – K. Stemmer (Hrsg.), Text und Skulp-
                        tur. Berühmte Bildhauer und Bronzegießer der Antike in Wort und
                        Bild. Ausstellungskatalog Berlin (Berlin 2007) 47–49 zu Nr. 6.3

Lissarrague 1990   F. Lissarrague, Around the Krater: an Aspect of Banquet Imagery, in:
                        Sympotica 1990, 196–209

Lynch 2011   K. M. Lynch, The Symposium in Context. Pottery from a Late Archaic
                        House near the Athenian Agora, Hesperia Suppl. 46 (Princeton 2011)

Mandel – Ribbeck 2013   U. Mandel – A. Ribbeck, Vielgestaltig und in Bewegung. Der Kosmos
                        des Phidias, in: V. Brinkmann (Hrsg.), Zurück zur Klassik. Ein neuer
                        Blick auf das alte Griechenland. Ausstellungskatalog Frankfurt (Mün-
                        chen 2013) 202–213

Metzler 1971   D. Metzler, Porträt und Gesellschaft. Über die Entstehung des griechi-
                        schen Porträts in der Klassik (Münster 1971)

Murray 1993   O. Murray, Der griechische Mensch und die Formen der Gesellig-
                        keit, in: J.-P. Vernant, Der Mensch in der Antike (New York 1993)
                        255–294

Neer 2002   R. T. Neer, Style and Politics in Athenian Vase-Painting (Cambridge
                        2002)

Peschel 1987   I. Peschel, Die Hetäre bei Symposion und Komos in der attisch-rotfi-
                      gurigen Vasenmalerei des 6.–4. Jahrhunderts v. Chr. (Frankfurt a. M.
                      1987)

Poulsen 1931   F. Poulsen, Iconographic Studies in the Ny Carlsberg Glyptotek 1.
                      Anakreon, in: From the Collections of the Ny Carlsberg Glyptotek 1
                      (Kopenhagen 1931) 1–95

Ridgway 1970   B. Sismondo Ridgway, The Severe Style in Greek Sculpture (Princeton
                      1970)

Ridgway 1984   B. Sismondo Ridgway, Roman Copies of Greek Sculpture. The Prob-
                      lem of the Originals (Ann Arbor 1984)

Ridgway 1998   B. Sismondo Ridgway, An Issue of Methodology. Anakreon, Perikles,
                      Xanthippos, AJA 102, 1998, 717–738

Schäfer 1997   A. Schäfer, Unterhaltung beim griechischen Symposion. Darbietun-
                      gen, Spiele und Wettkämpfe von homerischer bis in spätklassische Zeit
                      (Mainz 1997)

Schefold 1997   K. Schefold, Bildnisse der antiken Dichter, Redner und Denker ²(Basel
                      1997)

Schmitt – Schnapp 1982 P. Schmitt – A. Schnapp, Image et société en Grèce ancienne. Les re-
                      présentations de la chasse et du banquet, RA 1982, 57–74

Shapiro 1989   H. A. Shapiro, Art and Cult under the Tyrants in Athens (Mainz 1989)

Shapiro 2012   H. A. Shapiro, Re-fashioning Anakreon in Classical Athens (München
                      2012)

Smith 2010   T. J. Smith, Komast Dancers in Archaic Greek Art (New York 2010)

Sympotica 1990   O. Murray (Hrsg.), Sympotica. A Symposium on the Symposion (Ox-
                      ford 1990)

Tölle 1966   R. Tölle, Zum Apollon des Leochares, JdI 81, 1966, 142–172

Voutiras 1980   E. Voutiras, Studien zu Interpretation und Stil griechischer Porträts des
                      5. und frühen 4. Jahrhunderts (Bonn 1980)

Westervelt 2009   H. Westervelt, Herakles at Olympia. The Sculptural Program of the
                      Temple of Zeus, in: P. Schultz – R. von den Hoff (Hrsg.), Structure,
                      Image, Ornament. Architectural Sculpture in the Greek World. Proceed-
                      ings of an International Conference Held at the American School of
                      Classical Studies, 27–28 November 2004 (Oxford 2009) 133–152

Zanker 1995   P. Zanker, Die Maske des Sokrates. Das Bild des Intellektuellen in der
                      antiken Kunst (München 1995)

Abbildungsnachweis: Abb. 1 a–d: Courtesy of the Ny Carlsberg Glyptotek, Kopenhagen (IN 0491). – Abb. 2: D-DAI-ATH-Hege 631 (bearbeiteter Ausschnitt). – Abb. 3: nach G. Treu, Die Bildwerke von Olympia in Stein und Ton, Olympia 3 (Berlin 1897) 49 Abb. 55. – Abb. 4: Umzeichnung M. Rabe (Erlangen). – Abb. 5: München, Staatliche Antikensammlungen und Glyptothek (Renate Kühling).

Prof. Dr. Peter Kranz, Katzensteinweg 1, 91362 Pretzfeld, Deutschland,
E-Mail: charlypetruskranz@kabelmail.de

Zusammenfassung:
Peter Kranz, Anakreons Mäntelchen

Die besondere Mäntelchentracht der Porträtstatue des Anakreon in Kopenhagen findet bekanntlich in der Gestalt des Oinomaos im Ostgiebel des Zeus-Tempels in Olympia ihre nächste Entsprechung. Die hierbei zugrundeliegende Form eines kurzen Mantels wird gewöhnlich
mit dem Komos in Verbindung gebracht, mit dem ausgelassenen Umzug im Anschluss an das
Symposion. Zwar war der Dichter Anakreon für seine Teilnahme an Symposion und Komos
berühmt, nur schwer vorstellbar ist jedoch, dass auch im Falle des Oinomaos durch das kurze
Mäntelchen auf diesen Zusammenhang verwiesen werden sollte. Tatsächlich zeigt sich, dass
das kurze Mäntelchen deutlich früher – und zwar als spezifisches ›Attribut‹ aristokratischer
Gestalten – bezeugt ist als im Zusammenhang mit dem Komos; und als ein solches ›aris-
tokratisches Attribut‹ fungiert es offensichtlich auch an der Statue des Oinomaos. Was mag
also diese königliche Gestalt mit der des Dichters Anakreon verbinden, dass beide dieses
Mäntelchen sogar auf ein und dieselbe Weise tragen? Zumindest möglich wäre, dass sich der
Bildhauer der Anakreon-Statue seinerzeit bei der Gestaltung des kurzen Mäntelchens bewusst
an dessen besonderer, uns bisher allein durch die Gestalt des Oinomaos bezeugten Form orientiert hat, um hierdurch – ganz im Sinne des griechischen ›Ganzkörper-Porträts‹ – die Person
des Dichters auf besondere Weise zu charakterisieren.

Schlagwörter: Griechisches Porträt – Ikonographie – Kleidung – Symposion

Abstract:
Peter Kranz, Anakreon's Garment

It is well known that the closest equivalent of the distinctive draped attire of the portrait statue
of Anakreon in Copenhagen is to be found in the figure of Oinomaos in the east pediment of
the Temple of Zeus at Olympia. The basic form of a short mantle is commonly associated with
the *komos*, the procession of revellers that followed on from the symposium. While the poet
was famous for participating in the symposium and the *komos*, it is hard to imagine that in the
case of Oinomaos, too, the garment should refer to that particular context. In point of fact the
short mantle is attested considerably earlier than in connection with the *komos* – namely as a
specific ›attribute‹ of aristocratic figures; and it apparently functions as just such an ›aristocratic attribute‹ in the statue of Oinomaos. So what might the link be between this royal figure
and the poet Anakreon, for them both to wear this garment in exactly the same way? It would
be at least possible that the sculptor of the Anakreon statue, when fashioning the drapery,
consciously referred to its distinctive form, known to us so far solely through the figure of
Oinomaos, in order to characterize the poet's personality thereby in a special manner – in the
style of the Greek ›full-length portrait‹.

Keywords: Greek Portrait – Iconography – Clothing – Symposium

ZWISCHEN MÜHSAL UND MUSSE

EINE ANALYSE DER IKONOGRAPHIE DER SOG. DANAIDEN IN DER APULISCHEN VASENMALEREI

von Arne Thomsen

»… wie klein die Variationen und wie subtil die Abwandlungen sind, innerhalb derer die Künstler und Handwerker vergangener Epochen ihre Meisterwerke schufen.« [1]

EINLEITUNG

Das Bildthema der Frauen mit Hydrien in der Unterwelt erscheint in der apulischen Vasenmalerei etwa ab der Mitte des 4. Jhs. [2]. Traditionell werden diese Frauen mit den mythischen Danaiden und ihr Tun mit deren Unterweltstrafe identifiziert – wobei von ›Tun‹ im Grunde nur bei den wenigsten Bildern wirklich die Rede sein kann. Dass diese Gleichsetzung nicht so evident ist, wie es gemeinhin begegnet, wurde gelegentlich bereits thematisiert. Geht sie jedoch verloren, müssen zuvor für selbstverständlich genommene Interpretationen neu überprüft werden. Ein frischer Blick kann die Darstellungen wirklich in ihrer Ikonographie ernst nehmen, und damit vielleicht dem näherkommen, was diese Bilder wollen und sollen.

Dass das Motiv des endlosen Wasserschöpfens nicht exklusiv zu den mythischen Danaiden gehört, ist in die Forschung zu deren vermuteten Darstellungen früh eingegangen. So schrieb Otto Jahn 1856 bei der Behandlung von Unterweltdarstellungen römischer Sarkophage: »Allein das erfolglose Wasserschöpfen ohne Ende ist überhaupt eine Bezeichnung für das fruchtlose Abmühen ohne ans Ziel zu gelangen … und wird auf die Danaiden nur zu einer mytholo-

Dieser Text hat eine (allzu) lange Vorgeschichte. Meine Beschäftigung mit den ›Danaiden‹ geht zurück auf meine Magisterarbeit an der FU Berlin bei Adolf H. Borbein. Zeitgleich bearbeitete Sabine Vogt das Thema für ein Oberseminar in München bei Luca Giuliani, der freundlicherweise den Kontakt herstellte. Wir beabsichtigten eine gemeinsame Veröffentlichung unserer in zentralen Punkten sehr ähnlichen Ergebnisse, die aus wechselnden Gründen immer weiter aufgeschoben wurde; Sabine Vogt ist später von dem gemeinsamen Projekt ihrer anderweitigen Aufgaben wegen zurückgetreten und hat es mir überlassen. Allen drei Genannten sei herzlich gedankt für konstruktive Diskussion und Hinweise, weiterhin Bert Kaeser, Ortwin Dally, Frank Rumscheid, Philipp Kardel und Carola Reinsberg. Für die Bereitstellung von Abbildungsvorlagen und die Abdruckgenehmigung danke ich: Margherita Giorgio, Adele Immacolata Pavone und Luigi La Rocca (SBA Puglia), Stefania Saviano, Alessandra Villone und Teresa Elena Cinquantaquattro (SBA Napoli e Pompeii), Nicola Figliulo und Antonio de Siena (SBA Basilicata), Lucia Favia (Bari), Laurent Gorgerat, Andreas Voegelin und Brigitte Nicosia (Basel), Angelo Lui (Genf), Joachim Raeder (Kiel), Helge Nieswandt (Münster) und ganz besonders Elena Obuhovich (Ermitage St. Petersburg) und Jessica Followell (University of Illinois).

[1] E. H. Gombrich, Kunst und Illusion (Köln 1967) 16.
[2] s. Katalog im Anhang. Vgl. Keuls 1986a, 338 (ältere Lit.); 338 f. Nr. 7–18; 340 Nr. 33–36 (Zusammenstellung). Ergänzungen bei Kossatz-Deissmann 2009a, Nr. add. 2–5.

gischen Exemplification übertragen …«[3] Dennoch wurde die Benennung der Figuren in den apulischen Unterweltbildern immer beibehalten, bestenfalls als hypothetisch charakterisiert[4]. Breiter aufgerollt wurde das Problem nur von Eva Keuls[5], die es sodann zugunsten der Danaiden-Benennung lösen zu können glaubte, da sie für die fehlenden Teile von Aischylos' Danaiden-Trilogie zu einer entsprechenden Rekonstruktion gelangte[6] und damit ein zeitlich den Bildern vorausgehendes literarisches Zeugnis von wasserschüttenden Danaiden gewann. Auf diese Weise wurde eine Hypothese durch eine andere Hypothese gestützt, deren Grundlagen selbst noch einmal hypothetisch[7] sind. Sicherer Grund ist so nicht zu gewinnen.

Die Schwierigkeit sei noch einmal knapp skizziert[8]: Das in der römischen Literatur kanonische Motiv[9] der endlos wasserschüttenden Danaiden als Büßerinnen in der Unterwelt – eingereiht neben die seit Homer geläufigen ›Erzbüßer‹ Tantalos, Tityos und Sisyphos – ist erstmals literarisch belegt in dem pseudo-platonischen Dialog *Axiochos* (371 e), der im späten Hellenismus, am wahrscheinlichsten in der ersten Hälfte des 1. Jhs. v. Chr., geschrieben wurde[10]. Nun wäre das Fehlen eines älteren oder gleichzeitigen literarischen Zeugnisses allein kein starker Grund, den wasserschüttenden Frauen der apulischen Vasenbilder die Benennung zu verweigern, die auf vergleichbaren römischen Darstellungen einmal sogar inschriftlich belegt werden kann[11]. Das Problem ergibt sich deutlich erst daraus, dass, wie Jahn nicht entgangen war, das Motiv des Gießens in einen löchrigen Pithos in klassischer Zeit durchaus bekannt ist, nur eben ohne Bezug auf einen Mythos; der Autor der aristotelischen *Oikonomika* bezeichnet die Wendung sogar als sprichwörtlich[12]. Damit beschrieben wird ein fruchtloses Tun oder Verschwendung. Dass ein solches Tun auch als Unterweltstrafe gedacht werden konnte, belegt Platon: »… dass in der Schattenwelt … jene Ausgeschlossenen (οἱ ἀμύητοι) die Unseligsten wären und Wasser trügen in das lecke Fass mit einem ebenso lecken Siebe«[13], zitiert als (ironisierte) Ansicht eines sizilischen oder italischen τις μυθολογῶν ἀνήρ[14]. Im selben Kontext

---

[3]   O. Jahn, Darstellungen der Unterwelt auf römischen Sarkophagen, SBLeipzig 1856, 276.

[4]   John Beazley z. B. entschied sich für Beibehaltung der Benennung bei Eingeständnis der Aporie: J. Beazley, Etruscan Vase Painting (Oxford 1947) 146 f.

[5]   Keuls 1974, 25–59.

[6]   Keuls 1974, 61–81.

[7]   Der von Keuls postulierte *katharmos* des Wasserschüttens ist direkt nirgends belegt, wie sie selbst einräumt (Keuls 1974, 28).

[8]   Vgl. allg. Graf 1974, 107–120.

[9]   Ov. met. 4, 462 f.; Hor. carm. 3, 11, 26–29; u. a. Vgl. J. Chevalier, Étude critique du dialogue pseudo-platonicien l'Axiochos (Paris 1915) 95 f.; F. Bömer, P. Ovidius Naso, Metamorphosen, Kommentar II (Heidelberg 1976) 158.

[10] Zur Datierung s. u. a.: Chevalier a. O. (Anm. 9) 106–109. 113 f.; Keuls 1974, 44 Anm. 2; Graf 1974, 113 Anm. 92; C. W. Müller, Die Kurzdialoge der Appendix Platonica (München 1975) 32 f. 328 f. (*terminus ante quem* Mitte des 1. Jhs. durch eine Erwähnung der Tetralogien-Ordnung bei Varro ling. 7, 37); J. P. Hershbell, Pseudo-Plato, Axiochus (Chico 1981) 20 f.; W. Görler in: H. Flashar (Hrsg.), Grundriss der Geschichte der Philosophie (begründet v. F. Ueberweg), Die Philosophie der Antike IV, 1. Die hellenistische Philosophie (Basel 1994) 843–845; I. Männlein-Robert u. a., Ps.-Platon, Über den Tod (Tübingen 2012) 4–7. Letzterer Band, mit Text, Übersetzung, Sachkommentar und interpretierenden Essays, jetzt allg. zum *Axiochos*.

[11] Auf den spätrepublikanischen Odyssee-Fresken vom Esquilin in der Bibliotheca apostolica des Vatikan: Helbig I ⁴(1963) 359 Nr. 465; Keuls 1986a, 339 Nr. 24*.

[12] Aristot. oec. 1, 6, 1: ὁ λεγόμενος τετρημένος πίθος (Datierung von oec. 1 ins letzte Drittel des 4. Jhs.: Aristoteles Werke 10,II: Oikonomika, übers. u. erl. v. R. Zoepffel [Berlin 2006] 209–221); ähnlich Xen. oik. 7, 40: οἱ εἰς τὸν τετρημένον πίθον ἀντλεῖν λεγόμενοι. Weiterhin Aristot. pol. 1320a 31.

[13] Plat. Gorg. 493b; Übers. F. Schleiermacher. Ähnlich auch Plat. rep. 363d, bezogen auf »Gottlose und Ungerechte«.

[14] Zu Hypothesen über den zitierten Gewährsmann vgl. Graf 1974, 108 mit Anm. 65.

wird der löchrige Pithos auch als Sinnbild ungezäumter Begierden genannt. Unabhängig davon, ob als Unterweltstrafe oder in anderen Kontexten: Das Bild vom löchrigen Pithos wird immer mit anonymen Personen verbunden, nie mit mythischen Figuren. Es existiert also eine gut belegte Tradition für das Motiv des Wasserschöpfens anonymer Personen, die mit der vor dem späten Hellenismus gar nicht belegten der Danaiden um die Deutung der Hydriaphoren der apulischen Unterweltbilder konkurriert.

In der Bildkunst erscheinen die Wasserschüttenden am Pithos schon in der spätarchaischen attischen Vasenmalerei[15]: Eine in sehr schlichter Silhouettenmanier bemalte weißgrundige Lekythos vom Kerameikos zeigt Flügelwesen, die aus Spitzamphoren in einen Pithos gießen[16]. Auf einer schwarzfigurigen Lekythos in Palermo[17] eilen in einer offenkundig humoristischen Darstellung kleine nackte Männlein und bekleidete Weiblein (alle ohne Flügel) mit verschiedenen Gefäßen zu einem riesigen Pithos und gießen in ihn; die Ansiedlung des Geschehens in der Unterwelt hängt an der (recht unwahrscheinlichen) Deutung eines Mannes mit Esel auf Oknos, der in singulärer Weise wiedergegeben wäre[18]. Klar ist diese Situierung dagegen auf einer Amphora des Bucci-Malers in München[19]: Neben einem steinwälzenden Sisyphos gießen zwei Flügelwesen aus Hydrien in einen wiederum riesigen Pithos, an dem zwei weitere mit gleichen Gefäßen ›hinaufsteigen‹. Im Unterschied zum nackten Sisyphos könnten die bekleideten *eidola* hier vielleicht als weiblich zu deuten sein[20]. Als Stütze für eine Frühdatierung des Motivs der Unterweltstrafe[21] der Danaiden eignet sich das Bild, alleinstehend gegen andere, damit jedoch noch keinesfalls[22]. Das Bild geschlechtlich gemischter Wasserschüttender, die der literarisch belegten Tradition entsprechen, hat nach der Beschreibung des Pausanias auch die von Polygnot bemalte Lesche der Knidier in Delphi wiedergegeben[23]. Pausanias nennt getrennt zwei Szenen von Wassertragenden: Eine zeige eine junge und eine alte Frau, die Wasser in Gefäßscherben trügen und gemeinsam beschriftet seien als σφᾶς τῶν οὐ μεμυημένων γυναικῶν. Nach der Beschreibung einiger andere Figuren nennt er dann einen Pithos, um den sich ein Junge, ein alter Mann und eine alte und eine junge Frau aufhielten, die Wasser tragen, wobei die Hydria der Alten abermals gebrochen erscheine, woraus sich Wasser in den Pithos ergieße. Pausanias schließt, dass »auch diese die Eleusinischen Riten geringgeschätzt« hätten. Wie dem auch sei, die Inschrift, so erratisch sie Pausanias auch überliefert, belegt, dass die Unterweltstrafe des Wasserschüttens von Polygnot als Folge des

---

[15]   Vgl. Kossatz-Deissmann 1981; W. Felten, Attische Unterweltsdarstellungen (München 1975) 23–45.
[16]   Athen, Kerameikos, Eridanos Grab hS 89: Kossatz-Deissmann 1981, 737 Nr. 1*.
[17]   Palermo, Museo Nazionale 996: Kossatz-Deissmann 1981, 737 Nr. 3*.
[18]   Vgl. auch LIMC VII (1994) 33–35 s. v. Oknos (W. Felten).
[19]   München, Staatliche Antikensammlungen und Glyptothek 1493: Kossatz-Deissmann 1981, 737 Nr. 2*.
[20]   Darauf hat mich Bert Kaeser hingewiesen, dem ich für Diskussion und freundlich erteilte Auskünfte herzlich danke. Das Fehlen des üblichen ›Frauen-Weiß‹ erklärt er als Verlust der Farbe des Lebens, unter dem sehr interessanten Hinweis auf eine Münchner Augenschale (Inv. 2030: LIMC I [1981] 631 Nr. 728* s. v. Amazones [P. Devambez – A. Kauffmann-Samaras]), auf der eine von einer Gefährtin aus dem Kampf getragene Amazone in einem eigentümlichen Braun-Beige-Gemisch wiedergegeben ist – »die Leiche entfärbt sich«.
[21]   Felten a. O. (Anm. 15) versteht die Arbeiten sowohl des Sisyphos als auch der Wasserschüttenden nicht als Strafe (dazu fehle der Aspekt körperlichen Leides), sondern als Ausdruck der Sinnlosigkeit jenseitigen Daseins ganz allgemein.
[22]   Die Deutung ist ikonographisch möglich, setzt aber die Bekanntheit des Motivs voraus – womit sie nicht als Zeugnis für ebendiese Bekanntheit verwendet werden kann, ohne zirkulär zu argumentieren.
[23]   Paus. 10, 31, 9. 11.

Versäumnisses irgendeiner Art von Initiation dargestellt worden ist und nicht mit Figuren des Mythos verbunden wird.

Nun unterscheiden sich die apulischen Bilder in einigen wesentlichen Punkten von dem in Delphi. Waren dort Frauen und Männer, Alte und Junge dargestellt, ist der Kreis der Wasserschüttenden nun eingegrenzt auf junge[24] Frauen. Dies könnte durchaus auch inhaltlich eine Präzisierung meinen: statt anonymer Uneingeweihter nun definierte mythische Figuren? Die Möglichkeit ist plausibel, aber sie muss hypothetisch bleiben. Für das Verständnis der Bilder wäre eine Benennung der Frauen mit Hydrien als Danaiden ohnehin noch von geringer Aussagekraft. Ob die mythischen Figuren, wenn sie denn gemeint waren, im 4. Jh. in derselben Geschichte vorgestellt wurden und dieselben Assoziationen weckten, die wir für sie erst in deutlich späterer Zeit belegen können, ist keineswegs ausgemacht. Mit dem Problem der Benennbarkeit der Figuren berührt man folglich eher nicht die wichtigste der mit diesen Bildern verbundenen Deutungsfragen. Unabhängig von der Benennung bleibt in jedem Falle die inhaltliche Interpretation der Figuren ein Problem, und darum soll es hier vorrangig gehen. Welche Funktion haben die Frauen mit Hydrien, die mal in der Arbeit des Wasserschüttens am Pithos, mal aber auch untätig herumsitzend dargestellt sind, innerhalb der Unterweltbilder? Welchen Gehalt transportieren sie? Was tragen sie zum Verständnis der Bilder insgesamt bei[25]?

Zur Klärung der Zeichenbedeutung ist dabei das Corpus über die von der Analyse eigentlich anvisierten Unterweltbilder hinaus zu erweitern, da das Bildmotiv ›Frau mit Hydria‹ in oft ganz ähnlicher Weise auf apulischen Vasenbildern auch in anderen Kontexten erscheint. Erst in einem letzten Schritt ist auf der Grundlage der Ergebnisse der ikonographischen Analyse die Frage zu stellen, ob die Benennung der Figuren als die literarisch bekannten Danaiden zutreffen kann und in welcher Bedeutung dies dann eventuell zu verstehen wäre. Der zeitliche Rahmen auch für die zum Vergleich herangezogenen Bilder wird durch das Vorkommen der Darstellungen von Frauen mit Hydrien in der Unterwelt abgesteckt, über den nach oben gelegentlich ein wenig hinausgegangen wird. Präzise Datierungen – generell bewegen wir uns im Wesentlichen in der zweiten Hälfte des 4. Jhs. v. Chr. – stehen dabei nicht zur Rede[26]. Zur historischen Verortung der Ergebnisse einer ikonographischen Analyse apu-

---

[24] Sie tragen jedenfalls keine Altersmerkmale, eine Eigenschaft, die sie allerdings mit nahezu allen weiblichen Figuren apulischer Vasenbilder gemein haben.

[25] Keuls 1974 hat das Verdienst, die kanonische Deutung der eine Strafe verbüßenden Frauen mit Hydrien in Frage gestellt zu haben, womit die jüngere Forschungsgeschichte zum Thema beginnt. Etwa gleichzeitig hat Margot Schmidt das Problem der »Danaidi beate« diskutiert und abweichend von der traditionellen Ansicht beantwortet: Schmidt 1975, 123–125, das Zitat 123 Anm. 39; Schmidt 1976, 74–77. Weitere Stellungnahmen insbesondere: Pensa 1977, 37–46; Schmidt 1982, 29 f.; Schauenburg 1984a, 375–384; Moret 1993, 343–348. Seither scheint die Diskussion weitgehend verstummt zu sein, obwohl die beiden letztgenannten Beiträge zur alten Büßerinnen-Deutung zurückkehren wollten. Zuletzt knapp wieder so: Kossatz-Deissmann 2009a, 162.

[26] Ich folge in der Zuschreibung und in den im Katalog angegebenen Datierungen, die nicht anders als eine grobe Orientierung selbst in der relativen Abfolge zu verstehen sind, unkritisch den grundlegenden Arbeiten von Arthur Dale Trendall und Alexander Cambitoglou in RVAp und den Supplementen dazu. Deren Klassifizierungen sind in weiten Zügen sicherlich überzeugend, auch wenn die Entwicklungslogik, unter der sie in eine Abfolge gebracht sind, problematisch ist (vgl. Giuliani 1995, 159 Anm. 10). Die von ihnen gegebenen Datierungen sind möglicherweise in ihrem ganzen Rahmen um einige Dekaden revisionsbedürftig: Giuliani 1995, 159 Anm. 9. Ähnlich M. Mazzei, Lo stile apulo tardo, in: Lippolis 1996, 403; A. Hoffmann, Grabritual und Gesellschaft. Gefäßformen, Bildthemen und Funktionen unteritalisch-rotfiguriger Keramik aus der Nekropole von Tarent (Rahden 2002) 71–77. Vgl. auch M. Denoyelle, L'approche stylistique: bilan et perspectives, in: Denoyelle u. a. 2005, 103–112.

lischer Vasenbilder fehlen ohnehin einige Schritte, die hier nicht geleistet werden können[27]. Zwar verteilen sich die zu behandelnden Gefäße und ihre Bilder nach der Chronologie von Trendall – Cambitoglou insgesamt über einen Zeitraum von etwa 50 Jahren, doch ergibt sich eine Kerngruppe, die mit Trendall – Cambitoglou im Wesentlichen einem Werkstattkreis um den Baltimore-Maler[28] zugeschrieben werden kann, was die Einfügung der einzelnen Bilder in als synchron betrachtbare Serien besonders gerechtfertigt erscheinen lässt.

Allerdings spitzt sich mit dieser Zuschreibung eine Problematik noch zu, die im Grunde für die gesamte Produktion apulisch-rotfiguriger Prachtkeramik gilt: Soweit Provenienzen der Stücke überhaupt bekannt sind[29], kommen sie praktisch nie aus Tarent[30] oder anderen griechischen Koloniestädten, sondern ganz überwiegend aus Gräbern im nordapulischen Raum. Für den Baltimore-Maler und seinen Umkreis ist die Konzentration der Fundorte so markant, dass sich auch für den Sitz der Werkstatt ein nordapulisches Zentrum, wohl Canosa in Daunien, wahrscheinlich machen lässt[31]. Wenn die Abnehmer der Vasen aber keine Griechen, sondern

---

In einer neuen Gesamtdarstellung der rotfigurigen unteritalischen und sizilischen Keramik, einem monumentalen Kollektivwerk der Universität Bari (Todisco 2012), werden die herkömmlichen Datierungen weithin beibehalten.

[27] Zu Ansätzen dazu vgl. O. Dally, Rez. zu Giuliani 1995, BJb 197, 1997, 473–476, hier 475 f.; C. Pouzadoux, L'invention des images dans la seconde moitié du IVe siècle: entre peintres e commanditaires, in: Denoyelle u. a. 2005, 187–199; A. Henning, Unteritalische Prunkvasen in Gräbern einheimischer Eliten, in: Hitzl 2011, 38–51.

[28] Zu Maler und Werkstatt vgl. nach den Grundlagenarbeiten von Trendall und Cambitoglou jetzt auch Todisco 2012, 273–301.

[29] Dies ist nur in den selteneren Fällen gegeben. Liegen für die schon im 19. Jh. bekannten Vasen meist zumindest Angaben der Herkunftsorte vor, da man bei der Plünderung archäologischer Kontexte damals kaum ernsthafte Sanktionen befürchten musste, so erscheinen in den letzten Jahren gewaltige Mengen apulischer Vasen ohne jede Provenienzangabe auf dem Kunstmarkt, die offensichtlich Raubgrabungen entstammen. So ergibt paradoxerweise die bekannt hohe Aktivität von Raubgräbern im nordapulischen Raum noch am ehesten einen Hinweis auf die Herkunft der Stücke. Vgl. zur Problematik allgemein: D. Graepler u. a., Fundort unbekannt (München 1993) bes. 31–44; G. Andreassi, Archeologia illegale, in: H.-D. Heilmeyer – J. C. Eule (Hrsg.), Illegale Archäologie? Internationale Konferenz über zukünftige Probleme bei unerlaubtem Antikentransfer, 23.–25.5.2003 in Berlin, aus Anlass des 15. Jahrestages der Berliner Erklärung (Berlin 2004) 175–177. Wegen der exorbitanten Zahl an offenkundig Raubgrabungen besonders auch jüngerer Zeit entstammenden apulischen Vasen steht jede wissenschaftliche Beschäftigung mit apulischer Vasenmalerei vor einem forschungsethischen Dilemma. Einerseits ist für Fragen, in denen auch ohne Kontext Erkenntnisfortschritte zu erzielen sind, jedes einmal bekannt gemachte Objekt zu berücksichtigen, um die Analyse nicht zu verzerren; andererseits wird damit unvermeidlich an der ›Reinwaschung‹ von Objekten mitgearbeitet, deren Kontext zerstört wurde und verloren ist, so wie sie selbst für die Beantwortung kontextbezogener Fragen verloren sind. Auch für die ikonographische Analyse ist dieser Verlust spürbar, denn wüssten wir mehr über die Kontexte, ließe sich die im Anschluss erläuterte Einschränkung auf eine produktionsästhetische Perspektive vielleicht mindestens teilweise überwinden. – Es wird in diesem Beitrag kein neues Material vorgelegt, das bereits publizierte jedoch unbeschadet seiner möglicherweise illegalen Herkunft berücksichtigt. Im Katalog werden zu jedem Stück Provenienzangaben gemacht, soweit diese bekannt sind, bzw. auf deren Fehlen hingewiesen. **Kat. 13** und **32** gehören zu den 40 Objekten, die das J. Paul GettyMus. 2007 an Italien zurückerstattet hat, da sie offenkundig aus Raubgrabungen stammten und illegal das Land verlassen hatten: <http://www.getty.edu/news/press/center/objects_to_be_transferred_to_italy_080107.pdf> (30. 6. 2013) Nr. 8. 40.

[30] In den Nekropolen Tarents dominieren dagegen kleinformatige Gefäße, besonders Lekythen und Oinochoen: Hoffmann a. O. (Anm. 26) passim, explizit z. B. S. 77. s. auch T. H. Carpenter, Apollo and the Apulians, in: L. Athanassaki u. a. (Hrsg.), Apolline Politics and Poetics (Athen 2009) 287.

[31] E. G. D. Robinson, Workshops of Apulian Red-Figure Outside Taranto, in: Descœudres 1990, 179–193, bes. 181–183. M. Mazzei (a. O. [Anm. 26]) bevorzugt angesichts der Transportprobleme, die die großen Grabvasen hervorgerufen haben müssen, die Hypothese wechselnder Produktionsstätten an den Orten des Bedarfs. Vgl. dazu Morard 2002, 47–50. – Zu Canosa vgl. M. Corrente, Produzione e circolazione della ceramica a figure rosse a Canosa e nel territorio: i dati delle recenti scoperte, in: Denoyelle u. a. 2005, 59–76. Ein noch nicht näher lokalisierter Produktionsort rotfiguriger apulischer Keramik außerhalb Tarents, der v. a. Peuketien belieferte, ist nun

apulische Einheimische waren, müsste eine vom Standpunkt des Betrachters ausgehende Interpretation die Bilder in deren kulturellen Kontext einbetten. Dazu gibt es Ansätze, aber die methodischen Schwierigkeiten sind nicht gering[32]. Was hier hingegen vorgelegt wird, ist ein Versuch, die Bilder in ihrer eigenen Systematik und vor dem Hintergrund der griechischen Kultur, deren Tradition sie entstammen, auszudeuten. Wenn von ihrer ›Bedeutung‹ die Rede ist, bezeichnet dies ein Potential an Gehalten, das in ihnen angelegt ist ausweislich ihrer Kompositionsprinzipien und dem Spiel von Möglichkeiten, das eine Serie auf irgendeiner Ebene verwandter Bilder zeigt; ein Potential, das genährt wird von Vorstellungen der griechischen Kultur, insbesondere ihren Göttern und mythischen Figuren. Damit ist nicht ausgesagt, dass ein daunischer Betrachter genau das in ihnen gesehen hat und dass genau das für ihn die ›Bedeutung‹ des Bildes, die ja erst in Interaktion mit dem Betrachter eigentlich zustande kommt, ausgemacht hat. Vertreten werden soll dagegen, dass die Bilder ihm dieses Verständnis anboten und manch anderes Verständnis wohl schwerer möglich machten. Man könnte die Blickrichtung der Untersuchung daher produktionsästhetisch nennen, was freilich nur eine Seite eines untrennbaren Zusammenhangs bezeichnet: So wie der Vasenmaler die Bildkompetenz der Betrachter berücksichtigen muss, will er den Code seiner Bilder verständlich machen, so muss die Analyse umgekehrt anhand der ermittelten Strategien der ikonographischen Verständigung diese Kompetenz des Betrachters hypothetisch unterstellen, um weitere Schlüsse zu erlauben[33].

Der ikonographischen Analyse zugrunde liegt also notwendig die These, dass die Bilder eine auf Verständlichkeit abzielende Aussage haben und dass weder ihr Aufbau noch die Gestaltung ihrer Figuren beliebig sind. Diese Beliebigkeit ist den apulischen Vasenbildern zumindest für Details immer wieder unterstellt worden; ihre ständig wiederholten Figurentypen und ihr wenig szenisch verbundener Aufbau begünstigen diesen Eindruck fraglos. Es lassen sich jedoch potentiell bedeutungsträchtige Regelhaftigkeiten finden, gemäß denen die apulischen Vasenmaler aus ihren standardisierten Schemata aussagekräftige Bilder komponieren[34]. Der Erfolg einer Suche nach Zusammenhängen ist sicher kein Beweis, dass die Grundthese, solche Zusammenhänge seien auch intendiert, richtig war, wohl aber ein starkes Indiz: Wenn sich die Elemente eines Bildes schlüssig in ein rekonstruiertes Kompositionsschema fügen, das ein durchdachtes Konzept voraussetzt, ist die Wahrscheinlichkeit wohl nicht besonders hoch, dass dies nur auf Zufall beruht.

Zunächst sollen die Darstellungen betrachtet werden, in denen Hydriaphoren, Frauen mit Hydrien[35] oder Hydrien allein in einem Kontext erscheinen, der durch klare ikonographische Hinweise als Unterwelt unmittelbar erkennbar ist[36]. Vorab ist noch etwas Grundsätzliches fest-

---

auch archäometrisch nachgewiesen: J. Thorn – M. Glascock, New Evidence for Apulian Red-figure Production Centres, Archaeometry 52, 2010, 777–796 bes. 794.

[32] Für einen in Teilen notwendigerweise hypothetisch bleibenden Versuch, die Vasen und ihre Bilder in den funktionalen Kontext ihrer Verwendung, das Begräbnisritual in den nordapulischen Gesellschaften, einzufügen, vgl. Giuliani 1995, 152–158, sowie die Rezension dazu Dally a. O. (Anm. 27).

[33] Vgl. dazu Pouzadoux a. O. (Anm. 27).

[34] So auch Aellen 1994, 17. Zum Bedeutungsgehalt der Komposition apulischer Vasenbilder s. bes. Morard 2009.

[35] ›Hydriaphoren‹ bezeichnet in meinem Text ausschließlich Frauen, die tatsächlich eine Hydria tragen. Sie machen einen Teil der größeren Menge der ›Frauen mit Hydrien‹ aus, womit ich grundsätzlich alle Frauen bezeichne, die in irgendeiner unmittelbaren ikonographischen Beziehung zu dem Wassergefäß stehen. Außer die Hydria zu tragen, können sie auf oder neben ihr sitzen, neben ihr stehen, sich auf ihr aufstützen oder einen Fuß auf sie stellen.

[36] Zu apulischen Unterweltdarstellungen vgl. allgemein Pensa 1977; LIMC VIII (1997) 871–878 s. v. Nekyia (W. Felten). Zu ihrer Interpretation grundlegend Moret 1993; kritisch dazu Schmidt 2000. – Zur Ikonographie

zuhalten, das für die Interpretation der Bilder relevant ist, im Einzelnen sich aber dem Blick entziehen kann: Wenn hier nur von ›Frauen mit Hydrien‹ die Rede ist, ist das (eher) keine definierte Auswahl einer größeren Gruppe von ›Figuren mit Hydrien‹ – ›Männer mit Hydrien‹ gibt es in der apulischen Vasenmalerei (und darüber hinaus) von ganz wenigen Ausnahmen[37] abgesehen nicht. Damit ist dem Bildzeichen ›Hydria‹ eine Grundbedeutung gegeben: Es ist ein Attribut der Frauen, Ausdruck des Bereichs, der Frauen zukommt. Dies entspricht wohl der Lebenspraxis in der griechischen Antike; wichtig für die Untersuchung aber ist, dass die Regel in den Vasenbildern ganz systematisch befolgt wird, wodurch erst der Bedeutungsgehalt des Zeichens gewährleistet ist. Dass die Zuteilung eines Attributs in diesem evidenten Fall so konsequent erfolgt, begünstigt die Arbeitshypothese, auch darüber hinaus Regelhaftigkeiten in den Bildern finden und sie einer Interpretation zugänglich machen zu können.

Das Bildelement, das eine Darstellung zweifelsfrei in der Unterwelt situiert, ist insbesondere das thronend, lagernd oder stehend wiedergegebene Götterpaar Hades und Persephone als Herrscher des Totenreichs. Ihre Identifizierung macht aufgrund der sehr einheitlich verwendeten Attribute keine Schwierigkeiten. Hades ist nahezu immer bärtig[38]; er trägt entweder ein langes Ärmelgewand und einen kurzen Chiton darüber, der häufig elaboriert verziert ist, oder ein Himation. Als Herrscher ist er regelmäßig durch das Zepter gekennzeichnet. Meist, aber nicht immer, ist er thronend dargestellt. Neben ihm ist gewöhnlich Persephone zu sehen, oft ebenfalls thronend oder vor ihrem Thron stehend. Ihre charakteristischen Attribute sind das lange, oft ebenfalls reich verzierte Gewand, ein Diadem im Haar und die typische Kreuzfackel[39]. Bisweilen können die Unterweltherrscher auch einzeln dargestellt sein. Häufig befinden sie sich in einer Säulenarchitektur, die konventionell als ›Palast des Hades‹ bezeichnet wird. Der ›Palast‹ lässt sich aber nur mühsam von manchen anderen Architekturdarstellungen auf apulischen Vasen unterscheiden; erst in der Zusammenstellung mit dem Götterpaar erhält er seine Bedeutung[40]. In ihm befinden sich häufig noch weitere Attribute, oft im Hintergrund dargestellt, als wären sie an einer imaginären Rückwand aufgehängt. Charakteristisch sind darunter die Räder, ein typisches Unterweltattribut. Möglicherweise

---

von Hades und Persephone: Pensa 1977, 32 f.; Lindner u. a. 1988, bes. 384–388. 393 f.; Güntner 1997, bes. 966–974. 977 f. Ergänzungen LIMC Suppl. (2009) 234–236 s. v. Hades (C. Pozadoux); 416–423 s. v. Persephone (I. Krauskopf). – Zu Hades auch: Schauenburg 1958, 48–78, bes. 77 f. Seit Pensas Monographie hat sich die Zahl der bekannten Unterweltdarstellungen auf apulischen Vasen nahezu verdoppelt. Eine neuere, Vollständigkeit anstrebende Liste bei Moret 1993, 349–351.

[37] Einige Ausnahmefälle in der apulischen Vasenmalerei und ihre jeweilige Begründung werden im Laufe des Textes behandelt. Das berühmteste Auftreten männlicher Träger von Hydrien sind sicherlich die Jünglinge im Parthenon-Nordfries (N VI 16–19: F. Brommer, Der Parthenonfries [Mainz 1977] 29 f. Taf. 58), die durch spezifische Bedingungen der Ritualhandlung erklärt werden müssen; vgl. Diehl 1964, 171.

[38] Ausnahme: Volutenkrater Neapel, Mus. Archeologico Nazionale Stg. 11; RVAp I 424,54: Umkreis Lykurg-Maler.

[39] Zur Kreuzfackel vgl. Pensa 1977, 32 Anm. 95.

[40] Vgl. B. Brandes-Druba, Architekturdarstellungen in der unteritalischen Keramik (Frankfurt a. M. 1994). Zum Unterweltpalast dort 75–91 und Zusammenfassung 185–197. Brandes-Druba definiert: »Unter einem Unterweltpalast wird hier ein tempel- bzw. palastähnliches Gebäude verstanden, welches sich insbesondere durch eine bestimmte Rahmenhandlung auszeichnet, die spezifische auf die Unterweltsvorstellungen der Griechen bezogene mythische Personen zeigt« (a. O. 75). Vorbildhaft für diese wie andere Architekturdarstellungen der apulischen Vasenmalerei sei der kanonisch gewordene Typus des Grabnaiskos (a. O. 185 f.). Daher »ist die dargestellte Architektur … niemals allein als eigenständiges Bildmotiv kontextuell verständlich: sie ist immer Bestandteil der Darstellung eines szenischen Ablaufs, die sie erklären oder verdeutlichen kann« (a. O. 195).

beziehen sie sich auf die Wagenfahrt beim Raub der Persephone[41]. Der ›Palast‹ kann fehlen, ohne dass die Deutlichkeit der Szene leidet[42]. Hades und/oder Persephone in weitgehend inaktiver Pose[43] definieren allein bereits hinreichend den Kontext Unterwelt. Weitere bekannte mythologische Unterweltbewohner sind häufig dargestellt[44]; ihre Präsenz ist aber ebenfalls nicht notwendig, um eine Szene in der Totenwelt zu lokalisieren, wie beispielsweise der Volutenkrater **Kat. 2** zeigt.

Nur zwei apulische Vasen bieten eine Darstellung von mehreren Frauen mit Hydrien am Pithos, die nach den vorgenannten Kriterien eindeutig in der Unterwelt zu lokalisieren sind. Der Volutenkrater in der University of Illinois in Urbana-Champaign (**Kat. 2**, Abb. 1–4) gruppiert drei Register von Figuren um einen ›Palast des Hades‹; das untere wird ganz von Frauen mit Hydrien um einen zentralen Pithos eingenommen. Ein Gefäß gleicher Form in der Ermitage in St. Petersburg (**Kat. 1**, Abb. 5. 16) verzichtet auf die Architekturdarstellung und ordnet die Szene in zwei Registern an; das obere gehört den göttlichen Figuren, das untere wiederum ganz den Frauen mit Hydrien; der Pithos steht diesmal am äußersten rechten Bildrand. Beide Gefäße werden dem Baltimore-Maler zugeschrieben, der das Motiv der Hydriaphoren am Pithos demnach zweimal in grundverschiedenen Kompositionen einsetzte.

DIE VASENBILDER

Mehrere Hydriaphoren am Pithos in unmittelbarem Unterweltkontext

Auf dem Volutenkrater im Spurlock Museum der University of Illinois (**Kat. 2**, Abb. 1–4) ist das Hauptbild der Schauseite um den dominierenden, mehr als ein Drittel der Bildfläche einnehmenden ›Palast des Hades‹ organisiert, in dem sich Hades und Persephone befinden. Beiderseits sind jeweils zwei Register mit je einem ›Gesprächspaar‹ von Frau und jungem Mann angeordnet, wobei im oberen Register jeweils einer der Gesprächspartner wohl ein Gott ist. Das dritte Register unter dem ›Palast‹ wird auf ganzer Breite von fünf Frauen mit Hydrien rings um einen Pithos eingenommen. Durch das Motiv der Hydria sind die Szenen um den ›Palast‹ miteinander verzahnt: Bei den beiden unteren ›Gesprächspaaren‹ hat die Frau einen Fuß auf eine am Boden liegende Hydria gesetzt.

Der Zentralität der Palastarchitektur für das gesamte Bild entspricht die Zentralität des Pithos im unteren Register. Er ist auf den Bau darüber ausgerichtet: Dessen Mittelsäule, die, um Hades mehr Raum zu geben, die Front etwas unregelmäßig teilt und überdies leicht schräg gestellt ist, gibt die Achse vor, auf der der Pithos platziert ist. Er befindet sich so nicht in der

---

[41]　So Pensa 1977, 33. Dafür spricht auch, dass griechische Wagen realiter auseinandergenommen wurden, wenn sie nicht im Gebrauch waren; vgl. J. Wiesner, Fahren und Reiten, ArchHom I Fasz. F (Göttingen 1968) 6. 12 für Belege in der Ilias. Eine eschatologische Deutung der Räder im ›Palast des Hades‹ im Nachgang von J. E. Harrison, Prolegomena to the Study of Greek Religion ³(Cambridge 1922) 590 f., erwägt Margot Schmidt 1976, 68.

[42]　Brandes-Druba a. O. (Anm. 40) 78 f.

[43]　Zu unterscheiden sind natürlich eher handlungsbetonte Darstellungen wie der Raub der Persephone, der sich auf der Erde abspielt. Dazu Lindner 1984.

[44]　Dazu gehören v. a.: Hermes (vgl. zu seiner Funktion: Moret 1993); Hekate (vgl. Sarian 1992, 992 f. Nr. 27–43); Erinyen (vgl. Aellen 1994, 24–90. 203–211 Nr. 11–80); Herakles und Kerberos (vgl. LIMC V [1990] 85–93 Nr. 2553–2627 s. v. Herakles [J. Boardman]); Sisyphos (tatsächlich nur auf drei apulischen Vasenbildern: vgl. LIMC VII [1994] 784 Nr. 22–24 s. v. Sisyphos I [J. H. Oakley]).

Abb. 1. Urbana-Champaign, University of Illinois, Spurlock Mus. 1982.06.0001: Volutenkrater
des Baltimore-Malers (**Kat. 2**)

Abb. 2. Wie Abb. 1: Ausschnitt unter dem ›Palast des Hades‹

arithmetischen Mitte des Bildfrieses, sondern etwas nach links versetzt. Damit nimmt der Pithos nicht allein das Zentrum des Registers ein, sondern er wird erst zusammen mit der Frau rechts von ihm, die ihre Hydria in ihn entleert, zum Mittelpunkt der Szene. Pithos und Wasserschüttende bilden eine Gruppe. Sie sind auch ikonographisch unmittelbar verbunden: Die Frau[45] hat ihren Fuß auf den Pithoshals gesetzt; aus ihrer Hydria ergießt sich ein in feinem Weiß gezeichneter Wasserstrahl sichtbar in den Pithos. Innerhalb dieser Gruppe wiederum, und damit für das gesamte Bild, hat die Hydria, zusätzlich in auffälligem Deckweiß und Gelb[46], die zentrale Position, horizontal wie vertikal. Sie ist der in jeder Hinsicht zentrale Bildgegenstand des unteren Registers. Dabei springt diese eine Hydria der Gießenden, in der Reihe der Wassergefäße aller Frauen, dem Betrachter nicht besonders aufdringlich ins Auge. Die Dominanz des Bildzeichens ›Hydria‹ geht nicht nur vom Zentrum aus; sie erstreckt sich über die gesamte Szene. So kann der Pithos fast zurückgesetzt erscheinen. Aber gerade

---

[45] Die Frauen sind stets, und oft aufwändig, bekleidet, worauf nicht im Einzelnen eingegangen wird; im Detail variiert die Kleidung durchaus, bisweilen auch auf einem Bild. So können die Frauen insbesondere zwei Gewänder übereinander tragen oder nur eines; dafür ließ sich aber keine Regelmäßigkeit ausmachen, die auf einen Bedeutungsunterschied hinwiese. Auch ihr sehr gleichförmig wiederkehrender Schmuck sei hier pauschal erwähnt: Sie tragen Ringe an den Armen, eine oder zwei Ketten um den Hals und meist Ohrgehänge (wie die Ketten weiß gepunktet); außerdem ist die Frisur in einer Binde oder Haube gefasst.

[46] Die Hydrien sind nahezu immer mit aufgetragenem Deckweiß, oft auch mit Gelbtönen hervorgehoben, was im Folgenden nicht jedes Mal eigens genannt wird. Dies charakterisiert sie sicher als Metallgefäße (vgl. andere weiß gemalte Gegenstände wie Helme, Panzer usw.); dargestellt sind also nicht gewöhnliche Tongefäße, sondern ihre Gegenstücke der edelsten Version.

gegen die Vielzahl der Hydrien hebt sich seine Einzigkeit ab: Ist die Hydria das Leitmotiv des Bildes, das bei jeder seiner Figuren wiederkehrt, so ist es der Pithos, der das Bild organisiert. Auf ihn zu ist die gesamte Darstellung komponiert, selbstredend gerade auch in der zentralen Gruppe, in der die Frau ihre Hydria ja in ihn ausgießt.

Nimmt man die Gruppe Pithos-Wasserschüttende als Einheit, gruppiert sich die übrige Darstellung grundsätzlich symmetrisch um sie herum. Zu beiden Seiten sind je zwei weitere Frauen mit Hydrien zu sehen. Im Detail nimmt die Symmetrie nach außen hin ab: Folgt zunächst auf die Mittelgruppe beiderseits je eine sitzende Frau mit einer aufrecht abgestellten Hydria, nehmen die äußeren Figuren unterschiedliche Haltungen ein. Links sehen wir eine stehende Frau in weiter Schrittstellung, die vorgebeugt eine Hydria tief vor sich hält; rechts sitzt eine Frau auf oder neben einer liegenden Hydria. Die Szene setzt sich im Register darüber mit den beiden Frauen fort, die sich im Gespräch mit einem jungen Mann befinden. Die Verbindung wird nicht nur durch das Bildzeichen ›Hydria‹ (auf die die Frauen der ›Gesprächsszenen‹ einen Fuß setzen) hergestellt, sondern auch kompositorisch. Beide Frauen stehen jeweils auf einer etwas tieferen Bodenlinie als ihre Gesprächspartner. Sie greifen damit weit in das untere Register ein und machen den Anschluss an die Pithos-Szene augenfällig. Um diesen zu unterstreichen, ist auch die Symmetrie wieder strikter gewahrt. Beide Frauen stehen jeweils ganz außen am Rande des Bildfeldes, gewendet nach innen. Dort liegen die Hydrien vor ihnen, und es ist jeweils der in der Bildtiefe hintere Fuß, der auf das Gefäß gesetzt ist.

Ist die Wasserschüttende durch ihre unmittelbare Beziehung zum Pithos hervorgehoben, so dominiert unter den Frauen im Bild die Sitzende links vom Pithos durch schiere Größe. Weit greifen ihre Arme in den umliegenden Raum. Der Raum wird außerdem ausgefüllt durch die starken Drehungen ihrer Haltung. Der Oberkörper ist quasi frontal gegeben, der Kopf dagegen bis ins Profil gewendet zur Pithos-Gruppe hin und die Beine fast ebenfalls bis ins Profil zur entgegengesetzten Seite hin. Weiterhin ist die Hydria, die auf oder neben ihrem Oberschenkel steht, die weitaus größte aller abgebildeten und überdies als Einzige fast völlig unverdeckt zu sehen. Das Objekt, um das es in der ganzen Szene geht, ist exemplarisch zur Schau gestellt. Damit erhält aber auch die Frau, deren rechte Hand auf der Vase liegt, eine besondere Bedeutung. Diese wird weiter dadurch unterstrichen, dass die Frau eine Opferschale als zusätzliches Attribut – übergroß auch dieses – genau in die zentrale Achse von ›Palast‹-Säule und Pithos hält. Schließlich hat auch sie direkten Kontakt zum Pithos, wenn auch nur mit einem Gewandzipfel. So scheint sie der durch ihre Handlung und Position exponierten, aber als Figur weniger reich geschilderten Wasserschüttenden an Gewicht im Bild gleichzukommen. Auch kompositorisch fügt sie sich der zentralen Gruppe eng an und schließt sie erst harmonisch ab. Die beiden Frauen rahmen den Pithos; ihre Körper fassen den unmittelbaren Umraum des Vorratsgefäßes ein. Auch ihre Blickrichtung[47] und ihre Haltung und Bewegung gehen zueinander. Wenn ich dennoch den Pithos zusammen nur mit der wasserschüttenden Frau als Einheit isoliert habe, lässt sich dies im Hinblick auf die Gesamtkomposition des Bildes rechtfertigen, in der ein ausgeprägtes Streben nach Symmetrie erkennbar ist. Dem entspricht

---

[47] Tatsächlich ist die Blickrichtung der sitzenden Frau nicht eindeutig. Ihre Kopfhaltung und etwas stärker ihre schräg gezogenen Augen weisen ganz leicht nach oben (wenn auch weit weniger als bei den sitzenden Frauen rechts, und auch bei diesen mag ich nur von einer Andeutung eines aufwärts gerichteten Blickes sprechen). So wird die Szene im Katalog von MuM 1982, 27 interpretiert: »… und reicht mit der linken Hand Phiale und Kranz zum Götterpaar hinauf.« Der »Kranz« ist eine *tyle* (s. u. im Text) und wird den Göttern wohl eher nicht gereicht, aber für die Phiale ist die Deutung durchaus denkbar. Das ändert aber nichts daran, dass die seitliche Kopfwendung formal eine Beziehung zur wasserschüttenden Frau herstellt.

der exzentrische Pithos nur dann, wenn er nicht für sich genommen betrachtet wird, sondern zusammen mit der in ihn gießenden Frau. Obwohl damit die Symmetrieachse der Szene nicht durch den Pithos als zentrales Motiv, sondern durch die Hydria gelegt ist, verlangt die offene Flanke des Pithos aus Gründen der Bildharmonie nach einem würdigen Gegengewicht. So ist die sitzende Frau links von ihm, die sonst kaum etwas von den Sitzenden weiter rechts unterscheidet, besonders stattlich wiedergegeben – und kann zugleich als augenfälliges Paradigma der vom Bildzentrum weiter weggerückten und kleineren, also unauffälligeren Frauen dienen.

Unter diesen ist die links außen als Einzige außer der Wasserschüttenden als aktiv dargestellt. Ihr weit vorgestelltes linkes Bein und das nur mit den Zehen den Boden berührende rechte Bein deuten energische Bewegung an. Vorgebeugt hält sie mit ausgestreckten Armen eine Hydria vor sich. Der Moment der Bewegung ist wohl, konkret aufgefasst, so zu verstehen, dass sie eine schwere, mithin volle Hydria vor sich abstellt – für einen Moment der Ruhe, bevor sie mit dem Ausgießen des Gefäßes an der Reihe ist. Ihr Blick geht über ihre eigene Hydria hinweg und ist bereits auf die Mittelgruppe am Pithos gerichtet. Von der nach rechts folgenden Frau war eben bereits die Rede. Sie hat ihre Hydria abgestellt – da das Gefäß aufrecht steht, lässt sich nicht sagen, ob es voll oder leer vorzustellen ist. In ihrer in die Bildmitte gestreckten Linken hält sie außer der Spendeschale einen kranzartigen Gegenstand, der als *tyle* zu identifizieren ist, also als der Tragring, der die Hydria abpolstert und stützt, wenn sie auf dem Kopf getragen wird[48]. Damit wird der Vorgang des Wassertragens ikonographisch angedeutet. Die Frau ist zwar im Moment nicht an der Arbeit, aber sie hat das Hilfsmittel dafür bei sich.

Ob dies auf die Vergangenheit zurück- oder auf die Zukunft vorverweist, ob die Frau nur eine Pause macht, lässt sich nicht sagen. Die Ikonographie suggeriert in keiner Weise, die Vorgänge überhaupt als zeitlichen Ablauf zu begreifen. Die Attribute geben der Frau eine Bedeutung, rücken sie in einen sachlichen Kontext, der sich unabhängig von einer einzelnen spezifizierten Handlung versteht. Wenn in dem Bild ein Aspekt von Zeit präsent ist, dann der von Dauer. Zwei Phasen des Ablaufs ›Wasser zum Pithos bringen‹ werden von den beiden aktiven Figuren dargestellt; damit ist mindestens eine Wiederholung desselben Vorgangs evident gemacht. Die Möglichkeit zu weiteren Wiederholungen ist durch die sitzenden Frauen mit Hydria gegeben, bei der zuletzt beschriebenen verstärkt durch die *tyle*, die als Attribut nur Sinn ergibt, wenn man sich auch diese Frau wassertragend vorstellt. In abgeschwächter Form ist diese Möglichkeit zur Repetition auch in den übrigen beiden sitzenden Figuren rechts angelegt. Ihnen fehlt zwar die Traghilfe, aber immerhin haben sie auch die Hydria. Die ikonographische Effizienz des Bildes, das als Ganzes betrachtet und verstanden wird, konnte auf die wiederholte Angabe des zusätzlichen Attributs verzichten. Auch die beiden Aktiven zeigen es nicht, obwohl dies der Sache nach geboten wäre: Bei ihnen, ohnehin in Arbeit dar-

---

[48] Der Gegenstand ist in seiner Verwendung klar identifizierbar auf den Fragmenten einer Hydria des Sarpedon-Malers in Sydney (Inv. 51.39) und Leiden (Inv. 35) (W. H. de Haan-van de Wiel, Two Apulian Vase-Fragments Reunited, BABesch 46, 1971, 134 f. Abb. 1. 2): Eine Frau trägt die *tyle* auf dem Kopf, noch ohne Hydria; zu einer solchen geht vielleicht ihr aus vorgebeugter Haltung nach unten geführter rechter Arm (das Fragment endet etwa auf Höhe der Armbeuge). Noch deutlicher ist der im Folgenden ausführlich behandelte Volutenkrater St. Petersburg, Ermitage Б 1716 (St. 426) (Kat. 1): Die mittlere der Frauen hat eine *tyle* auf dem Kopf und darauf eine liegende Hydria. Τύλη bezeichnet allgemein einen Wulst oder ein Kissen; als Tragehilfe für Lasten ist das Wort gebraucht bei Aristoteles (fr. 63 Rose, bei Diog. Laert. 9, 8, 53), der deren Erfindung Protagoras zuschreibt. Dieser Gebrauch ist sonst nicht belegt und bleibt auch wenig spezifisch; es hat sich aber in der ikonographischen Literatur eingebürgert, den Tragring der Hydriaphoren so zu benennen.

gestellt, wäre seine Angabe besonders überflüssig. Dort, wo die Verbindung zur Arbeit am Pithos abzureißen drohte, ist es dagegen wieder dargestellt: Die beiden Stehenden im Register darüber halten jeweils eine *tyle* in der linken Hand. Sie sichert den Anschluss dieser Frauen an das Geschehen unten, obwohl sie durch ihre Position und ihre dargestellte Beschäftigung – die Gespräche mit den sitzenden jungen Männern – zunächst davon abgehoben scheinen. Wenn aber selbst diese Frauen mit der Arbeit des Wassertragens konnotiert sind, so muss das für diejenigen unten, die dem Pithos näher und in keiner dezidiert anderen Beschäftigung begriffen zu sehen sind, erst recht gelten.

Die beiden rechts unten sitzen in beinahe identischer Haltung in Dreiviertelansicht nach rechts, den Kopf ins Profil nach links gewendet. Die äußere Frau ist deutlich kleiner wiedergegeben, was im gedrängten Platz begründet sein dürfte. In ihrer vom Körper weg bis zur Schulterhöhe erhobenen Linken halten beide jeweils ein Attribut: die innere ein geschlossenes Kästchen, die äußere eine Schale ähnlich der im Bildzentrum dargestellten. Die Hydria der inneren Frau steht, die der äußeren liegt am Boden: Zumindest Letztere muss also leer sein. Beide haben ihren Kopf nicht nur der Bildmitte zugewendet, sondern ganz leicht zurückgeneigt; es scheint, als ob sie eher zum Palast hinaufblicken als die Arbeit ihrer Kollegin am Pithos zu betrachten. Mit dem Geschehen im Palast mag dann auch die Geste der inneren Frau zu verbinden sein: Ihr rechter Oberarm ist von der Schulter fast waagerecht seitwärts geführt, der Unterarm dann im spitzen Winkel auf das Gesicht zurück; die vier Finger (der Daumen bleibt unsichtbar) sind vor Mund und Nase auseinandergespreizt. Exakte Parallelen dieser Gebärde sind auf spätapulischen Vasen kaum zu finden. Der Griff zum Kinn ist zwar häufig dargestellt[49], aber gemeinhin ist der Arm eng vor dem Körper geführt und die Finger sind kaum gespreizt. Am engsten verwandt ist eine thronende Frau auf einer Loutrophore des Baltimore-Malers in Ruvo[50], die möglicherweise als Sterope zu identifizieren ist. Der ›Pelops‹, der neben ihr steht, führt ebenfalls eine Hand mit gespreizten Fingern zum Kinn, er hält aber den Arm wie üblich enger am Körper. Ähnlich – gespreizte Finger, aber weniger weit ausholender Arm – ist auch die Gebärde der vor Menelaos fliehenden Helena auf einem Volutenkrater desselben Malers ehemals in der Züricher Galerie Nefer[51]. In der Gebärde in ihrer allgemeineren Form scheint Unsicherheit über einen ungewissen Ausgang oder über das richtige Verhalten in einer Situation (Helena) ausgedrückt zu sein, soweit sich das aus den identifizierten mythologischen Szenen unter den Bildern mit dem Gestus schließen lässt.

Ein schwer erklärbares Detail im unteren Register ist das leicht ausgezackte flammenförmige Gebilde nahe dem unteren Bildrand zwischen der wasserschüttenden Frau und der Sitzenden rechts von ihr: Ein tongrundiger Kontur umschließt einen kleinen schwarzgefirnissten Bereich; etwas Weiß ist aufgetragen. Der Position nach würde man an eine Pflanze

---

[49]   Vgl. z. B. Ino und Helle auf dem Volutenkrater des Dareios-Malers, Staatliche Museen zu Berlin, Antikenslg. 1984. 41 (RVAp Suppl. 2 177,41b; Giuliani 1995, 90 f. Abb. 69. 70); sitzende Frau auf einer Pelike aus dem Umkreis des Unterwelt-Malers, Melbourne, Slg. Geddes A 5:12 (RVAp Suppl. 2 165,338a Taf. 42, 3); Oinomaos auf einem Volutenkrater des Baltimore-Malers, Neapel, Privatslg. Inv. 370 (RVAp 866,27 Taf. 325, 2); eine Frau mit Hydria auf einem weiteren Volutenkrater des Arpi-Malers in derselben Sammlung Inv. 369 (RVAp 923,87 Taf. 358). Vergleichbare Gebärden werden bereits in der attischen Vasenmalerei oft verwendet und bedeuten dort »Urteilen«, »Nachdenken«, »Ratlosigkeit«, »gespannte Aufmerksamkeit«, »banges Harren« u. Ä.: Neumann 1965, 108–136.
[50]   Ruvo, Mus. Jatta n.i. 37 (RVAp Suppl. 1 154,43c Taf. 29, 1).
[51]   RVAp Suppl. 1 151,1a Taf. 29, 4; RVAp Suppl. 2 266.

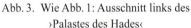

Abb. 3. Wie Abb. 1: Ausschnitt links des   Abb. 4. Wie Abb. 1: Ausschnitt rechts des
›Palastes des Hades‹   ›Palastes des Hades‹

denken, die aber gewöhnlich nicht so amorph dargestellt ist[52]. Eher scheint eine Wasserpfütze gemeint zu sein. Gewässer werden in der spätapulischen Vasenmalerei meist nur durch eine tongrundige und/oder weiße Umrisslinie um schwarz gemalte Flächen bezeichnet. Typische Beispiele sind der ›Fluss‹ auf dem im Folgenden behandelten Petersburger Volutenkrater **(Kat. 1)** oder das Gewässer, an dem Europa auf einem Volutenkrater des Ilioupersis-Malers in Paris sitzt[53]. Trifft diese Deutung zu, gäbe diese ›Pfütze‹ einen weiteren Hinweis auf das Wasser, das hier im Spiel ist[54].

Die ›Gesprächsszenen‹ im Register darüber haben sich als in dreierlei Weise mit der unteren Szene verbunden erwiesen: zunächst kompositorisch, durch die Füße der Frauen, die weit in das untere Register eingreifen; dann durch das Bildzeichen der Hydria; schließlich noch verstärkt durch die *tyle*, die die Frauen explizit mit der Arbeit am Pithos verbinden. Jeweils der rechte Arm der Frauen greift in den Raum vor ihrem Körper aus. Dies ist das durch die gesamte attische und unteritalische Vasenmalerei hindurch gebräuchliche Zeichen, sie als zu ihrem Gegenüber redend zu charakterisieren[55]. Die jeweils Angesprochenen sind

---

[52] Vgl. nur die Blumen, die beiderseits der Felsen auf dem Halsbild der Rückseite dieser Vase sprießen.
[53] Paris, Louvre K 3; hier **Kat. 45**.
[54] Die veröffentlichten Beschreibungen der Vase (s. Kat.) ignorieren dieses erratische Detail.
[55] Zur attischen Vasenmalerei vgl. Neumann 1965, 10 f. Die Kontinuität der Bedeutung in der apulischen Malerei ist in zahllosen Beispielen evident. Noch verdeutlicht werden kann das Reden durch den spezifischeren ›Dreifinger-

sitzende junge Männer, nur mit einer Chlamys und Stiefeln[56] bekleidet und durch ihre Attribute – Panzer, Helm, links zusätzlich der Speer, rechts angelegte Beinschienen – als Krieger gekennzeichnet. So fest diese Szenen mit dem Pithos-Bild verbunden sind, so sehr öffnen die Gespräche es auch: Die Frauen sind nicht mehr unter sich, sondern in Kommunikation mit dem anderen Geschlecht. Die ›Pause‹ bei der Arbeit wird genutzt zu einer anderen Handlung; zu einer Kontaktaufnahme mit der Außenwelt, die sich auch noch in Gestalt schöner unbekleideter Jünglinge zeigt. Die Frauen nehmen eine Scharnierstellung ein: zugehörig zur Arbeit am Pithos, sind sie zugleich in eine ganz andere Handlung eingebunden und in eine ganz andere Sphäre gerückt.

Auch im übertragenen Sinne noch eine Etage höher angesiedelt sind die ›Gesprächspaare‹ des obersten Registers. Aller Wahrscheinlichkeit nach ist hier jeweils ein Sterblicher im Gespräch mit einem Gott gemeint[57]. Die für diese Interpretation entscheidende Figur ist der stehende junge Mann ganz rechts. Er entspricht, auch in seiner Position, einem mehrfach für Hermes belegten Typus[58]. In seiner Linken hält er zwar nicht das übliche Kerykeion[59], sondern eine Trompete bzw. Fanfare, wie sie in den Händen des Herolds der Götter auch im Fragment einer Gigantomachie-Darstellung desselben Malers bezeugt ist[60]. Der Petasos ist ein typisches, aber keineswegs distinktives Attribut des Gottes; Flügel an den Stiefeln sind nicht (mehr) zu erkennen. Die Identifikation könnte also eindeutiger sein, doch angesichts des Attributs der Trompete und des verwendeten Figurentypus ist sie von hinreichender Wahrscheinlichkeit. Sein weibliches Pendant ganz links außen müsste nach den Gesetzen der Symmetrie, die die Komposition des Bildes durchziehen, dann ebenfalls eine Göttin sein. Weiter wahrscheinlich gemacht wird das durch ihren auffallenden Sitz: Sie hat Platz genommen auf einem Säulenkapitell, das sie symbolisch in eine höhere Sphäre erhebt. Unter der Voraussetzung, im Kreis der Göttinnen suchen zu müssen, weisen Attribute und Gestik sie als Aphrodite aus, die Göttin der Liebe und der weiblichen Schönheit: In der Linken hält sie, nicht distinktiv, eine Spende-

---

gestus‹ (dazu H. Schulze, Redende Personen in sprechenden Bildern. Darstellung von Rede und Dialog in der unteritalischen Vasenmalerei, in: Ch. Neumeister – W. Raeck, Rede und Redner. Bewertung und Darstellung in den antiken Kulturen. Kolloquium Frankfurt a. M., 14.–19. Oktober 1998 [Möhnesee 2000] 119–150), der aber nicht notwendig ist, um eine Person als redend zu charakterisieren.

[56] Stiefel trägt nur der junge Mann links des ›Palastes‹; rechts sind die Füße verloren, aber unter den weiß angegebenen Beinschienen sind Stiefel nicht mehr ergänzbar.

[57] Daran will ich auch gegen die Kritik der Gutachter für das JdI festhalten. Richtig ist, dass sich die Identifizierung der Aphrodite wesentlich nur auf das kompositorische Argument der Symmetrie stützen kann (die nach Ausweis des übrigen, durchkalkulierten Aufbaus des Bildes allerdings m. E. zu fordern ist), da Aphrodite in der Tat in der apulischen Vasenmalerei generell nur schwer identifizierbar ist; vgl. etwa unten zu **Kat. 48**. Die Deutung einer tendenziell ›aphrodisisch‹ ausgestatteten weiblichen Figur als die Göttin selbst kann daher immer nur eine – meist durch den Kontext begründete – Hypothese von mehr oder minder hoher Wahrscheinlichkeit sein; einige weitere von mir als (wahrscheinlich) Aphrodite angesprochene Figuren sind in diesem Sinne sicher problematischer als die kritisierten, argumentativ aber m. E. relativ gut abzustützenden Fälle auf **Kat. 1** (s. u. Anm. 76) und **2**. Denn Hermes hingegen scheint mir durch den wiederholt für ihn belegten Figurentypus und das Attribut hinreichend gesichert, auch wenn es unbestreitbar ›einfache‹ eindeutigere Attribute gäbe, ihn zu kennzeichnen. Dass ihm aber die Trompete/Fanfare zukommen kann, belegt eindeutig das Frgt., s. Anm. 60. In den Händen eines als Alternative bevorzugten anonymen Verstorbenen wäre dieses markante Herolds-Attribut schwer erklärbar.

[58] Vgl. hier **Kat. 7** und **40**. Fest zum Typ gehört auch der stilisierte Baum rechts neben der Figur.

[59] So fälschlich S. U. Wisseman, CVA Urbana-Champaign (1) 35. Ebenso abzulehnen ist die Deutung auf eine gesenkte Fackel in MuM 1982, 26–28 Nr. 41.

[60] New York, Metropolitan Mus. of Art 19.192.81, 5. 10. 11. 19: RVAp II 867,31; Schauenburg 1984a, 373 Taf. 98, 2. Eine der hier betrachteten noch näher stehende Trompete/Fanfare hält ein Herold auf einem Volutenkrater des Unterwelt-Malers in der Berliner Antikenslg. Inv. 1984. 45 (hier **Kat. 53**).

schale und einen Kranz, in der Rechten aber einen aufwendig gestalteten Fächer; mit derselben Hand greift sie nach dem Schleier zur *anakalypsis*[61]. Damit wird zugleich die erotische Konnotation der ›Gesprächsszenen‹ explizit gemacht. Die Analogie zwischen den beiden äußeren Figuren hat der Maler überdies unterstrichen, indem er Hermes mit dem rechten Arm eine der *anakalypsis* der Aphrodite entsprechende Geste ausführen lässt, was nicht nur für männliche Figuren ungewöhnlich ist, sondern angesichts von Hermes knapper Chlamys auch keinen anderen Sinn ergibt. Für die Gesprächspartner von Aphrodite und Hermes bietet sich dagegen keine göttliche Benennung an. Bei dem vorgebeugt stehenden jungen Mann mit Krieger-Utensilien neben Aphrodite könnte man noch an Ares denken, der aber in der spätapulischen Vasenmalerei abgesehen von einer Gigantomachie-Darstellung[62] nicht belegt ist. Gänzlich aussichtslos ist die Suche bei der durch nichts herausgehobenen sitzenden Frau neben Hermes: Der Rangunterschied drückt sich schon in ihrem im Vergleich mit Aphrodites Stück ungleich unaufwendigeren Fächer aus, durch den eben nur ganz allgemein auf den Bereich von Schönheit und Liebe verwiesen wird. Aus Gründen der Symmetrie wäre auch hier das männliche Pendant als Sterblicher zu deuten. Demnach sind also im obersten Register anonyme Verstorbene im Verkehr mit Göttern dargestellt: die höchste Form der Heroisierung, die sich denken lässt.

Im Zentrum des ganzen Bildes aber steht das Herrscherpaar im Palast. Hades, mit dem Vogelzepter als Attribut, thront, Persephone dagegen steht vor ihrem Thron[63]. Auch sie macht den Gestus der *anakalypsis*: Ihre Rolle als Braut des Hades wird ausdrücklich betont. An ihrem Thron lehnt eine Kreuzfackel, neben ihrem Kopf hängt ein Fächer. Durch dieses letztere Attribut und ihre Geste nähert sie sich den Frauen in den ›Gesprächsszenen‹ an. Zwischen beiden Göttern scheint eine Hierarchie zu bestehen: Hades' Thron ist höher, und er verfügt über einen Fußschemel. Außerdem nimmt der Gott, wie schon erwähnt, mehr Raum ein als seine Gemahlin.

Sind Paar und ›Palast‹ nur eine überdimensionale Ortsangabe, die das Geschehen ringsum in der Unterwelt situiert, oder spielt sich hier eine Szene im narrativen Sinne ab? Hades macht eine deutliche Redegeste, Persephone entschleiert sich; ansonsten passiert sichtbar nichts. Jean-Marc Moret hat vorgeschlagen, den Unterschied der stehenden Persephone zum sitzenden Hades mit der bevorstehenden turnusgemäßen Rückkehr der Göttin zur Erde zu erklären[64]. Die Idee ist durchaus plausibel, aber man muss das Bild vielleicht weniger momenthaft und eher strukturell verstehen. Dann wäre durch das Stehen der Persephone ihre gegenüber ihrem sitzenden Gatten geringere Verhaftung in der Unterwelt signalisiert, ohne dass konkret der Aufbruch zur *anodos* gemeint wäre. Damit allerdings ist Morets These der Boden entzogen, das Aufbli-

---

[61]   Zur Bedeutung der *anakalypsis* in der attischen Ikonographie vgl. J. Toutain, Le rite nuptial de l'anakalupterion, REA 1940, 345–353; M. E. Mayo, The Gesture of Anakalypsis (Abstract), AJA 77, 1973, 229; J. H. Oakley – R. H. Sinos, The Wedding in Ancient Athens (Madison 1993) 7. 25 f. 30. Die bruchlose Kontinuität der Bedeutung in der apulischen Vasenmalerei scheint evident. Häufig ist das Motiv der Entschleierung außerhalb eigentlicher Hochzeitsszenen als Anspielung gebraucht, die auf den Status der Braut, verheirateten Frau oder potentiellen Braut hinweist. Es kann überhaupt sexuelle Beziehung zwischen Männern und Frauen bedeuten und deshalb auch in Verfolgungs- und Vergewaltigungsszenen verwendet werden, was ebenfalls bereits für die attischen Bilder gilt: Mayo a. O.

[62]   Volutenkrater des Baltimore-Malers Genf, Mus. Barbier-Mueller 202–245: RVAp Suppl. 1 152,23b; J.-L. Zimmermann, Art antique dans les collections du Musée Barbier-Mueller (Genf 1991) 136 f. Farbabb. Zum Fehlen sonstiger Ares-Darstellungen vgl. die Indizes von RVAp und Supplementen.

[63]   Auf eine nähere Beschreibung von Hades und Persephone, sofern sie den oben beschriebenen Normtypen entsprechen, wird hier und im Folgenden verzichtet.

[64]   Moret 1993, 336 f. Aus unserem Bild gewinnt er »l'impression qu'elle vient de se lever de son siège« (a. O. 336). Ankunft statt Aufbruch der Persephone postuliert Schmidt 2000, 91 f.

cken der Frauen mit Hydrien und die Unterbrechung ihres Tuns mit dem aktuellen Geschehen im ›Palast‹ zu erklären[65]. Gut gestützt ist sie auch sonst nicht: Weder unterbrechen die Frauen sämtlich ihr Tun noch zeigen sich ausgerechnet die der Arbeit am Pithos räumlich wie inhaltlich entferntesten Frauen – die mit den Kriegern im Gespräch befindlichen – in irgendeiner Weise von dem betroffen, was im ›Palast‹ passiert. Ihre Untätigkeit muss einen anderen Grund haben.

Zusammenfassend lässt sich festhalten: Das Hauptbild des Volutenkraters in der University of Illinois setzt sich aus drei Elementen zusammen, dem zentralen ›Palast des Hades‹, seitlich davon den ›Gesprächspaaren‹ – aufsteigend angeordnet bis zu einer Durchbrechung der Grenzen zwischen Menschen und Göttern – und darunter der Gruppe der Frauen um den Pithos. Das Pithos-Bild ist mit den ›Gesprächsszenen‹ durch das Scharnier der Frauen mit Hydria in den unteren ›Gesprächspaaren‹ unmittelbar verknüpft, mit dem ›Palast‹ lockerer durch die Andeutung der Blickrichtung einiger der Frauen. Letzterem lässt sich nur eine allgemeine Bedeutung beimessen, die nichts mit aktuellem Handeln zu tun zu haben scheint. Im Verhältnis der Pithos-Szene zu den ›Gesprächsszenen‹ wird, durch die göttlichen Teilnehmer im obersten Register, offensichtlich eine Hierarchisierung hergestellt. Zuoberst haben wir Paare, die nicht nur frei von aller Mühe sind, sondern in denen die sterblichen Teilnehmer sogar mit Göttern verkehren. Durch Aphrodites Teilnahme wird die erotische Konnotation besonders unterstrichen. Das folgende Register verbindet die sorgenfreie Gesprächssituation – auf rein menschlicher Ebene, wenn auch in den Kriegern ein Ansatz zur Heroisierung gegeben ist – mit der Andeutung der Arbeitslast durch Hydria und *tyle*, während unten die mühsame Arbeit selbst dargestellt ist, wobei allerdings in Gestalt der momentan untätigen Frauen die Möglichkeit des Müßiggangs ebenfalls bereits präsent ist. Im Ganzen sind die nicht in Tätigkeit wiedergegebenen Frauen mit Hydrien gegenüber den aktiv in Arbeit dargestellten mit fünf zu zwei deutlich in der Überzahl. Allerdings bleiben alle Frauen mit Hydrien mit der Arbeit am Pithos mehr oder weniger eng verbunden. Das entscheidende Motiv hierbei ist die *tyle*. An weiteren Attributen tragen die Frauen mit Hydrien alle Hals- und Armschmuck sowie Kopfputz, einzelne weiterhin Spendeschalen und ein Kästchen. Indem jedes höhere Register eine Figur des nächstunteren aufnimmt, erhält das Bild eine Dynamik des Aufstiegs.

Ganz anders hat derselbe Maler ein Vasenbild mit der Pithos-Szene auf einem Volutenkrater gestaltet, der sich in der Ermitage in St. Petersburg befindet (**Kat. 1**, Abb. 5. 16). Die Darstellung verteilt sich auf zwei Register. Im oberen thront zentral Hades, hier nicht innerhalb einer Architektur; neben ihm steht Persephone, weitere göttliche Wesen füllen den übrigen Raum. Den Frauen mit Hydrien gehört das untere Register; zwischen den Ebenen steht am linken Bildrand ein junger Mann, der aber in Blick und Gestik ganz auf die Figuren oben ausgerichtet ist. So wie er eher zum oberen Fries gehört, aber in den unteren hineinragt, so reicht umgekehrt die Hydriaphore ganz rechts am Pithos, zweifellos zum unteren Register gehörig, in das obere hinein. Beide Ebenen sind damit verklammert; topographisch gehören beide in denselben Rahmen, wenngleich sie durch die unterschiedliche Art der Figuren deutlich hierarchisiert sind[66].

---

[65]   Moret 1993, 348.
[66]   Man könnte theoretisch bei der Figurenanordnung auch an eine räumliche Tiefenstaffelung denken; dagegen spricht, dass die apulischen Vasenmaler Perspektive zwar im Detail anwenden, aber nur in sehr beschränktem Maße in der Komposition der Bilder; außerdem macht es der unterschiedliche Charakter der Figuren schwer, sie sich zu einem Reigen vereint vorzustellen. Jetzt grundlegend zu den räumlichen Verhältnissen in apulischen Vasenbildern, vorrangig beim Dareios-Maler: Morard 2009.

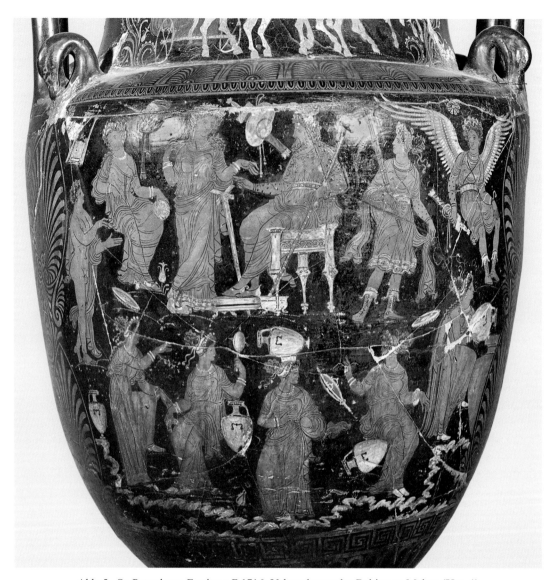

Abb. 5. St. Petersburg, Ermitage Б 1716: Volutenkrater des Baltimore-Malers (**Kat. 1**)

Der Pithos ist im unteren Register ganz an den rechten Bildrand gerückt, wo er nur angeschnitten (neben den Palmetten unter dem Henkel) zu sehen ist. Er steht erhöht oberhalb
eines Gewässers[67], das sich in einem unregelmäßigen Bogen über die gesamte Breite des
Gefäßes hinzieht. Dem Pithos gegenüber am linken Bildrand steht in entsprechender Position

---

[67] An dieser Interpretation der mit dickem weißen Strich in unregelmäßigen Schwingungen gezeichneten Linien
      als ›Ufer‹ eines Gewässers scheint mir kein Zweifel möglich, auch wenn ein positiver Nachweis ebenfalls nicht
      zu führen ist. Jedenfalls unterscheidet sich diese markante Linienführung deutlich von der üblichen, viel zarter
      angegebenen Darstellung von Blumenwiesen, denen Morard (2009, 150 mit Anm. 897) das Motiv zuordnen will
      – s. die an gleicher Stelle gegebenen Beispiele. Am engsten verwandt kehrt es wieder auf dem Karslsruher Unter-
      weltbild **Kat. 8**, wo die Deutung auf einen die Unterwelt begrenzenden Fluss ebenfalls die naheliegendste ist,
      ohne völlig sicher erweisbar zu sein. Auch auf der Rückseite von **Kat. 8** mit einer Darstellung von Bellerophon

eine Hydria. Der Pithos, die Hydria und das sie verbindende Gewässer rahmen und definieren den Raum, in dem sich fünf Frauen befinden. Unmittelbar neben dem Pithos und auf gleicher Höhe mit ihm steht eine Frau, die ihre Hydria in das große Gefäß entleert. Die vier anderen Frauen stehen mit ihren Füßen auf einer niedrigeren Ebene, freilich nicht ganz auf gleicher Höhe: Die Bodenlinien folgen dem Schwung des Gewässers. Abwechselnd sitzen und stehen die Frauen. Jede hat eine Hydria bei sich, sofern man die am linken Bildrand stehende Hydria der am weitesten links befindlichen Frau zurechnet, obgleich diese ihr den Rücken zukehrt.

Statt des Pithos bildet hier die in der Mitte stehende Frau das Zentrum des Registers. Sie befindet sich direkt unter Hades in der Vertikalachse des Bildes. Die Hydria, die sie liegend auf ihrem Kopf trägt, von einem Tragring gepolstert, nimmt so ziemlich genau den Mittelpunkt des gesamten Bildes ein; sie ist das zentrale Objekt, fast wie eine Überschrift. Die anderen Frauen sind um diese Achse mit einem gewissen Maß an Symmetrie angeordnet. Die mittlere Frau steht am tiefsten; Füße und Köpfe der übrigen, egal ob sie sitzen oder stehen, befinden sich auf v-förmig von der Mitte zu den Rändern hin leicht ansteigenden Linien. Die zunächst der mittleren befindlichen Frauen sitzen auf oder neben ihren Hydrien; ihre Köpfe sind der zentralen Figur zugewendet. Die beiden äußeren Frauen stehen; sie sind einheitlich nach rechts, auf den Pithos hin ausgerichtet. Dorthin geht auch der Blick der mittleren Frau.

Dieses Übergewicht der Blickrichtungen nach rechts ist ein erstes Indiz, dass die symmetrische Komposition hier nur formale Bedeutung hat. Ihr entgegen ist das Bild nicht auf seine Mittelachse hin organisiert. Der Pithos ist an den Rand gerückt und wird dadurch als ikonographisches Zeichen abgewertet, aber er wirkt wie ein Magnet. Das Bild kann nicht mehr um ihn herum aufgebaut werden, wie bei dem Krater in Urbana-Champaign (s. o. **Kat. 2**); stattdessen ist es nun auf ihn hin ausgerichtet. Eine imaginäre Zickzack- oder Wellenlinie verbindet die fünf Hydrien vermittels der Körperhaltungen und Gesten der Frauen. Sie geht von der links einzeln stehenden Hydria durch den nach oben weisenden rechten Arm der ersten Frau zum Kopf der zweiten, durch deren Körper zu der neben ihr stehenden Hydria. Der senkrecht emporgehaltene linke Unterarm dieser Frau weist wieder nach oben, über ihren Spiegel zur Hydria auf dem Kopf der mittleren Frau; deren schwingendes Gewand führt den Blick wieder nach unten zur Hydria, auf der die vierte Frau sitzt. In ihrer schrägen Lage lenkt diese ihn gleich wieder um nach oben, zur Wassergießenden und ihrer nach rechts hin ausgegossenen Hydria. Es wäre völlig unmöglich, diesen Weg, der dem Auge durch das Bild gewiesen wird, in der Gegenrichtung zu beschreiben: Schon bei der nach rechts gewendeten Wasserschüttenden würde man auf ein unüberwindliches Hindernis stoßen. Ebenso klar ist die Richtung am anderen Ende der Reihe vorgegeben: Unübersehbar weist der rechte Arm der Frau ganz links in die Richtung zum Pithos hin[68]. Ähnlich deutlich ist das auch in der zentralen Figur beschrieben: Ihre Füße sind nach links gesetzt, vom Pithos weg, wie es angesichts der leeren Hydria auf ihrem Kopf auch sachlich geboten ist; aber durch ihren Körper geht eine Drehung zurück zum Pithos hin, gipfelnd in dem bis ins Profil zurückgewendeten Kopf. Noch unterstrichen wird ihre Ausrichtung nach rechts durch den weit in den Raum rechts von ihr flatternden Gewandzipfel. Bei aller Statik der Einzelfiguren ist das Bild also in seiner Komposition stark dynamisiert; es ist ihm eine Richtung gegeben, die von der Hydria ganz links

---

und der Chimaira kehrt eine solche Darstellung wieder und könnte ebenfalls ein Gewässer bezeichnen. Für das Bild der Ermitage gibt das gemeinsame Thema Wasser, das die Gefäße anschlagen, ein zusätzliches Argument.

68 Die vom Pithos wegblickende vierte Frau von links hat ihren rechten Arm zwar vom Pithos weg erhoben, aber in einer deutlich defensiveren, weniger raumgreifenden Geste, die die der Frau ganz links buchstäblich aufnimmt.

zum Pithos ganz rechts führt. Die beiden Gefäße rahmen das Bild also nicht nur in einem neutralen Sinne; sie sind explizit die Pole eines gerichteten Geschehens, das dadurch eine innere Logik erhält. Der Pithos ist das Ziel allen Tuns und Schaffens, die frisch mit Wasser gefüllte, noch nicht transportierte Hydria sein Ausgangspunkt.

Dadurch ergibt sich auch auf dieser Vase ein Spannungsverhältnis: Durch die Komposition sind alle fünf Frauen in die Arbeit am Pithos eingespannt. Tatsächlich in Arbeit dargestellt sind aber wieder nur zwei Figuren: die Wasserschüttende am Pithos selbst und die mittlere Frau, die mit ihrer leeren Hydria neues Wasser holen geht. Die drei übrigen sitzen oder stehen, ohne in die Arbeit aktiv einzugreifen. Mit ihr verbunden sind sie aber nicht nur durch das übergreifende Kompositionsprinzip. Überdies ist jede der Frauen außer der Wasserschüttenden mit dem Attribut der *tyle* ausgestattet. Die mittlere demonstriert sie in Verwendung: Der Tragring liegt auf ihrem Kopf und polstert die dort getragene Hydria. Die Stehende ganz links und die Sitzende rechts haben die *tyle* wie einen Armreif über das linke Handgelenk geschoben; die linke Sitzende hält sie gesenkt in ihrer Rechten. Als weitere Attribute sind bei allen Frauen Arm-, Hals- und Kopfschmuck zu beobachten. Die links Sitzende hält einen Spiegel; zwischen der mittleren Frau und der Sitzenden rechts ist eine Griffschale abgebildet.

Die beiden Pole Hydria und Pithos sind nicht nur durch die Frauen und ihre Hydrien verbunden; von einem zum anderen verläuft auch das Gewässer zu Füßen der Frauen. An seinem Ufer wächst zwischen der zentralen Figur und der Sitzenden links von ihr eine Blume; ein wenig weiter links davon sieht man in ihm wohl einen Wasservogel. Nach unten hin ist das Gewässer durch eine zweite Begrenzungslinie abgeschlossen, die freilich in der Mitte durch ihr Fehlen eine Ausdehnung des Wassers über das Bildfeld hinaus andeutet; nach links und rechts ist es dagegen unbegrenzt. Dennoch sind die beiden horizontalen Enden besonders akzentuiert, da die obere Begrenzungslinie besonders hoch in das Bildfeld hinein verläuft und eine Art Podest für die beiden darüber stehenden Gefäße Hydria und Pithos abgibt. Das Wasser bildet so eine Klammer zwischen den beiden; in gewisser Weise vervollständigt es die Linie, die von der Hydria links über die Frauen zum Pithos verläuft, zum Kreis. Die Tätigkeit der Frauen wird so zum Kreislauf, zur dauerhaften, ununterbrochenen Beschäftigung. Der Aspekt von Wiederholung und zeitlicher Erstreckung, der in den Frauen in analoger Weise wie auf dem Krater der University of Illinois (s. o.) angedeutet ist, wird damit noch vertieft.

Das obere Register wird von Hades dominiert, nicht nur durch seine zentrale Position, sondern auch, indem er durch sein breit gelagertes Thronen von allen Figuren den meisten Raum einnimmt. Mit dem linken Arm hält er lässig ein Vogelzepter. Links von ihm steht nahezu frontal Persephone, die Beine überkreuzt. An ihrer Hüfte lehnt eine Kreuzfackel, ihre Rechte greift in der *anakalypsis*-Geste zum Schleier. Zwischen den beiden Totengöttern hängen ein in der Scheide steckendes Schwert und ein Petasos an der Wand. Rechts von dem nach links sitzenden Hades, also hinter ihm, steht Hekate in ihrer typischen Ausstattung: Sie trägt einen knielangen Chiton mit breitem Gürtel und Über-Kreuz-Schnürung auf der Brust, und dazu Stiefel. In der rechten Hand hält sie eine brennende Fackel, die Linke greift ein locker um die Hüfte geschlungenes Übergewand[69]. Die Nähe zwischen Hekate und Persephone[70] ist durch den Dekor des Gewands ausgedrückt: Beide Chitone zeigen am unteren Saum einen Fries von Schwänen oder

---

[69] Zur Ikonographie der Hekate in apulischen Unterweltdarstellungen vgl. Sarian 1992, 992. 993 Nr. 27–43 (mit Kommentar S. 1013); Aellen 1994, 58–66.

[70] Nach dem Homerischen Hymnus an Demeter (Hom. h. Ceres 440) ist Hekate die »Dienerin und Gefährtin« der Persephone. Vgl. Cämmerer 1975, 45 f.

anderen Wasservögeln. Auf Hekate folgt, frontal sitzend dargestellt, eine geflügelte Erinye oder »Furie«[71], ebenso gekleidet wie Hekate, freilich ohne den Schwanensaum[72]. Unterschieden von Hekate ist sie außer durch die Flügel durch die Schlangen, die ihr linkes Handgelenk umspielen und aus dem Haar hervorwachsen[73]. In ihrer Rechten gesenkt hält sie ein in seiner Scheide steckendes Schwert: In dieser passiven Haltung ist es reines Attribut, das eine Handlungsmöglichkeit andeutet; aktuell bedroht die Erinye niemanden. Das ist wichtig auch im Hinblick auf die Hydriaphoren-Szene im unteren Register, da die Erinye als Aufseherin der Arbeit der Frauen beschrieben worden ist[74]. Obwohl unmittelbar zu ihren Füßen die Wasserschüttende am Pithos die Grenze der Register durchstößt, scheint die vermeintliche Wächterin das Geschehen unter ihr gar nicht wahrzunehmen. Ihr Kopf ist leicht zur Mitte des eigenen Registers hin gewendet, der Blick geht ins Unbestimmte, aber ganz sicher nicht nach unten[75]. Der Erinye ist also im Hinblick auf die Szene der Frauen mit Hydrien keine spezielle Bedeutung beizumessen.

Links von Persephone sitzt eine Frau, deren Chiton von der linken Schulter gerutscht ist und die linke Brust größtenteils entblößt. In der linken Hand hält sie einen Ball, über ihr hängen ein Fächer und eine Tänie. Da das obere Register sonst durchweg göttlichen Wesen vorbehalten ist, kann es sich nur um Aphrodite handeln[76]. Zu ihren Füßen blüht eine Blume, neben ihrem Kopf hängt eine Leier. Der Kopf ist nach außen gewendet und geneigt; der Blick geht zu dem nur mit einem locker umgeschlungenen Mantel bekleideten jungen Mann, der deutlich tiefer steht als

---

[71] Aellen (1994, 24 f.) hat die Benennung »Furie« vorgezogen, um die »kosmische« Straf-Personifikation der Unterwelt von den »mythischen« der Orestie zu unterscheiden; den Anachronismus rechtfertigte er, da die »Furien« der Vasen den Unterwelt-Figuren der lateinischen Literatur sehr nahe ständen. Er räumt aber ein, dass diese Differenzierung nicht antikem religiösen Denken entspreche und dass der Name Erinye »convient bien à cette figure infernale« (a. O. 24). Ich will daher an der traditionellen Bezeichnung der ikonographischen Literatur festhalten.

[72] Zur Ähnlichkeit Hekate/»Furie«: Aellen 1994, 58 f. Das Wesentlichste zur Unterscheidung Hekates von den Erinyen bereits: Winkler 1888, 7 Anm. 1. Allgemein zu den Erinyen: Winkler 1888, 24–90; Sarian 1986, 828 f. Nr. 8–17.

[73] Laut Beschreibung von Stephani 1869, 236; gutes Foto, das die Schlangen im Haar zumindest erahnen lässt, bei Aellen 1994, Taf. 72 oben (s. auch hier Abb. 5).

[74] Moret 1993, 345. Dagegen Pensa 1977, 34 (»funzione solo di personaggi caratterizzanti l'Ade«); Aellen 1994, 62 (»peu probable qu'elle soit en liaison avec les Danaides«).

[75] Ähnlich auch Aellen 1994, 62 (Blick zu Hades), gegen Moret 1993, 345.

[76] Lohmann (1986, 75 Anm. 64) hat zu Recht die von Stephani (1869, 235) alternativ erwogene Deutung als Hypermnestra zurückgewiesen; ebenso schon Winkler 1888, 61. In der Deutung auf Aphrodite ist die Forschung im Übrigen einig: vgl. Pensa 1977, 26 (mit Fragezeichen); Lohmann 1986, 74 f.; Moret 1993, 337 f.; Aellen 1994, 62. Tatsächlich ist der über die Brust gerutschte Gewandzipfel kein häufiger Darstellungstypus der apulischen Vasenmalerei, weder für Aphrodite noch für irgendeine andere Figur. Vgl. aber für Aphrodite-Darstellungen: Bauchige Lekythos der Gruppe von Wien 4013: London, British Mus. F 109: RVAp 207, 126; E. Bielefeld, Von griechischer Malerei (Halle 1949) Taf. 8. 9 (vieldiskutierte unkonventionelle Darstellung des Paris-Urteils, bei der auch die Benennung der Figuren kontrovers beurteilt wurde; vgl. aber überzeugend Moret 1978, 82); Volutenkrater des Dareiosmalers: London, British Mus. F 279: RVAp 487,17; Delivorrias u. a. 1984, 148 Nr. 1528; Pelike der Suckling-Salting-Gruppe: San Simeon, Hearst Estate 529–9-615 (alt 5535): RVAp 400,26; Delivorrias u. a. 1984, 150 Nr. 1568. Unter den verschiedenen Graden der Nacktheit in den Darstellungen der Vergewaltigung der Kassandra findet sich auch der des herabgerutschten Gewands: vgl. Moret 1975, 18 f. Von dort dringt das Motiv auch in die Helena-Menelaos-Ikonographie ein: Moret 1975, 35 f. – Auch die Deutung dieser weiblichen Figur als Göttin Aphrodite ist von den Gutachtern für das JdI abgelehnt worden (vgl. o. Anm. 57). Sie stattdessen als anonyme Verstorbene zu verstehen, ist nach den Kompositionsregeln der spätapulischen Vasenmalerei hier in dem den Göttern vorbehaltenen oberen Register aber völlig auszuschließen, wie Thomas Morard auf breiter Basis gezeigt hat: Morard 2009 (der, S. 150 Anm. 897, **Kat. 1** nur beiläufig in einem hier nicht einschlägigen Zusammenhang heranzieht).

alle anderen Figuren des oberen Registers. Seine Arme sind auf Höhe der Taille bzw. der Brust vor den Körper gehalten. Dies ist sicher ein Redegestus, der durch die Doppelung eine besondere Verstärkung gewinnt, vielleicht im Sinne einer Bitte[77]. Adressat der Geste ist offenbar Hades, auf den sich der Blick des niedriger Stehenden richtet[78]. Für die Benennung dieses jungen Mannes sind verschiedene Vorschläge gemacht worden; wenn es sich um eine mythologische Figur handelt, ist wohl Adonis – Aphrodites zugeneigten Blickes wegen – am wahrscheinlichsten[79]. Aber wie dem auch sei, der entscheidende Gehalt des Bildes wird durch die Komposition gegeben: Hier ist eine Figur gezeigt, die der göttlichen Sphäre nicht zugehört – deshalb steht sie tiefer –, die sich aber mit einer Bitte an Hades als den Beherrscher der Szene wendet und sich zumindest schon der freundlichen Zuwendung Aphrodites erfreuen kann. Die Unbestimmtheit dieser Figur wird kein Zufall sein: Wenn nicht ein anonymer Sterblicher gemeint ist – am naheliegendsten der Verstorbene, dem das Begräbnis gilt und der auf der Gegenseite im Naiskos dargestellt ist, ebenfalls in jugendlicher Nacktheit –, dann könnte sich ein solcher in einem charakterisierender Züge weitgehend entkleideten Adonis mühelos wiedererkennen.

Noch klarer werden die Verhältnisse, wenn man die Gesamtkomposition des Bildes betrachtet: Im unteren Register sind alle Figuren Bestandteil eines logischen Geflechts, das durch mühsame Arbeit geprägt ist. Mögen auch nicht alle aktuell davon betroffen sein, ist doch bei allen ausdrücklich die Potenz dazu ausgedrückt und in der Komposition als Ganzer die Dauerhaftigkeit dieser Beschäftigung. Oben dagegen sitzen und stehen die Götter in dezidierter Untätigkeit. Ein Redegestus, eine Kopfwendung, die *anakalypsis* der Persephone sind schon das Höchstmaß an Aktivität. Die in der Scheide steckenden Schwerter sind ein weiteres Zeichen, dass hier nichts zu tun ist. Eine Richtung hat auch die Komposition des oberen Bildes; es nimmt nicht wunder, dass sie gegenläufig zur unteren organisiert ist. Ihr Fokus ist der junge Mann ganz links, der Hades anspricht. Vier von fünf Götterfiguren schauen mehr oder weniger in seine Richtung, nur Persephone blickt auf ihren Gatten Hades, den Angesprochenen. Aber das, wodurch unten Bewegung in das Bild kommt, bleibt oben statisch. Was hier in eine Richtung gelenkt wird, ist Aufmerksamkeit, nicht Handlung – Aufmerksamkeit, die aus der Muße erwächst. Der junge Mann aber, der sie geweckt hat, steht zwischen den Sphären. Aus der Sphäre der Arbeit und Mühe ist er schon ein gutes Stück emporgestiegen. Nur ein kleiner Schritt fehlt ihm noch, an der Seligkeit der Götter teilzuhaben – und deren Genehmigung. Ich habe gesagt, dass sich ein Sterblicher in dieser Figur ohne weiteres wiedererkennen konnte. In diesem Bild eine Eschatologie, eine positive Jenseitserwartung ausgedrückt zu sehen, scheint mir durch die Komposition selbst vorgegeben zu sein.

Nun ist unten gewiss nicht nur Mühsal ausgedrückt. Drei von fünf Frauen sind ähnlich untätig wie die Götter oben, allerdings können sie nicht darauf vertrauen, dass dies im nächsten Moment auch noch so ist. Die Arbeit ist latent immer präsent, durch ihre Einfügung in eine dynamisierte Komposition und durch die *tyle*. Wo ihr aber nicht aktuell nachzugehen ist, findet sich durchaus Gelegenheit zu einem Blick in den Spiegel. Die Welt der Hydrien und des Pithos ist ambivalent. Wenn man die Topographie des Bildes mit letzter Konsequenz ernst

---

[77]   Der Gebetsgestus der erhobenen Arme, wie er auf attischen Vasen belegt ist, liegt nicht fern: vgl. Neumann 1965, 78 f. mit Abb. 37.

[78]   Lohmann (1986, 74) spricht richtig davon, dass Blickrichtung und Redegestus die Vierergruppe im linken Teil des oberen Registers verklammert.

[79]   Adonis: Pensa 1977, 26; Lohmann 1986, 75; Moret 1993, 337–341; Aellen 1994, 62. – Protesilaos: Winkler 1888, 62; Keuls 1974, 94. – Anonymer Sterblicher/Myste: E. Kuhnert, Unteritalische Nekyien, JdI 8, 1893, 104–113; Schmidt 1976, 59.

nimmt, kann es kein Zufall sein, dass auch eine Figur der unteren Reihe in das obere Register hineinragt: diejenige, die ihre Hydria in den Pithos entleert. Liegt vielleicht in ihrer Tätigkeit etwas, das auch sie qualifizieren könnte für den Weg nach oben?

Mit dieser Frage im Kern der Deutungsproblematik der Frauen mit Hydrien in Unterweltdarstellungen angelangt, lohnt es sich, einen Moment zurückzutreten und die beiden bisher betrachteten Bilder noch einmal im Zusammenhang Revue passieren zu lassen. Es sind die einzigen heute bekannten Darstellungen, die mehrere Hydriaphoren am Pithos unmittelbar in einen Unterweltkontext stellen. Bei allen kompositorischen Unterschieden haben die beiden Bilder eine Reihe von Gemeinsamkeiten gezeigt. Beide Darstellungen sind in ihrer Komposition stark strukturiert, und in beiden Fällen ist es der Pithos, im Verhältnis zu dem sie organisiert sind. Daneben ist aber jeweils auch die Hydria betont in eine zentrale Position gerückt. Diese zwei Bildzeichen scheinen jeweils etwa gleichgewichtig zu sein. Gemein ist den Darstellungen auch, dass die Szene am Pithos nicht isoliert, sondern mit den übrigen Darstellungen des Bildes verknüpft ist; sie muss als Teil einer durchstrukturierten Gesamtkomposition verstanden werden. Dabei ist die Pithos-Szene selbst jeweils ambivalent in Bezug auf die Arbeitslast, die die Frauen zu verrichten haben: Einerseits wird ikonographisch deutlich gemacht, dass alle dargestellten Figuren mit der zu verrichtenden Arbeit verbunden sind, andererseits ist die Mehrzahl von ihnen aktuell in Untätigkeit dargestellt. Die mit den Pithos-Szenen verbundenen Darstellungen, jeweils über ihnen angebracht, haben gemein, dass sie eine völlige Freiheit von (Arbeits-)Belastungen darstellen, die in beiden Fällen mit der Sphäre der Götter verbunden ist, was in **Kat. 2** zu einer Heroisierung der beteiligten Sterblichen führt. Dass die Szenen miteinander verknüpft sind, scheint zu suggerieren, dass ein Übergang zwischen ihnen möglich ist, in dem Aphrodite und das mit ihr verbundene, in den Gesprächsszenen präsente erotische Moment offenbar eine wichtige Rolle spielt. Wie verhält es sich nun aber vor diesem Hintergrund mit den Bildern, in denen dieser Übergang *prima facie* abgeschnitten ist, da die Pithos-Szene nicht unmittelbar in einen sonstigen Unterweltkontext integriert ist?

Mehrere Hydriaphoren am Pithos ohne unmittelbaren Unterweltkontext

Zu behandeln ist hier zunächst eine Amphora (**Kat. 4**, Abb. 6), die dem Patera-Maler nahesteht, nach Trendalls Systematik ein früherer bis zeitgleicher Werkstattgefährte des Baltimore-Malers[80]. Sie wurde 1973 in zahlreiche Fragmente zerbrochen und auch nach der Restaurierung stark unvollständig in einem Grab in Altamura neben Fragmenten einer ganzen Reihe weiterer rotfiguriger Gefäße gefunden[81] und befindet sich heute im dortigen Museum[82]. Auch dieser Maler hat das Bild der Hydriaphoren am Pithos mit einer Unterweltdarstellung verbunden, allerdings sind sie nicht in eine gemeinsame Komposition eingefügt: Ein breiter, hauptsächlich vegetabiler Ornamentstreifen trennt die beiden Bildfriese, die damit einander gegenübergestellt sind.

Das untere Bild wird dominiert von dem bis zur halben Höhe des Frieses aufragenden Pithos, der etwas links der Mittelachse, wie sie von der Mittelrosette des darüber befindlichen

---

[80]   RVAp II 721. 725. 763. An den beiden letztgenannten Stellen rückt er die Gruppe der Vasen, zu der die hier zu behandelnde Amphora gehört, in besondere Nähe zum Baltimore-Maler. s. auch Todisco 2012, 251.

[81]   Sehr knapper Vorbericht: F. G. Lo Porto, L'attività archeologica in Puglia, in: Orfismo in Magna Grecia, in: CMGr 14 (Tarent 1975) 344–346. Zu den rotfigurigen Vasen des Befundes: RVAp II 763 f.

[82]   Die Amphora war zunächst im Mus. Nazionale Archeologico in Tarent als Inv. 76010 inventarisiert.

Abb. 6. Altamura, Mus. Nazionale Archeologico 10192:
Amphora aus dem Umkreis des Patera-Malers (**Kat. 4**)

Ornamentfrieses definiert wird, steht. Von beiden Seiten gießt je eine Frau Wasser aus einer Hydria in den Pithos. Der Oberkörper der rechten Schüttenden befindet sich direkt unterhalb der Rosette, also in der zentralen Position. Der fragmentarische Zustand der Vase erschwert Aussagen über die Gesamtkomposition des Bildes. Rechts der Mittelgruppe sind zwei weitere Frauen zu erkennen – von der äußeren ist nur noch ein Teil des Kopfes erhalten –, links nur eine. Raum für eine weitere Figur ist wohl auch in der fehlenden Partie eher nicht[83]. Demnach

---

[83]   Laut Keuls (1986, 339 Nr. 11) setzte sich die Darstellung der Hydriaphoren auf der Rückseite der Vase fort. Schmidt (1991, 40) geht dagegen von einer eigenständigen dionysischen Szene im nur fragmentarisch erhaltenen unteren Fries von B aus. Das wenige Erhaltene begünstigt wohl eher diese Deutung. Auch kompositorisch scheint dies naheliegender, da auch der obere Fries auf A und B zwei getrennte Szenen zeigt. Das ist allerdings kein zwingendes Argument: Einen durchgängigen unteren Bildfries bei getrennten oberen Szenen zeigt z. B. die Loutrophore des Dareios-Malers New York, Metropolitan Mus. of Art 11.210.3: RVAp II 489,20.

Abb. 7. Policoro, Mus. Archeologico Nazionale della Siritide 38462:
Hydria (der V.- und A.-Gruppe verbunden) (**Kat. 3**)

wäre das Bild nicht symmetrisch um den Pithos aufgebaut. Auch von einer Symmetrie in Bezug auf die rechte Wasserschüttende kann man kaum sprechen, da die beiden Frauen links des
Pithos erheblich enger beieinander stehen als die beiden rechten Figuren. Auf den Eindruck
der kompositorischen Wohlgeordnetheit hat der Maler hier demnach weniger Wert gelegt als
der Baltimore-Maler bei den beiden zuvor betrachteten Stücken.

Am Pithos fällt ein Detail ins Auge: die weiße Schraffur, die am Gefäßrand und -hals
horizontal, am Körper vertikal und diagonal angegeben ist. Margot Schmidt[84] hat vorgeschlagen, darin überlaufendes Wasser zu sehen, wie es auch eine Hydria in Policoro (s. u. **Kat. 3**,
Abb. 7. 8) zeigt. Diese Deutung ist der auf einen reinen Lichtreflex vorzuziehen, auch wenn

---

[84] Schmidt 1982, 28. Auf welche weiteren ›Danaiden‹-Darstellungen mit diesem Detail (außer der Hydria in Policoro, s. folgender Abschnitt) sie im Text anspielt, ist mir schleierhaft. Die Deutung übernommen von Moret 1993,
343.

Abb. 8. Wie Abb. 7: Bauchfries der Hydriaphoren am Pithos

der Maler in der unterschiedlichen Schattierung des Pithos beiderseits dieses weißen Streifens zweifellos die Wirkung des Lichtes wiedergibt. Zwar haben die apulischen Vasenmaler häufig viel Mühe darauf verwendet, metallene Oberflächen als glänzend und spiegelnd wiederzugeben und unterschiedlich abzuschattieren. Sichtbar wird dies gewöhnlich nur am Original oder auf guten Farbabbildungen[85], denn der Effekt wird regelmäßig durch subtile Nuancen zwischen den Farbwerten Weiß und Gold der zusätzlich aufgetragenen, flächigen Malerei erzielt. Für eine zeichnerisch-schraffierende, einfarbige[86] Wiedergabe des Phänomens, wie sie die hier zu besprechende Vase zeigt, kenne ich in der apulischen Vasenmalerei kein Vergleichsbeispiel. Die Interpretation als Wasserschwall erfährt weitere Unterstützung durch zeichnerische Details: Aus den beiden Hydrien rinnt jeweils ein Wasserstrahl in Gestalt dünner weißer Striche. Nahe dem Pithosrand vermehren sich diese Striche, wobei sich die zusätzlichen zumindest auf der linken Seite nach oben hin eindeutig verjüngen. Dargestellt ist offenkundig Wasser, das beim Auftreffen auf den Wasserspiegel im Pithos zurückspritzt. Dieser Wasserspiegel muss dann aber in unmittelbarer Nähe des Pithosrandes stehen, damit der feine von den Hydrien kommende Strahl eine solche Wirkung erzielen kann. *Ergo*: Der Pithos ist voll, ein Überschwappen nur natürlich. Fraglos ist das sehr positivistisch argumentiert, aber die Feinheit, mit der der Vasenmaler diese Details angibt, erlaubt es, sie wortwörtlich zu nehmen. Das Argument lässt sich auch unter dem Gesichtspunkt der ikonographischen Effizienz stärken. Das eigens angegebene zurückspritzende Wasser ergibt nur dann Sinn, wenn es einen Aussagegehalt trägt: den am Pithos-Rand anstehenden Wasserspiegel anzudeuten. Stünde der Wasserspiegel tiefer, wären die Spritzer nicht nur überflüssig, sondern sogar irreführend. Wahrscheinlich ist sogar der Wasserspiegel selbst angegeben: Der schmale weiße Streifen,

[85] Vgl. z. B. Mayo 1982, Vorsatzbild: umgestürzte Hydria; Aellen – Cambitoglou – Chamay 1986, Farbabb. S. 24: Helm der Athena; Giuliani 1995, 73 Taf. 1: Schilde.
[86] Der Pithos selbst scheint tongrundig bzw. tongrundig mit dünnem Überzug aus stark verdünntem Glanzton (für die dunkleren Partien) gehalten zu sein. Zur Maltechnik apulischer Vasen vgl. Giuliani 1995, 66–72.

der den oberen Pithosrand säumt, meint wohl keinen abgesetzten Teil der Mündung – für so etwas gäbe es m. W. kein Vergleichsbeispiel –, sondern eben den Wasserspiegel, der unmittelbar am Gefäßrand ansteht. In der Summe scheinen mir diese Beobachtungen die Zweifel daran auszuräumen, dass die weiße Schraffur den Pithos hinunter ein Überlaufen des Gefäßes bezeichnet. Natürlich provoziert das überfließende Wasser einen intensivierten Lichtreflex – vielleicht lassen sich so die beiden Deutungen versöhnen. Aber jedenfalls ist dieser Pithos randvoll und läuft über. Darauf ist später zurückzukommen.

Die Frauen umgeben den Pithos hier räumlich: Die linke Wasserschüttende hat ihren linken, hinteren Fuß auf die sichtbare Seite des Gefäßes gestellt, um ihre Hydria zu stützen; sie steht also vom Betrachter aus gesehen eher vor dem Pithos. Das rechte Bein der Frau, die von rechts gießt, ist dagegen zum Teil vom Pithos verdeckt; sie steht hinter ihm. Der Darstellung ist damit räumliche Tiefe gegeben; indirekt wird suggeriert, sich die Frauen rings um den Pithos vorzustellen und nicht nur zu seinen beiden Seiten[87].

Die Aktivität am Pithos ist hier weit reger als in den bisher betrachteten Bildern. Von den vier Frauen, deren Handeln noch erkennbar ist, ist nur die linke untätig: Sie hat ihren Fuß auf einer am Boden liegenden Hydria abgestellt. Rechts eilt dagegen mit großen Schritten eine Frau heran, die eine Hydria aufrecht vor dem Körper hält: wohl ein volles Wassergefäß, das sie zur Entleerung zum Pithos bringt. Mit den beiden Gießenden am Pithos selbst sind somit drei der vier analysierbaren Figuren aktiv und arbeitend dargestellt. Dementsprechend haben sie keine Hände frei für weitere Attribute und tragen außer dem üblichen Schmuck auch keine.

Der Hintergrund des Bildes ist dagegen voll von Attributen. Einen zentralen Platz zwischen den beiden Wasserschüttenden, über dem Zwischenraum zwischen ihren Hydrien, nimmt eine Girlande ein, die mit kleinen Blüten oder Beeren (in Weiß) besetzt ist. Die hängende Girlande ist kein allzu häufiges Motiv der apulischen Maler; größerer Beliebtheit scheint sie sich nur in der Werkstatt des Dareios-Malers erfreut zu haben[88]. Weitaus häufiger, quer durch die spätere apulische Vasenmalerei hindurch, findet man sie als ›Handgirlande‹ gehalten[89]. Beiden Verwendungen[90] des dekorativ zum Kranz gebogenen Zweiges ist gemein, dass sie oft in dionysischen Szenen ihren Ort haben[91]. Aber auch einzelne Frauen können mit dem Attribut ausgezeichnet sein, oder Eros oder ein junger Mann präsentieren einer Frau eine Handgirlande[92]. Es scheint sich prinzipiell um ein weibliches Attribut zu handeln – wo ein Mann oder

---

[87] Wie Vasenmaler in scheinbar rein zweidimensionalen Darstellungen Räumlichkeit herzustellen imstande sind, hat Françoise Frontisi an einem komplexeren attischen Beispiel subtil analysiert: F. Frontisi-Ducroux, Le dieu-masque (Paris 1991) 104–135.

[88] z. B. Kelchkrater des Hippolyte-Malers, Antikenmus. Basel BS 468: RVAp 480,13 Taf. 170, 3. 4 (zwischen Mänade und Pan); Dinos in der Art des Dareios-Malers, Tarent, Mus. Nazionale Archeologico 8925: RVAp 506,106 Taf. 182, 1 (zwischen Pan und Satyr); Volutenkrater des Unterwelt-Malers, Neapel, Privatslg. 488: RVAp Suppl. 1 86,293a Taf. 17, 4 (zwischen Poseidon und Aphrodite); Hydria aus dem Umkreis des Dareios- und des Unterwelt-Malers, Vatikan V 25 (18058): RVAp 552,45; A. D. Trendall, Vasi italioti ed etruschi a figure rosse II (Vatikanstadt 1955) 154 f. Taf. 41 f (zwischen jungem Mann und Frau).

[89] Der Beispiele sind zu viele, als dass eine Auswahl sinnvoll erschiene; jedes Blättern in RVAp oder den Supplementen erschließt sie in großer Zahl.

[90] Dass in beiden Verwendungen tatsächlich dasselbe Objekt gemeint ist, zeigt klar ein Dinos in der Art des Dareios-Malers ehemals im Londoner Kunsthandel (RVAp Suppl. 1 80,106a Taf. 16, 1. 2), auf dem identische Girlanden einmal im Hintergrund hängend (zwischen Iris und einem sitzenden gehörnten Gott) und einmal von einem Satyr gehalten dargestellt sind.

[91] Vgl. die Beispiele Anm. 88 zu hängenden Girlanden.

[92] z. B. hängende Girlande über Frau am Louterion, darin Schwan: Teller aus der Menzies-Gruppe, Edinburgh, National Mus. of Scotland 1938.509 (RVAp Suppl. 2 II 261,497a Taf. 68, 6). – Frau mit Handgirlande: zahlreiche

Eros es hält, ist eine Frau mindestens zugegen, wenn nicht sogar Adressat der Girlande als
Gabe. Die Kontexte haben entweder dionysischen oder erotischen Charakter oder sind eine
Mischung davon. In den dionysischen Bereich weisen auch die Efeublätter, von denen je
eines links der linken Wasserschüttenden und links der Frau ganz rechts, von der nur noch der
Kopf erhalten ist, buchstäblich am das Bildfeld begrenzenden Streifen aufgehängt ist. Eine
allgemein festliche Atmosphäre ohne nähere Spezifizierung bezeichnet die Tänie, die über
der von rechts herangetragenen Hydria an der imaginären Rückwand befestigt ist. Schließlich
findet sich zweimal, ganz links und auf der rechten Seite zwischen der eine Hydria Herantra-
genden und dem Efeublatt, das sogenannte Xylophon, ein auf apulischen Vasenbildern häufig
wiederkehrendes Instrument, dessen Bedeutung in der Forschung intensiv diskutiert worden
ist[93]. Dass das leiterartige Gerät tatsächlich ein Musikinstrument darstellt, kann inzwischen
als erwiesen gelten: Auf einer Lekythos in Essen sieht man es in Gebrauch, verbunden mit
einer Tanzszene; eine Pelike in Kopenhagen rückt es in den Kontext anderer Musikinstru-
mente[94]. Am häufigsten erscheint das ›Xylophon‹ in erotisch-hochzeitlichen Szenen; wie auch
die Girlanden kommt es stark bevorzugt Frauen oder Eroten zu[95]. In den Bildhintergrund sind
einige Punktrosetten gestreut. Am Boden, unterhalb der von rechts herangetragenen Hydria,
sprießt eine Pflanze. An diesem Ort gestellt, mag sie die Fruchtbarkeit bringende Funktion
des Wassers andeuten, das in den Hydrien transportiert wird. Zusammenfassend bilden die
Attribute im Umfeld der Hydriaphoren einen gewissen Kontrast zu diesen selbst: Wird in
den Frauen und ihrer Tätigkeit der Aspekt der Arbeit erheblich eindeutiger betont als in den
zuvor betrachteten Darstellungen, rücken die Attribute mit ihren dionysischen und erotischen
Konnotationen diese Arbeit in einen gelöst-festlichen Rahmen. Die Bedeutung dieser Kontextualisierung ist nicht von vornherein klar: Denkbar wäre, dass die Arbeit damit als rituelle
Handlung in einem festlich-sakralen Kontext gekennzeichnet ist, aber auch eine weniger konkrete, attributiv-symbolische Charakterisierung der Handlung selbst ist möglich.

Der Pithos-Szene gegenübergestellt ist im oberen Bildfries eine Unterweltdarstellung. Sie
versammelt einige weitere Figuren, die für das Reich des Hades geläufig, hier aber bisher
nicht begegnet sind. Das Herrscherpaar der Unterwelt ist in diesem Bild ganz rechts an den
Rand gerückt. Hades, nur mit einem den Oberkörper frei lassenden Mantel bekleidet, sitzt zur
Bildmitte hin auf seinem Thron, in der erhobenen Rechten ein Zepter haltend. Hinter ihm am

Beispiele, s. nur Glockenkrater des Malers von Brüssel A3379, Mus. Vaticani V 17 (18050) (RVAp 788,286; A. D.
Trendall, Vasi italioti ed etruschi a figure rosse II [Vatikanstadt 1955] 111 f. Taf. 29 f). – Junger Mann mit Hand-
girlande gegenüber Frau (dazwischen Eros): Teller aus der Phrixos-Gruppe, Boston, Mus. of Fine Arts 01.8093
(RVAp 526,246 Taf. 192, 2). – Eros mit Handgirlande gegenüber Frau: Teller aus dem Umkreis des Dareios-
Malers, Monopoli, Slg. Meo-Evoli L 80 (960) (RVAp 528,256 Taf. 192, 5).

[93] Einen knappen Überblick der Forschungsgeschichte vor 1978 findet man in RVAp I 315 f. s. bes. G. Schneider-
Herrmann, Das Xylophon in der Vasenmalerei Süd-Italiens, in: Festoen. Festschrift Annie N. Zadoks-Josephus
Jitta (Groningen 1976) 517–526; Smith 1976, 126–132. Weiterhin G. Schneider-Herrmann, Die »kleine Leiter«.
Addenda zum Xylophon auf italischen Vasen, BABesch 52/53, 1977/1978, 265–267; E. Keuls, The Apulian
»Xylophone«, AJA 83, 1979, 476 f.; H. Froning, Katalog der griechischen und italischen Vasen. Museum Folk-
wang Essen (Essen 1982) 214–219 Nr. 89. Reale Vergleichsbeispiele sind, im Anschluss an die Ausgrabung eines
weitgehend erhaltenen Exemplars in einem Grab bei Francavilla (Basilicata), in Kontexten des 8. Jhs. v. Chr. identifiziert worden: P. Zancani Montuoro, AttiMemMagnaGr NS 15–17, 1974–1976, 27–40. Die chronologische
Lücke lässt sich bislang nicht überbrücken.

[94] Lekythos des Malers der Dubliner Situlae, Essen, Ruhrlandmuseum 74.158 A3 (Inv. RE 55): RVAp 404,44a;
Froning a. O. (Anm. 93) mit Abb. S. 216–218. – Pelike des Malers der Kopenhagener Tänzerin (Umkreis Dareios-
Maler), Kopenhagen, Nationalmus. VIII 316: RVAp 509,123; CVA Kopenhagen (6) Taf. 261.

[95] Schneider-Herrmann a. O. (Anm. 93) 519–522.

Bildrand steht Persephone mit einer Kreuzfackel. In ihrer marginalen Position ist sie durch die mächtige Gestalt ihres Gatten, der ihr den Rücken zuwendet, vom Geschehen im Bild wie abgeschnitten. Sie scheint nur noch die Ortsangabe ›Unterwelt‹ zu vervollständigen und keine eigene Funktion im Bildgeschehen zu haben. Dieses gliedert sich in zwei Szenen, getrennt durch zwei Figuren, die mehr oder weniger Rücken an Rücken stehen. Hades zugewandt steht ein Musiker in offenbar reich geschmücktem Gewand und mit einer phrygischen Mütze oder Tiara auf dem Kopf, der eine Kithara spielt. Man erkennt in diesem Sänger, der auf einer ganzen Reihe apulischer Unterweltdarstellungen wiederkehrt, Orpheus, was durch die Beischrift eines Fragments mit dieser Figur neben dem ›Palast des Hades‹ abgesichert ist[96]. Von ihm abgewandt steht in der Mitte des Bildes – die linke Szene rahmend – Hekate mit zwei Fackeln[97]. Herakles, durch Keule und Löwenfell unverkennbar[98], hält den dreiköpfigen Kerberos an der Leine. Am linken Bildrand, mit Hekate die Herakles-Szene rahmend, steht Hermes in Schrittstellung nach links. Diese Richtung, von Hades weg, ist offenkundig der Weg aus der Unterwelt heraus, den Hermes dem Herakles, zu dem er sich umwendet, zeigt[99]. Das Bild lässt keinen Zweifel daran, dass das Terrain am Ausgang der Unterwelt gedeihlicher wird: Nur beiderseits des Hermes sprießen am Boden Blumen. Auch Herakles' Schritte sind in diese Richtung gewendet, der Körper aber ist in die Gegenrichtung gedreht, in die auch der widerstrebende Höllenhund orientiert ist. Aber Hekate weist mit der Fackel in dieselbe Richtung wie Hermes; ihr Körper verstellt den Weg zurück geradezu. Hekate, groß und ausladend dargestellt, nimmt das Zentrum des Bildes ein. So viel Betonung einer Nebenfigur – das ist sie üblicherweise vor allem im Verhältnis zu Hades und Persephone – überrascht zunächst. Aber sie ist ernst zu nehmen. Hekate ist, entschiedener noch als Hermes, der auch der reguläre Totenbegleiter ist, die Garantin und Geleiterin außergewöhnlicher Grenzüberschreitungen zum und vom Hades[100]. Ihre zentrale Position macht das Thema dieses Bildes sofort deutlich. Beide Szenen links und rechts von ihr zeigen Ereignisse im Hades, die nicht dem normalen Verlauf entsprechen: Sowohl Herakles als auch Orpheus[101] kommen als Sterbliche in die Unterwelt und können sie wieder verlassen. Hekate ist die notwendige Gehilfin dieser Grenzüberschreitung.

[96] Frgt. Ruvo, Mus. Jatta (verschollen?), ehemals Slg. Fenicia: Garezou 1994, 89 Nr. 83; Pensa 1977, 25 und *passim*; 47 Abb. 8; Aellen 1994, 202 f. Nr. 6 Taf. 9. – Zur Ikonographie des Orpheus in der Unterwelt allgemein: Pensa 1977, 46–51; Garezou 1994, 81–105; LIMC Suppl. (2009) 401 s. v. Orpheus (M.-X. Garezou).

[97] So übereinstimmend die Kommentatoren, vgl. RVAp 763,293; Sarian 1992, 992. 993 Nr. 41. Das gesenkt gehaltene Gerät in der Linken unterscheidet sich in Länge und Form allerdings erheblich von der brennenden Fackel in der vorgestreckten Rechten.

[98] Zu Herakles' merkwürdigem Kopfschmuck: Schmidt 1991, 39 f. mit Anm. 25 (darin ältere Lit.).

[99] Zur Komposition der Herakles-Kerberos-Szenen in apulischen Unterweltbildern vgl. Moret 1993, 335 f.

[100] Vgl. Moret 1993, 326 f. 332 f. 335–337; Aellen 1994, 58–60. Aellen nennt die weibliche Figur der Herakles-Kerberos-Szenen (a. O. 60 f.) »un dédoublement d'Hécate« oder alternativ »un démon … assez proche d'Hécate«, da in anderen Bildern mehrfach diese Figur zusätzlich zu einer Hekate im Kreise der Unterweltgötter vorkommt. Auch Hermes, in der Unterwelt funktional der Hekate eng verwandt, kann doppelt auf Bildern erscheinen: s. hier **Kat. 7**; Aellen 1994, 60 f. mit Anm. 28. 29. Ein doppeltes Auftreten der Hekate selbst ist also durchaus möglich. Gerade die zentrale Position der Figur im Bild der Altamura-Amphora spricht wohl dafür, in ihr die für das Geschehen maßgebliche Göttin selbst und nicht eine Gehilfin zu sehen.

[101] Die Interpretation der Szenen von Orpheus in der Unterwelt gehört zu den meistdiskutierten Problemen apulischer Ikonographie, worauf hier nicht eingegangen werden kann; vgl. den Forschungsbericht bei Pensa 1977, 1–21. Einen abgewogenen Überblick bietet der Kommentar von Garezou 1994, 102. Wichtig insbesondere Moret 1993, 318–327.

Als Thema des oberen Frieses ist damit die außergewöhnliche Überwindung der Grenzen des Hades gewonnen, verkörpert in der zentralen Figur der Hekate. In welchem Verhältnis zu diesem Bild steht aber nun das der Wasserschüttenden im unteren Fries? Kompositorisch ist es ihm gegenübergestellt – als Gegensatz? Als Parallele? Eine Antwort fällt schon deshalb schwer, weil sich das untere Bild in sich als ambivalent erwiesen hat: Einerseits wird hier der Aspekt der harten Arbeit entschieden betont, wohl sogar durch das Überlaufen des Pithos als sinnlose Arbeit charakterisiert. Andererseits vollzieht sich diese Arbeit in einem festlichen Ambiente voller dionysischer und erotischer Anspielungen. Das untere Bild lässt sich also anders als das obere nicht ohne weiteres auf eine Formel bringen. Vom Aufbau her scheint eher ein Gegensatz zwischen beiden Bildern feststellbar zu sein: Die obere Szene ist von zentrifugalen Kräften bestimmt – Hades als eine der Hauptfiguren nahe zum Rand hin platziert; Hermes, der Herakles den Weg nach außen zeigt –, das untere dagegen zentripetal um den Pithos komponiert. Da dem offenen Bildaufbau oben auch ein Gehalt von ›Öffnung‹ zugrunde liegt, mag in der Geschlossenheit der Komposition unten ein Indiz zu sehen sein, das Bild als inhaltlichen Gegensatz zu verstehen: Diese Figuren sind an (um) einen Ort fixiert. Der Überwindung der Grenzen des Hades (oben) wäre dann unten das Gebundensein (im Hades?) gegenübergestellt. Der Aufenthalt in der Unterwelt, wenn man diesen Ort trotz der Trennung der Bilder für den unteren Fries überhaupt annehmen darf, hätte freilich durchaus ambivalente Aspekte.

Ein kompositorisches Detail unterstreicht die Geschlossenheit des unteren Bildes gegenüber dem offenen Charakter des oberen: Während die Figuren oben einigen Luftraum über ihren Köpfen haben, werden die unteren vom Ornamentband beinahe eingeschnürt. Andererseits ergänzt und unterstreicht das Ornamentband die Andeutungen festlichen Geschehens im unteren Bild. Sein größerer vegetabiler Teil ist enger mit dem unteren Register verbunden, während das darüberliegende Zungenband den Figuren oben eine Standfläche, fast wie ein flaches Podest, gibt. Zwei gegenständige Eichenzweige sind um eine Mittelrosette gruppiert. Die Zweige werden von einem dünnen Band, auf dem bemalte Eier aufgereiht sind, spiralförmig umschlungen. Solche mit Eiern verzierte Zweige gibt es noch einige Male in der unteritalischen Vasenornamentik. Luca Giuliani hat vermutet, dass es sich dabei um Wiedergaben realer Festdekorationen handle[102]. Ob Realismus oder symbolische Andeutung, jedenfalls soll das Bild ausdrücklich festlich ausgeschmückt werden. Der Rahmen der Arbeit am Pithos wird durch das Ornamentband räumlich bedrängter, inhaltlich aber noch ein Stück feierlicher.

Aufgrund der großen Ähnlichkeit der Szene am Pithos lässt sich eine etwas ältere Hydria in Policoro (**Kat. 3**, Abb. 7. 8) hier anschließen, die auf einen ausdrücklichen Unterweltkontext ganz verzichtet. Sie kam 1972 am Ort selbst in der Süd-Nekropole des antiken Herakleia zum Vorschein[103] und wurde von Trendall dem Umkreis der V.-und-A.-Gruppe zugeschrieben. Damit gilt sie als die älteste apulische Vase, die das Motiv der Hydriaphoren am Pithos zeigt; sie gehört nicht in den Werkstattkreis des Baltimore-Malers, aus dem die große Mehrzahl der hier zu behandelnden Darstellungen stammt, sondern steht für die ikonographische Vor-

---

[102] Giuliani 1995, 164 Anm. 107 zu S. 82; dort auch weitere Beispiele und Deutungsansätze.
[103] Vorberichte: A. D. Trendall, ARepLond 19, 1973, 37; Adamesteanu 1979, 9–12; Trésors d'Italie du Sud. Grecs et Indigènes en Basilicate. Ausstellungskatalog Straßburg (Mailand 1998) 232.

geschichte des Motivs[104]. Auch auf der Hydria aus Policoro ist das Bild der Hydriaphoren am Pithos einem anderen gegenübergestellt, das in diesem Fall aber keine Unterweltszene enthält: Oberhalb eines Hakenkreuzmäanders ist zentral eine Hydria in einem Brunnenhaus zu sehen, rechts davon eine sitzende Frau und vor ihr stehend ein kleiner Eros mit Zweig, links ein stehender Mann mit einem Stab und über dem Henkel eine weitere sitzende Frau. Auch das untere Bild beschränkt sich nicht auf den Raum zwischen den Horizontalhenkeln: Jeweils die äußerste Frau ist unter dem Henkel platziert.

Insgesamt sind sechs Frauen mit Hydrien im unteren Fries zugange, jeweils drei zu beiden Seiten des Pithos. Dieser nimmt einmal mehr die Mitte des Bildes ein; in beeindruckender Größe dominiert er das Bild von seinem Zentrum her. Seine Position ist noch unterstrichen durch eine Art Rahmung, die ihm das darüber aufgehängte Tuch gibt[105]. Diese festliche Aura verbindet sich aber keineswegs mit einer gemessenen Ruhe in der Gestaltung der Frauen: In keiner anderen Pithos-Szene sehen wir so viel Aktivität wie auf der Policoro-Hydria.

Die Anordnung ist dabei formal symmetrisch, inhaltlich aber mit unterschiedlicher Gewichtung. Verglichen seien die Paare der dem Pithos jeweils nächsten, mittleren und entferntesten Frauen. Am Pithos ist links eine Wasserschüttende dargestellt, die, leicht vorgebeugt, ihre Hydria waagerecht über dem Pithosrand hält. Fließendes Wasser ist nicht zu sehen, was aber auch dem nicht optimalen Zustand der Vasenoberfläche geschuldet sein kann[106]. Die Frau ihr gegenüber auf der anderen Seite des Pithos steht ganz gerade und hält eine Hydria aufrecht vor dem Körper. Relativ zur Wasserschüttenden ist sie weniger aktiv und weniger mühebeladen dargestellt. Ähnliches gilt für die folgenden Frauen. Beide tragen leere Hydrien. Die linke geht mit einer waagerecht auf dem Kopf liegenden Hydria vom Pithos weg – die übliche Transporthaltung leerer Hydrien in Darstellungen des Wasserholens, wie sie sich schon auf zahlreichen attisch-schwarzfigurigen Brunnenhaus-Szenen findet. Im Gegensatz zu dieser Arbeitspose der Frau links ist ihr rechter Gegenpart recht nonchalant dargestellt: Der Fußstellung nach vom Pithos weggewendet, dreht sie sich doch zu ihm um, ihre Hydria lässig schräg gehalten am Oberschenkel abgestützt. Mit der freien linken Hand greift sie über der Schulter ihr Gewand im *anakalypsis*-Gestus. Noch eklatanter wird der Unterschied bei den beiden äußersten Frauen unter den Henkeln. Die linke ist mit einer stehenden, also vollen Hydria auf dem Kopf auf dem Weg zum Pithos. Die rechte dagegen ist nur noch durch die vorgehaltene *tyle* in der rechten Hand ausdrücklich mit der Arbeit des Wassertragens verbunden; ihre Hydria steht am Boden abgestellt vor ihr. Im Ganzen also besteht ein deutliches Ungleichgewicht zwischen den beiden Hälften des Bildes. Links sind alle Frauen bei der Arbeit

---

[104] In Trendalls System fällt die V.- und A.-Gruppe in den Zeitraum zwischen 365 und 345, während die Werke des Patera-Malers um 340, die des Baltimore-Malers um 330 einsetzen (vgl. die Tabellen RVAp I Abb. 3 vor Tafeln und RVAp Indexes 1302 f. Abb. 4). Zu Maler und Gruppe s. auch Todisco 2012, I 111–113; Datierung hier 360–350.

[105] Adamesteanu (1979, 10) spricht von einem Vorhang (»tendaggio«), der den Pithos schütze. Im Sinne einer Abgrenzung vom übrigen Raum trifft das die Funktion des aufgehängten Stoffes in diesem Bild durchaus. Die Art der Aufhängung erinnert an die allerdings schmäleren, stoffärmeren ›Tänien‹, die auf zahlreichen apulischen Vasen im Hintergrund zu sehen sind und eher unspezifisch einen festlich-würdevollen Raum zu charakterisieren scheinen; vgl. nur z. B. Volutenkrater des Ilioupersis-Malers, Boston, Mus. of Fine Arts 1970.235: RVAp 194,11 Taf. 61, 3. 4; Volutenkrater des Lykurg-Malers, London, British Mus. 1931.5–11.1: RVAp 416,10 Taf. 149, 1. 2; Schale des Malers von Louvre MNB 1148, Bari, Privatslg.: RVAp 590,282a Taf. 225, 3.

[106] Die Vase ist im Ganzen zwar sehr gut erhalten, aber zusätzlich aufgetragene Farben sind vor allem über den mit Glanzton abgedeckten Partien z. T. stark abgerieben, vgl. nur die eben besprochene Stoffbahn über dem Pithos, die auf manchen Abbildungen kaum noch wahrnehmbar ist.

dargestellt: Sie bringen Wasser zum Pithos, gießen es in ihn oder gehen neues Wasser holen –
all das dargestellt in den etablierten Posen, die seit der attisch-schwarzfigurigen Vasenmalerei
die Arbeit des Wassertransports charakterisieren. Rechts dagegen, in subtiler Variation der
verwendeten Figurenschemata, verliert sich der Aspekt der Arbeit, und das zunehmend, je
weiter der Blick nach rechts voranschreitet. So statisch die erste Frau am Pithos dargestellt
ist, suggeriert ihre Haltung doch noch den nächsten Moment, in dem sie die Hydria anheben
und in den Pithos entleeren wird[107]. Die nächstfolgende dagegen überrascht durch ihre fast
tänzerische Drehbewegung, die unorthodoxe Haltung der Hydria und den hochzeitlich-ero-
tisch konnotierten Griff zum Gewandzipfel. Trägt sie ihre Hydria immerhin noch, hat die
letzte in der Reihe sie abgestellt; nurmehr symbolisch verweist sie mit der *tyle* auf die Arbeit.
Das ist eine Stufenleiter verschiedener Grade der Distanz zur Arbeit am Pithos, die auch der
räumlichen Distanz zu diesem Gefäß im Bild entspricht. Der Fries stellt also in seiner linken
Hälfte ganz dezidiert Arbeit dar; rechts dagegen ist die Arbeit zwar zitathaft präsent, sie wird
aber aufgehoben in Motiven, die als solche nur noch wenig mit ihr zu tun haben. Angesichts
der Gegenüberstellung könnte man vielleicht sogar sagen, dass rechts die Negation von Arbeit
dargestellt ist: Die Hydria wird nicht wirklich in den Pithos ausgegossen, die zweite Frau geht
nicht wirklich Wasser holen, die dritte bringt schon gar nicht frisches Wasser heran. Indem
die Darstellungen knapp neben den kanonischen Mustern bleiben, verkehren sie sie pointiert
in ihr Gegenteil. Gerade weil die Frau vorne am Pithos in der Position wäre, ihre Hydria aus-
zugießen, fällt besonders auf, dass sie es nicht tut. Die Ambivalenzen, die sich auch in den
zuvor betrachteten Darstellungen fanden, werden auf der Hydria aus Policoro dialektisch auf
die Spitze getrieben, indem der Pithos das Bild in zwei Teile offenbar gegensätzlicher Aussage gliedert. Dem Pithos kommt damit abermals eine für die Komposition entscheidende
Rolle zu. Er selbst hat keine zwei Hälften, die sich irgendwie unterscheiden würden. Als Bezugspunkt dient er der einen wie der anderen Szene. Gerade in der rechten Bildhälfte mit ihrer
inhaltlichen Distanz von der Arbeit wenden sich alle Blicke zur Bildmitte mit dem Pithos,
während links die vom Pithos Weggehende sich nicht zu ihm umwendet.

   Am Pithos selbst fallen die weißen Linien auf, die auf seine Wandung aufgetragen sind.
Stellen sie Pflanzen dar, die um ihn herum wachsen, wie es in den ersten Publikationen beschrieben wurde[108], oder meinen sie überlaufendes Wasser, wie Margot Schmidt vorschlug[109]?
Wie bei der Schraffur auf dem Pithos der Amphora aus Altamura sind überzeugende Vergleichsbeispiele nicht beizubringen. Grundsätzlich erinnern die sich vom Boden weg in mehrere ›Zweige‹ aufteilenden weißen Eintragungen durchaus an aufsprießende vegetabile Formen. Nur: Solche Pflanzen gibt es auf apulischen Vasenbildern sonst nirgends. Die apulische
›Minimalpflanze‹ ist ein oft nicht durchgezogener einzelner grob senkrechter ›Stamm‹, an
dem dicht Blätter oder Früchte sitzen; Beispiele dafür zeigt die Policoro-Hydria selbst jeweils
zwischen der ersten und zweiten Frau beiderseits vom Pithos aus. Vegetabile Formen nur aus
weißen Strichen gibt es ausschließlich auf Basen von Bauwerken oder Grabmonumenten,
dort sind sie zweifellos ornamental gemeint[110]. Staunen macht auch, dass die ›Pflanzen‹ mit

[107] Will man die Situation umgekehrt als den Moment unmittelbar nach der Entleerung der Hydria verstehen, würde
      das die Akzentverschiebung weg von der Arbeit verstärken: Ein Verharren am Pithos könnte sinnvoll nur bedeu-
      ten, dass diese Frau kein frisches Wasser mehr zu holen braucht.
[108] Trendall 1977, 284 zu Nr. 9; Adamesteanu 1979, 10.
[109] Schmidt 1982, 28. Zustimmend: Moret 1993, 343.
[110] s. z. B. nur den Volutenkrater des Malers von Kopenhagen 4223, ehemals Basel, Kunsthandel (MuM): RVAp
      465,49 Taf. 166, 3. 4.

den Begrenzungslinien des Pithos urplötzlich zu enden scheinen, woran allerdings auch der Erhaltungszustand schuld sein könnte. Für die These überlaufenden Wassers spricht dagegen schon die Singularität des Phänomens, die darauf hindeutet, dass hier etwas Spezifisches, Außergewöhnliches dargestellt ist. Aber auch sie stößt auf Schwierigkeiten: Die Darstellung würde sich dann jedes Versuchs eines naturnahen Realismus enthalten, was für die sonst oft sehr präzise erfassten Einzelformen innerhalb der apulischen Vasenmalerei nicht unbedingt typisch wäre. Weder beschreibt das ›Wasser‹ die Form des Gefäßes, an dem es herunterläuft, noch sind die zur Seite hin abgehenden Striche als ›Aufspritzen‹ auch nur vage naturalistisch erklärbar. Unklar bliebe auch, wo die jeweils äußersten ›Rinnsale Wasser‹ herkämen – überlaufend von der Gefäßmündung dem Bild nach nicht. Stutzig macht auch, dass sich just über den Hauptsträngen des weißen Auftrags oberhalb und neben dem Pithos Farbreste auf dem schwarzen Glanzton finden: Waren hier Blüten oder Früchte am Ende der ›Stengel‹ gemalt, die nur dem Abrieb zum Opfer gefallen sind? Die Entscheidung muss offenbleiben.

Geht man von überlaufendem Wasser aus, was sich immerhin auch für das im Aufbau grundsätzlich ähnliche Bild der Amphora in Altamura wahrscheinlich machen ließ: Welche Bedeutung hätte dies? Auf jeden Fall hätte man es bei der Arbeit der Hydriaphoren mit sinnloser Mühe zu tun: Sie würden einen Pithos befüllen, der bereits voll ist. Insofern könnte diese Darstellung ein bildliches Äquivalent zum auslaufenden Pithos der Schriftquellen sein: In beiden Fällen ist die Arbeit sinn- und ziellos[111]. Die Absurdität der Arbeit ließe möglicherweise weitere Schlussfolgerungen zu[112]: Sie könnte kaum von dieser Welt sein. Dass jemand unter normalen Bedingungen und freiwillig sinnlose Arbeit täte, käme in der griechischen Kultur, wo körperliche Arbeit generell eher geringschätzig beurteilt wurde, niemandem in den Sinn. Der Betrachter müsste in dieser Absurdität eine ›verkehrte Welt‹ sehen – vielleicht die Unterwelt? Insofern ließe sich das Bild der Policoro-Hydria möglicherweise nicht nur aufgrund der motivischen Ähnlichkeit in die Reihe der Unterweltdarstellungen der Hydriaphoren am Pithos stellen. Andererseits könnte das Bild des überlaufenden Pithos auch (zusätzlich oder alternativ) einen anderen Aspekt transportieren: den der Fülle und des Überflusses. Wo Wasser in solchen Mengen vorhanden ist, dass es verschwenderisch überlaufen kann – Über-Fluss ganz wörtlich –, muss große Fruchtbarkeit herrschen. Im Sinne dieser Deutung könnte es fast belanglos sein, ob die weißen Linien nun überfließendes Wasser oder sprießende Pflanzen meinen – die Aussage wäre im Grunde dieselbe. Pflanzen nehmen in jedem Falle auf dem Bild der Hydria einigen Platz ein: Die beiden jeweils zwischen der ersten und zweiten Figur vom Pithos wurden bereits erwähnt; eine weitere, ein Bäumchen geradezu, steht links zwischen der zweiten und dritten (rechts ist dieser Platz von der abgestellten Hydria besetzt).

Das Schulterbild nimmt das Motiv der Hydria auf: Das Wassergefäß steht in der Bildmitte in einer Architektur, die wohl als Brunnenhaus zu verstehen ist. Wahrscheinlich war über der Hydria auch ein Wasserspeier angegeben, von dem aber nur geringe Farbreste erhalten sind. Rechts des Gebäudes sitzt eine Frau nach rechts, den Blick in die Gegenrichtung gewendet. Ihre Rechte ergreift das Gewand zur *anakalypsis*. Rechts neben ihr steht ein kleines männliches Flügelwesen, ein Eros wohl, der ihr einen Zweig entgegenhält. Diese Figur und die Geste der Frau lassen die Szene als Liebeswerbung erkennen. Sie geht aus von dem stehenden bärtigen Mann auf der anderen Seite des Brunnens, dem der Blick der Frau gilt. Er hat seinen linken Fuß auf einen Sockel gestellt, hält mit der Linken einen Stab und hat den rechten Arm,

---

[111] So auch Moret 1993, 343.
[112] Die Anregung verdanke ich Luca Giuliani (mündlich).

den Oberkörper vorgebeugt, zum Redegestus erhoben. Links von ihm sitzt über dem Henkel in kleinerem Maßstab eine weitere Frau nach links, den Blick nach rechts gewendet. Auch sie hebt mit ihrer Rechten den Gewandzipfel über der Schulter. Die Szene wird durchweg auf die Begegnung von Poseidon und Amymone gedeutet[113], was dem Bildschema nach durchaus plausibel ist[114]. Allerdings fehlt dem Poseidon ausgerechnet das distinktive Attribut des Dreizacks, der sich wohl auch schwerlich als verloren ergänzen lässt[115]. Damit ist die mythologische Deutung keineswegs sicher[116]. Thematisch aber ist klar, dass es sich um eine erotisch konnotierte Gesprächssituation handelt. Der Hydria wird darin ein zentraler Rang eingeräumt.

Ihre Stellung lässt sie mit dem Pithos im Bild darunter korrespondieren. Als Motiv wiederum stellt sie eine Verbindung her zu den Hydrien der Frauen unten. Und auch die Geste der *anakalypsis*, von beiden Frauen oben und unten von der zweiten von rechts ausgeführt, verbindet die beiden Darstellungen. In welchem Verhältnis aber stehen sie zueinander? Oben liegen die Dinge eindeutig: Der Eros mit dem Zweig signalisiert den Erfolg des Begehrens. Alles scheint in bester Harmonie zu verlaufen. Der freudvollen Atmosphäre im Schulterbild könnte nun die mühsame (und vielleicht sinnlose) Arbeit unten als Gegensatz gegenübergestellt sein. Aber wie die Untersuchung ergab, ist das Hauptbild selbst schon in einen Gegensatz aufgespalten. Von links nach rechts gelesen (was auch die Aktionsrichtung im Schulterbild – vom Werber zur Umworbenen – ist), lässt es sich als zunehmende Aufhebung der Arbeit verstehen, für die der Pithos als Scheidemarke der Katalysator zu sein scheint. Damit ist aber zugleich der starke Gegensatz der Bilder unten und oben aufgehoben. Eher ist ihr Verhältnis dann als temporale oder vielmehr finale Abfolge zu verstehen: Die Freuden oben sind das Ziel, die Mühen im dialektisch dynamisierten Bild unten der Weg dorthin. Freilich lässt sich das nur auf einer hoch abstrakten Ebene so verstehen, in der beide Bilder nurmehr symbolische Stellvertreter für etwas Allgemeineres sind. Nur wenn die Liebeswerbung für Freuden allgemein und die Arbeit am Pithos für Mühen allgemein steht, lassen sie sich ohne weiteres in ein solches Verhältnis setzen. Ein konkreteres *tertium comparationis* gibt es im Wasser, das in beiden

---

[113]   s. die gesamte Literatur zu **Kat. 3** außer Moret 1993, 343, der auf das Schulterbild nicht eingeht.

[114]   Vgl. Simon 1981.

[115]   Vgl. die Pelike des Malers der Moskauer Pelike 733 in der Archäologischen Slg. der Universität Zürich 2656 (**Kat. 25**). Dargestellt sind u. a. ein sitzender bärtiger Mann mit Stab und eine sitzende Frau mit *tyle* in der Hand, unter ihren Füßen liegt eine Hydria. Auch diese Szene wird trotz fehlenden Dreizacks durchweg auf Poseidon und Amymone gedeutet. Für die Deutung spricht (in beiden Fällen) die Bärtigkeit des Mannes, die in der apulischen Vasenmalerei, anders als in der attischen, für einen anonymen Werbenden ungewöhnlich wäre.

[116]   Nur am Rande will ich auf die Rolle eingehen, die der Hydria aus Policoro in der Diskussion um die ›Danaiden‹-Deutung der Hydriaphoren beigemessen wurde. Schmidt (1979, 159 f.) sah in der Kombination der Hydriaphoren am Pithos mit einer Poseidon-Amymone-Szene den Beweis, dass die Hydriaphoren die mythischen Danaiden darstellten, ist doch auch Amymone eine der 50 Töchter des Danaos, der der Mythos ein von ihren Schwestern unterschiedliches Schicksal zuerkannte (zum Mythos mit Nachweis der Quellen vgl. RE I 2 [1894] 2002 f. s. v. Amymone 4 [Escher]; Roscher, ML I 1 [1886] 327 f. s. v. Amymone [Stoll]; Simon 1981, 742). Dieser Gewissheit stehen v. a. zwei Argumente entgegen: 1. Die Deutung des Halsbildes auf Poseidon und Amymone ist durchaus zweifelhaft (s. Text). Adamesteanu (1979, 10 f.) benutzt gar die von ihm offenbar als unproblematisch angesehene ›Danaiden‹-Darstellung im unteren Bild, um die Interpretation des Halsbildes abzusichern – das Argument wird zirkulär. – 2. Fraglos stehen die beiden Bilder der Hydria in einem Verhältnis zueinander, das insbesondere durch die Korrespondenz der abgebildeten Gefäße akzentuiert wird. Die Motivation, die beiden Bilder zu kombinieren, liegt damit zunächst auf einer rein ikonographischen Ebene, der durchaus eine Aussageabsicht zugrunde liegen dürfte (s. die Interpretationsansätze im Text im Folgenden). Keineswegs muss die Grundlage der Kombination aber ein mythologisches Verwandtschaftsverhältnis sein. In der apulischen Vasenmalerei ist mir nicht ein weiteres Beispiel bekannt, das nach diesem Prinzip zusammengesetzt wäre.

Bildern ganz wörtlich im Mittelpunkt steht[117]. Oben fließt es am Brunnen in die Hydria, von selbst, ohne Mühen zu bereiten, ja Zeit zum Flirt lassend. Unten muss es in mühevoller Arbeit zum Pithos gebracht werden – wo es vielleicht sogar, den Pithos zum Überlaufen bringend, verschwendet wird. Diese Situation der Mühe wird in der rechten Bildhälfte wiederum als überwindbar dargestellt. In beiden Bildern wird die natürliche Konnotation des Wassers mit Fruchtbarkeit besonders herausgestellt. Im Schulterbild wird es mit erotisch-hochzeitlichem Geschehen assoziiert, unten verweisen die reichlich dargestellten Pflanzen darauf; überdies kehrt der hochzeitliche Gestus der *anakalypsis* in der rechten Bildhälfte wieder. Die Frauen in diesem Teil des Bildes scheinen sich, dem Gehalt nach, auf dem Weg zu einer Situation wie im oberen Bild zu befinden.

Die beiden zuletzt behandelten Bilder isolieren das Motiv der Hydriaphoren am Pithos in einem eigenen Fries; sie stellen es jeweils einer anderen Szene gegenüber. Einmal ist dies eine Unterweltszene, die allerdings die außerordentliche Überwindung der Grenzen des Hades in den Mittelpunkt stellt; im zweiten Fall ist es eine Darstellung, die nichts mit Unterwelt zu tun hat: Sie zeigt eine (vielleicht mythische) Liebeswerbung. Jeweils ist die Arbeit am Pithos, *per se* mit Mühsal behaftet, die negativer konnotierte Szene gegenüber einem hoffnungsvollen, optimistischen Geschehen. Zugleich ist aber die Aussage der Pithos-Szene in beiden Fällen uneindeutig: Einmal rückt sie die Ausgestaltung des Hintergrunds in einen festlich-gelösten Rahmen; im anderen Fall zerfällt die Aktion selbst in zwei Teile, von denen einer die Aussage der mühevollen Arbeit zu negieren tendiert. Diese Ambivalenz haben die isoliert dargestellten Pithos-Bilder mit den zuvor behandelten gemein, wo sie unmittelbar in einen Unterweltkontext gerückt sind. Übereinstimmend ist auch die herausgehobene Rolle des Pithos, dem in seiner Scharnierstellung im Bild der Hydria aus Policoro katalytische Funktion gegeben zu sein scheint. Sie lässt sich möglicherweise auf die übrigen Bilder übertragen. In Erinnerung gerufen sei, dass auch der Volutenkrater **Kat. 1** dem Pithos eine gewisse Scharnierstellung einräumt: Ausnahmsweise an den Rand gerückt, steht er erhöht und stellt so für die Frau, die ihre Hydria in ihn entleert, eine Verbindung zur Szene im oberen Register her. Eine solch unmittelbare Verbindung gewähren die Darstellungen nicht, in denen die Bildfelder durch einen Ornamentstreifen voneinander geschieden sind. Mit dem abweichenden Kompositionsprinzip wird ein Abstand zwischen den Szenen betont; aber auch wenn ihre Relation so eher in einer Gegenüberstellung besteht, wird damit kein harter Gegensatz ausgedrückt. Dem Gehalt nach liegen die Pithos-Szenen im einen wie im anderen Kompositionsschema nahe beieinander. Trennt der Ornamentstreifen das Bild der Arbeit am Pithos auch vom jeweils anderen, so finden sich in den Pithos-Bildern doch Zeichen, die diese Trennung relativieren. Waren in den kombinierten Bildern mehr oder weniger fließende Übergänge zwischen den Registern dargestellt, so ist der Fluss nun markanter unterbrochen zu getrennten Szenen; ihre Verbindung ist dennoch gewährleistet.

Nur exkursartig[118] soll ein singuläres, relativ spätes Bild von Hydriaphoren am Pithos betrachtet werden, das gemeinhin als Unterweltdarstellung verstanden wird, obgleich sichere

---

[117] Vgl. Schmidt 1982, 28 f.

[118] Ganz ausgespart bleiben Darstellungen aus anderen Gattungen und Kunstlandschaften, auch wenn sie zeitlich den spätapulischen Vasenbildern nahestehen. Einige tarentinische Kalksteinreliefs, die das Motiv der Frauen mit Hydrien und einmal auch den Pithos zeigen (v. a. München, Glyptothek 494: Keuls 1986a, 339 Nr. 22*; auch

Indizien fehlen. Der Arpi-Maler, nach Trendall ein jüngerer Werkstattgefährte des Baltimore-Malers, hat es auf einen Volutenkrater gemalt, der sich in einer Napolitaner Privatsammlung befindet (**Kat. 5**). Veröffentlicht ist der Krater nur in ungenügenden Abbildungen in RVAp. Der Pithos befindet sich in einer Architektur, tief eingelassen in deren Basis. Von links gießt eine aufrecht stehende Frau eine Hydria in ihn aus, sehr steil gehalten und angesichts des niedrigen Auffangbehälters von weit oben. Rechts hinter dem Pithos steht eine merkwürdige bärtige Gestalt, in der Rechten einen Knotenstock haltend. Von der Taille abwärts trägt er einen Mantel; sein entblößter Oberkörper ist mit Punkten übersät, die an das Fell der Silen-Ikonographie erinnern[119]. Ringsum stehen, sitzen, bücken sich insgesamt acht weitere Frauen in einer ungewöhnlich in die Tiefe gestaffelten Komposition, die nichts von der aufgeräumten Ordnung der meisten apulischen Vasenbilder hat. Überwiegend hantieren sie mit Hydrien; zwei von ihnen sind untätig und greifen sich sinnend ans Kinn. Die vier Frauen, die am weitesten oben, d. h. hinten, stehen, tragen Hydrien auf dem Kopf; drei der Hydrien stehen dabei aufrecht, die vierte liegt flach. In allen vier Fällen ist eine *tyle* untergelegt. Weitere Hydrien stehen im Gelände, eine auch auf der Basis der Architektur ähnlich wie auf **Kat. 10** (Abb. 15); eine weitere ›hängt‹ links über der gießenden Frau schräg im Zwickel des Baus. Rechts ihres Kopfes ist ein Ball gemalt. Am Bildfeldrand links steht ein Baum; rechts hängt eine Tänie im Hintergrund zwischen den beiden oberen Frauen. Andere Figuren als den Bärtigen und die Frauen zeigt das Hauptbild nicht.

In seiner Einzigartigkeit ist das Bild erratisch. Allgemein gilt es mit Selbstverständlichkeit als Darstellung der Danaiden in der Unterwelt; Margot Schmidt hat es gar zum Beweis erklärt, dass es die Vorstellung der Unterweltstrafe des Wasserschüttens mindestens alternativ zum von Eva Keuls verfochtenen oberirdischen *katharmos* gab[120]. Was aber situiert die Szene in der Unterwelt? Nichts als der vielleicht behaarte Bärtige, der allen Autoren von Trendall bis Moret als Unterweltdämon gilt[121]. Für seine Ikonographie gibt es, abgesehen von der partiellen Silen-Ähnlichkeit, meiner Kenntnis nach keine Vergleichsbeispiele. Überdies sind

---

dort Nr. 23* und einige weitere Frgte.), sind zu verknappt in der Darstellung, als dass sie für die Interpretation weiterführen könnten. Interessant ist einzig, dass die Hydriaphoren am Pithos hier (im Münchner Exemplar) ebenfalls kombiniert sind mit einer Geschichte von der Überwindung der Grenzen des Hades, nämlich dem Kerberos-Abenteuer. Nicht weiterführend sind auch isolierte Frgte. zweier unteritalischer Reliefvasen wohl erst des Hellenismus in Heidelberg, Universität 25/64 a.b: Schauenburg 1958, 70 f. Abb. 16–18; Keuls 1974, 102 f.; Keuls 1986a, 339 Nr. 21*. – Eine kampanische Hydria (Namensvase des Danaidenmalers, London, British Mus. F 210: LCS 429,486; CVA London [2] IV Ea Taf. 8, 15; Schauenburg 1958, 69 Abb. 15; Keuls 1986a, 339 Nr. 19) und ein etruskischer Stamnos aus Orvieto (Florenz, Mus. Archeologico 4128: J. Beazley, Etruscan Vase Painting [Oxford 1947] 146; Keuls 1974, 102 f. Taf. 15; Keuls 1986a, 339 Nr. 20*) zeigen ebenfalls die Hydriaphoren am Pithos. Während das Grundmuster ähnlich ist und die Verbreitung des Motivs belegt, können gerade die Variationen aus methodischen Gründen nicht ohne weiteres zur Interpretation der apulischen Bilder herangezogen werden; angesichts der jeweiligen Singularität der Bilder in ihrer jeweiligen Kunstlandschaft sind durch Vergleich abgestützte Interpretationen nicht zu gewinnen. Am aufsehenerregendsten ist, dass ausgerechnet das etruskische Bild den Pithos so zeigt, wie wir ihn nach den griechischen Schriftquellen (und zwar unabhängig von der Danaiden-Deutung) eigentlich zu erwarten hätten: mit einem Loch. Darin hat er eine Parallele einzig in einer spätrepublikanischen Rund-Ara im Vatikan: G. Lippold, Die Skulpturen des Vaticanischen Museums III 2 (Berlin 1956) 307 Nr. 42 Taf. 140; Helbig I ⁴(1963) 432 Nr. 545; vgl. Keuls 1974, 120–123 Taf. 17. Auch die späteren römischen Darstellungen lassen den Pithos nicht explizit als τετρημένος erkennen.

[119] Vgl. dazu LIMC VIII (1997) Suppl. 1108–1133 s. v. Silenoi (E. Simon), bes. 1113 f. Nr. 29–34; 1125 Abschn. IV C.

[120] Schmidt 1987, 160.

[121] Vgl. Literatur im Katalog.

Unterweltdämonen, abgesehen von den Erinyen, in der griechischen Vorstellungswelt kaum belegt. Der einzige Vergleich, auf den regelmäßig verwiesen wird (und wohl der einzige, der sich geben lässt), ist eine Eurynomos genannte Figur in Pausanias' Beschreibung der polygnotischen Nekyia in der Knidier-Lesche in Delphi[122]. Als entscheidende Parallele wird genannt, dass der ›Dämon‹ des Vasenbildes, wie Eurynomos laut Pausanias, die Zähne blecke. Das ist schwer nachzuvollziehen; jedenfalls sind die Zähne nicht in Deckweiß hervorgehoben, was, wenn das Detail denn wichtig gewesen wäre, ein effizientes Mittel zur Betonung darstellte, das einem apulischen Maler nahegelegen haben müsste[123]. So stellt sich die Benennung als hermeneutische Willkür dar; ohne sie aber fehlt jeder Beweis, das Geschehen in der Unterwelt angesiedelt zu verstehen. Dieses Unverständnis, auch im Hinblick auf die Bedeutung des Bildes überhaupt, angesichts seiner Singularität einzugestehen, scheint mir methodisch angemessener zu sein als die Darstellung zum Kronzeugen einer Interpretation zu machen.

Die bisher betrachteten Bilder **Kat. 1–4** zeigen das Motiv »Frauen mit Hydrien am Pithos« in einer vergleichsweise ausführlichen Fassung, die sich als ›vollständig‹ bezeichnen ließe: Es wird eine Gruppe von Frauen gezeigt, ebenso der Pithos als das (konkrete) Ziel ihres Tuns, und dieses Tun wird, zumindest in einem gewissen Grad, explizit dargestellt. Schon unter diesen Bildern war variabel, ob die Unterwelt als Ort der Handlung explizit und eindeutig gemacht wird. Anzuschließen sind nun Darstellungen, die, in verschiedener Weise, als ›abgekürzte‹ Darstellungen dieses Motivs interpretierbar sind, da sie es nur zu Teilen zeigen, wobei diese Teilmotive dem ›vollständigen‹ tatsächlich wie Teilmengen entnommen sind, wodurch eine unmittelbare Vergleichbarkeit entsteht.

Eine einzelne Hydriaphore mit und ohne Pithos im Unterweltkontext

Zwei Volutenkratere des Baltimore-Malers in Münster (**Kat. 6**, Abb. 9) und Basel (**Kat. 7**, Abb. 10. 11) zeigen jeweils eine einzelne Hydriaphore in gleicher Position in Unterweltdarstellungen, die kompositorisch sehr eng verwandt sind. Die beiden Bilder unterscheiden sich aber unter anderem dadurch, dass einmal neben der Hydriaphore ein Pithos dargestellt ist und einmal nicht. Im Zentrum des Bildes steht jeweils der ›Palast des Hades‹, in dem der Gott sitzt. Ihm gegenüber steht ein als Krieger ausgestatteter bärtiger Mann, dem Hades einmal (**Kat. 6**) die Hand gibt. Links und rechts des ›Palastes‹ sind verschiedene Figuren auf zwei Registern angeordnet, wobei Persephone einheitlich rechts oben thront, während die anderen Figuren von einem Bild zum anderen ausgetauscht sind. Unter dem ›Palast‹ steht ein Viergespann und links vor ihm Hermes. In seinem Rücken, ganz am linken Bildrand, befindet sich die Hydriaphore.

---

[122] Paus. 10, 28, 7, der die schaurige Erklärung seiner ἐξηγηταὶ wiedergibt: ὡς τὰς σάρκας περιεσθίει τῶν νεκρῶν, μόνα σφίσιν ἀπολείπων τὰ ὀστᾶ, und ihn als schwarz-blau gemalt und seine Zähne zeigend beschreibt. Schon Pausanias bringt zum Ausdruck, dass ihm der Name aus der Literatur fremd ist; weitere Belege sind tatsächlich nicht bekannt (vgl. LIMC IV [1988] 109 s. v. Eurynomos [M. Robertson]). Im Übrigen gibt es zwar einige Spukgestalten mehr oder weniger chthonischen Ursprungs, für die sich auch Verbindungen zu Hekate nachweisen lassen, die aber erstens oberirdisch ihr Unwesen treiben, nicht Büßer in der Unterwelt peinigen, und zweitens allesamt weiblich sind (vgl. E. Rohde, Psyche II [ND Darmstadt 1961] 407–411, der allerdings sehr einseitig auf die Hekate-Gefolgschaft abhebt: vgl. die RE-Artikel zu den einzelnen bei Rohde gegebenen Namen). Vgl. zum griechischen Begriff δαίμων und zur Unterweltvorstellung allgemein: W. Burkert, Griechische Religion der archaischen und klassischen Epoche (Stuttgart 1977) 278–282. 300–312.

[123] Dass ursprünglich vorhandenes Weiß an dieser Stelle verloren sei, ist angesichts des guten Zustands anderer weißer Partien praktisch auszuschließen.

Auf dem Münsteraner Krater (**Kat. 6**, Abb. 9) ist sie nach links, also nach außen, gewendet, wo der relativ kleine und sackartig geformte Pithos steht, der in Teilen schon von dem Palmettenornament unter dem Henkel verdeckt ist. Die Frau ist ganz eng an ihn herangerückt; ihr leicht angewinkeltes rechtes Bein, mit dem sie beim Ausgießen die Hydria unterstützt, scheint seinerseits auf der Gefäßwand des Pithos zu ruhen. Den Oberkörper vorgebeugt, hält sie die Hydria mit beiden Händen waagerecht zum Ausgießen: Vier etwa senkrechte weiße Striche deuten das fließende Wasser an. Von diesen sind die mittleren beiden kräftiger gemalt als die ganz zarten äußeren; diese stärkeren haben am unteren Ende, am Pithosrand, winzige Widerhaken, die zurückspritzendes Wasser meinen müssen. Unmittelbar am und über dem Pithosrand sind drei schwache horizontale Striche angegeben, von denen nur der unterste über die gesamte Breite der Gefäßmündung durchgezogen ist. Aufgrund der beobachteten ›Spritzer‹ kann man vermuten, dass damit der Wasserspiegel angedeutet ist. Dieser Pithos liefe damit zwar (noch) nicht erkennbar über, er wäre aber randvoll und würde immer noch weiter gefüllt. Die Arbeit wäre als sinnlos, in jedem Fall als energisch charakterisiert: Das wild aufflatternde schalartige Manteltuch, das wohl einmal über den Schultern der Hydriaphore gelegen haben muss, zeigt sie in heftiger Bewegung. Naturalistisch wäre die Vehemenz, mit der das Gewandstück vom Körper weg flattert, gar nicht mehr zu erklären; sie steht als Bedeutungsträger: Die Arbeit der Frau lässt sich nicht ohne Anstrengung bewerkstelligen.

Rücken an Rücken zu ihr steht Hermes, der mit dem Führungspferd des neben ihm stehenden Viergespanns beschäftigt ist. Die Frau und er haben nichts miteinander zu tun, obwohl sie sich fast berühren. Im Wagenkorb des offenbar abfahrbereiten Gespanns steht ein Mann mit freiem Oberkörper und orientalischer Kopfbedeckung. Das nächste Register darüber zeigt auf beiden Seiten gleiche Motive: Ein nackter junger Mann, rechts in stehender, links in sitzender Haltung, ist mit den Händen auf den Rücken an einen (stilisierten) Baum gebunden; eine Erinye sitzt oder steht (chiastisch ausgewechselt) neben ihm und bewacht ihn, eine Peitsche in der Hand. Hier ist das Thema unzweideutig erkennbar: Dargestellt ist eine Bestrafung, ein Büßer in der Unterwelt[124]. Ganz anderen Figuren gehört das oberste Register. Rechts oben thront Persephone, neben ihr steht Hekate und hinter dieser ein Hund, zu dem Persephones linke Hand in einer spielerisch-vertraulichen Geste geht. Ihre Rechte greift im *anakalypsis*-Gestus ins Gewand. Links vom ›Palast‹ sitzen ein bärtiger männlicher Kithara-Spieler und eine Lyra-Spielerin nebeneinander. Die Frau scheint in ihr Spiel versunken; der Mann blickt sie mit ganz ins Profil gewendetem Kopf an. Nicht nur wird damit die intime Stimmung des Bildes von Persephone und Hekate übernommen; allein schon durch die parallele Platzierung sind die Figuren links, die wohl kaum dem eigentlichen Götter-Kosmos angehören[125], in eine quasi-göttliche Sphäre

---

[124] Das Motiv des Gefesselten in der Unterwelt wird für Peirithoos verwendet, beischriftlich gesichert (allerdings für einen an einen Felsen Gebundenen) auf dem Fragment des Dareios-Malers in Karlsruhe, Badisches Landesmus. B 1549: RVAp 504,82; LIMC VII (1994) 238 Nr. 80 s. v. Peirithoos (E. Manakidou). Aber schon die Doppelung in unserem Bild beweist, dass die gemeinte Figur austauschbar ist und anonym-allgemein bleiben kann. Zum Motiv des *adligatus* am Baum vgl. A. Weis, The Motif of the *Adligatus* and Tree, AJA 86, 1982, 21–38, die freilich eine Reihe apulischer Vasenbilder mit dem Motiv (darunter das Münsteraner) noch nicht kennt. Zur Rolle der Erinye vgl. Aellen 1994, 59.

[125] Natürlich hat man in ihnen Orpheus und ›Eurydike‹ sehen wollen, was sinngemäß wohl auch zutreffen dürfte, allerdings in einer nicht-tragischen Variante, wobei es auf die Benennung gar nicht ankommt. Konkret macht diese denn auch Schwierigkeiten: Orpheus ist in der apulischen Vasenmalerei selten bärtig; von seiner Gattin eigener Musikalität ist im Übrigen nichts bekannt. Vgl. Schauenburg 1984a, 369; Schmidt 1991, 38 f.; Stähler 1992, 421.

Abb. 9. Münster, Archäologisches Mus. 817: Detail der
Hydriaphore am Pithos des Volutenkraters des Baltimore-
Malers (**Kat. 6**)

gerückt. Damit zeigen die beiden Register seitlich des ›Palastes‹ eine Gegenüberstellung der
seligen Götter und Göttergleichen oben und der büßenden Bestraften darunter. Im Zentrum aber
vollzieht sich ein ungewöhnliches Geschehen im ›Palast‹ . Der thronende Hades reicht einem
bärtigen Mann, der durch Helm, Panzer und Schild als Krieger charakterisiert ist, die Hand.
Das ist in der griechischen Kunst kein banaler Gruß, sondern eine bedeutungsschwere Geste[126].

---

[126] Vgl. zur attischen Ikonographie Neumann 1965, 49–58: Der Händedruck bedeutet besonders innige Verbundenheit, kann die Unterstützung eines Gottes für einen Helden bezeichnen und steht für (potentiell) endgültigen Abschied wie in Szenen von Kriegers Abschied. Die Argumentation von Schmidt (2000, 89) für ein »Willkommen
im Hades« scheint mir trotz des angeführten Beleges bei Hypereides (Hyp. Epith. 35 f.) zu schwach. Die Sprache
kann sicher leichter zur starken Metapher greifen als die Bildkunst zum starken Symbol. Dessen Bedeutung in
der vermeintlichen Begrüßung des Amphiaraos will Schmidt denn auch stärken »vielleicht speziell im Sinne
einer Abmachung zwischen den beiden, die sich auf die Herrscherfunktion im Reich der Toten bezieht« (Schmidt
2000, 89) – aber was gäbe es da abzumachen? Argumente jetzt gut zusammengestellt (mit Entscheidung für Amphiaraos) von Krauskopf 2009. s. auch Anm. 130.

Jean-Marc Moret[127] versteht sie als Ausdruck einer bindenden Vereinbarung; das Argument kann er stärken durch ein anderes Vasenbild des Kriegers vor Hades[128], der in einer eindeutigen Schwurgeste wiedergegeben ist[129]. Moret schließt sich aus diesem und anderen Gründen der vorher nur von Konrad Schauenburg vertretenen Deutung des Kriegers auf Protesilaos an[130]. Wichtig daran für das Verständnis des Gesamtbilds ist, dass damit ein weiteres Mal ein Unterweltbild die irreguläre Überwindung der Grenzen der Unterwelt in den Mittelpunkt seiner Darstellung rückte, wenn auch im Falle des Protesilaos eine nur sehr ephemere[131].

Problematisch bleibt in jedem Falle das Verhältnis des unteren Registers zu dem Geschehen oben. Der abfahrbereite[132] Wagen muss nicht zwingend in unmittelbarer Beziehung zur Szene im Palast stehen, wie die meisten Interpreten voraussetzten[133]. Andererseits kehrt die Verbindung des Kriegers vor Hades mit dem Wagen im Register darunter so häufig wieder, dass dies durchaus für einen Zusammenhang spricht. Auch steht ein Wagen *per definitionem* für Fortbewegung und lässt sich von daher gut in Einklang bringen mit der in der Bildmitte vermutlich angedeuteten Überwindung der Grenzen des Hades. In welcher Relation zur Geometrie des übrigen Bildes, das ›Selige‹ und ›Büßer‹ konfrontiert und um diese Mittel-Szene gruppiert, nun aber die Wasserschüttende links neben dem Gespann steht, lässt sich daraus nicht entnehmen. Sie kann, ähnlich den Gefesselten im Register darüber, für ein Gegenbild derer stehen, die im Hades verbleiben und in ihrem Falle harte Arbeit verrichten müssen. Ihre Darstellung, die dem Aspekt der Arbeit hier keinen anderen entgegenstellt, suggeriert es. Wenn freilich andere Hydriaphoren-Bilder explizit ambivalente Aussagen transportieren – tut es diese *qua* motivischer Verwandtschaft nicht vielleicht implizit, zitatartig? Vielleicht greift die ganze Frage hier schon zu weit. Die Position der Hydriaphore am Pithos ist ausgesprochen marginal, regelrecht an den Bildrand gequetscht. Möglicherweise ist sie, gängige Unterweltperson, als die sie der Betrachter kennen konnte, nichts Weiteres als eine zusätzliche, abrundende, inhaltlich eher redundante Ortsbestimmung.

Gleiches mag für die Hydriaphore auf dem Basler Krater (**Kat. 7**, Abb. 10. 11) gelten, die ebenso eingeengt und wesentlich kleiner als die übrigen Figuren hinter Hermes steht. Sie allerdings ist ihm zugewandt; fehlt doch auch der Pithos am Bildrand. Die Frau steht aufgrund der Last einer offenbar vollen Hydria, die sie vielleicht auch aufzunehmen oder abzustellen im Begriffe ist, vorgebeugt. Jedenfalls lässt das Bild keinen Zweifel, dass die Frau mit ihrer Hydria Arbeit verrichtet. Hermes, mit den Pferden beschäftigt, kehrt ihr den Rücken zu[134].

---

[127] Moret 1993, 328 und im Weiteren.

[128] Volutenkrater des Baltimore-Malers, ehemals New York, Kunsthandel: RVAp Suppl. 2 274,22a1 Taf. 71, 2; Moret 1993, 332 Abb. 12 a. Hier **Kat. 18**.

[129] Moret 1993, 329 f. mit Anm. 234 zu schriftlichen Belegen für die Deutung der Geste. Kritisch: Schmidt 2000, 91.

[130] Die herrschende Meinung, der sich zwischenzeitlich auch Schauenburg angeschlossen hat, bevorzugte bislang die Deutung auf Amphiaraos, aber auch Ajax und einige andere sind genannt worden. Vgl. Schauenburg 1958, 68–70; R. Hampe – E. Simon, Griechisches Leben im Spiegel der Kunst (Mainz 1959) 39 f.; Schmidt 1976, 61–69; Pensa 1977, 57 f.; RVAp [III] 1280 Index s. v. Amphiaraos; Krauskopf 1981, 704 f. 711; Lohmann 1986, 65–82; Schauenburg 1990, 96–100; Schmidt 1991, 37 f.; Moret 1993, 327–335; Schmidt 2000, 88–92; Krauskopf 2009, 57 f. s. auch Anm. 126.

[131] Zum Mythos vgl. LIMC VII (1994) 554 f. s. v. Protesilaos (F. Canciani). Das Bild verwiese im Sinne dieses Mythos voraus auf den gemeinsamen Aufenthalt von Protesilaos und Laodameia im Hades. Diese Wiedervereinigung des Paares könnte dem an sich etwas zweifelhaften Zugeständnis an Protesilaos im Rahmen einer eschatologischen Erklärung seinen positiven Gehalt geben.

[132] So dezidiert Moret (1993, 328 f.) mit überzeugenden Vergleichsbeispielen.

[133] Richtig festgestellt von Stähler 1992, 421.

[134] Das sollte man nicht überinterpretieren, wie Moret (1993, 345) es tut. Hermes ist ein fester Bestandteil des Gespannmotivs (zur Serie: Moret 1993, 328 f.); nach zwei Seiten gleichzeitig orientieren kann er sich nun schlicht-

Abb. 10. Antikenmus. Basel BS 464: Volutenkrater des Baltimore-Malers (**Kat. 7**)

Abb. 11. Wie Abb. 10: Detail mit der Hydriaphore

Über dem Gespann, auf dessen Wagen der Lenker wohl gerade aufsteigt, füllen vier Gefäße den Hintergrund, jeweils auf einer eigenen Bodenlinie, also tatsächlich als perspektivischer Hintergrund verstanden: Neben zwei Kantharoi und einer Oinochoe ist dort in der von der Hydriaphore links entferntesten Position eine weitere Hydria liegend dargestellt.

Im Aufbau folgt die Basler Vase grundsätzlich demselben Schema wie die eben behandelte in Münster. Es sollen hier deshalb nur die Abweichungen besprochen werden. Im ›Palast‹ steht dem thronenden Hades wiederum ein bärtiger Krieger gegenüber, aber es fehlt die Geste des Handschlags. Dennoch ist es in Anbetracht der ganzen Serie von Darstellungen dieses Typs mit oder ohne verbundene Hände[135] wohl geboten, hier dieselbe Geschichte erzählt zu sehen. Das mittlere Register wird nur von jeweils einer Person pro Seite eingenommen; es handelt sich nicht um ›Büßer‹, sondern um zwei unbärtige sitzende Männer, die durch die neben ihnen

weg nicht. Moret hat zu Recht die zentrale Rolle des Hermes für die – ihrerseits für das Verständnis der Unterweltbilder m. E. zu Recht als zentral herausgearbeiteten – »départs des Enfers« betont (Moret 1993, bes. 341); aus der
Perspektive seiner Fragestellung lässt er sich aber dazu verleiten, alle im Hades Zurückbleibenden von vornherein
als Büßer zu verstehen. Dazu besteht den griechischen Hadesvorstellungen zufolge kein Anlass.
[135] Vgl. Moret 1993, 327–335.

platzierten Rüstungen als Krieger (und damit in der Unterwelt wohl als Heroen) klassifiziert sind. Ein ›Büßer‹ ist links oben in der äußeren Position zu sehen: Stehend ist er mit den Händen auf dem Rücken an einen Baum gebunden. Neben ihm sitzt Hekate mit zwei Fackeln. Obwohl sie damit den Platz der auch motivisch verwandten Erinye innehat, kümmert sie sich nicht um den Gefangenen; stattdessen ist sie mit Blick und ganzem Körper zum Geschehen im ›Palast‹ ausgerichtet[136]. Auf der Gegenseite nimmt Persephone den gehabten Platz ein. Mit der *anakalypsis* der rechten Hand, einem Vögelchen auf dieser und einem Fächer neben sich ist sie ganz besonders aphrodisisch charakterisiert[137]. Neben ihr steht, wie der Frevler gegen-über vor einem Baum, in bemerkenswerter Verdoppelung[138] noch einmal Hermes, an dessen Identifizierung Kerykeion, Flügelschuhe und Petasos keinen Zweifel lassen. Die Gliederung des Bildes ist nun weniger vertikal nach Registern als horizontal: Die heroisierten Krieger im mittleren Register bilden keinen Gegensatz zu den Figuren über ihnen, sondern sie stehen nur buchstäblich eine Ebene tiefer. Dagegen ist im oberen Register zwischen den Außenpositio-nen links und rechts ein starker Gegensatz aufgebaut: hier der buchstäblich an die Unterwelt gefesselte ›Büßer‹, dort Hermes, der Wegbereiter der Grenzüberschreitungen zum und vom Hades. Nicht als Gegensatz, aber im Sinne einer Nuancierung gilt der Unterschied zwischen der linken und der rechten Seite des ›Palastes‹ auch für die Göttinnen: Gegenüber der Herrin der Unterwelt Persephone ist Hekate eindeutig die Nachgeordnete. Bei den Kriegern setzt sich die horizontale Unterscheidung chiastisch fort: Von ihnen ist der linke durch einen Kranz im Haar vor seinem Gegenüber ausgezeichnet.

Die Hydriaphore links unten wird von all diesen kompositorischen Variationen nicht be-rührt. Auch das Vorhandensein oder Fehlen des Pithos hat keinen Einfluss auf ihr Verhältnis zu den anderen Figuren: Im Sinne von Interaktion ist kein Verhältnis vorhanden. Die Gruppe von Hermes und dem Gespann bleibt dieselbe, ob sich die Hydriaphore dem Pithos zuwendet, wenn er da ist, oder der Gruppe, wenn der Pithos fehlt. Sie ist in beiden Fällen ein isolierter Bestandteil, kann in beiden Fällen offenbar dieselbe Rolle ausfüllen. Das Vorhandensein oder Fehlen des Pithos ändert ihre funktionale Bedeutung nicht. Dem entspricht auch, dass die Frau in Attitüde und Ausstattung in beiden Bildern gleich charakterisiert ist: Außer dem üb-lichen Arm-, Hals- und Kopfschmuck trägt sie keine Attribute; sie ist in anstrengender Arbeit begriffen dargestellt.

Der Pithos wird auch in allen noch zu behandelnden Bildern fehlen. Vor deren Besprechung sei das bisher Beobachtete noch einmal kurz zusammengefasst: Das Motiv der Hydriaphoren am Pithos gehört nicht fest zu einem Kompositionsschema, sondern kann in Bildern ver-schiedenen Aufbaus erscheinen. Sein Gehalt scheint dabei relativ stabil zu sein. Allerdings lässt sich differenzieren nach den Darstellungen, in denen das Pithos-Motiv isoliert erscheint (**Kat. 3. 4**), und denen, in denen es fest in eine größere Komposition eines Unterweltbil-des integriert ist (**Kat. 1. 2**). Im ersten Fall wird der Aspekt der Arbeit weit stärker betont, während im zweiten die nicht aktuell mit der Arbeit beschäftigten Frauen überwiegen. In

---

[136] Richtigstellung von Moret 1993, 333; inhaltlich begründet von Aellen 1994, 59 Anm. 12; gegen Schmidt 1976, 57, die in Analogie zur Erinye, aber gegen die Evidenz des Bildes Hekate zur Bewacherin des ›Büßers‹ erklärt.

[137] Zur Annäherung Persephone – Aphrodite vgl. Schmidt 1976, 52 f.

[138] Zur Verdoppelung von Hermes (und Hekate?) auf einigen Bildern vgl. Aellen 1994, 60 f. mit Anm. 28. 29: »Ce dedoublement serait alors un moyen iconographique de montrer que ces divinités peuvent se trouver à plusieurs endroits simultanément« (a. O. Anm. 29).

diesem Sinne eher der ersten Gruppe näher steht die einzelne Hydriaphore am Pithos, die im Rahmen einer größeren Unterweltkomposition erscheint (**Kat. 6**). Sie wiederum scheint abgekürzt darstellbar zu sein als Hydriaphore ohne Pithos (**Kat. 7**), ohne dass sich am Sinngefüge des Bildes insgesamt erkennbar etwas ändern würde. Die Unterschiede sind freilich relativ: Auch auf **Kat. 3** und **4** ist durch verschiedene ikonographische Mittel klar gemacht, dass alle dargestellten Frauen mit Hydrien mit der Arbeit am Pithos zu tun haben, auch wenn sie sie aktuell nicht ausüben. Und umgekehrt ist der Arbeit in **Kat. 1** und **2** alles gerade in griechischen Kategorien denkbare Unwürdige genommen, indem sie in einen betont festlichen, andeutungsweise sakralen Rahmen gestellt wird. Dies ist in **Kat. 3** und **4** durch Posen und Attribute der Frauen gewendet zu einer geradezu idyllischen, intimen Atmosphäre. Wo die Pithos-Szene in einen größeren Kontext gerückt ist (**Kat. 1–3. 5. 6**), scheint sie zu anderen Darstellungen des Bildes einen Gegensatz aufzuzeigen, der aber nicht scharf verstanden ist: **Kat. 2** lässt die Teile der Komposition fließend ineinander übergehen; bei **Kat. 1** und **3**, wo die Trennung markanter ist, stellen dennoch gemeinsame Haltungsmotive und Attribute eine Verbindung zwischen den Bildteilen her. Auffällig ist die bevorzugte Kontextualisierung der Pithos-Szenen mit Darstellungen, die auf die außergewöhnliche Überschreitung der Grenzen des Hades anspielen: Das ist auf **Kat. 4** der Fall, wahrscheinlich bei **Kat. 6** und **7**. Einen Übergang zwischen verschieden qualifizierten Sphären thematisieren auch **Kat. 1** und **2**. Immer wieder spielt auch ein erotisches Moment eine Rolle, oft zumindest angedeutet im *anakalypsis*-Gestus. Chronologisch scheinen die isolierten Darstellungen des Pithos-Motivs, die mehr Gewicht auf die Darstellung der Arbeit legen, den übrigen eher voranzugehen, wobei **Kat. 3**, wo auf einen expliziten Unterweltkontext ganz verzichtet wird, zweifellos das älteste Bild der Serie ist.

Die größere Zahl von Darstellungen (**Kat. 7–15**) zeigt Frauen mit Hydrien in der Unterwelt, ohne dass der Pithos zu sehen ist. Nur in vier Fällen hantieren die Frauen dabei aktiv mit den Gefäßen (**Kat. 7–10**). Dabei sind sie wiederum dreimal Nebenfiguren einer größeren Komposition, während sie auf **Kat. 10** (Abb. 12–15) selbst ein zentrales Bildelement abgeben. Dabei handelt es sich um einen Volutenkrater in der St. Petersburger Ermitage, der dem Maler von Louvre K 67 zugeschrieben wird, nach Trendall ein »später Nachfolger« des Baltimore-Malers[139]. Das Hauptbild der Schauseite zeigt den ›Palast des Hades‹, in dem Hermes neben dem Paar der Unterweltherrscher steht. Das obere Register beiderseits des ›Palastes‹ wird von Göttern eingenommen, während das mittlere und der Bereich unter dem ›Palast‹ in voller Breite zusammen von sechs Hydriaphoren eingenommen wird. Das Halsbild, das hier möglicherweise in einem thematisch engen Verhältnis zum Hauptbild steht, zeigt die Bestrafung des Ixion, der auf ein Rad gespannt wird. Sie ist den Unterweltstrafen strukturell verwandt, wird aber in den älteren Versionen im Äther situiert[140]. Möglicherweise ist den Bildern der Schauseite der Vase damit eine durchgängige räumliche Gliederung gegeben: vom Himmel bis in den Hades[141].

---

[139] Zum Maler vgl. RVAp II 929 f. »Late followers« lautet der Titel des Abschnitts; im Text wird der Maler als »late contemporary« des Baltimore-Malers bezeichnet, was angesichts von Trendalls dichter Chronologie sinnvoll erscheint. Todisco (2012, I 310–311) datiert mit 315–300 ohne Überschneidung nach der (a. O. 277) mit 340–320 angegebenen Schaffenszeit des Baltimore-Malers.

[140] Vgl. Pensa 1977, 36; Moret 1993, 337; LIMC V (1990) 857–862 s. v. Ixion (C. Lochin): Krater St. Petersburg, dort Nr. 3.

[141] So Moret 1993, 337; Morard 2009, 145 f.

Abb. 12. St. Petersburg, Ermitage Б 1717: Volutenkrater des Malers von Louvre K 67 (**Kat. 10**)

Abb. 13. Wie Abb. 12: Frauen unter dem ›Palast des Hades‹

Vier Hydriaphoren nehmen die Ebene unter dem ›Palast‹ ein. Zwei weitere Frauen sitzen etwa ein halbes Register höher, beide nach links orientiert. Von ihnen hält die linke ihre auf dem Oberschenkel abgestellte Hydria mit der rechten Hand, während sie mit der Linken eine Patera senkrecht über die ›Palast‹-Basis hält. Ihr Blick geht in diese Richtung hinter ihren Körper, wohin der Kopf bis ins Profil gedreht ist. Die Frau rechts hat ihre Hydria auf dem ›Palast‹-Sockel abgestellt und somit beide Hände frei für andere Attribute. In der Rechten hält sie ein geöffnetes Kästchen vor sich, in das sie offenbar blickt; in der stark angewinkelten Linken hält sie einen Spiegel. Die vier Frauen unten bewegen sich mit tänzerischen (oder eilenden) Schritten, meist nur mit den Fußspitzen den Boden berührend, nach links. Ihre Blicke, bei der Ersten und Dritten von links zurückgewendet, schließen sie zu zwei Paaren zusammen. Ihre Hydrien halten sie alle in der linken Hand, drei von ihnen mit nahezu ausgestrecktem Arm schräg hinter dem Körper, als wären die Gefäße auf dem Oberschenkel oder auf dem Knie abgestützt; die zweite von links dagegen hat ihr Gefäß unter den linken Arm geklemmt. Von Arbeit ist hier keine Spur: Die tänzerische Leichtigkeit der Bewegungen und die Haltung der Hydrien verrät, dass diese leer sind. In der rechten Hand halten die beiden in einem Paar jeweils hinteren Frauen einen Kranz; die dritte von links greift ein Gewandstück neben der Hüfte, während die vorderste ganz links eine *anakalypsis* andeutet. Vor allem die Kränze

Abb. 14. Wie Abb. 12: Frauen links des ›Palastes des Hades‹

lassen eher an einen festlichen Reigentanz denken als an die Befüllung eines (imaginären) Pithos; zur festlichen Atmosphäre passen auch die Tänie vor der linken Sitzenden und die ins Bildfeld einigermaßen regelmäßig zwischen den Köpfen der Tänzelnden eingestreuten Rosetten.

Durch die einheitliche Orientierung aller Frauen nach links ist das Bild dynamisiert. Ihrer Bewegung ist freilich nicht explizit ein Ziel gegeben; worauf sich die ›Tänzerinnen‹ unten zu bewegen, ist nicht dargestellt. Man könnte in der rückwärtigen Kopfwendung der Sitzenden links ein Indiz sehen, den ›Tanz‹ der Frauen gedanklich zu einem Kreis um den ›Palast‹ herum zu ergänzen[142]. Zweifellos ist durch die spiegelbildlichen Blicke der Sitzenden in irgendeiner Weise eine Orientierung der Frauen auf den ›Palast‹ gegeben. Aber ausgedrückt ist das nur in den sitzenden Figuren, die Laufenden dagegen schenken dem ›Palast‹ offenbar keinerlei Beachtung. Die in Bewegung befindlichen Frauen aber sind es, die dem Bild Dynamik und Orientierung geben. So bleibt also, trotz einer gewissen Relativierung, die Bewegungsrichtung von rechts nach links für das Bild der Hydriaphoren dominierend. Was zunächst, mangels der Angabe eines Ziels, beliebig wirkt, mag dennoch eine versteckte Bedeutung transportieren.

---

[142] So ist wohl auch Moret (1993, 348) zu verstehen.

Abb. 15. Wie Abb. 12: Frauen rechts des ›Palastes des Hades‹

Christian Aellen hat aufgezeigt, dass die Topographie der Unterweltbilder einigen festen Regeln folgt[143]. So ist der Ein- und Ausgang der Unterwelt, wo er eine klar erkennbare Rolle
spielt, immer links dargestellt. Ausgedrückt ist das nur im Ausnahmefall durch explizite Orts-
marker[144], meist aber implizit durch die Platzierung und Bewegungsrichtung der Figuren, die
die Unterwelt gerade betreten haben (wie Orpheus) oder im Begriff stehen, sie zu verlassen
(wie Herakles mit dem Kerberos). Diese Anordnung wird sehr systematisch angewendet, weshalb eine Extrapolation auf Bilder, deren Inhalt uns weniger evident ist, möglich ist. Demnach
bewegen sich die Hydriaphoren im vorliegenden Fall also auf den Ausgang der Unterwelt
zu. Angesichts der Auffälligkeit der Bewegungsrichtung muss das bedeutungsvoll sein. Festzuhalten ist auch der Gegensatz zu dem anderen Volutenkrater der Ermitage (**Kat. 1**, Abb. 5.
16), der ebenfalls eine deutliche Orientierung besaß: Die arbeitenden, den Pithos füllenden
Frauen dort bewegen sich von links nach rechts.

[143] Aellen 1994, 61 Anm. 35.
[144] Tür: Frgt. Slg. Fenicia: Aellen 1994, 202 f. Nr. 6 Taf. 9. – Hermenpfeiler: Volutenkrater aus dem Umkreis des Ly-
     kurg-Malers, Neapel, Mus. Archeologico Nazionale Stg. 11 (Inv. 80854): RVAp 424,54; Aellen 1994, 205 Nr. 27
     Taf. 32 f.

Abb. 16. Wie Abb. 5: Detail der Frauen mit Hydrien

Im zentralen ›Palast des Hades‹ thront der Unterweltherrscher im mittleren, etwas breiteren Interkolumnium[145] mit einem Vogelzepter in der erhobenen Linken. Sein Blick geht zu Hermes, der im rechten Interkolumnium steht und das Kerykeion offenbar zum Gruß erhoben in der Rechten hält. Links steht Persephone im verbleibenden Interkolumnium, mit der Rechten die Geste der *anakalypsis* ausführend. Persephone und Hermes haben den Kopf jeweils zur Mitte hin ins Profil gewendet; ihre Blicke korrespondieren und scheinen mehr einander als Hades zu gelten. Die unmittelbare Beziehung zu Hermes in diesem Bild stützt Morets These, die stehende Persephone neben ihrem thronenden Gatten signalisiere die jährliche Rückkehr der Göttin zu ihrer Mutter und in den Kreis der Olympier[146]. Gleichzeitig wird die Verbundenheit Persephones mit Hades durch die bräutliche Geste der *anakalypsis* betont. Zum Thema der *anodos* passt auch die Versammlung zumindest zum Teil gar nicht infernaler Götter[147] im oberen Register links und rechts des ›Palastes‹, auch wenn hier ausgerechnet Demeter fehlt. Links außen steht Apollon mit einem Zweig in der rechten Hand; neben ihm sitzt seine Schwester Artemis auf einem Tierfell, einen Speer an die linke Schulter gelehnt. Wie sie mit dem Rücken zum Palast sitzt rechts Aphrodite, die sich in einem mit der Linken gehaltenen Spiegel betrachtet. Auf sie fliegt ein kleiner Eros mit einem Ball und mit einem Kranz zu, den er der Göttin anzulegen im Begriff ist; rechts beschließt Pan die Szene, erkennbar an den kleinen Hörnchen auf dem Kopf und der Syrinx in der Rechten. Die Götter halten sich in ihrer eigenen Sphäre auf; die Topographie des Bildes beschränkt sich offenkundig nicht nur auf den Bereich der Unterwelt.

---

[145] Die Darstellung ist zweideutig, ob die beiden inneren Säulen die Front des Gebäudes teilen (so scheint es am Fuß und links im Verhältnis zu Persephones Gewand) oder zu seiner Rückseite gehören (so scheint es unter dem Dach). Angesichts der Akribie, mit der die Maler der apulischen Prachtvasen bildwichtige Details wiedergeben, lässt sich die Nachlässigkeit nur mit der Bedeutungslosigkeit dieses Details erklären.

[146] Moret 1993, 336 f. Vgl. Morard 2009, 146. Auf die *anodos* der Persephone bezog die Szenen mit Hermes bereits Winkler 1888, 65–70, zu **Kat. 10** bes. 68.

[147] Dazu Morard 2009, 146.

Dennoch sind die verschiedenen Bereiche in einer einheitlichen Komposition zusammen-
gespannt, die ihre Trennung beinahe zu negieren scheint[148]. Das zentrale Motiv im ›Palast‹,
wenn es denn tatsächlich von der *anodos* erzählt, gibt das Thema vor: Die Grenzen sind
überschreitbar. Und so sind sie auch gar nicht scharf gezogen. Die Götter haben oben ihr Register für sich, aber dessen Niveau ist wiederum gestaffelt, wie auch die Hydriaphoren unten
sich über eineinhalb Register verteilen. Zwar hält das obere Register von den Hydriaphoren
im Ganzen einen gewissen Abstand, aber dennoch ist die Bodenlinie, auf der Apollon steht,
schon auf der Höhe des Kopfes der linken Sitzenden. Hinter der rechten Sitzenden wiederum,
unter dem Ellbogen ihres linken Armes, ist eine Bodenlinie angegeben, die sachlich nicht
unbedingt geboten wäre. Sie liegt dort wie eine Treppenstufe zur Etage darüber. Gerade auf
dieser Seite stellen auch Details eine Verbindung zwischen oberer und unterer Bildebene her.
Nur rings um Aphrodite sprießen Blumen – Blüten aber, und zwar teils völlig gleicher Art,
finden sich als Ornamente im unteren Register wieder. Und einen Spiegel hat nicht nur Aphrodite, sondern auch die unter ihr sitzende Frau. So stellt das Bild eine Reihe von Bezügen
zwischen den Registern her; die Götter oben werden von denen unten, unter dem ›Palast des
Hades‹, die demnach gewiss in der Unterwelt vorzustellen sind, nicht hermetisch getrennt gezeigt, sondern nur ihnen hierarchisch übergeordnet.

Im Sinne dieser Hierarchie scheint nun den beiden sitzenden Frauen eine privilegierte Stellung zuzukommen. Mit diesem Privileg in Zusammenhang bringen lassen sich vielleicht auch
die beiden wesentlichen Unterschiede, die sie gegenüber den anderen Frauen auszeichnen:
Sie haben ihre Hydrien abgestellt und sie sitzen. Der Hydria und dem Umgang mit ihr käme
damit weiterhin eine Bedeutung zu im Hinblick auf den Rang, den eine Figur in der Unterwelt einnimmt. Die Hydria abzustellen hieße ganz konkret, sich von einer Last in der Unterwelt zu befreien und einen privilegierten Platz einzunehmen. Zwar scheinen auch die Hydria
tragenden Frauen unten nicht allzu sehr damit belastet zu sein, aber ihre tänzelnde Aktivität
steht doch in einem gewissen Kontrast zur ruhig sitzenden Muße der Frauen darüber. Diese
ist besonders bei der rechten Sitzenden unterstrichen: Im Unterschied zu ihrem Gegenüber
hat sie ihre Hydria ganz abgestellt und beide Hände frei für Attribute, die sie dem Bereich
der Aphrodite über ihr näher rücken. Den Spiegel hat sie unmittelbar mit der Göttin gemein,
und auch das (Schmuck-)Kästchen in ihrer Rechten steht primär für die *charis*, die Aphrodite
verleiht. Aphrodite scheint hier demnach verbunden zu sein mit der Befreiung von Lasten, die
der Aufenthalt in der Unterwelt bedeuten kann.

Die räumlichen Bezüge innerhalb des Bildes sind also vielfältig. Der Bewegung im unteren
Register nach links steht ein angedeuteter Aufstieg gegenüber, der sich rechts abspielt. Das
Bild scheint sein Thema in zwei Varianten zu schildern und es so in doppelter Deutlichkeit
vor dem Betrachter auszubreiten. Thematisch sind in diesem Sinne die Bewegung nach links
– zum Ausgang der Unterwelt – und die Bezüge nach oben – der Sphäre der Götter näher-
kommend[149].

---

[148] Anders Morard 2009, 146.
[149] Während die Relation oben–unten in den apulischen Unterweltbildern regelmäßig hierarchische Bedeutung hat,
       ist die Relation links–rechts prinzipiell wertneutral. Dass sich das Tor der Unterwelt links befindet, ist eine all-
       gemein durchgehaltene Konvention, die den Bildern eine im Einzelfall auch bedeutungshaltige Orientierung
       geben kann, aber keine generell werthaltigen Implikationen nach sich zieht. Vgl. allgemein Morard 2009.

Hydriaphoren ohne Pithos im Unterweltkontext

Hydriaphoren ohne Pithos finden sich weiterhin auf zwei Vasen, die kompositorisch dem Typus des berühmten Münchner Unterwelt-Kraters[150] angehören, dem sie stilistisch nach Trendall aber etwas vorausgehen. Die Gruppe, die der Forschung des 19. Jhs. als Inbegriff der apulischen Unterweltdarstellungen galt, gegenüber dem alle anderen bereits bekannten Bilder als abgekürzte Versionen erschienen[151], umfasst streng genommen nur diese drei Vasen[152]. Heute stellt sich das Spektrum der Unterweltbilder viel breiter dar, und es ist nicht mehr angemessen, diesem einen Typus ein systematisches Primat einzuräumen[153]. Von den beiden Volutenkrateren dieses Typs, die Hydriaphoren zeigen, lässt sich nur das Stück in Karlsruhe (**Kat. 8**, Abb. 17) in seiner Gesamtheit analysieren, während der Krater in Neapel (**Kat. 9**) durch Restauratorenhände beinahe hoffnungslos verderbt ist[154] und deshalb nur mit großen Vorbehalten berücksichtigt werden kann.

Fest zum Typus, soweit wir ihn kennen, gehören außer dem zentralen ›Palast des Hades‹: die Szene von Herakles mit dem Kerberos und Hermes (und Hekate[155]), stets mittig unter dem ›Palast‹ platziert; unter ihr eine Wasserfläche; Orpheus, der links neben dem Palast stehend seine Lyra spielt; Sisyphos mit dem Felsen links unten und die Gruppe von Megara und den Herakliden links oben. Die anderen Plätze sind auf den formal völlig gleichen Bildern mit unterschiedlichen Personen besetzt[156]. Die beiden hier zu behandelnden Vasen haben über das Genannte hinaus zwei Erinyen links von Orpheus gemein. Der Münchner Krater zeigt an dieser Stelle die vieldiskutierte anonyme ›Familie‹[157]; ohne in Überlegungen über ihre Bedeutung näher einzusteigen, lässt sich sagen, dass diese Position demnach grundverschiedenen Figuren zukommen kann. Die Hydriaphoren sind auf beiden Bildern rechts unten platziert, wobei die Karlsruher Vase je eine Gefäßträgerin im untersten Register und in dem darüber zeigt.

Die Neapler Vase (**Kat. 9**) versammelt dagegen drei Hydriaphoren im untersten Register. Sie stehen dem den Felsblock wälzenden Sisyphos am linken Rand des Bildes gegenüber und werden von ihm durch die Herakles-Kerberos-Gruppe getrennt. Das könnte grundsätzlich ebenso einen Gegensatz wie eine Parallelisierung ausdrücken. Auf der Münchner Vase mit

---

[150] Volutenkrater des Unterwelt-Malers (Namensvase), München, Staatliche Antikensammlungen und Glyptothek 3297 (J 849): RVAp 533,282 Taf. 194; Aellen 1994, 208 Nr. 50 Taf. 64–66 (dort auch weitere Nachweise).

[151] Vgl. im Forschungsbericht bei Pensa 1977 v. a. S. 3.

[152] Dazu kommt ein Fragment in Karlsruhe, Badisches Landesmus. B 1549–50: RVAp II 504,82; Pensa 1977, 25 Taf. 6 a; 14a; vgl. bes. Winkler 1888, 35–37 Nr. V, und ein Vergleich der Kompositionsschemata der Bilder a. O. 38–49. Die Amphora Neapel, Mus. Archeologico Nazionale Stg. 709 (hier **Kat. 16**), die Winkler mitbehandelt, gehört nicht zum selben kompositorischen Typus, obwohl sie ähnliche Elemente verwendet.

[153] Reste dieser Sichtweise noch bei Keuls 1974, 86 (»standard composition«), und selbst bei Schmidt 1991, z. B. 39 (»reduzierte Varianten«), hier allerdings im Rahmen einer weitgehend neutralen typologischen Klassifikation.

[154] s. dazu C. Robert, Archäologische Hermeneutik (Berlin 1919) 319–323, mit scharfsinnigen Versuchen einer gedanklichen Ent-Restaurierung. Bereits August Winkler war der restaurierte Zustand des Bildes aufgestoßen. Franz Studniczka hatte das Stück für ihn inspiziert, dessen Beobachtungen gibt Winkler in Einschüben in seiner Beschreibung wieder: Winkler 1888, 18–27. Dies ist bis heute der gründlichste veröffentlichte Zustandsbericht über den Krater. s. u. Anm. 159.

[155] Auf dem in diesem Bereich besonders entstellten Bild des Neapler Kraters nicht mehr erkennbar.

[156] Auch die prinzipiell identischen Figuren sind auf den drei Bildern im Detail oft sehr unterschiedlich gestaltet.

[157] Vgl. unter vielen: Schmidt 1991, 32–35; Moret 1993, 321 f., der sie als nicht identifizierte mythologische Gestalten deutet.

dem gleichen Kompositionsschema hat Tantalos diesen Platz inne, der ängstlich zu einem überhängenden Felsen hinaufblickt[158]. Dies könnte für das Napolitaner Bild suggerieren, dass auch hier die Hydriaphoren als mythische Büßerinnen Platz gefunden haben. Allerdings haben wir im Falle der Münchner ›Familie‹ bereits festgestellt, dass gleiche Position nicht gleiche Bedeutung heißen muss. In der Darstellung der Frauen weist nichts dezidiert auf Bußarbeit. Soweit man dem Zustand des Bildes trauen kann[159], halten zwei der drei Frauen ihre Hydrien mit fast gestreckt hängenden Armen, wobei das Gefäß einmal eine nahezu horizontale Lage einnimmt: Mit Wasser gefüllte Hydrien können nicht gemeint sein. Dasselbe gilt für die Hydria der dritten, mittleren Frau, die das Gefäß am Boden abgelegt und sich auf sie gesetzt hat. Zwischen den Frauen ist ein inniges Verhältnis ausgedrückt: Die links Stehende hat der Sitzenden den Arm um die Schulter gelegt, diese umgekehrt jener den ihren um die Hüfte. Die Frau rechts, in leichter Schrittstellung, trägt in der Rechten ein Tablett mit Früchten oder Ähnlichem heran. Die Köpfe der Frauen sind zur Mitte des Bildes hin ins Profil gewendet. Offenbar beobachten sie, was Herakles mit dem Kerberos anstellt. Die vorderste der Frauen ist dem Stand nach allerdings von dieser Szene weggewendet und scheint mit einem großen Schritt Abstand zu suchen. Demnach wären die umeinander gelegten Arme eine Geste der Versicherung oder Beruhigung angesichts eines als unheimlich empfundenen Geschehens. Von ihrem Gegenpart Sisyphos unterscheiden sie sich damit in doppelter Weise: Dieser ist ganz seiner Arbeit hingegeben, nimmt nichts von dem Geschehen um ihn herum wahr. Seine Arbeit, das Wälzen des Felsens, ist ausdrücklich als mühevoll dargestellt: Tief in die Knie gegangen, sich mit dem rechten Bein weit zurückgesetzt abstützend, stemmt er sich mit beiden Armen gegen den Felsbrocken. Die Gefäßträgerinnen dagegen handhaben ihre Hydrien mühelos; sie sind nahezu untätig gezeigt.

All dies kann angesichts des zweifelhaften Erhaltungszustands nur unter schweren Vorbehalten berücksichtigt werden. Das gilt ebenso für andere Szenen des Bildes, die zu den Hydriaphoren in eine Beziehung zu setzen wären. Ich will deshalb nur auf zwei Details hinweisen, die bedeutungsvoll sein könnten: 1. Das Register über den Hydriaphoren nehmen die inschriftlich bezeichneten Totenrichter Triptolemos, Aiakos und Rhadamanthys ein. Die Blicke der ersten beiden gehen nach rechts unten; sie scheinen aber eher ihrem dramatisch gestikulierenden Kollegen zu gelten als den Frauen unter ihnen. 2. Entgegen den üblicheren Schemata sitzen Hades und Persephone einander zugewandt auf einer gemeinsamen Kline. Persephone hält ihrem Gatten eine wohl mit Früchten gefüllte Schale entgegen; dieser ist durch einen Kantharos in der erhobenen Rechten Dionysos angenähert. Die Szene hat somit Symposioncharakter.

---

[158] Gute Abb. bei Aellen 1994, Taf. 65.

[159] Auch die besseren unter den publizierten Abbildungen (z. B. Aellen 1994, Taf. 2. 3) geben keinen sicheren Aufschluss, was original und was ergänzt ist. Sie nähren allerdings die Befürchtung, von den Hydriaphoren könnten nur bescheidene Fragmente antik sein. Die Skepsis gründet nicht nur auf den Bruchkanten, soweit sie noch erkennbar sind, sondern auch auf der Malweise. So fehlt jede Parallele für die Hydria, die tongrundig wiedergegeben sich nur durch Binnenzeichnung vom überschnittenen Gewand der Trägerin abhebt (bes. bei der linken Frau). Vgl. auch die Angaben bei Winkler 1888, 27 (s. o. Anm. 154): »Auch diese Gruppe ist stark restauriert und fast nur die untern Teile der Figuren scheinen alt zu sein. [Anm. 1: Die Köpfe sind natürlich restauriert; ich brauche wohl kaum auf die ausdruckslosen Profilgesichter und die mit vollem Schwarz ausgeführte Haarbildung, die fast alle restaurierten Köpfe zeigen, zu verweisen.] Doch ist die Deutung auf die Danaiden gesichert, da der größte Teil der Hydria der rechts stehenden Figur alt ist.« Die in meinem Text folgende Analyse darf daher schon im Deskriptiven nur als hypothetisch verstanden werden.

Deutliche Abweichungen in der Darstellung der Hydriaphoren zeigt der im Wesentlichen erhaltene Krater in Karlsruhe (**Kat. 8**, Abb. 17). Wiederum hat eine Hydriaphore den Platz im unteren Register rechts inne, eine zweite aber in dem darüber, das auf dem Bild in Neapel den Totenrichtern gehört. Sie steht frontal mit leicht nach links gewendetem Kopf zwischen einem von ihr abgewandten, nur mit einer locker umgeschlungenen Chlamys bekleideten jungen Mann links und einer ihr zugewandten Frau rechts, die ihr die Hand auf den Oberarm legt. Die Armhaltungen beider Hydriaphoren sind identisch, bei der unteren allerdings teils ins Profil gedreht. In der herabhängenden Linken halten sie jeweils waagerecht die Hydria, die demnach leer ist. Der rechte Unterarm ist in gewissem Abstand vor dem Oberkörper erhoben, die Handfläche nach außen gekehrt. Die Geste hat einen stark defensiven Charakter; sie scheint in der apulischen Vasenmalerei Personen vorbehalten zu sein, die unmittelbar von einem Angreifer bedroht sind[160], oder, weitaus häufiger, solchen, die Zeugen eines Angriffs werden und sich zur Flucht wenden, besonders in Darstellungen der Vergewaltigung der Kassandra[161]. Die Geste meint damit offenbar vor allem die Bitte um Verschonung, denn als Bittgestus ist sie in ähnlicher Form in weiterer Bedeutung verwendbar: Auf einem Bild des Dareios-Malers fleht Aphrodite mit etwas ausgreifenderer Armhaltung Zeus um den toten Adonis an[162]. Welche Gefahr die Hydriaphoren der Karlsruher Vase zu so verzweifeltem Bitten treibt, ist nicht recht ersichtlich. Ihre Blicke scheinen dem Herakles-Kerberos-Abenteuer zu gelten[163]: fraglos ein Ereignis, dass große Aufregung in der Unterwelt zu verursachen imstande war, aber angesichts seiner positiven Konnotation mit der Überwindung der Grenzen der Unterwelt nicht unbedingt prädestiniert, abwehrende Reaktionen hervorzurufen. Oder gehen ihre Blicke darüber hinweg hinüber zu Sisyphos, und bitten sie darum, von einem solchen Schicksal verschont zu bleiben? Denkbar wäre auch, dass die Geste gar nicht situationsbezogen zu verstehen ist und abkürzend für einen Gehalt steht, den der kompetente Betrachter schon zu wissen hatte. Dann erstaunte allerdings, wieso wir sie nur auf diesem einen Bild finden.

Der Blick der Frau im mittleren Register könnte freilich auch auf den auf einen Stock aufgestützten jungen Mann links neben ihr gerichtet sein. Obwohl er ihr den Rücken zukehrt, sind die beiden Figuren durch die Überschneidung ihrer Füße ikonographisch in ein enges Verhältnis gerückt. Verständlicher würde die Geste der Frau damit freilich nicht, zumal schon der Mann selbst kaum lösbare exegetische Probleme aufwirft. Er ist dem ›Palast des Hades‹ in derselben Position zugewandt, die auf der Seite gegenüber Orpheus innehat. Im Haar trägt er einen Ährenkranz, der ihn in irgendeine Verbindung zu Demeter stellen dürfte[164]. Deren Tochter Persephone scheint ihn aus dem ›Palast‹ heraus anzublicken; der junge Mann selbst

---

[160] Volutenkrater aus dem Umkreis des Malers von Louvre K 67, London, British Mus. F 278: RVAp 931,118; Moret 1975, Nr. 7 Taf. 20. 21 (Kassandra). – Mit beiden Armen erhoben: Hydria des Arpi-Malers, Foggia, Mus. Civico 132726: RVAp 925,91 Taf. 361 (Niobiden). – Als defensive Geste auch in der attischen Vasenmalerei: Neumann 1965, 37–41.

[161] Kelchkrater aus dem Umkreis des Malers der Dionysos-Geburt, Tarent, Mus. Nazionale Archeologico 52265: RVAp 39,24 Taf. 12, 1; Moret 1975, Nr. 3 Taf. 2. – Volutenkrater des Ilioupersis-Malers (Namensvase), London, British Mus. F 160: RVAp 193,8; Moret 1975, Nr. 2 Taf. 8–10, 1. – Vgl. Moret 1975, 137–147.

[162] Pelike Neapel, Mus. Archeologico Nazionale Stg. 702: RVAp 490,24 Taf. 175, 1. – Auch in der attischen Vasenmalerei als Bitt- und Gebetsgestus: Neumann 1965, 78–82.

[163] Winkler 1888, 18: »… dessen kühnes Beginnen sie wohl in Schrecken setzt.«

[164] Seit E. Kuhnert (Unteritalische Nekyien, JdI 8, 1893, 104–113) wird der mit Ähren Bekränzte meist als eleusinischer Myste verstanden, vgl. zuletzt Thimme 1986, 138. Häufiger wurde auch vorgeschlagen, diese Deutung auf den ›ersten Mysten‹ Triptolemos zu präzisieren: G. Hafner, CVA Karlsruhe (2) 30; Keuls 1974, 90. Für ein Auftreten eines jungen Triptolemos in einer Unterweltdarstellung werden sich allerdings schwer Gründe nennen

steht mit überkreuzten Beinen und zum Kinn geführter Hand ruhig und sinnend davor. Die Geste verrät Unsicherheit, was zu tun ist oder wie die Geschichte ausgehen wird[165]. Ohne nähere Vergleichsmöglichkeiten bleibt die genaue Bedeutung und Funktion der Figur enigmatisch; die Nähe und Hinwendung zum Palast lässt aber keinen Zweifel an ihrer Wichtigkeit[166]. In einer noch deutlich engeren Beziehung steht die Hydriaphore zu der Frau rechts von ihr: Diese legt ihr die Hand auf den Oberarm oder auf die Schulter, was auf Vertrautheit schließen lässt. Sie scheinen auf gleicher Ebene zu verkehren: ist das Fehlen der Hydria bei der zweiten Frau dann nur eine Abkürzung des Motivs? Genauso gut könnte es aber auch eine absichtsvolle Unterscheidung zweier Figuren gerade in ihrer sonstigen Gleichheit bedeuten. Das Bild fasst seine Aussage zu knapp, als dass wir sie zuverlässig entschlüsseln könnten. So bleibt die obere Hydriaphore in den Beziehungen zu ihren Nachbarfiguren ein Rätsel, das ohne hermeneutische Gewalt[167] einstweilen nicht lösbar scheint. Auf einem ersten Niveau weniger heikel ist ihr Verhältnis zu der Hydriaphore im Register darunter. Die beiden Figuren sind bis in Haltung und Gesten hinein völlig identisch gestaltet und können daher auf einem Bild keine grundsätzlich Verschiedenen sein. Ein Problem bleibt dennoch der Registersprung. Die Figur, die unten möglicherweise eine Büßerposition einnimmt, wird buchstäblich auf eine höhere Ebene transponiert und in einen neuen Kontext versetzt. Ob damit auch inhaltlich ein potentieller Wechsel des Rangs für ein und denselben Typ Figur intendiert ist – etwa im Sinne der möglichen Überwindung einer Buße –, muss Hypothese bleiben.

Schwierigkeiten bereitet auch die Analyse der Gesamtkomposition. Im Mittelpunkt steht einmal mehr der ›Palast des Hades‹. In ihm ist in diesem Fall Persephone als thronende zentrale Figur hervorgehoben. Auch ein Zepter, das sie mit der Rechten locker gegen den Körper gelehnt hält, unterstreicht ihre Rolle als Herrscherin der Unterwelt. Hades steht in leichter Schrittstellung neben ihr und spricht zu ihr, wie die Redegeste des erhobenen rechten Armes verrät. Auch er hält ein gegen den Körper gelehntes Zepter, das bei ihm von einem Vogel bekrönt wird. Persephones Blick ist in seine Richtung gewendet, aber er könnte auch dem ährenbekränzten jungen Mann vor dem Palast gelten. Auf ihrer anderen Seite steht dicht neben ihr Hekate, die Füße teils vom Fußschemel des Thrones überschnitten. Mit der Herrscherin verbindet sie wieder einmal ein gleicher Ornamentstreifen im unteren Teil des (bei Hekate deutlich kürzeren) Chitons. Hekate hält zwei Fackeln, von denen sie eine mit der Rechten aus dem Palast heraushält. Dorthin geht auch ihr Blick, zu Orpheus, der auf seiner Lyra spielend vor dem Palast steht, spiegelbildlich zu dem ährenbekränzten jungen Mann rechts. Orpheus ist als einzige Figur außerhalb des ›Palastes‹ in derselben Größe dargestellt wie die Götter in diesem; seine Ankunft im Hades ist offenbar das zentrale Thema des Bildes[168]. Hinter Orpheus, aber auf einem deutlich niedrigeren Niveau, steht und sitzt je eine Erinye[169]. Ihre Po-

---

lassen (*pace* Keuls 1974, Anm. 29). Abweichende Deutungen: Winkler 1888, 48. 62 (Protesilaos); Cämmerer 1975, 47–50 (Lynkeus); Moret 1993, 337–340 (Adonis). Vgl. zu Ähren im Naiskos: Lohmann 1979, 130–133.

[165] Vgl. o. Anm. 49.

[166] Vgl. Thimme 1986, 138.

[167] Eine solche scheint mir, trotz einiger plausibler Argumente, insbesondere vorzuliegen bei Cämmerers Deutungsvorschlag auf Lynkeus (Cämmerer 1975, 47–50), der das (ignorierte) Identifikationsproblem der ›Danaiden‹ noch eine Ebene höher potenziert. Auch sieht man in der apulischen Vasenmalerei selten eine als Paar gemeinte Gruppe, bei der der Mann der Frau den Rücken zukehrt und überdies durch eine Figur diametral entgegengesetzten Gehalts von ihr getrennt wäre.

[168] Vgl. Aellen 1994, 59 Anm. 9.

[169] Vgl. Aellen 1994, 61.

Abb. 17. Karlsruhe, Badisches Landesmus. B 4: Volutenkrater eines Nachfolgers des Lykurg-
Malers (**Kat. 8**)

sition entspricht damit nicht ganz der der beiden Frauen hinter dem Ährenbekränzten, die mit diesem auf ein und derselben Bodenlinie stehen. Ähnlich aber ist die vertrauliche Geste. Die stehende geflügelte Erinye hat die rechte Hand auf den rechten Oberschenkel ihrer sitzenden flügellosen Gefährtin gelegt; sie blicken sich an. Beiden Gruppen ist also eine intime Atmosphäre gegeben, die bei der Hydriaphore aber durch ihre abgewendete Haltung und ihre nach außen gerichtete Armbewegung durchbrochen und geöffnet ist.

Die Gruppen beiderseits des ›Palastes‹ im oberen Register sind durch relativ feste ikonographische Schemata und Vergleichsstücke mit Beischriften als mythologische Figuren zu erkennen: Links sitzt Megara mit ihren beiden Söhnen von Herakles, die dieser im Wahnsinn erschlagen hatte[170]; rechts steht Theseus neben seinem sitzenden Freund Peirithoos, der zur Strafe für den versuchten Raub der Persephone gefesselt im Hades bleiben musste, während Theseus, zunächst ebenfalls festgehalten, von Herakles anlässlich der Bändigung des Kerberos befreit werden konnte[171]. Unschuldige Opfer sind büßenden Frevlern gegenübergestellt. Auf der Seite der Opfer tritt die Ähre als Bekrönung des Stabes, den einer der beiden Knaben hält, zum zweiten Mal auf dem Bild in Erscheinung: Gibt das Attribut der Demeter der traurigen Situation eine positivere Wendung[172]? Bei den Frevlern ist die Überwindung der Strafe neben deren Verbüßung thematisiert: Theseus kann sich offenbar bereits frei bewegen; er wird gleich mit Herakles zusammen zurück in die Oberwelt aufbrechen[173]. An der Darstellungsweise beider Szenen des oberen Registers fällt ihre Aktionslosigkeit auf: Das bloße Erscheinen der Figuren ruft die Geschichte in Erinnerung, die sich mit ihnen verbindet. Ähnlich könnten auch die ebenfalls inaktiven[174] Hydriaphoren abkürzend für ein Geschehen stehen, das nicht näher dargestellt wird.

Das Vasenbild stellt also verschiedene Kategorien von Personen in der Unterwelt nebeneinander: solche, die in der Unterwelt eine Strafe verbüßen; solche, die als unschuldige Opfer dort ihr Dasein fristen; solche, die eine Chance bekommen, ihre Buße zu überwinden, und solche, die ihnen dazu verhelfen. Die inhaltlichen Kompositionsprinzipien des Bildes[175] bleiben aber zu variabel, als dass sich die Bedeutung jeder einzelnen Platzierung ermitteln ließe.

So wirft das Bild des Karlsruher Volutenkraters – und ebenso das desjenigen in Neapel, wenn er denn überhaupt herangezogen werden darf – mehr Fragen auf, als es beantwortet. Die Hydriaphore im unteren Register hat einen Platz inne, der einem Büßer zukommen kann; aber

---

[170] Vgl. Schmidt 1988, 726 f. Nr. 10–15; mit Beischrift ebenda Nr. 10 = hier **Kat. 9**.

[171] Vgl. LIMC VII (1994) 238 Nr. 75–80 s. v. Peirithoos (E. Manakidou); mit Beischrift ebenda Nr. 80: Frgt. des Dareios-Malers, Karlsruhe, Badisches Landesmus. B 1549; RVAp 504,82.

[172] Vgl. P. Wolters, Gestalt und Sinn der Ähre in antiker Kunst, Die Antike 6, 1930, 284–301; Aellen 1994, 183 mit Anm. 26.

[173] Ob auch die Darstellung der Herakliden oben mit der Anwesenheit des Herakles unten in eine direkte Beziehung zu setzen ist, lässt sich nicht sagen. Die Varianten des Mythos divergieren stark, und eine so andeutende Darstellung wie diese erlaubt es nicht, die hier zugrundeliegende Variante zu ermitteln. Sehr stark im Sinne einer gedanklichen Verbindung argumentiert Cämmerer 1975, 42–45. Er stützt sich auf die von Apollodor 2, 4, 12 überlieferte Version, nach der Herakles die Taten in Diensten des Eurystheus als Buße für den Kindermord auferlegt bekommen hat.

[174] Sieht man einmal von der emphatischen Geste ab.

[175] Für den Münchner Unterwelt-Krater (s. o. Anm. 150) hat Stähler (1992, 419 f.) ein sehr systematisches Konstruktionsschema analysiert, wofür er allerdings bisweilen etwas oberflächlich interpretieren muss. So ist für ihn der Abschied des Theseus von Peirithoos ein »Negativbeispiel« (Stähler 1992, 420), was uneingeschränkt ja nur für eine der beiden Figuren stimmen kann. Unmittelbar übertragbar auf den Karlsruher Krater ist Stählers Schema ohnehin nicht.

die Regeln der Komposition erschließen sich nicht klar genug, um zu sagen, dass sie deswegen selbst als Büßerin gemeint sein muss. Umgekehrt ist auch auf dem Karlsruher Bild der Gegensatz auffällig zwischen dem in schwerer Arbeit ganz auf sich bezogenen Sisyphos und der ihm gegenübergestellten Hydriaphore, die nahezu inaktiv ist und in ihrer Gestik mit ihrer Umgebung interagiert; die Inaktivität hat sie mit anderen Figuren des Bildes gemein, von denen wir wissen, dass in ihnen dennoch ganze Geschichten abgekürzt angedeutet werden. Schließlich ist die Platzierung einer zweiten, völlig identischen Hydriaphore im Register darüber und damit in einem anderen Kontext auffällig; aber dieser bleibt uns in seinem Gehalt ebenfalls verschlossen.

Frauen mit Hydrien im Unterweltkontext

Eine weitere Gruppe von fünf Vasen (**Kat. 13–17**) zeigt Hydrien, neben oder auf denen Frauen sitzen, in einem Unterweltkontext. Keine der Frauen hält oder trägt ein Gefäß. Die ikonographische Beziehung kommt nur durch Nähe oder Berührung zustande. Die eng verwandten Vasen entfallen auf zwei Typen, in denen einmal drei, einmal zwei Vasenbilder nahezu in einem Replikenverhältnis zueinander stehen. Sie werden innerhalb der Typen jeweils demselben Maler zugeschrieben.

Drei Volutenkratere ehemals in Malibu (**Kat. 13**, Abb. 18), in Kiel (**Kat. 14**, Abb. 19 a. b) und Matera (**Kat. 15**), die dem White-Saccos-Maler zugeschrieben werden, haben wesentliche Elemente gemein: Zwei oder drei Frauen sitzen neben oder auf Hydrien unter dem ›Palast des Hades‹, in dem sich Hades und Persephone auf einer gemeinsamen Kline gegenübersitzen. Sie sind eingerahmt von Hekate (links) und Orpheus (rechts), die auf einem etwas höheren Niveau neben ihnen stehen, weshalb ich die Gruppe abgekürzt als ›Hekate-Orpheus-Typ‹ bezeichne. Im oberen Register über diesen beiden sind Megara mit den Herakliden und Hermes (in austauschbaren Positionen) dargestellt. Hermes ist ebenfalls mit einer Hydria ausgestattet, die er zweimal in der Hand hält; einmal liegt sie neben ihm.

Der Volutenkrater (**Kat. 13**, Abb. 18), der zu den 2007 vom J. Paul Getty Museum an Italien zurückerstatteten Objekten gehört, ist nur fragmentarisch erhalten; obwohl zum Fuß hin einiges vom Bildfeld der Schauseite fehlt, scheinen der Darstellung noch alle wesentlichen Elemente zu entnehmen sein. Das Bild zeigt innerhalb des ›Hekate-Orpheus-Typs‹ die geringsten Abweichungen von dem, was sich aufgrund mehrheitlichen Vorkommens als ›Standard‹ bezeichnen lässt[176]. Drei Frauen sitzen unter dem ›Palast des Hades‹. Die linke Frau sitzt nach links gewendet und hat den Kopf leicht nach rechts gedreht, die beiden weiter rechts sind in genau entgegengesetzter Haltung dargestellt. Diese gegenbewegte Sitzhaltung haben sie mit Hades und Persephone im ›Palast‹ (und unzähligen anderen Figuren der apulischen Vasenmalerei) gemein. Klaus Stähler will sie als »Bildchiffre der Ausgewogenheit als Anzeichen für ein Insichruhen, für eine besondere Art der Selbständigkeit«[177] verstehen. Vermutlich ist das treffend beschrieben; man darf bei Interpretationen dieser Art aber nicht vergessen, dass sie nur auf einfühlender Betrachtung beruhen, die besonders am isolierten Einzelmotiv immer Gefahr läuft, das möglicherweise Fremde des verwendeten Codes zu

---

[176] Die Definition eines ›Standards‹ hat natürlich nur heuristischen Charakter, *realiter* könnte schon eine neugefundene Vase mit diesem Bildtyp die Definition kippen.

[177] Stähler 1992, 418. Stähler interpretiert hier die Kieler Vase **Kat. 14**. Die Analyse ist aber weitestgehend übertragbar auf die anderen Bilder der sich eng zusammenschließenden Gruppe.

Abb. 18. Ehemals Malibu, J. Paul Getty Mus. 77.AE.13: Volutenkrater des
White-Saccos-Malers (**Kat. 13**)

unterschätzen[178]. ›Selbständig‹ sind die drei Frauen in jedem Fall in dem Sinne, dass sie
auf dem Bild keine unmittelbaren Beziehungen zu anderen Figuren aufnehmen. Ihre Blickrichtungen bleiben innerhalb der Gruppe; die Beinhaltung der äußeren Figuren, die eine
Öffnung der Gruppe bewirken könnte, wird durch die jeweils äußeren Arme neutralisiert.

---

[178] Ich will nicht leugnen, dass ich in dieser Arbeit bisweilen ähnlich interpretiere. Auf etwas sichererem Grund
bewegt man sich m. E., wenn man Kompositionsschemata und Beziehungen der Figuren untereinander analysiert,
nicht Einzelmotive, da man dabei zunächst von einer ganz formalen, semantisch neutralen Beschreibungsebene
ausgehen kann. Dies versuche ich daher vorrangig zu tun.

Die rechte Frau schließt ihren Körper durch den seitlich daran herabgeführten linken Arm ab; schon ihr Oberkörper ist wie der Kopf einwärts gewendet. Die linke Frau hält in ihrer vor den Oberkörper erhobenen rechten Hand eine mit irgendetwas gefüllte Schale, die den Raum um sie ebenfalls abschließt. Die Frauen sind in diesem Bild also ganz für sich, nur mit ihren Hydrien und sonstigen Attributen. Die Wassergefäße liegen horizontal am Boden, bei der linken Frau vor ihr, in den beiden anderen Fällen hinter den sitzenden Frauen. Außer der genannten Schale hält die linke Frau ebenso wie ihre Nachbarin einen Fächer in der linken Hand. Die rechte Figur hält eine kleinere Schale in ihrer Rechten. Die Attribute gehören also einerseits einem Bereich von Muße und Anmut, andererseits vielleicht einem Bereich von rituellen Gaben an. Dagegen fehlt jeder Hinweis auf die Verwendung der Hydrien für die Arbeit am Pithos. Die *tyle*, die auf mehreren Bildern, die den Pithos zeigen, auch die inaktiv dargestellten Frauen mit der Arbeit des Wassertragens verbindet (**Kat. 1–3**), ist nicht dargestellt. Die Hydrien liegen einfach herum, nichts deutet an, dass irgendetwas mit ihnen gemacht wird. Das provoziert aber umso mehr die Frage, welche Funktion sie überhaupt haben, denn mit irgendeiner Aussageabsicht müssen sie abgebildet sein. Vielleicht genügt ihre bloße Präsenz, das Thema des Wassergießens in Erinnerung zu rufen. Das geschähe allerdings in der Form eines fernen Zitats, das von einem neuen Kontext in seiner Bedeutung beeinflusst erscheint. Mögliche negative Assoziationen der Hydria aus der Anspielung auf die Arbeit am Pithos würden auch relativiert dadurch, dass auf demselben Bild Hermes als Träger dieses Gefäßes dargestellt ist.

Etwa auf Höhe der Bodenlinie, die den Frauen als Sitz dient, steht rechts neben ihnen Orpheus; etwas höher, auf Höhe ihrer Köpfe, links neben ihnen Hekate. Beide sind frontal dargestellt. Orpheus präsentiert die Lyra in voller Größe und hält in der rechten Hand demonstrativ das Plektron. Hekate wird von den mit Bändern geschmückten Fackeln, die sie in jeder Hand neben dem Körper emporhält, fast heraldisch gerahmt. Ihr Gesicht ist nicht ganz frontal wiedergegeben; der Kopf ist jeweils leicht einwärts ins Bild gewendet. Man könnte schwerlich sagen, dass die ins Unbestimmte gerichteten Blicke den Frauen mit Hydrien zu ihren Füßen gelten; symmetrisch rahmen sie die Komposition, von der die Frauen ein Teil sind. Gleiches gilt für die Figuren von Hermes und Megara im Register darüber, die ihren Kopf einwärts und leicht gesenkt halten. Für sie ist statt der Frontalität der Typ der gegenbewegten Körperhaltung verwendet: Sie sitzen ebenfalls symmetrisch nach der jeweils äußeren Seite. An Hermes ist in diesem Zusammenhang besonders die Hydria interessant, die er am gestreckten, fast herabhängenden linken Arm hinter sich hält. Das Attribut ist zunächst überraschend für den Gott. Er hat aber in der apulischen Vasenmalerei auch über diese Serie von Bildern hinaus des Öfteren eine Affinität zur Hydria; die entsprechenden Bilder sollen gesammelt etwas später besprochen werden. Hermes' Blick ist zunächst auf den ›Palast‹ gerichtet; Moret hat vorgeschlagen, ihn mit Orpheus in der Position diagonal gegenüber zu verbinden[179]. Ihm gegenüber ist Megara gerahmt von zwei Herakliden dargestellt; die stehenden Knaben sind durch Binden am Kopf und am Bauch bzw. Bein hier klar als Opfer charakterisiert. Das unterscheidet diese ebenso zitathaft inaktive Szene graduell von den Frauen mit Hydrien unten: Auch der unwissende Betrachter kann aufgrund dieses Details die Situation der Herakliden zumindest vage erkennen, während die Hydria, sollte sie abkürzend für die Arbeit am Pithos stehen, zwingend Vorwissen verlangt. Das Herrscherpaar im zentralen Palast

[179] Moret 1993, 326.

folgt einem stereotypen Muster dieser Serie von Bildern. Beide sitzen leicht nach links, den Kopf nach rechts gewendet. Persephones Kopf ist dabei in Dreiviertelansicht wiedergegeben und scheint einen Blick Richtung Orpheus zu suggerieren; Hades dagegen hat den Kopf ganz ins Profil gedreht und blickt ein wenig nach oben zu Megara hin.

Mit Hermes, Hekate[180] und Orpheus sind drei der seitlichen Positionen mit Figuren besetzt, die in verschiedener Weise für die Überwindbarkeit der Grenzen des Hades stehen; chiastische oder parallele Paarbildungen von Gegensätzen sind damit als Kompositionsprinzip schwer denkbar. Auch Megara mit den Herakliden muss wohl nicht ungebrochen für die unglücklichen Opfer im Hades stehen, wie der Volutenkrater in Karlsruhe (**Kat. 8**) suggeriert, auf dem einer der Söhne mit dem Fruchtbarkeitssymbol der Ähre verbunden ist. Reihen sich die Frauen mit Hydrien unter dem ›Palast‹ nun ein in den Reigen der Hoffnung machenden Figuren, oder bilden sie die Kontrastfolie dazu? Ihre Attribute stünden letzterem Zweck wohl eher entgegen. Stützt auch ihre Position in der Mittelachse des Bildes eine positive Interpretation[181]? Außer den Frauen mit Hydrien in mehreren Variationen haben wir dort bisher Herakles mit dem Kerberos gesehen – er wäre einer solchen gewerteten Bildtopographie sehr angemessen.

Nur geringe Varianten zu dem ehemals im J. Paul Getty Museum befindlichen Bild bietet das Hauptbild des Volutenkraters in Matera (**Kat. 15**). Von abermals drei Frauen unter dem ›Palast‹ ist die rechte ohne Hydria. Die beiden anderen sitzen Rücken an Rücken, aber ihre Köpfe im Profil einander zugewandt, dezidiert auf ihren Hydrien. Die dritte, nach rechts sitzend, blickt mit ebenfalls ins Profil gedrehtem Kopf zurück zu ihren beiden Gefährtinnen. Durch die starken Kopfwendungen wird die Abgeschlossenheit der Szene noch stärker unterstrichen. Andererseits wird sie etwas geöffnet durch die breit gelagerte Haltung der beiden äußeren Figuren, die ihre Beine weit nach außen in den Raum strecken, wo sie unter Hekate und Orpheus zu liegen kommen. Erweitert sind die Attribute: Die linke Frau hält wiederum einen Fächer, die mittlere ein geöffnetes Kästchen[182], die dritte ein Alabastron. Neben ihren Füßen, und damit zugleich zu Füßen des Orpheus, liegt eine Schale. Kästchen und Alabastron gehören wiederum in die Sphäre von Körperpflege, Schönheit und Anmut. Die zusätzlichen Attribute bringen also keine neue Bedeutung in das Bild, aber der Aspekt der *charis* wird stärker betont auf Kosten der Ritualspende, die in Gestalt der Schale nur noch peripher präsent ist. Allerdings stehen die Attribute beider Grundbedeutungen bei den ›Gabenbringern‹ apulischer Grabmaldarstellungen regelmäßig nebeneinander[183]; ihr Gehalt scheint also verwandt zu sein, und überdies dürfte die ikonographische Gewohnheit zu weiterer wechselseitiger Beeinflussung geführt haben[184].

Hekate und Orpheus stehen auf gleicher Höhe neben bzw. über den Frauen. Sie sind aber durch ihre Größe erheblich unterschieden: Orpheus überragt alle anderen Figuren außerhalb des Naiskos bei weitem. Ein weiteres Mal[185] ist er so als Hauptfigur des Bildes bezeichnet.

---

[180] Hekate ist in den apulischen Unterweltbildern, jedenfalls dort, wo ihr aktives Eingreifen ins Geschehen abzulesen ist, eher die den Weg leuchtende Begleiterin als die bedrohliche Dämonin: gegen Stähler 1992, 418 vgl. Moret 1993, v. a. 326 f.

[181] So Stähler 1992 *passim*.

[182] Darin korrespondiert sie mit den Bildern der Rückseite, wo Schmuckkästchen prominent erscheinen, s. Katalog.

[183] Vgl. Lohmann 1979, Tafelteil.

[184] Vgl. Moret 1975, 295–299.

[185] Vgl. **Kat. 8.**

Neben seinem Kopf ist leicht schräg geneigt eine große Hydria ins Bildfeld gesetzt. Sie hat keine Bodenlinie; ihre räumliche Beziehung zur Umgebung ist nicht expliziert. Sachlich wird man sie wohl eher als mit Orpheus[186] mit dem über ihm sitzenden Hermes verbinden, der mit der Herakliden-Gruppe den Platz getauscht hat. Dafür spricht, dass Hermes auf den beiden anderen Bildern dieses Typs (**Kat. 13**. **14**) eine Hydria hält. In der Hand hat der Gott auf diesem Bild eine im Vergleich mit der übergroßen Hydria winzig wirkende Oinochoe. Hydria und Oinochoe haben gemein, im Totenkult Verwendung zu finden; ihre jeweiligen Rollen für die Wasser- respektive Weinspende entsprechen sich dabei[187]. Die Verbindung der Hydria mit Hermes leidet nicht darunter, dass das Gefäß nur in der Nähe des Gottes liegt. Das beweist dieselbe Szene: Selbst das Standardattribut Kerykeion hat der Maler neben Hermes frei an dessen linker Seite auf dem Bildgrund positioniert und ihm nicht in die Hand gegeben, obwohl der Gott diese noch frei hätte. In ähnlicher Weise ist ihm die Spendeschale zuzuordnen, die links neben seinem Kopf gemalt ist. Sie vervollständigt das Instrumentarium der Grabspende.

Auch auf dem Kieler Volutenkrater (**Kat. 14**, Abb. 19 a. b) ist Hermes rechts über Orpheus platziert, während Megara und die Herakliden links des ›Palastes‹ stehen. In diesem Bild hält Hermes die Hydria wieder in der rechten Hand, das Kerykeion in der Linken. Die Spendeschale links seines Kopfes ist wiederholt. Orpheus ist wiederum gegenüber den übrigen Figuren übergroß. Er steht auf einem höheren Niveau als Hekate gegenüber. Außen neben ihm befindet sich ein Thymiaterion, das dem Bild einen stärker sakralen Charakter gibt.

Die für meinen Gegenstand interessantesten Veränderungen aber bietet das untere Register. Es sind nur zwei Frauen dargestellt. Sie sitzen nebeneinander, die Beine nach außen, die Köpfe einander zugewandt. Wiederum wird die Szene durch emporgehaltene Attribute nach außen abgeschlossen: Links sperrt ein senkrecht und noch dazu in Verlängerung der äußeren Säule des ›Palastes‹ gehaltener Fächer den Raum wirkungsvoll ab, rechts erfüllt ein zur Frau hin geöffnetes Kästchen dieselbe Funktion. Die Zweizahl der dicht zusammengerückten Frauen macht die Intimität der Szene noch augenscheinlicher: Sie sind in ihrer eigenen kleinen Welt. Darin befindet sich nur eine Hydria, die zwischen den Frauen näher zur linken am Boden liegt; diese hat ihren linken Arm darauf gestützt. Darüber wird von der rechten Frau ein Alabastron gehalten. Rechts außerhalb der Zweiheit sind eine Oinochoe und ein Ball dargestellt. Die Oinochoe verweist wieder auf ein Spenderitual, das im Zusammenhang mit den Überlegungen zu Hermes' Gefäßen auf **Kat. 15** wohl als Grabspende angesprochen werden darf. Der Ball unterstreicht den Bezug auf den aphrodisischen Bereich der Schönheit, dem auch die übrigen Attribute angehören: Des Öfteren sieht man auf apulischen Vasenbildern Eros mit dem Ball spielen, auch in Brautszenen erscheint der Ball[188].

Vor allem aber steht noch weiter rechts die in der Zweiergruppe fehlende zweite Hydria. Sie ist unter einem Felsvorsprung unter dem Thymiaterion neben Orpheus platziert, wie er in ähnlicher Weise auch links jenseits von Hekate wiederkehrt, so dass das Bild durch die Felsen landschaftlich gerahmt ist (Abb. 19 b). Über der Hydria ist der Felsen rechts zu einer Art Wasserspeier ausgestaltet; in Form dreier dünner weißer Striche fließt Wasser in die darunter stehende

---

[186] Vgl. aber unten zu **Kat. 17**.

[187] Vgl. Lohmann 1979, 148–152.

[188] Vgl. G. Schneider-Herrmann, Der Ball bei den Westgriechen, BABesch 46, 1971, 123–133; K. Schauenburg, Erotenspiele I u. II, AW 7.3, 1976, 39–52 und AW 7.4, 1976, 28–35. In der Serie der hier betrachteten Bilder sei erinnert an den Ball in den Händen der mutmaßlichen Aphrodite auf **Kat. 1**.

Abb. 19 a und b. Antikenslg. – Kunsthalle zu Kiel
B 585: Volutenkrater des White-Saccos-Malers
(**Kat. 14**). b. Detail der Hydria mit Felsenquelle

Hydria[189]. Damit ist dies das erste Bild nicht-getragener Hydrien, in dem Wasser eine konkrete
Rolle spielt; die übrigen Gefäße waren überdies zumeist durch ihre liegende oder schräge Position dezidiert als leer charakterisiert. Dargestellt ist nun aber das genaue Gegenteil der Pithos-
Szenen: Wurde dort Wasser, von einem nicht abgebildeten Ort herangetragen, aus den Hydrien
in den Pithos gegossen, fließt es hier in die Hydria, ohne dass ein Ziel angegeben wäre, für das
es bestimmt wäre. War dort ein Vorgang dargestellt, der den Frauen mühevolle Arbeit abver-
langte, strömt das Wasser hier, während die Frauen müßig herumsitzen und sich mit Artikeln
der Schönheitspflege beschäftigen können. Diese Beschäftigung in Muße kam zwar auch auf
einigen Pithos-Darstellungen nebenbei vor, wodurch die Bilder auf einer kontinuierlichen Skala
angeordnet werden können. Hier aber ist sie absolut gesetzt. Auf der Skala markiert dieses Bild

---

[189] Der ›Wasserspeier‹ über der Hydria scheint sogar als angedeuteter Löwenkopf stilisiert zu sein, aber ich wage
nicht zu entscheiden, ob man das nicht nur hineinsieht, zumal an dem Felsüberhang durch teilweisen Verlust der
aufgetragenen Farben einiges verunklärt sein könnte. Von zwei weiteren nicht besonders gestalteten Felsvor-
sprüngen fließt Wasser in fast gleicher Weise, mit etwas dickerem Strich und in einem gleichmäßiger durchgezo-
genen Bogen gezeichnet. Das Thema der üppigen, freigiebigen Natur ist damit in repetierender Nachdrücklichkeit
dargestellt.

Abb. 20. Pulsano, Slg. Guarini: Volutenkrater des Baltimore-Malers (**Kat. 12**), Detail der
Frauen mit Hydrien

den Gegenpol zu einem hypothetischen, im bekannten Denkmälerbestand nie tatsächlich dargestellten Bild, in dem die Arbeit am Pithos ohne Nuancen verabsolutiert wäre. Die Mühelosig-
keit wird auf dem Kieler Krater noch durch die Felsenquelle unterstrichen: Die Natur selbst
spendet das Wasser, menschliche Arbeit ist nicht vonnöten[190]. Die Wassergewinnung ist angenähert an ein dionysisches Weinwunder[191], allgemeiner gesagt an den Topos der γῆ αὐτομάτη[192].
Die Unterwelt, die hier dargestellt ist, hat Züge eines Schlaraffenlands.

In derselben Position unter dem ›Palast des Hades‹ sind Frauen mit Hydrien, die denen auf
den Bildern des ›Hekate-Orpheus-Typs‹ im Wesentlichen entsprechen, in eine Komposition
gestellt, die in den übrigen Figuren abweicht. Sie ist in zwei Vasen völlig identischen Aufbaus
in Privatsammlungen in der Schweiz und Italien bekannt. Ich nenne sie kurz ›Krieger-Typ‹,
da sie im ›Palast‹ statt Hades und Persephone auf der Kline das auch anderweitig bekannte
Motiv des bärtigen Kriegers vor Hades als zentrales Bildmotiv zeigen[193]. Persephone ist nun
außerhalb des ›Palastes‹ links oben zu sehen; ihr gegenüber auf der rechten Seite des Gebäudes sitzt Hekate. Das untere Register nimmt beiderseits je ein junger Mann ein, durch Attribute wie Panzer und Schild ebenfalls als Krieger charakterisiert; das Paar bleibt anonym[194].
Den Frauen mit Hydrien gehört wiederum der Raum unter dem ›Palast‹.

Auf dem Volutenkrater der Sammlung Pulsano in Guarini/Apulien (**Kat. 12**, Abb. 20) sitzen drei Frauen unter dem ›Palast‹. Die beiden linken haben ihre Beine nach links gewendet

---

[190] Vgl. Moret 1993, 346: Auch Moret konstatiert das automatische Fließen des Wassers, interpretiert es aber als
Wundergeschehen im Zusammenhang mit dem Gesang des Orpheus. Eine solche momenthafte Zuspitzung
scheint mir dem Charakter der apulischen Unterweltbilder nicht zu entsprechen.

[191] Vgl. z. B. die Amphora des Ganymed-Malers, Antikenmus. Basel S 29: RVAp II 798,13; Schmidt 1976, 6 f. 33 f.
Taf. 8. 10 a.

[192] Dazu B. Gatz, Weltalter, goldene Zeit und sinnverwandte Vorstellungen (Hildesheim 1967) 118 f. 203 f. und
Register S. 229 unter 2. B) I 1 und 1 a; Schmidt 1976, 34. Gatz a. O. 119 zur Verbindung mit positiven Unterweltvorstellungen.

[193] Vgl. **Kat. 6**, s. o. Anm. 130 Lit. zur Deutungsfrage.

[194] Ich sehe keinen Anlass, in ihm Theseus und Peirithoos zu identifizieren, wie es Luigi Todisco im Anschluss an
Margot Schmidt zögernd tut: L. Todisco, Un nuovo cratere con scena d'oltretomba del Pittore di Baltimora,
ArchClass 35, 1983, 54 mit Anm. 21.

und blicken sich gegenseitig an, die Köpfe sind ins Profil gewendet. Die dritte Frau sitzt nach rechts, blickt aber im Profil in Richtung der anderen zurück, allerdings mit leicht aufwärts gewandtem Kopf: Betrachtet sie das Geschehen im ›Palast‹? Zwei Hydrien liegen am Boden: eine rechts und hinter der Frau links, die ihren Ellbogen auf dem Gefäß abzustützen scheint; die zweite vor den Beinen der mittleren Frau. Der rechten Frau ist keine Hydria zugeordnet. Die linke Figur hat in ihrer Rechten einen Spiegel, mit der Linken hält sie ihrer Nachbarin eine Schale entgegen. Diese wiederum hält mit ausgestrecktem rechtem Arm einen Kranz darüber; in der Linken hat sie einen Fächer. Einen Fächer anderer Art hält auch die dritte Frau in der Linken. Mit der Rechten dagegen ergreift sie das Gewand über der Schulter zur *anakalypsis*. Damit ist der hochzeitlich-erotische Aspekt hier besonders herausgestellt, der schon in den Attributen aus dem Bereich der weiblichen Anmut anklingt.

Der Volutenkrater in einer Schweizer Privatsammlung (**Kat. 11**) ist nur aus einer völlig unzureichenden Abbildung in RVAp bekannt. Wiederum sitzen drei Frauen unter dem ›Palast‹; die Haltungen ihrer Körper und Köpfe sind im Wesentlichen mit denen der Frauen auf **Kat. 12** identisch, allerdings ist die Aufwärtswendung des Kopfes der rechten Frau hier nicht zu erkennen. Etwas anders ist die Position der Hydrien. Jeder der Frauen ist ein Gefäß zugeordnet. Rechts und vor der linken Frau liegt eine Hydria. Ihre linke Hand geht zur Mündung des Gefäßes, womit ein etwas größeres Maß an Aktivität im Umgang mit den Hydrien angedeutet ist als bei den Darstellungen der nur attributiv herumliegenden Wassergefäße. Die Hydrien der anderen beiden Frauen stehen mehr oder weniger aufrecht: Auch hier liegt eine Verwendung der Gefäße näher als bei ihren liegenden Gegenstücken, da sie zumindest potentiell gefüllt sein könnten. Vielleicht geht es tatsächlich um kleine Nuancen der Aussage. Die Hydria der mittleren Frau steht ganz zentral in der Achse des ›Palastes‹ vor dem Oberkörper der zugehörigen Frau; die rechte ist leicht gekippt links neben der rechten Frau wiedergegeben, die sich mit ihrem Ellbogen darauf aufstützt. Die weiteren Attribute der Frauen sind die schon bekannten, mit einer Ausnahme: Die linke Frau hält in ihrer Rechten außer einem Kranz eine größere Kiste. Dabei handelt es sich keineswegs zwingend um eine *cista mystica*; primär ist das Gerät ein Aufbewahrungsbehältnis im Haushalt, das von daher in die Zuständigkeit der Frauen fällt[195]. Dadurch wird der Hinweis auf die Frauenwelt, der in den bisher betrachteten Attributen auf den Aspekt der weiblichen Schönheit beschränkt wurde, ausgeweitet. Die mittlere Frau hält jeweils in die Zwischenräume zwischen sich und ihren Nachbarinnen einen Fächer und ein Schmuckkästchen; die rechte hält eine Schale und hat einen Fächer neben sich liegen.

Die Krieger im Register über bzw. teilweise auch schon seitlich neben den Frauen mit Hydrien erinnern an die Gesprächspartner zweier Frauen mit Hydria auf **Kat. 2**. Auf **Kat. 11** und **12** findet jedoch keine explizite Kommunikation zwischen den Frauen und den Männern statt. So wie die jungen Krieger ein Paar bilden, tun dies im oberen Register die beiden Göttinnen der Unterwelt, Persephone und Hekate. Persephone hält einen Fächer und hat eine Kiste neben sich stehen; insofern steht sie den Frauen unter dem ›Palast‹ nahe. Im zentralen ›Palast‹ steht vor dem thronenden Hades ein bärtiger Krieger. Wenn man Morets[196] gute Argumente als ausreichend ansehen will, ihn als Protesilaos zu identifizieren, wäre damit wieder einmal eine außergewöhnliche Überschreitung der Grenzen des Hades Thema der Bilder. Freilich ist das Verhältnis der rahmenden Figuren zu diesem Hauptthema aus der Komposition allein nicht zu

---

[195] Vgl. E. Brümmer, Griechische Truhenbehälter, JdI 100, 1985, 16–22; DNP II (1997) 1222 s. v. Cista (R. Hurschmann).
[196] Moret 1993, 327–335.

erschließen. In der handlungslosen Weise, in der sie in diesen Bildern auftreten, verraten sie dem unvorbereiteten Betrachter wenig über ihre Bedeutung. Die Darstellungen verlangen Vorwissen: Eher als dass sich aus ihnen Neues zur Kenntnis der wiederkehrenden Figurentypen beitragen ließe, muss man das in anderen Bildern Ausgemachte auf diese übertragen, um die auf komplexere Schemata und Aussagen nur noch anspielenden Figuren verstehen zu können.

Die Unterweltbilder, die Frauen mit Hydrien, aber ohne Pithos zeigen, verzichten auf jede deutlichere Anspielung auf die Arbeit des Wassertragens und -schüttens[197]. Allein die Hydria gibt einen schwachen Verweis darauf. Die *tyle* zum Beispiel, die sich in den Bildern mit Pithos als wirkungsvolles ikonographisches Mittel zur Verknüpfung momentan untätiger Frauen mit der Arbeit erwiesen hat, erscheint nie. Auch sind die Hydrien meist liegend oder in anderen Positionen dargestellt, so dass man sie sich – wörtlich genommen – nur leer vorstellen kann. Von der Ambivalenz zwischen mühevoller Arbeit einerseits und festlicher Stimmung oder sinnenfroher Muße andererseits, die die Szenen am Pithos kennzeichnet, wird hier explizit nur der zweite Aspekt gezeigt. Damit ist nicht gesagt, dass der erste völlig ausgeblendet wäre: In denselben Bildern funktionieren viele ihrer Szenen als abkürzende Anspielungen, die in statischen Momentaufnahmen inaktiver Figuren dennoch auf ganze Geschichten verweisen. Gleiches könnte für die Frauen mit Hydrien gelten. Dabei ist an eine Entwicklung von einer Darstellungsweise zur anderen jedenfalls nicht zu denken: Ein Kern von Bildern beider Gruppen ist zeitgleich einzustufen. Die Bildmuster existieren nebeneinander. Zu klären bleibt, ob sie verschiedene Modi zum Ausdruck desselben Gehalts sind oder ob die Variation absichts- und bedeutungsvoll ist.

Die Analyse ergab einige Indizien, dass die Verschiebung des Schwerpunkts auf Darstellungen der Muße in den zuletzt betrachteten Bildern nicht ganz sinnneutral bleibt. Das wichtigste Zeugnis hierfür ist **Kat. 14** (Abb. 19 a. b): Die Hydria, die sich an einer Quelle in der Natur füllt, ohne menschliche Arbeit zu erfordern, ist geradezu ein Gegenbild zur Arbeit des Wassergießens am Pithos: Sie evoziert eher ein Schlaraffenland-Jenseits als eine Unterweltstrafe. Aufgrund der sonstigen kompositorischen und darstellerischen Übereinstimmungen sind **Kat. 13** und **15** wohl als weniger anschauliche Abkürzungen dieses Bildes zu verstehen und nicht als bedeutungsvolle Variation. An diese Gruppe lassen sich auch die Bilder **Kat. 11** und **12** aufgrund der gleichen Position, vergleichbarer Haltungen und der im Wesentlichen gleichen Attribute der Frauen anschließen. Sollten diese Bilder als Abkürzungen der Pithos-Szenen zu verstehen sein, thematisieren die abgekürzten Bilder nur noch einen Aspekt der ausführlicheren. Genau dieser Aspekt müsste aber der zentrale auch in den ausführlicheren Bildern sein, will man, was die Relation der Abkürzung verlangte, von einer Identität der Aussagen ausgehen.

Alternativ, oder eher ergänzend, wäre an eine Sinnverschiebung zu denken, die in den verschiedenen Darstellungsweisen nichts radikal Unterschiedliches, aber doch Nuancierungen auf einer kontinuierlichen Skala sehen lässt. Dafür spricht die Darstellung auf **Kat. 10**: Das Abstellen der Hydria ist hier verbunden mit einer Annäherung an die Götter, im Besonderen Aphrodite. Demnach scheinen sich in der Art des Umgangs mit der Hydria durchaus verschiedene Status auszudrücken. Eine Annäherung an die Götter war auch auf **Kat. 2** gegeben, dort gleichbedeutend mit einer Entfernung vom Pithos. Nicht zu übersehen ist bei einem Vergleich der Bilder mit und ohne Pithos auch, dass dieser in den Darstellungen, in denen er vorkam,

---

[197] Ausnahme: **Kat. 7**.

fast immer[198] besonderes kompositorisches Gewicht hatte. Auch das spricht dafür, dass sein Fehlen nicht ganz ohne Einfluss auf die Aussage des Bildes bleiben kann.

Hydrien erscheinen auf den apulischen Unterweltbildern außer in den Szenen mit den Frauen noch in zweierlei anderer Weise. Zum einen können sie – locker oder enger – mit den Göttern Hermes und Hekate verbunden sein. Diese Beispiele werden weiter unten besprochen. Einige Beispiele von Hermes mit Hydria sind schon auf Darstellungen begegnet, die auch Frauen mit Hydrien zeigen (**Kat. 13–15**). Zum anderen sind Hydrien in fünf bekannten Fällen in Unterweltdarstellungen im Bildfeld isoliert, also ohne unmittelbaren Bezug zu einer der Personen, wiedergegeben[199]. Verwiesen werden soll noch einmal auf den Basler Krater **Kat. 7**: Im Hintergrund des Gespanns unter dem ›Palast‹ sind dort zwei Kantharoi, eine Oinochoe und eine liegende Hydria ohne Handlungsbezug dargestellt. Lässt sich die Beiordnung von Hydria und Oinochoe durch die Verwendung beider Gefäße bei Trankspenden, insbesondere im Totenkult, erklären, verweist der in seinem doppelten Erscheinen betonte Kantharos eindeutig in die dionysische Sphäre[200].

›Isolierte‹ Hydrien im Unterweltkontext

Auf einem Volutenkrater des Unterwelt-Malers in Neapel (**Kat. 16**) befindet sich am rechten Rand des Hauptbildes ein Gefäß, dass der Form nach eine Hydria sein dürfte; da keine Henkel angegeben sind, ist dies aber nicht sicher. Das Gefäß steht aufrecht zwischen den Registern. Nicht weit entfernt liegt eine Schale auf den Resten einer punktierten Standlinie. Sie muss einigermaßen sicher zum oberen Register gehören, was dann wohl auch für die Hydria gilt. Dort sitzt ihr am nächsten Peirithoos mit auf den Rücken gelegten (gebundenen?) Armen, bewacht von der neben ihm sitzenden Dike[201]. Eine unmittelbare Beziehung zwischen ihm und dem Gefäß wird weder vom Bild suggeriert noch wäre sie leicht erklärbar. So hat vor allem Eva Keuls[202] die Hydria auf die Frau am rechten Ende des unteren Registers bezogen, zu der aber noch weniger eine kompositorische Verbindung besteht. Tatsächlich nimmt die Frau die Position der Hydriaphoren von **Kat. 8** und **9** ein, die in einem Kompositionsschema gemalt sind, das auch der Unterwelt-Maler benutzte: Links von ihr folgen Hekate (die sich zu der Frau umwendet) und die Herakles-Kerberos-Szene. Die Frau stützt sich mit dem linken Ellbogen auf einen Felsen auf, der das Bildfeld begrenzt; dass von diesem Wasser herablaufe[203], ist höchst unsicher. Mit der rechten Hand greift sie ein Gewandstück in einem etwas unkonventionellen *anakalypsis*-Gestus. Das Bild des Neapler Kraters variiert gängige Unterweltthemen in vielen Punkten sehr originell. Im oberen Register links haben wir die einzige

---

[198]   Ausnahme: **Kat. 6**.

[199]   Ein sechster Fall ist der oben behandelte Volutenkrater **Kat. 15**, wo die formal ebenfalls isolierte Hydria in Analogie zu **Kat. 13–14** auf Hermes bezogen werden konnte. Weiterhin anzuführen ist **Kat. 24**, wo die Hydria vor Hekate steht.

[200]   Der Kantharos ist nicht irgendein Weingefäß; in der attischen Vasenmalerei kommt er ausschließlich dem Gott (und gelegentlich seinem Gefolge) zu, der daraus ungemischten Wein trinkt; während der disziplinierte menschliche Trinker seinen gemischten Wein aus Schalen oder Skyphoi zu sich nimmt. Vgl. F. Lissarrague, Un flot d'images (Paris 1987) 21 f.; F. Lissarrague, Around the *Krater*, in: O. Murray (Hrsg.), Sympotica. A Symposium on the Symposion, Oxford 1984 (Oxford 1990) 202.

[201]   Aellen 1994, 64.

[202]   Keuls 1974, 93; Keuls 1986a, 339 Nr. 10.

[203]   So Keuls 1974, 93. Sie muss sich wohl auf die weiße Deckfarbe auf der Zeichnung des Felsens beziehen, die im Erhaltungszustand aber zu amorph ist, um eine sichere Deutung zu erlauben.

apulische Darstellung von Orpheus, in der er explizit seine Gemahlin[204] aus der Unterwelt zurückholt: Eine Frau steht links neben ihm am Bildrand, sie ergreift das Gewand im *anaka-lypsis*-Schema; Orpheus fasst sie am Handgelenk[205]; zwischen beiden flattert ein Eros auf Orpheus zu. Es folgt nach rechts die Götter-Trias Hekate, Persephone (thronend) und Hades; der Panther neben Hekate ist eine weitere ungewöhnliche Zutat, die eine dionysische Note in das Bild bringt[206]. Zentral unter den Göttern ist das Kerberos-Abenteuer des Herakles dargestellt; Hermes weist wie üblich den Weg, aber erkennbar ist die aller distinktiven Attribute beraubte Figur nur in Analogie zu den anderen Bildern des Schemas[207]. Weiter links ist die Gestalt des Hermes beinahe kopiert in einem weiteren jungen Mann, der Theseus sein muss, den Herakles aus seiner gemeinsamen Unterweltgefangenschaft mit Peirithoos befreit[208]. Insgesamt spielt das Bild also auf nicht weniger als drei außergewöhnliche Überschreitungen der Grenzen des Hades an: Orpheus, der seine Frau zurückholt, Herakles, der den Kerberos wegführt, und Theseus, der bei dieser Gelegenheit befreit wird. Die räumliche Organisation des Bildes ist so eindeutig bedeutungshaltig wie nur selten: Alle Figuren, die im Begriff sind, die Unterwelt zu verlassen, befinden sich links der Bildmitte. Dem befreiten Theseus diagonal gegenüber muss sein Gefährte Peirithoos gebunden in der Unterwelt zurückbleiben. Dasselbe räumliche Verhältnis besteht zwischen der Gattin des Orpheus und der Frau rechts unten neben der Hydria. Auch die Geste der *anakalypsis* verbindet sie. Ist die untere Frau eine ohne den geliebten Partner in die Unterwelt Verbannte? Doch dass das Gefäß in ihrem Rücken auf sie zu beziehen ist, ist nicht zu erhärten. Mag es vom Charakter der Hydria als Frauen-Gefäß her (sofern es denn eine Hydria ist!) auch naheliegen, die Komposition schließt es nahezu aus[209]. Das Gefäß muss wohl unerklärt bleiben, obwohl es sicher nicht bedeutungslos ist. Dagegen spricht der sparsame und bewusste Umgang mit Hintergrundmotiven, den das Bild ansonsten zeigt.

Mit einer weiteren unkonventionellen Unterweltdarstellung konfrontiert uns eine Amphora des Patera-Malers in St. Petersburg (**Kat. 17**), die ebenfalls eine Hydria – diesmal eindeutig erkennbar – im Hintergrund zeigt. Im oberen Register von A thront etwas rechts der Mitte Hades, links vor ihm steht Orpheus mit der Kithara. Gerahmt sind sie von zwei sitzenden Frauen, deren Identifikation Probleme bereitet. »Bedeutungslose Füllfiguren«[210] sind sie aber bestimmt nicht. Links lehnt eine Frau mehr als dass sie sitzt an einem dem Thron des Hades in der Gestaltung der Beine ähnlichen Hocker; ihr Blick ist, gegen die Körperhaltung, ins Bild hineingewendet. In der Rechten hält sie einen Fächer hoch. Die Frau auf der Gegenseite sitzt nach links auf einer doppelten Bodenlinie vor einem Louterion; in der Linken hält sie eine Spendeschale, in

---

[204] Sie als Eurydike zu benennen, würde die Aussage nicht ändern, wäre aber ein Anachronismus: vgl. J. Bremmer, Orpheus: From Guru to Gay, in: Ph. Borgeaud (Hrsg.), Orphisme et Orphée, en l'honneur de Jean Rudhardt (Genf 1991) 13–17.

[205] Vgl. zur Geste des χεῖρ᾿ ἐπί καρπῷ, seit Homer und frühesten figürlichen griechischen Bildern wohlbekannt, für apulische Darstellungen: Moret 1993, 319 mit Anm. 173.

[206] Vgl. Pensa 1977, 33.

[207] Vgl. LIMC V (1990) 88 Nr. 2571. 2572 s. v. Herakles (J. Boardman u. a.); hier z. B. **Kat. 8. 9**.

[208] Winkler 1888, 32 f.; Aellen 1994, 64 Anm. 51; Moret 1993, 336.

[209] Schon Winkler (1888, 33) lehnt die bereits von H. Heydemann (Die Vasensammlungen des Museo Nazionale zu Neapel [Berlin 1869] 819 Anm. 8) vertretene Danaidendeutung ab, »da das Gefäss sich zu hoch über der Figur befindet, als dass wir es ihr zuweisen könnten«. Wegen der angelehnten Haltung am Felsen schlägt Winkler (1888, 34 [mit Vergleichen]) eine gar nicht unplausible Interpretation der Figur als Quellnymphe der Styx vor – und rettet damit *implicite* die kompositorisch so schwach ausgebildete Beziehung des Gefäßes zu ihr.

[210] So, als eine Alternative erwägend, Schauenburg 1958, 68.

der Rechten einen Sonnenschirm. Zwischen ihr und Hades steht ein Thymiaterion. Am ehesten würde man in einer Unterweltdarstellung Persephone erwarten, aber keine der beiden entspricht deren Ikonographie. Die rechte Frau hat mit Louterion und Sonnenschirm aphrodisische Attribute[211]. Bei der wenig spezifisch gestalteten linken könnte man aufgrund der Position neben Orpheus an eine weitere Darstellung seiner Gemahlin denken. Eine Deutung der beiden Frauengestalten auf Eurydike und Aphrodite[212] wäre jedenfalls in sich kohärent: Die Göttin rechts thematisierte dann noch einmal die Beziehung der beiden linken Figuren. Die Hydria, um die es hier geht, befindet sich zwischen den Köpfen von Orpheus und der linken Frau schräg im Bildfeld. Dem Gegenstand nach würde man sie eher mit der Frau verbinden; ikonographisch aber steht sie in Beziehung zu einer Oinochoe und einer Spendeschale, die zwischen Orpheus und Hades gemalt sind. Die drei Gefäße, die das Instrumentarium der Spenden am Grab bilden, haben wir schon mehrfach zusammen gesehen (vgl. **Kat. 7. 14. 15**). Sie müssen gemeinsam betrachtet werden und stellen Orpheus damit in einen Rahmen, der ihn besonders hervorhebt. Stehen sie inhaltlich dafür, dass die Totenspenden auf einen irgendwie ähnlichen Erfolg aus sind, wie ihn Orpheus mit seinem Gesang erzielte? Aufmerken lässt jedenfalls das wiederholte Erscheinen der Hydria im Kreise der Gefäße der Totenspende. Offenbar spielt ihre Funktion als Gefäß der Wasserspende am Grab auch für ihre bildlichen Darstellungen eine wichtige Rolle.

Auch ein Volutenkrater des Baltimore-Malers in einer deutschen Privatsammlung (**Kat. 19**), der ebenfalls eine ›isolierte‹ Hydria zeigt, weicht in einigen wesentlichen Punkten von der Mehrzahl der apulischen Unterweltdarstellungen ab. Die Mitte des Bildes nimmt der ›Palast des Hades‹ ein – aber ohne Hades[213]! An seiner Stelle thront Persephone; ihr gegenüber steht der wohlbekannte bärtige Krieger, wohl Protesilaos[214]. Unter dem ›Palast‹ ist wiederum ein Viergespann dargestellt; vor ihm aber steht nicht Hermes, sondern läuft ein nahezu unbekleideter junger Mann mit Pilos, Speer, Schwert und Schild. Moret hat darauf hingewiesen, dass er der Figur im Naiskos auf der Gegenseite nahezu exakt entspricht, und eine Gleichsetzung der beiden vorgeschlagen[215]. Das nächsthöhere Register zeigt beiderseits zwei sitzende Krieger. Oben ist rechts Hekate mit zwei Fackeln unschwer zu erkennen. Demnach sollte auch der entsprechende Platz links von einer göttlichen Figur eingenommen werden; die auf einem Klappstuhl sitzende Frau mit einem Schwan als Attribut müsste also Aphrodite sein. Im Palast ›hängt‹ über Persephone eine Hydria mit ihrer Mündung direkt über dem Kopf der Göttin, als sollte ihr Wasser aufs Haupt gegossen werden. Dies beinahe wörtlich zu nehmen, führt vielleicht zur naheliegendsten Erklärung: Die Hydria könnte auch hier stellvertretend

---

[211] Vgl. zum Louterion z. B. Volutenkrater des Baltimore-Malers, Genf, Mus. d'art et d'histoire HM 7797/8: RVAp Suppl. 2 II 275,23g; Aellen – Cambitoglou – Chamay 1986, 215–226 mit Abb.; hier **Kat. 21**; zum Schirm z. B. Volutenkrater des Dareios-Malers, Neapel, Mus. Archeologico Nazionale H 3256 (81667): RVAp II 495,40; Delivorrias u. a. 1984, 131 Nr. 1378 Taf. 136.

[212] Diese m. E. richtige Identifikation schlägt Smith (1976, 243) vor. Seinen hochspekulativen eschatologischen Interpretationen ist im Detail freilich nicht zu folgen. Winkler (1888, 56) spricht sich für Aphrodite (links) und Persephone aus; letztere Deutung scheint mir der Sonnenschirm (gegen Winkler) doch sehr unwahrscheinlich zu machen.

[213] **Kat. 19** ist nicht die einzige apulische Unterweltdarstellung, in der Hades fehlt. Vgl. den namengebenden Volutenkrater des Baltimore-Malers, Baltimore, Walters Art Gallery 48.86: RVAp II 864,21 Taf. 324, 1; Lohmann 1979, Taf. 14–15, 1.

[214] s. o. zu **Kat. 6. 7. 11. 12**.

[215] Moret 1993, 334 f.

für die Spenden im Totenkult stehen; ein Kult, der hiernach nicht nur auf den Toten selbst, sondern auch auf die für ihn zuständigen Gottheiten bezogen wäre.

Dasselbe Hauptthema wie die eben behandelte Vase zeigt ein weiterer Volutenkrater des Baltimore-Malers im amerikanischen Kunsthandel (**Kat. 18**), der wiederum mit einer einzelnen Hydria aufwartet. Thronend ist hier im oberen Register wieder Hades dargestellt (ohne ›Palast‹); der Krieger ihm gegenüber vollführt mit der Rechten eine Geste zum Kopf, die Moret mit zahlreichen literarischen Nachweisen im Rücken als Zeichen des Schwurs interpretiert und zur Grundlage seiner Deutung auf Protesilaos gemacht hat[216]. Persephone steht hinter Hades und vollzieht mit der Linken die *anakalypsis*. Gerahmt wird die zentrale Dreiergruppe von zwei Paaren, in denen jeweils ein junger Mann neben einer sitzenden Frau steht. Die Frauen haben beide einen Fächer; die linke ergreift mit ihrer linken Hand das Gewand über der Schulter zur *anakalypsis*[217]. Dasselbe gilt vermutlich auch für die Frau rechts, was aber auf den Abbildungen unklar bleibt. Jedenfalls ist diese Unterwelt in einigermaßen hochzeitlicher Stimmung. Im unteren Register ist die Quadriga zu sehen. Rechts von ihr sitzt erhöht Hekate, vor den Pferden steht Hermes. Links am Bildrand, zwischen den Registern, steht hinter und über ihm eine Hydria. Neben ihr liegt eine große Schale, die aber durch eine Bodenlinie, die der des Kriegers entspricht, klar dem oberen Register zuzuweisen ist. Einerseits gibt es hier also wiederum eine Nähe von Hermes zur Hydria, die aber ikonographisch nicht betont ist, da der Gott mit dem Rücken zum Gefäß steht, andererseits lässt sich die Hydria mit der daneben liegenden Schale, die auch ein Becken für das Brautbad meinen kann, auf die Paarszene darüber beziehen; die Gefäße unterstrichen damit deren hochzeitliche Konnotation. Schließlich ist festzuhalten, dass dies bereits die dritte Darstellung des Kriegers vor Hades (bzw. Persephone) ist (nach **Kat. 7** und **19**), in der eine einzelne Hydria auftaucht.

Hermes mit Hydria (Unterweltkontext?)

Eine Hydria in der Hand von Hermes oder in seiner Nähe liegend zeigen die Bilder **Kat. 13–15**, die oben bereits besprochen wurden. Der Gott mit der Hydria ist offenbar ein fester Bestandteil des beinahe replikenhaft wiederholten ›Hekate-Orpheus-Typs‹. Er erscheint gemeinsam mit Frauen mit Hydrien auf einem Bild in einem nicht erkennbar narrativen Kontext. Dagegen bezeugen drei weitere Bilder (**Kat. 20–22**, Abb. 21. 22), wie die vorgenannten dem Baltimore-Maler zugeschrieben, die Affinität des Hermes zur Hydria im Rahmen eines mythischen Geschehens. Zumindest in zwei Fällen (**Kat. 20. 21**) ist der Streit von Persephone und Aphrodite um Adonis das Thema[218]. Ob freilich der Schiedsspruch des Zeus oder der Bittgang der Aphrodite zu Hades dargestellt ist, lässt sich nur im Einzelfall anhand von Attributen entscheiden. Das liegt im Wesentlichen an der nicht grundsätzlich unterscheidbaren Ikonographie der Herren der Ober- und der Unterwelt, Zeus und Hades[219]. Wenn Hades gemeint ist, gehören also auch diese Bilder zu den Unterweltdarstellungen.

---

[216] Moret 1993, 329 f. mit Anm. 234.

[217] Sie hat nicht nur »ihre Linke zum Kopf gehoben«, wie Schauenburg (1990, 94) schreibt.

[218] Zum Mythos vgl. W. Burkert, Structure and History in Greek Mythology and Ritual (Berkeley 1979) 109 f. mit Nachweisen Anm. 15.

[219] Vgl. G. Berger-Doer, Adonis, AntK 22, 1979, 120–123; Güntner 1997, 973 Nr. 293 (= **Kat. 21**): »Zeus-Hades (?)«.

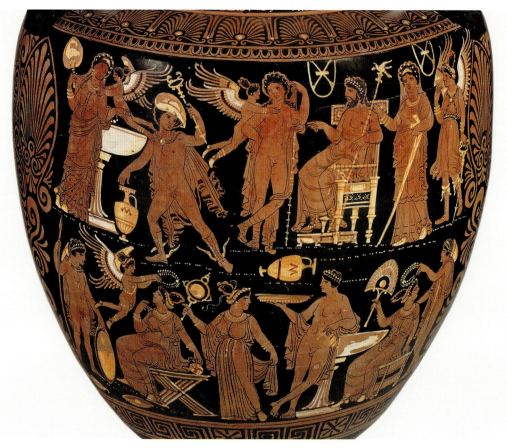

Abb. 21. Genf, Mus. d'art et d'histoire HM 7797/8: Volutenkrater des Baltimore-Malers (**Kat. 21**)

Ein ehemals im New Yorker Kunsthandel befindlicher Volutenkrater (**Kat. 20**) zeigt Persephone mit der Kreuzfackel stehend am rechten, Aphrodite mit einem Schirm sitzend am linken Bildrand. Von ihrem Schoß fliegt ein Eros zu Hermes, der nach links schreitet. Zwischen Aphrodite und Hermes steht eine Hydria am Boden, die die Göttin mit dem Fuß, der Gott mit den Fingerspitzen zu berühren scheinen. Rechts von Hermes steht der nur mit einer Chlamys bekleidete Adonis, der einen Vogel an einem Band hält, dicht neben ihm thront der göttliche Herrscher. Der Gegenstand über seiner Thronlehne ist ein Blitzbündel, was die Benennung auf Zeus in diesem Falle sichert. Hinter ihm folgt Persephone. Die Götterreihe bildet das obere Register einer zweigeschossigen Komposition ohne trennendes Ornament; unten fährt Dionysos mit Ariadne in der Pantherbiga, gerahmt von zwei Mänaden.

Im Grunde dieselbe Anordnung, aber wesentliche Unterschiede im Detail, zeigt ein Volutenkrater in Genf (**Kat. 21**, Abb. 21). Links steht Aphrodite gegen ein Louterion gelehnt, mit der Rechten zugleich einen Fächer haltend und in der *anakalypsis*-Geste den Mantel lupfend. Neben ihr schreitet in völlig identischer Haltung wie auf dem vorigen Bild Hermes, wieder mit der Rechten zu einer vor ihm unter dem Louterion stehenden Hydria greifend. Von ihm aus fliegt je ein Eros links zu Aphrodite und zum rechts von ihm stehenden Adonis – die Liebesverbindung ist damit klar ausgedrückt. In einer für männliche Figuren unüblichen Geste ergreift Adonis sein Män-

Abb. 22. Neapel, Mus. Archeologico Nazionale Stg. 687: Volutenkrater des Baltimore-Malers (**Kat. 22**)
(oberes Register)

telchen zur *anakalypsis*[220]. Zu seinen Füßen liegt eine weitere Hydria. Rechts folgt der thronende
Gott und darauf Persephone, die dem Thronenden die Hand auf die Schulter legt. Diese Vertrautheit dürfte eigentlich nur dem Gemahl zukommen. Überdies hängen links vom Thronenden
und rechts von Persephone Wagenräder, das typische Ausstattungsstück des Unterweltpalastes[221],
im Bildhintergrund: In diesem Fall muss der thronende Gott Hades sein[222]. Problematisch ist
dabei allerdings die Präsenz der Götterbotin Iris am rechten Bildrand. Dennoch muss man wohl
davon ausgehen, dass der Maler, dem man ob seiner üblichen Genauigkeit besser keinen Irrtum
unterstellen sollte, mit demselben Darstellungsschema zwei verschiedene Varianten oder Etappen
eines Mythos ins Bild gesetzt hat. Die einfachste Erklärung dafür ist wohl, dass ihm die Details
der Handlung an sich unwichtig waren und es auf die Grundaussage ankam, die beiden Momen-
ten gemein ist: den Sieg der Liebe über den Tod. Demgemäß sind auch im unteren Register des
zweigeschossigen Bildes (angehende) Liebesbeziehungen auf menschlicher Ebene dargestellt.

Den bisher betrachteten Bildern nach könnte die Hydria auch Aphrodite zuzuordnen sein:
Auf **Kat. 20** ›berührt‹ ihr Fuß die Hydria ebenso wie Hermes' Hand; mit dem Louterion,
an dem sie auf **Kat. 21** lehnt, ließe sich das Wassergefäß funktional gut verbinden. Dass sie
dennoch enger zu Hermes gehört, beweist ein Volutenkrater in Neapel (**Kat. 22**, Abb. 22):

---

[220] Zu Vergleichen s. Aellen – Cambitoglou – Chamay 1986, 223 Anm. 6.
[221] s. o. bei Anm. 41.
[222] Es geht nicht an, mit der Evidenz der einen Vase die der anderen zu negieren; so aber: Lohmann 1986, 76;
Aellen – Cambitoglou – Chamay 1996, 218. Beide erwähnen die Wagenräder mit keinem Wort. *Dito* Felten 2009,
523 Nr. add. 131; Morard 2009, 187.

Das Motiv des die Rechte zur Hydria führenden Hermes ist exakt übernommen, während auf der anderen Seite des Gefäßes ein unbärtiger Mann mit Lorbeerzweig in der Hand, also wohl Apollon, steht. Persephone steht diesmal ganz links neben Apollon. Rechts folgt auf Hermes der bärtige Thronende, der auf diesem Bild nicht sicher durch ein Attribut identifiziert wird. Neben ihm steht Aphrodite vor dem Louterion, einen kleinen Eros neben sich, der eine Oinochoe hält. Rechts beschließt eine auf einem Hocker sitzende Frau mit Zepter – Hera[223]? – das Bildfeld. Im Register darunter begegnen wieder Dionysos und Ariadne in der Pantherbiga mitsamt Gefolge, ein weiterer Eros mit Oinochoe vorneweg. Der obere Fries hat wesentliche Elemente mit den beiden zuvor betrachteten Bildern gemein, wenn auch anders angeordnet. Es könnte gut sein, dass er in weniger expliziter Manier auf dasselbe Geschehen anspielt wie die anderen beiden.

Allerdings ist Adonis nicht leibhaftig präsent. Schon Ludolf Stephani hat anlässlich eines anderen Vasenbildes[224] dieses Themas mit einer Hydria ohne Hermes vorgeschlagen, Adonis in dieser Hydria symbolisiert zu sehen[225]. Heinrich Heydemann hat die Deutung für das Neapler Bild übernommen[226]. Da Adonis zum Zeitpunkt des Disputs in der Unterwelt weile, sei er buchstäblich ›in‹ dem Gefäß der Totenasche dargestellt[227]. Gegen diese Interpretation spricht, dass die beiden erst in jüngerer Zeit bekannt gewordenen Bilder **Kat. 20** und **21** die Hydria und Adonis leibhaftig zeigen. Sie lenkt aber berechtigte Aufmerksamkeit darauf, die Hydria im funktionalen Zusammenhang mit Grabbräuchen nicht nur als Spendegefäß, sondern auch als Aschenurne[228] zu berücksichtigen. Dass sich auch diese funktionale Bedeutung in der Ikonographie niederschlägt, ist zumindest nicht auszuschließen. Andererseits ist die Hydria ein typisches Gefäß der Wasserspende, als Aschenurne dagegen nur einer in einer Reihe von in Frage kommenden Gefäßtypen. Das macht die erste Bedeutung wahrscheinlicher: Der Maler konnte annehmen, dass sie dem Betrachter zuerst in den Sinn kommt, wenn er eine Hydria in funeralem Kontext[229] sieht. Unabhängig davon ist jedenfalls auffällig, dass das markante Bild des ausschreitenden, zur Hydria greifenden Hermes nur in diesem einen Kontext erscheint. Adonis ist wie Hermes einer, der zwischen den Welten hin- und hergeht. Könnte darin das *tertium comparationis* liegen, warum gerade in ihn betreffenden Szenen Hermes mit der Hydria

---

[223] Heras Anwesenheit würde natürlich die Deutung des Thronenden auf Zeus stärken. Der Maler charakterisiert seine Figuren auf diesem Bild sehr knapp (vgl. auch den mutmaßlichen Apollon), womit unsere hermeneutischen Probleme wachsen. Vielleicht liegt die Knappheit darin begründet, dass eine verlässliche Identifikation der Figuren für die Bildaussage gar nicht entscheidend ist?

[224] Loutrophore des Dareios-Malers, heute New York, Metropolitan Mus. of Art 11.210.3: RVAp II 489,20 Taf. 174, 2.

[225] L. Stephani, La discesa volontaria di Core agli Inferi e la sua disputa con Venere sul possesso di Adone, AdI 32, 1860, 319.

[226] H. Heydemann, Die Vasensammlungen des Museo Nazionale zu Neapel (Berlin 1869) 791 Anm. 2.

[227] Falls die Annahme richtig ist, dass die Hydria ausschließlich oder weitgehend eine Urne für weibliche Bestattungen ist (s. folgende Anm.), korrespondierte ihre Verwendung hier mit dem durch die *anakalypsis* effeminierten Adonis auf **Kat. 21**.

[228] In realen Bestattungen ist die Hydria vielfach als Aschengefäß belegt: vgl. Diehl 1964, 146–168 (dort 153 f. zum 4. Jh.: keine unteritalischen Belege; s. dagegen 152 Nr. T 295 und T 343 für das 5. Jh.). Ein Diehl noch unbekanntes italisches Beispiel ist die Hydria in Policoro **Kat. 3**. Entgegen den ersten Angaben bei Adamesteanu (1979, 10) scheint es sich laut einer jüngeren Veröffentlichung (Trésors d'Italie du Sud. Grecs et Indigènes en Basilicate. Ausstellungskatalog Straßburg [Mailand 1998] 232) doch um eine weibliche Bestattung zu handeln. Allgemein geht man davon aus, dass die Hydria als Frauengefäß im Leben auch im Tod eher Frauen zukam.

[229] Natürlich ist keineswegs jedes Bild, das einem Grab entstammt, zwangsläufig funeral zu deuten. Unterweltdarstellungen aber stellen diesen Kontext von vornherein her.

abgebildet ist? Oder ist es eher die Liebesbeziehung, auf die die Hydria und das Louterion als Instrumente des Brautbads anspielen könnten[230]?

Hermes kann bisweilen auch mit anderen für ihn untypischen Attributen dargestellt werden, die aber mit seinen bekannten Funktionen gut in Einklang stehen: Auf einem ehemals im Schweizer Kunsthandel befindlichen Volutenkrater aus dem Umkreis des Baltimore-Malers[231] trägt Hermes eine Fackel, die normalerweise der Hekate zugehörig ist. Beide sind Weggeleiter in der düsteren Unterwelt – der Austausch der Attribute ist unmittelbar plausibel. Passend für den Herold der Götter, eine der wichtigsten Funktionen des Hermes, ist auch die Trompete, die Hermes in der Gigantomachie-Darstellung auf dem Fragment eines Volutenkraters desselben Malers im Metropolitan Museum[232] bläst. Wir dürfen also auch im Falle der Hydria davon ausgehen, dass sie etwas mit einer der Funktionen des Gottes zu tun haben dürfte[233]. Hermes ist der Gott der Bewegung im Raum[234] – und für ihn als Gott reicht dieser Raum über die Grenzen hinaus, die dem Menschen normalerweise gesetzt sind. Gerade in Darstellungen der Unterwelt tritt er auf als Inkarnation des Transitorischen: Der Totengeleiter ist auch derjenige, der einzelne Auserwählte wieder aus der Unterwelt hinausführt[235]. Durchaus ähnlich ist auch seine Rolle in den Bildern vom Streit um Adonis: Als Überbringer der Entscheidung des Zeus wandelt er zwischen den Sphären; Adonis holt er dabei aus der Unterwelt zurück. In dieser Funktion als Überwinder der den Sterblichen gewöhnlich gesetzten Grenzen kann der Gott die Hydria tragen oder in seiner unmittelbaren Nähe haben. Ihre Bedeutung als Bildzeichen muss damit kompatibel sein. Zunächst ist an die konkrete Verwendung des Gefäßes Hydria im Grabritual zu denken, als Aschenurne und (wohl vorrangig) als Gefäß der Wasserspende am Grab. Die beinahe noch denotative Bedeutung der Hydria aus ihrer Funktion heraus müsste dann aber symbolisch konnotiert verstanden werden: Mit der Wasserspende am Grab müssten sich Vorstellungen verbinden, die etwas mit der Wirkungsweise des Gottes Hermes zu tun hätten. Das Spektrum der Deutungsmöglichkeiten reicht so vom geordneten Übergang in die Unterwelt bis zur Befreiung aus ihr. Die Bilder stellen bevorzugt den letztgenannten Aspekt des Hermes dar[236].

Auf den Bildern **Kat. 13–15** sieht man Hermes mit der Hydria neben den Frauen mit der Hydria. Was auch immer die Bedeutung und Motivation der Verwendung des Bildzeichens Hydria im einen und im anderen Fall ist; egal, ob die Hydria von vornherein in beiden Kon-

---

[230] Hermes geleitet auch die Braut zur Hochzeit. Unteritalische Darstellungen dieses Motivs sind mir allerdings nicht bekannt. Zu attisch-schwarzfigurigen Bildern, in denen Hermes eine Hochzeitsprozession offenbar anonymer Sterblicher anführt, vgl. J. H. Oakley – R. H. Sinos, The Wedding in Ancient Athens (Madison 1993) 28 f. 44; 86 Abb. 65. 66.

[231] Ehemals Basel, Galerie Palladion: RVAp Suppl. 1 175, 217a Taf. 35, 1. 2; Schauenburg 1984a, 371 Taf. 107.

[232] New York, Metropolitan Mus. of Art 19.192.81,5.10.11.19: RVAp II 867,31; Schauenburg 1984a, 360 mit Anm. 14; 373 Taf. 98, 2.

[233] Gegen Schauenburg 1984a, 373.

[234] Dazu grundlegend J.-P. Vernant, Hestia Hermès. Sur l'expression religieuse de l'espace et du mouvement chez les Grecs, in: J.-P. Vernant, Mythe et pensée chez les Grecs (Paris 1965) 124–170; vgl. RE VIII 1 (1913) 738–792, bes. 781–783. 788–792 s. v. Hermes 1 (S. Eitrem).

[235] Vgl. Moret 1993 *passim*.

[236] Moret 1993. Zu Hermes als Seelengeleiter vgl. M. Schmidt, Hermes als Seelengeleiter auf einer apulischen Lutrophoros in Basel, AntK 27, 1984, 34–40: Durch Kombination mit dionysischen Motiven wird ein elysisches Jenseits beschworen.

texten für dasselbe steht oder nicht: Durch die Nebeneinanderstellung gehen die Motive eine Beziehung ein. Sie können in ein und demselben Bild nichts Grundverschiedenes bedeuten. Ihre jeweilige Interpretation ist nicht unabhängig voneinander.

Hekate mit Hydria im Unterweltkontext

Auf zwei Bildern, deren Geschehen eindeutig in der Unterwelt situiert ist, ist Hekate in enge Beziehung zu einer Hydria gerückt. Auf einem Volutenkrater des Baltimore-Malers in Bari (**Kat. 23**, Abb. 23) hat die stehende Göttin den linken Fuß auf das liegende Wassergefäß gesetzt. Rechts von ihr sitzt Dike, erkennbar am in der Scheide steckenden Schwert[237]. Hekate steht ihr zugewandt; dem zentral auf einem kunstvollen Hocker sitzenden Hades kehrt sie den Rücken zu, so wie dieser ihr. Hades ist ausgerichtet auf den vor ihm stehenden Krieger (Protesilaos?). Die Szene wird links abgeschlossen von einem stehenden Mann, der nur zur Hälfte erhalten ist; obwohl zweifelsfreie Attribute fehlen, dürfte es sich um Hermes handeln. Das untere Register wird von vier Kriegern eingenommen, die oberhalb eines Gewässers stehen. Versteht man das schon öfter beobachtete Wasser am Bildrand als einen der die Unterwelt begrenzenden Flüsse, gehören auch sie in das Reich des Hades. Wichtig im Hinblick auf die Hydria sind einige andere Gefäße, die über den Bildgrund verteilt sind: Links neben Hekates linkem Bein liegt auf einer Ebene mit der Hydria eine große Patera; etwas tiefer, über den Köpfen der Krieger, befinden sich zwei unterschiedlich große Oinochoen (die größere direkt unter der Patera) und eine Phiale; eine weitere Phiale liegt zu Füßen des Hermes. Die Hydria kommt also wiederum in einer Gruppe von Spendegefäßen vor. Unter ihnen ist sie allerdings hervorgehoben durch die unmittelbare Beziehung zu Hekate.

Auf einer Amphora in einer Genfer Privatsammlung (**Kat. 24**), die Trendall zuletzt dem White-Saccos-Maler zugeschrieben hat[238], steht vor Hekate am Boden eine Hydria. Hekate steht ins Bild hineingewendet am rechten Rand des Frieses. Links neben ihr stützt sich Persephone lässig auf Hades' Thron auf, der nach links dem musizierenden Orpheus zugewendet ist, vom Unterwelt-Herrscher durch eine wohl den ›Palast‹ abkürzende Säule getrennt. Links außen sitzt Hermes nach links, aber den Blick einwärts gewendet. Rechts von Hermes steht, in gleichem Verhältnis zu ihm wie die Hydria zu Hekate, eine Oinochoe. Da Orpheus und Persephone, die jeweils auf der anderen Seite der beiden Gefäße stehen, von diesen abgewendet sind, ist es klar, dass diese auf Hermes und Hekate zu beziehen sind.

In beiden Bildern also ist die Hydria in eine Beziehung zur Oinochoe gesetzt; funktional haben beide Gefäße das engste Verhältnis im Ritual der Grabspenden. Hermes und Hekate und ihre jeweiligen Gefäße sind symmetrisch angeordnet; Hermes, der häufiger mit der Hydria dargestellt ist, wird in diesem Fall die Oinochoe zugeordnet: Das Bild betont die Parallelität zwischen den beiden Göttern ebenso wie zwischen den beiden Gefäßen. So wie Hermes von Hekate die Fackel als Attribut übernehmen kann, so ist hier Hekate mit der Hydria ein Attribut gegeben, das häufiger Hermes zukommt. Indem Hermes zugleich die Oinochoe zugewiesen wird, erweisen sich die beiden Attribute als prinzipiell gleichwertig. Das Spiel über Kreuz mit

---

[237] Aellen 1994, 62. 64.
[238] s. Moret 1993, 351 Nr. 40.

Abb. 23. Bari, Mus. Archeologico Provinziale 2396:
Volutenkrater des Baltimore-Malers (**Kat. 23**)

den Attributen bestimmt deren Bedeutung in doppelter Weise: Zum einen wird die Vermutung untermauert, dass sie in der Grabspende als dem gemeinsamem Nenner der beiden Gefäße zu suchen ist. Zugleich muss die Bedeutung etwas mit dem zu tun haben, das Hermes und Hekate gemein haben, wenn sie diese Attribute so ohne weiteres untereinander austauschen können: Das aber ist ihre Rolle als Geleiter in der Unterwelt und bei Bewegungen über deren Grenzen hinweg.

Hermes' Hydria und die Hydria der Frauen müssen mindestens grundsätzlich eine gemeinsame Bedeutung haben. Diese lässt sich jetzt von der Seite des Gottes her zuverlässiger eingrenzen und in einer doppelten Weise bestimmen: Vom Konkreten her definiert die Grabspende die Bedeutung des Bildzeichens Hydria; vom Symbolischen her wird die Bedeutung bestimmt durch die Überschreitung der Grenzen des Hades. Zwischen beiden ist eine Verbindung anzunehmen; diese findet ihren bildlichen Ausdruck in der Hydria.

Die Unterweltbilder machen nur einen winzigen Teil der gesamten rotfigurigen apulischen Vasenproduktion aus. Obwohl die Frauen mit Hydrien eines der am häufigsten in ihnen verwendeten Einzelmotive sind, ist das Verhältnis für dieses Bildschema ähnlich: Weitaus mehr Darstellungen zeigen Frauen mit Hydrien – oder ›isolierte‹ Hydrien – in Kontexten, die nichts mit der Unterwelt zu tun haben, als in Unterweltbildern. Angesichts ihrer großen Zahl können sie hier nur summarisch bzw. zum Teil exemplarisch an typischen Stücken besprochen werden. Sie sollen klären helfen, in welchen Kontexten und Situationen Frauen mit Hydrien allgemein vorkommen können und ob es unter diesen markante inhaltliche

Gemeinsamkeiten gibt. Daraus könnten sich Rückschlüsse für die Bedeutung des Bildzeichens Hydria ergeben, die auch für dessen Erscheinen in Unterweltdarstellungen relevant sein können. Dabei ist die Gegenhypothese im Auge zu behalten: Die Hydria könnte auch ein – von funktionalen Bedeutungen abgesehen – inhaltlich ›leeres‹ Zeichen sein, das erst durch den jeweiligen Kontext an Gehalt gewinnt. Zieht sich dagegen ein Leitmotiv durch eine große Anzahl von Darstellungen vordergründig sehr verschiedenen Inhalts, in denen Hydrien dargestellt werden, muss der Hydria eine Bedeutung im Sinne dieses Leitmotivs zuerkannt werden. Dies ist nicht unbedingt darin begründet, dass sie eine solche Bedeutung von vornherein hat; sie kann auch durch die Kontexte beeinflusst werden. Denn das einzelne Bild steht nicht allein: Wenn ein Betrachter viele Male Hydrien in Bildern eines bestimmten Inhalts gesehen hat, wird er diesen Gehalt mit dem Zeichen selbst verbinden und ihn auch einer neuen Szene beilegen, die wiederum eine Hydria zeigt. Der Effekt der Konventionalisierung einer bestimmten Bedeutung gilt ebenso für den Maler.

Mythologische Darstellungen

Beginnen wir mit Bildern, die als mythologische Darstellungen zu erkennen sind. Unter der Hypothese, die Wasserschüttenden in den Unterweltdarstellungen meinten die mythischen Danaiden, genießen andere Darstellungen der Geschichte der 50 Töchter des Danaos besonderes Interesse. Die Probleme mit den Bildern, für die diese Interpretation vorgeschlagen wurde, sind aber um nichts geringer, und in ihrer Mehrzahl liegen sie außerhalb der zeitlichen und räumlichen Grenzen, in denen die Unterweltbilder der Wasserschüttenden gemalt wurden. So ist die vielleicht überzeugendste Darstellung der Danaiden in einem Moment vor ihrer Unterweltstrafe eine attisch-rotfigurige Hydria des Malers der Louvre-Kentauromachie in München[239] aus der Mitte des 5. Jhs. Neben einem Haufen Kisten sitzt ein bärtiger Mann mit Stab und steht eine Frau mit Fächer. Sieben weitere Frauen bringen von beiden Seiten weitere Kästchen heran; eine hat ein großes Bündel geschultert, offenbar in Tücher geschlagene Gegenstände. Ganz links ist der Bug eines Schiffes zu sehen. Ein älterer Mann und viele Frauen, die einen kompletten Hausrat aus einem Schiff entladen – die Deutung auf die Landung der Danaiden bei Argos drängt sich auf[240]. Auch ikonographisch gehört das Bild in unseren Zusammenhang: In der Mittelachse zwischen den Henkeln, neben der Gruppe mit dem bärtigen Mann, zeigt es eine übergroße Hydria mit hohem Vertikalhenkel und kleinen Horizontalhenkeln. In ihrer zentralen, das Bild gliedernden Position muss der Hydria entscheidende Bedeutung zukommen. Es wäre aber ein Kurzschluss, sie deshalb als Prolepsis der späteren Unterweltstrafe (respektive Entsühnungsritual) zu verstehen. Möglich ist das durchaus, aber naheliegender ist es vielleicht, daran zu denken, dass die Danaiden auch als die galten, die Wasser in die vormals trockene Argolis brachten[241]. Dazu passt, dass hier ein Ankommen und Hinbringen thematisch ins Bild gesetzt ist. An das Münchner Bild vielleicht anzuschließen ist eine etwa gleichzeitige Hydria des Nausikaa-

[239] München, Antikensammlungen 2429 (J. 328): ARV 1094,102; 1682; Add. 328; CVA München (5) Taf. 229, 4. 5.
[240] Meine ursprünglichen Zweifel an dieser Deutung hat Bert Kaeser ausgeräumt, dem ich für Hilfe und wertvolle Kommentare herzlich danke.
[241] Hes. Fr. 49 Rzach; Strab. 8, 6, 7 f. Dazu M. Piérart, »Argos assoiffée« et »Argos riche en cavales«, in: M. Piérart (Hrsg.), Polydipsion Argos. Argos de la fin des palais mycéniens à la constitution de l'État classique. Table ronde Fribourg (Suisse) 7–9 mai 1987, BCH Suppl. 22 (Athen 1992) 119–148. Dazu s. auch unten S. 119–121.

Malers in der Berliner Antikensammlung[242], die eine ähnliche Entladungs-Szene kompositorisch etwas anders präsentiert; die Hydria fehlt hier. Vergleichbare Darstellungen in der apulischen Vasenmalerei sind nicht bekannt.

Ein Volutenkrater des Malers von Athen 1714 im Louvre (**Kat. 77**) ist von Eva Keuls auf die Supplikation des Danaos vor Pelasgos gedeutet worden[243]. Die Hydriaphore im Bild rechts unten, die es auch systematisch erlaubt, die Darstellung hier einzufügen, wäre dann eine seiner Töchter. Die Rückseite des Kraters zeigt eine Hydria und einen Schild im Naiskos. Die Interpretation von A ist nicht allgemein anerkannt[244]; überdies geht die Vase auch der frühesten Darstellung der Hydriaphoren am Pithos wohl noch voraus, so dass sie als gleichzeitiger Vergleich nicht dienen kann. Noch umstrittener ist die Deutung von vier Vasenbildern[245], die in die Zeit unserer Unterweltbilder zu datieren sind: Eindeutig zeigen sie die Hikesie von zwei Frauen, die auf einem Altar sitzen und bedroht werden; aber keine der in Frage kommenden mythischen Geschichten konnte bisher überzeugend auf sie bezogen werden[246]. Eines der Bilder zeigt neben dem Altar eine Hydria auf einer Säule (**Kat. 110**). Obwohl also das Bildzeichen Hydria in einer Reihe von Darstellungen wiederkehrt, für die die Interpretation auf die Danaiden ins Auge gefasst wurde, lässt die Ungewissheit über deren Deutung nicht zu, durch ikonographische Parallelen die Danaiden-Interpretation der Hydriaphoren in der Unterwelt zu stärken. Umgekehrt erschwert diese Unsicherheit über die Zusammenhänge auch das Verständnis der Hydrien und Hydriaphoren, die in diesen Bildern außerhalb der Unterwelt vorkommen, da die Kompositionen nicht in bekannte Schemata einzuordnen sind[247].

Auch der buchstäblich verwandte Mythos der Liebesbeziehung von Amymone und Poseidon[248] – Amymone ist eine der 50 Danaiden-Schwestern – ist für einen Vergleich unter Maßgabe der Zeitgleichheit der Bilder nur bedingt aussagekräftig: Im bekannten Denkmälerbestand läuft die in der attischen Vasenmalerei um die Mitte des 5. Jhs. beginnende Serie der Amymone-Darstellungen etwa um die Zeit aus, in der die Bilder der Frauen mit Hydrien in der Unterwelt einsetzen. Bezeichnenderweise ist **Kat. 3**, das eine mutmaßliche Amymone-Szene im Halsbild mit einer Darstellung von Hydriaphoren am Pithos kombiniert, in der Serie der Letzteren das früheste Bild. Daneben kann man noch eine Pelike in Tarent (**Kat. 29**) und

---

[242] Inv. 30928: ARV 1109,38; Keuls 1986b, 342 Nr. 2* Taf. 254.

[243] Keuls 1974, 75–77.

[244] s. z. B. Kossatz-Deissmann 1978, 56 f.

[245] Keuls 1986a, 338 Nr. 1–4 mit weiterer Lit. (dort Nr. 1 = **Kat. 110**); LIMC VII (1994) 250 Nr. 4–9 s. v. Pelasgos (C. Lochin) (dort Nr. 5 = **Kat. 110**). Dazu Schauenburg 1983, 342–344; Ch. Aellen in: Aellen – Cambitoglou – Chamay 1986, 73–80 (gründliche Diskussion der Serie).

[246] Vgl. Schauenburg 1983, 344: »… so daß auch mit der Möglichkeit der Darstellung einer uns verlorenen Sage zu rechnen ist.« – Ch. Aellen in: Aellen – Cambitoglou – Chamay 1986, 80: »énigme iconographique«.

[247] Ich erwähne nur kurz zwei Fragmente aus dem Umkreis des Iliupersis-Malers (offenbar nicht in RVAp; Keuls 1986a, 338 Nr. 5, mit Zuschreibung unter Berufung auf Trendall), die keine Hydrien zeigen, aber von Ludwig Curtius, in dessen Besitz sie sich damals befanden, auf den Gattenmord der Danaiden gedeutet wurden (L. Curtius, Die Töchter des Danos, ÖJh 39, 1952, 17–21). Trotz der sehr begrenzten Bildausschnitte scheint kaum eine andere Interpretation denkbar; sie ist denn auch allgemein akzeptiert: T. B. L. Webster, Monuments Illustrating Tragedy and Satyr Play, BICS Suppl. 20 ²(London 1967) 137; Keuls 1974, 171 f.; Kossatz-Deissmann 1978, 59–61; Keuls 1986a, 338 Nr. 5.

[248] Zu Quellen und Literatur s. Simon 1981, 742.

einen Glockenkrater in Neapel (**Kat. 28**) aus dem Umkreis des Lykurg-Malers sowie eine Pelike in Moskau aus der Nachfolge des Dareios-Malers (**Kat. 27**) stellen. Aus der Werkstatt des Baltimore-Malers, aus der die Mehrzahl der Bilder von Frauen mit Hydrien in der Unterwelt stammt, ist kein Bild dieses Themas bekannt. Die genannten Darstellungen variieren ein gemeinsames Schema im Detail beträchtlich. Fixpunkte sind der Brunnen (auf **Kat. 29** abgekürzt als Wasserspeier), unter oder vor dem eine Hydria steht. In dessen Nähe steht oder sitzt eine Frau (Amymone), die mit dem an dem Dreizack (fehlt auf **Kat. 3**) erkennbaren Poseidon im Gespräch dargestellt ist. Die Szene ist meist gerahmt von wechselnden weiteren Figuren. Auf **Kat. 27** und **29** bekränzt ein fliegender Eros Amymone und macht damit die Liebesverbindung manifest; die Frau mit einer Blütenstaude im Arm, die ihn auf **Kat. 27** offenbar aussendet, muss demnach Aphrodite sein. Die Umgebung des Brunnens ist auf allen Bildern außer **Kat. 29** durch pflanzliche Elemente als fruchtbar gekennzeichnet.

Die Hydria ist hier zunächst ganz funktional zu verstehen: Amymone war dem Mythos nach auf der Suche nach einer Quelle, zu der ihr Poseidon schließlich verhalf. Aus dieser Funktion heraus ist das Wassergefäß zum Attribut geworden, das die Frau als Amymone identifiziert. Der Schritt zu einer stärker symbolischen Interpretation des Bildzeichens liegt auf den ersten Blick nicht nahe. Das Thema der Bilder ist die Liebesbeziehung einer Sterblichen mit einem Gott[249]. Diese wird offenbar parallel gesetzt mit Fruchtbarkeit in der Natur, die wiederum abhängig ist vom Vorhandensein von Wasser. Dieser Gehalt könnte sich dann allerdings doch symbolisch verdichten im Zeichen der Hydria, dem Wassergefäß par excellence. Schließlich gründet auch die Funktionalität der Hydria in der mythischen Geschichte. Diese Geschichte wird mit einer bestimmten Intention erzählt, die über die bloße Handlung hinausgeht. Die Suche der Amymone nach Wasser, und indirekt die Hydria, die sie dabei benutzt, hat ebenso einen auf etwas Allgemeineres weisenden konnotativen Gehalt, wie die Verknüpfung, dass der Gott, der ihr zum Erfolg verhilft, gleichzeitig eine sexuelle Verbindung mit ihr eingeht.

Abgesehen von der Amymone-Geschichte, für deren Ikonographie die Hydria konstitutiv ist, gibt es von keinem anderen Mythos im bekannten Bestand apulischer Vasen in absoluten Zahlen so viele Darstellungen, in denen Hydrien vorkommen, und in keiner Serie apulischer Mythenbilder sind Hydrien relativ zur Gesamtzahl der Bilder so häufig dargestellt wie in Darstellungen der gefesselten Andromeda und ihrer Befreiung durch Perseus: Von 20 mir bekannten apulischen Bildern[250] zeigen acht das Wassergefäß. Die Hydria ist demnach kein notwendiger Bestandteil des Bildes, aber doch ein gern verwendeter. Die Darstellungen mit

---

[249] Dieses Thema impliziert allegorische Überhöhung, vgl. D. Novellone, Il valore contenutistico delle rappresentazioni vascolari di miti, PP 26, 1971, 214–216.

[250] s. Schauenburg 1981, 774–790 Nr. 9–18. 64; dazu **Kat. 32. 33. 35**; Volutenkrater aus dem Umkreis des Sisyphos-Malers, ehemals Malibu, J. Paul Getty Mus. 85.AE.102 (restituiert): RVAp Suppl. 2 6,90a; CVA Malibu (4) Taf. 190–192; Loutrophore der Gruppe von Ruvo 423 in einer römischen Privatslg.: RVAp Suppl. 2 17,44–1 Taf. 24, 1–4; Hydria aus dem Umkreis des Chamay-Malers, ehemals New York, Kunsthandel: RVAp Suppl. 2 111,64a Taf. 25, 3; Loutrophore eines Vorläufers des Dareios-Malers, ehemals Malibu, J. Paul Getty Mus. 84.AE.996 (restituiert): RVAp Suppl. 2 I 144,16g; CVA Malibu (4) Taf. 179–182; Hydria des Dareios-Malers, Genf, Slg. Sciclounoff: RVAp Suppl. 1 78,63a Taf. 11, 3. 4; RVAp Suppl. 2 138; Loutrophoros (Fassamphora) des Baltimore-Malers, ehemals Laguna Hills, Privatslg.: RVAp Suppl. 2 II 280,47b; K. Schauenburg, Zur Grabsymbolik apulischer Vasen, JdI 104, 1989, 30 Abb. 12–14. – Zu den Ergänzungen s. auch Schauenburg 2009, 61–63 Nr. add. 1–11. Die Vasen dort Nr. add. 8–10, sämtlich jüngst im Kunsthandel oder aus Privatbesitz bekannt gemacht, sind in meiner Diskussion noch nicht berücksichtigt. Von ihnen zeigt Nr. add. 8 eine Hydria, Nr. add. 9 zwei Loutrophoren neben der gefesselten Andromeda.

ihr stammen alle vom Dareios- oder vom Baltimore-Maler[251]. Mit einer Ausnahme (**Kat. 34**) wird die Hydria nicht getragen; meist liegt oder steht sie attributiv herum. Bisweilen (**Kat. 30. 33. 35**) dient sie als Sitzgelegenheit für eine Frau, die auf **Kat. 30** und **33** ihres sorgenvoll gesenkten, auf einen Arm gestützten Kopfes wegen auf Kassiepeia gedeutet wird; neben ihr ist ihre Tochter Andromeda an Pfähle oder an einen Fels gefesselt[252]. Sie ist auf diese Weise dem Ungeheuer Ketos ausgesetzt und dem Tode geweiht; insofern ist die Hydria bei der trauernden Mutter zunächst das Gefäß der Totenasche und des Grabrituals. Aber Andromeda wird von Perseus befreit werden, der auf den meisten Bildern ebenfalls dargestellt ist. Zweimal (**Kat. 31. 35**) hat er das Ungeheuer schon bezwungen und ist dabei, Andromeda von ihren Fesseln zu lösen. Auf einer Pelike ehemals in Malibu (**Kat. 32**, Abb. 24) ist das Abenteuer überstanden und Andromeda hat auf dem Thron Platz genommen, der sie, noch gebunden, auch auf **Kat. 31** schon erwartet. Thronend ist sie auch auf **Kat. 36** dargestellt; die Arme hält sie dabei, als wäre sie noch gefesselt. Perseus rechts neben ihr hat seinen Fuß auf eine am Boden liegende Hydria gesetzt[253]. Ist diese Haltung ein Äquivalent der Geste des Griffs am Handgelenk als Zeichen erotischen Besitzergreifens? Denn Perseus wird die befreite Andromeda zur Frau nehmen, worauf der bräutliche Schmuck auch in den Darstellungen der Gefesselten vorausverweist[254], neben zahlreichen weiteren Anspielungen: Unmittelbar neben der Gebundenen stehen ein Spiegel (**Kat. 30**), ein Alabastron (**Kat. 34**) oder eine oder mehrere Loutrophoren (**Kat. 33. 35. 37**). Eros bekränzt den kämpfenden Perseus (**Kat. 30**), rückt einen Fußschemel vor den leeren Thron (**Kat. 31**) oder hängt wie kletternd an Andromedas erhobenem Arm (**Kat. 35**). Spiegel, Bälle, Fächer und Kästchen bedecken den Bildgrund allenthalben.

Es handelt sich sämtlich um aphrodisische Attribute der weiblichen Schönheit, sie kommen aber gleichermaßen als Gaben am Grab vor[255]. In diese Ambivalenz fügt sich offenbar auch die Hydria gut ein. Sie ist ein Gefäß des Grabkults, passt aber ebenso ins Brautritual, in dem Wasser eine wichtige Rolle spielt. Das prädestiniert sie dazu, als Unterstreichung des Themas in Darstellungen eines Mythos zu erscheinen, der sich zwischen ebendiesen beiden Polen abspielt: Andromeda ist dem Tode geweiht; ihr Retter heiratet sie. Strukturell ähnelt die Geschichte der der Amymone: Der Danaide wird von einem Satyr nachgestellt, den Poseidon vertreibt; daraufhin hat er Geschlechtsverkehr mit ihr. Im Falle der Andromeda ist die Sache zugespitzt: Die Bedrohung ist der Tod, der durch einen heldenhaften Retter überwunden wird. Hochzeit und Tod: die beiden Bereiche, in deren Ritual dem Wasser und damit der Hydria eine besondere Bedeutung zukommt, scheinen auch die zu sein, mit denen das Bildzeichen Hydria mit Vorliebe verbunden wird. Im Andromeda-Mythos ist der Tod freilich nur potentiell präsent: Das Thema ist seine Überwindung (oder hier genauer: Abwendung).

---

[251] Dies gilt, nimmt man die Werkstattkreise der beiden hinzu, für die Mehrzahl aller Andromeda-Darstellungen.

[252] Zum Mythos vgl. Schauenburg 1981, 774 f.

[253] Außer bei Hermes ist die Verbindung der Hydria mit einer männlichen Figur sehr ungewöhnlich.

[254] Die Interpretation des Brautschleiers und -schmucks als Kennzeichnung der ›Hadesbraut‹ Andromeda angesichts ihrer Aussetzung zum Tod (so z. B. Schauenburg 1960, 67) nimmt nicht zur Kenntnis, wie sehr die Bilder den positiven Ausgang der Geschichte betonen. Implizit scheint mir in dieser Deutung die Erwartung einer Einheit der Zeit in der Darstellung mitzuschwingen, die die Bilder aber offensichtlich nicht erfüllen. Zur hoffnungsstiftenden Konnotation der Bilder vgl. E. Keuls, The Happy Ending, MedRom 40, 1978, 88–90.

[255] Der Tafelteil in Lohmann 1979 liefert zahlreiche Beispiele.

Zwei Bilder akzentuieren dies durch eine Gegenüberstellung direkt: Eine Loutrophore in Bari[256] von einem späten Nachfolger des Baltimore-Malers zeigt in zwei ungetrennten Registern oben – in einer sehr abgekürzten Darstellung, die auch auf die Hydria verzichtet – Perseus und die an einen Fels gebundene Andromeda und unten eine Frau neben einem Naiskos mit einer Loutrophore – einer exakten Spiegelung des Bildträgers selbst[257] – darin. Eine Schale in Tarent (**Kat. 37**) parallelisiert kompositorisch ähnlich, wenn auch in einem ungleich reicheren Bild, das Schicksal der Andromeda mit dem der Niobe[258]. Auch diese Mythen haben viele strukturelle Ähnlichkeiten. Während aber Niobe, deren Versteinerung das Bild durch eine teilweise weiße Einfärbung anzeigt, keine Rettung vor dem Tod erfährt, steht Andromedas Befreiung unmittelbar bevor[259]. Auf den Punkt bringt den Triumph der Liebe über den Tod die ehemals im Getty-Museum befindliche Pelike, die an Italien restituiert wurde (**Kat. 32**, Abb. 24): Buchstäblich über dem Geschehen steht Aphrodite; die zentrale Position des Bildes nimmt Eros ein, der die durch Kassiepeia räumlich getrennten Liebenden Perseus und Andromeda (diese thronend, also nach der Befreiung wiedergegeben) ikonographisch verbindet. Unter Kassiepeia liegt eine Hydria mittig am Boden: Sie schließt die ›aphrodisische Mittelachse‹ des Bildes ab[260].

Vom Triumph der Liebe erzählt auch der Mythos vom Paris-Urteil. Eine Hydria ist bei dessen apulischen Darstellungen zwar nur dreimal zu sehen – unter mindestens zwölf Bildern insgesamt –, aber immerhin kommt sie auch hier vor[261]. Offenbar ist sie ein redundantes Attribut, das zur Ausschmückung des Bildgehalts beitragen kann, ohne aber für seine Aussage notwendig zu sein. Sie erscheint nur in Darstellungen, die wohl in die zweite Hälfte des 4. Jhs. zu datieren sind. Die drei Bilder entstammen drei verschiedenen Werkstätten – die Verwendbarkeit des Bildelements Hydria in den Szenen des Paris-Urteils ist um diese Zeit offenbar Gemeingut. In keinem Falle ist sie in irgendeiner Weise in die Handlung integriert, aber ihre Platzierung ist jeweils geeignet, Aufmerksamkeit auf sich zu ziehen.

Ähnlich dem zuletzt betrachteten Andromeda-Bild **Kat. 32** liegt die Hydria auf einer Pelike in einer deutschen Privatsammlung (**Kat. 39**), die ebenfalls vom Dareios-Maler stammt, am unteren Bildrand zentral unter den Hauptfiguren, als die durch ihre Position Hermes und Paris ausgewiesen sind. In dem Vordergrundstreifen, über dem die Figuren des unteren Registers platziert sind, liegen auf der linken Seite, unter Aphrodite und einer Begleitfigur, außerdem eine Schale (?) und eine Pyxis; weiter zur Mitte blüht eine Blume. Drei tongrundige Aussparungen (?) rechts der Hydria unter Athena erlauben keine Identifikation mehr. Die Hydria ist jedenfalls der Blickfang in der Reihe. Die Darstellung des Urteils selbst präsentiert eher die

[256] Bari, Mus. Archeologico Provinciale 5591: RVAp II 928,107; Keuls 1974, Taf. 37, 11.
[257] Überhaupt ist auffällig, wie häufig Darstellungen des Andromeda-Mythos auf Loutrophoren gemalt sind – offenbar besteht hier eine ähnliche Affinität wie die, die das häufige Erscheinen von Hydrien in den Bildern begünstigt.
[258] Vgl. zu beiden Bildern Moret 1978, 85 Anm. 44 mit älterer Lit.
[259] Vgl. aber, mit einer ins Positive gewendeten Deutung des Niobe-Motivs, Keuls 1974, 83–91.
[260] Die ehemals im J. Paul Getty Mus. befindliche Pelike, ein Meisterwerk der Mythendarstellung im Bild, kann beispielhaft für den Reichtum des Andromeda-Mythos und seiner Wiedergaben auf apulischen Vasen stehen. Diese Fülle an Gehalten kann hier nur fragmentarisch angerissen werden.
[261] Vgl. zur unteritalischen Ikonographie des Paris-Urteils und zu deren Interpretation allgemein: Moret 1978, 76–98; dort 77 eine Liste zwölf apulischer Darstellungen. Weiter: LIMC Suppl. (2009) 410 f. Nr. add. 7* s. v. Paridis Iudicium (A. Kossatz-Deissmann) mit weiteren Verweisen. Zum Mythos: LIMC VII (1994) 176 f. s. v. Paridis Iudicium (A. Kossatz-Deissmann). Einen raffinierten Parcours durch die Kunst- und Geistesgeschichte des Motivs und seiner Implikationen bis in die Neuzeit bietet Hubert Damisch, Le jugement de Pâris (Paris 1992).

Abb. 24. Ehemals Malibu, J. Paul Getty Mus. 87.AE.23: Pelike des Dareios-Malers (**Kat. 32**)

dramatis personae, als dass sie die Handlung schildert oder auf den Ausgang vorausdeutet. Noch deutlicher mit Paris und Hermes[262] – wieder einmal Hermes! – verbunden ist die Hydria auf einem Volutenkrater des Baltimore-Malers in New York (**Kat. 40**): Sie ›hängt‹ schräg im Hintergrund zwischen den beiden, die diesmal im oberen Register rechts der Mitte dargestellt sind. Der Maler macht klarer, was gespielt wird: Die schon durch pure Raumausfüllung dominante Figur ist Eros links von Paris, der von seiner Mutter Aphrodite her auf den königlichen Hirten zuschreitet und ihm eine Phiale und eine Oinochoe hinhält. In ihm und seiner Spende hat das Liebesversprechen, mit dem Aphrodite den Wettbewerb zu ihren Gunsten entscheiden konnte, konkrete Gestalt gefunden. Dass dies ins Zentrum des Bildes gerückt ist, macht es zu dessen Thema. Die eigentliche Pointe erschließt sich aber erst bei einem Blick auf die Rückseite des Kraters: Symmetrisch beiderseits des Naiskos einer Frau vollziehen zwei Frauen eine Grabspende aus Oinochoen, die exakt der des Eros gleichen. In der anderen Hand halten sie jeweils einen Spiegel; dieser findet ebenfalls sein genaues Äquivalent in der Hand der Aphrodite. Die Gleichheit der Utensilien im Grabkult und zur Manifestierung der Macht der Liebe kann angesichts der überdeutlichen Parallelisierung kein Zufall sein. Diesem Kontext beigeordnet ist auch die Hydria, deren Affinität zu beiden genannten Sphären bereits mehrfach deutlich wurde. Ihr Gehalt als Bildzeichen wird nicht in einem konkreten Handlungsbezug aktiviert; sie ist (durch Größe und weiße Farbgebung unübersehbares) Attribut – nicht einer einzelnen Person, sondern der ganzen Szene, deren Bedeutung sie untermalt[263].

Nur in einem sehr weit gefassten Sinn lassen sich die Hydrien, die einmal der Dareios-Maler und sonst ausschließlich der Baltimore-Maler in Szenen der Vergewaltigung Kassandras durch Ajax[264] stellt, mit der bei den Darstellungen der bisher behandelten Mythen anvisierten Interpretation in Einklang bringen. Gemeinsamer Grund aller vier Themen ist allein das Feld der Sexualität. In den Bereich der Aphrodite fällt die Vergewaltigungsszene aber nur in einem sehr technischen Sinn; erst der spätantike Autor Quintus von Smyrna lässt Aphrodite Ajax den Sinn verwirren.[265] Auch die Bilder rücken die Göttin ab vom Sakrileg: Sie erscheint zwar in drei Bildern, aber jeweils auf der anderen Seite des Kultbildes, wo sie, einmal (**Kat. 43**) von Eros unterstützt, die neuerwachte Liebe des Menelaos zu Helena manifestiert. Die beiden auf allen vier Darstellungen grob symmetrisch zueinander angeordneten Szenen sind offenkundig Gegenbilder, die vom richtigen und falschen Handeln innerhalb der von Aphrodite regierten Sphäre handeln. Insofern ließe sich die Hydria als nur diesen Bereich markierend verstehen, offen für positive wie negative Interpretationen. In dieser Neutralität käme sie der eindeutig

---

[262]   Hermes ist in etwa demselben Typus ›neben dem Baum‹ wiedergegeben, der bereits auf **Kat. 2** und **7** begegnet ist (s. o. bei Anm. 134).

[263]   Schwieriger erschließt sich der Gehalt des Bildzeichens Hydria auf dem dritten Bild des Paris-Urteils, auf dem sie erscheint, einer fragmantarischen Hydria des Chamay-Malers in Neapel (**Kat. 38**), die hier deshalb nicht näher behandelt werden soll. In einem auf der Gefäßschulter angebrachten obersten Register befinden sich vier Begleitfiguren. Links sitzt eine Frau mit Schalen und einem Fächer in Händen angelehnt an eine liegende Hydria. Wiederum ist das Wassergefäß als herausgehobenes einer Reihe von weiblichen Attributen dargestellt.

[264]   Zu unteritalischen Darstellungen der Geschichte von Ajax und Kassandra vgl. allgemein Moret 1975, 11–27 und *passim*. Die vier Bilder des Baltimore-Malers, in denen eine Hydria erscheint, waren Moret alle noch nicht bekannt. Zum Mythos vgl. LIMC I (1981) 336 f. s. v. Aias II (O. Touchefeu). In der erst kürzlich bekannt gewordenen figurenreichsten apulischen Ilioupersis-Darstellung **Kat. 40a** (dem Dareios-Maler zugeschrieben) liegt eine umgestürzte (!) Hydria zu Füßen der Aias-Kassandra-Szene. Sie kann die Deutung bestätigen, dass mit diesem Zeichen die Sakralität des Ortes und zugleich der Tumult des Sakrilegs ausgedrückt werden.

[265]   Q. Smyrn. 13, 428 f.

erotisch konnotierten *anakalypsis* gleich, die nicht nur in Hochzeitsszenen, sondern ebenso in solchen der Vergewaltigung sexuelles Agieren begleiten bzw. darauf vorausverweisen kann.

Diese Deutung könnte dadurch gestützt werden, dass der Hydria in zwei Bildern, in denen sie zwischen Kassandra und Ajax im Bildhintergrund ›hängt‹ (**Kat. 41** und **43**), auf der Seite der Helena eine Oinochoe entspricht. Die Assoziation und offenbare Austauschbarkeit dieser beiden Gefäße ist schon öfter begegnet. Andererseits stellen auch die anderen beiden Bilder beide Gefäße dar, aber gemeinsam auf die Seite der Untat gerückt. Während auf **Kat. 42** (wo die Hydria am Boden steht) ein Äquivalent in der positiven Szene fehlt, nehmen auf **Kat. 44** Waffen die korrespondierende Position ein. Bei konsequenter Wertung der beiden Bildhälften müssten die Gefäße demnach in irgendeiner Weise negativ konnotiert sein. Man könnte sich daran erinnern, dass sich die Verbindung von Oinochoe und Hydria am einfachsten im Kontext des Grabrituals herstellen lässt. Sollte also hier der negative Pol des Spannungsfelds Liebe und Tod bei der Verwendung der Hydria als Attribut der Szene im Vordergrund stehen und diese auf den im dargestellten Sakrileg begründeten Tod des Ajax vorausverweisen?

Nimmt man eine Abschwächung der Aussagekraft in Kauf, wäre also auch die Hydria der Kassandra-Szenen in einem Bedeutungsfeld unterzubringen, das Aphrodisisches und den Tod in irgendeiner Weise verbindet. Vielleicht lässt sich aber einfacher an eine grundsätzlich andere Verwendung des Bildzeichens Hydria denken, für die weitere Beispiele noch begegnen werden. Die Szene spielt in einem Heiligtum, was die Schwere von Ajax' Vergehen erst ausmacht. Die Hydria könnte hier neben anderen Ritualgefäßen schlicht deswegen dargestellt sein, um die Sakralität des Ortes zu unterstreichen.

In dieser Funktion erscheint sie offenbar auch in einem anderern Bild des troischen Sagenkreises (**Kat. 53**), in dem nach Luca Giulianis ansprechender Deutung[266] ebenfalls Kassandra zu sehen ist, hier als die Böses ahnende Seherin. Sie sitzt neben einem auf einer Säule postierten Dreifuß, der den Ort als Heiligtum markiert. Diese Ortsangabe wird zum einen unterstrichen durch über den Figuren rechts vom Dreifuß ›aufgehängte‹ Phialen und ein Bukranion, zum anderen durch eine Serie von Gefäßen unter dem Dreifuß und nach der anderen Seite hin: zwei Phialen, eine Oinochoe und eben eine liegende Hydria. Freilich verbinden die Gefäßdarstellungen über die bloße Ortsangabe hinaus auch die Kassandra des oberen Registers mit den Hauptfiguren des unteren, das Hektors letzten Aufbruch im typischen Schema von Kriegers Abschied zeigt. Zwischen Hektor und der Amme mit Astyanax[267] steht abermals eine Oinochoe als angemessenes Gefäß der Libation zum Abschied. Aber durch die Verbindung mit der Vorahnung der Kassandra – die zweite Oinochoe befindet sich genau zwischen Hektors Kopf und Kassandras Füßen – wird sie zugleich zum Vorverweis auf den Tod des Helden, wofür sie sich als Gefäß der Grabspende eignet. Dasselbe gilt für die Hydria neben ihr. Die gerne als »dekorative Füllornamente« abgewerteten Gefäße zwischen den Registern erfüllen also in diesem Bild gleich eine doppelte Funktion: die Unterstreichung einer sakralen Sphäre und den Verweis auf die Grabspende. Zwischen ihnen zu entscheiden, ergibt keinen Sinn; und eine solche Polyvalenz der Zeichen ist mit Sicherheit auch in vielen anderen Darstellungen anzunehmen, in denen sie sich weniger unmittelbar erschließt. Für die Bilder von der Vergewaltigung der Kassandra heißt das, dass die Hydria sowohl für den sakralen Ort,

---

[266] Giuliani 1995, 126.
[267] Ich folge in der Deutung dieser im Detail schwierigen Szene Giuliani 1995, 122–126.

der hier verletzt wird, als auch für die Sexualität, die in pervertierter Form ausgelebt wird, als auch für den Tod, den sich Ajax in der Konsequenz des Sakrilegs zuzog, stehen kann. Welcher Lesart sich der Betrachter primär bedient, wird vom Bild offen gelassen.

In den Darstellungen einiger anderer Mythen erscheinen Hydrien jeweils nur in einem oder zwei Bildern. Ihr Gehalt fügt sich, unterschiedlich präzise, in die bisher ausgemachten Bedeutungsfelder von Bildern mit Hydrien ein. Sie seien zusammenfassend kurz angesprochen. Viele der Darstellungen verlangten eine ausführlichere Analyse, die hier nicht geboten werden kann.

Einen sakralen Bereich, der durch die Hydrien unterstrichen sein könnte, zeigt ein Volutenkrater des Baltimore-Malers (**Kat. 55**) mit Iphigeneia im Heiligtum der Artemis in Tauris. Unter der (Tempel-)Architektur, in der Iphigeneia neben dem Kultbild der Göttin steht, sitzt eine Frau auf einer Hydria; im mittleren Register rechts neben dem ›Tempel‹ tut es ihr ein orientalisch gekleideter Mann[268] gleich. Aber auch dieses Bild scheint alle drei bisher ermittelten Bedeutungen des Bildzeichens Hydria in unterschiedlicher Weise zu gebrauchen. Im Thema des Bildes schwingt der Tod als über Orest und Pylades schwebende Bedrohung mit. Und umgekehrt, dem ursprünglichen mythischen Thema erstaunlich fremd gegenüber, sind zahlreiche aphrodisisch-hochzeitliche Motive dargestellt: angefangen von dem Schirm und dem Kästchen, die die auf der Hydria sitzende Frau hält, über das gleich doppelt vorhandene Louterion bis zu dem langlockigen Jüngling, der an einem der Louteria lehnt und, für sich genommen, eher an Adonis[269] als an Orest oder Pylades gemahnt. Was diese Motive in unserem Bild verloren haben, kann hier nicht erörtert werden[270], aber die Hydrien ließen sich auch in ihre Reihe stellen.

Primär der Charakterisierung eines sakralen Raumes dient wohl die liegende Hydria auf der Darstellung des Wahnsinns des Lykurg, der der Lykurg-Maler seinen Namen verdankt (**Kat. 46**). Die am Boden liegende, mithin vielleicht umgestürzte Hydria könnte hier zusätzlich die Störung der normalen Ordnung anzeigen. Eine solche Bedeutung lässt sich aber offenkundig nicht grundsätzlich auf alle liegenden Hydrien übertragen[271].

Konkreter funktional gebraucht ist die Hydria in zwei Szenen: Auf einem Volutenkrater des Lykurg-Malers (**Kat. 47**) löschen Frauen mit Hydrien den Scheiterhaufen des Herakles,

---

[268] Es ist bezeichnend für das Frauen-Gefäß Hydria, dass die apulischen Vasenbilder, abgesehen von Phlyaken-Darstellungen, in den wenigen Fällen, in denen Männer in unmittelbarer Verbindung zu Hydrien gezeigt sind, diese als barbarisch charakterisieren: vgl. **Kat. 63**.

[269] Vgl. z. B. die Pelike des Dareios-Malers, Neapel, Mus. Archeologico Nazionale Stg. 702: RVAp II 490,24; LIMC I (1981) 223 Nr. 5 Taf. 160 s. v. Adonis (B. Servais-Soyez).

[270] Vgl. (mit aller Vorsicht) Smith 1976, 18–29 und *passim*. Frappierend ist die Unempfindlichkeit, die die tragödiennahen Ausdeutungen des Bildes gegenüber diesen das ursprüngliche Thema offenbar weit verlassenden Elementen zeigen: vgl. Séchan 1926, 385 f.; Trendall – Webster 1971, 93 f. Nr. III.3,29.

[271] Eine ähnliche Funktion könnte auch die am Boden liegende Oinochoe auf einer Darstellung der Vergewaltigung der Kassandra erfüllen: Moret 1975, Nr. 2 (Volutenkrater London, British Mus. F 160: Namensvase des Ilioupersis-Malers). In einer thematisch der hier behandelten verwandten Darstellung vom Wahnsinn des Herakles hat der paestanische Maler Assteas eine Hydria, fast auf den Kopf gestellt, offenkundig zur Betonung des Chaos und der Abnormalität benutzt (Kelchkrater Madrid, Mus. Arqueológico Nacional 11094: A. D. Trendall, The Red-figured vases of Paestum [Rom 1987] 84,127 Taf. 46. 47; A. D. Trendall, Paestan Pottery [Rom 1936] 31–34. 115 Nr. 33; A. D. Trendall, Paestan Pottery – Revision and Supplement [London 1952] Nr. 39).

der im Register darüber bereits in den Wagen steigt, der ihn in den Kreis der Götter bringen wird. Der Dareios-Maler lässt einen männlichen Hydrien-Träger – singuläre Ausnahme von der Regel – in ein Wasserbecken gießen; der Kontext macht klar, dass es sich um eine rituelle Handlung im Rahmen des Leichenbegängnisses für Patroklos handelt (**Kat. 50**). Wir erkennen auch hier bekannte Gehalte wieder: Einmal wird eine exzeptionelle Überwindung des Todes thematisiert, das andere Mal ist die Hydria das Gefäß der Spende am Grab.

Todes-Thema und Kennzeichnung eines sakralen Raumes sind auf einem weiteren Bild der klagenden Niobe (**Kat. 51**; vgl. **Kat. 37**, s. o.) verknüpft: Unter der allmählich versteinernden Heroine im Grab-Naiskos sitzt eine Frau mit dem Zweig als Zeichen der Supplikation in der Hand auf einem Altar; neben ihr steht eine Hydria mit einem zweiten Zweig darin[272]. Zwei weitere Hydrien stehen beiderseits des Altars am Boden. Auch im Zusammenhang der Tötung der Kinder der Niobe ist einmal eine Hydria dargestellt (**Kat. 62**). Alle drei für die Verwendung der Hydria festgestellten Aspekte vermengen sich in einem Bild des Abschieds der Alkestis von ihren Kindern (**Kat. 49**): Die auf einer Säule platzierte Hydria rückt zusammen mit einem direkt daneben ›hängenden‹ Bukranion das Geschehen in eine sakrale Aura; Alkestis geht in den Tod; sie tut dies aus Liebe zu ihrem Gatten Admetos. Dagegen sind Tod und Liebe im Mythos des Hippolytos Gegensätze. Programmatisch hat der Baltimore-Maler auf einem Volutenkrater (**Kat. 61**) Aphrodite ins Zentrum gesetzt; ihrem Verächter Hippolytos wird im Register darunter das Verderben bereitet. Die Hydria ganz links am Rand des oberen Registers steht zwar Artemis am nächsten, ist mit dieser aber kaum zu verbinden; sie korrespondiert als Wassergefäß mit einem Wasserbecken in der Bildmitte zu Füßen der Aphrodite und mit einem Louterion, an dem rechts von ihr Hermes lehnt. Die periphere Position der Hydria mag im Kontext der drei Behältnisse, die ihre gemeinsame Verwendung im Hochzeitsritual haben, für die alles umspannende Macht der Liebesgöttin stehen.

Zwei der drei Gefäße, Hydria und Wasserbecken, beide von derselben Frau gehalten, kehren wieder in einer expliziten Hochzeitsdarstellung auf einer Amphora des Baltimore-Malers (**Kat. 64**). Die doppelt dargestellten Wagenachsen mit einem daran hängenden Kopf machen klar, dass sich das Geschehen um Pelops und Hippodameia dreht, die händchenhaltend, sie thronend, in der Bildmitte dargestellt sind. Von links eilt eine Frau mit einem Hocker heran, auf sie folgt die Frau mit besagten Wassergefäßen: Die letzten Vorbereitungen für das Brautbad werden getroffen. Dieselben Protagonisten (identifikationssichernd sind wieder Wagenräder mit abgeschlagenem Kopf im Hintergrund), erneut mit verbundenen Händen, zeigt ein Volutenkrater wiederum des Baltimore-Malers (**Kat. 63**) beim Opfer. Am Boden unter ihnen liegen eine Hydria, eine Patera, eine Oinochoe und ein Wasserbecken. Ein im Register darunter sitzender Orientale, der völlig identisch gestaltet ist wie der Wagenlenker neben ihm, hält eine weitere Hydria. Der Hydria-Haltende, der in der Registerstaffelung eine Zwischenposition einnimmt, stellt damit das Bindeglied her zwischen der siegreichen[273] Wagenfahrt (signalisiert durch seine Kleidung) und der Hochzeit (signalisiert durch die Hydria). Weitere Liebesthemen, in deren Darstellung Hydrien vorkommen, sind Europa mit dem Stier (**Kat. 45**)

---

[272] Vgl. dazu auch **Kat. 110**.

[273] Auch darüber schließt das Bild jede Unklarheit aus: Nike bekränzt rechts Pelops, ihr gegenüber schickt eine Erinye Oinomaos ins Verderben. Vgl. Aellen 1994, 71.

und Paris und Helena[274] (**Kat. 57**). Dass das Liebesverlangen nicht unbedingt gegenseitig sein muss, zeigt ein Bild des Unterwelt-Malers vom Raub der Leukippiden (**Kat. 52**), den Eros und Aphrodite als Zuschauer sanktionieren. Schon aufgrund ihrer Position in der Mitte des Geschehens dürfte die liegende Hydria ebenfalls das erotische Thema unterstreichen; zugleich markiert sie, als mutmaßlich umgestürzte, die Störung der Ordnung, in der der zentrale Idas selbst eine Stele aus ihrer Basis gerissen und geschultert hat, um sie als Wurfgeschoss zweckzuentfremden. Ein Volutenkrater des Baltimore-Malers (**Kat. 54**), auf dem im oberen Register eine Götterversammlung, im unteren eine Amazonomachie dargestellt ist, zeigt auf einer Bodenlinie zwischen den Registern eine Hydria nebst Wasserbecken und Phiale[275]. Sie sind wohl im Zusammenhang mit dem Louterion im oberen Register zu sehen, an dem Hermes lehnt und neben dem Aphrodite sitzt[276].

Nahe zu den Unterweltdarstellungen zurück führen uns zwei Bilder des Baltimore- (**Kat. 65**) und des White-Saccos-Malers (**Kat. 67**), in denen Frauen, die neben oder auf Hydrien sitzen, der Wagenfahrt von Hades und Persephone beiwohnen. Ich vermute, dass es tatsächlich dieselben Frauen sind, die auch in den Unterweltbildern begegnen. Als im Oeuvre der beiden Maler besonders häufig vorkommende Unterweltfiguren verkörpern sie das Ziel der Fahrt[277]; derart zu Ortschiffren verdinglicht, könnte sich ihr Gehalt in dieser Funktion weitgehend erschöpfen. Allerdings bleiben auch in diesem Kontext die aphrodisisch-hochzeitlichen Bezüge manifest: Auf beiden Bildern führt je eine Frau die *anakalypsis* aus, was ebenfalls auf dem Schulterbild der Hamburger Hydria (**Kat. 67**) Persephone tut. Auf der Lekanis in Chicago (**Kat. 65**) sind aphrodisische Attribute überreich gestreut, die Göttin selbst präsidiert dem Geschehen. Die Unterweltfahrt wird so zum freudigen Ereignis stilisiert, als Produkt einer Liebesbeziehung, die wie jede andere unter der Obhut der Aphrodite steht. Die angemessenen Vertreter einer solchen aphrodisisch umgewerteten Unterwelt scheinen die Frauen mit Hydrien – jedenfalls in ihrer müßigen Variante, in der sie hier auftreten – zu sein.

---

[274] Die Identifikation ist nicht ganz sicher, das Thema der Liebe schon, aufgrund der Anwesenheit von Eros und Aphrodite rechts der Architektur, in der sich das Paar befindet. Das Bild, auf dem auch Oinochoen in ungewöhnlicher Häufung auftreten, bedürfte einer detaillierten Analyse.

[275] Eine Hydria in einer Amazonomachie ist auch zu sehen im unteren Register von **Kat. 44**: Sie liegt zu Füßen der Kassandra des oberen Registers, aber formal ist sie eher auf die untere Szene zu beziehen. Dort befindet sie sich zwischen den Köpfen einer Kampfgruppe einer Amazone und eines Griechen: In der Konsequenz der hier verfolgten Argumentation müsste man an Penthesilea und Achill denken, was ja mit dem trojanischen Thema oben gut zusammenpasste.

[276] Ob das liegende Gefäß unter einer sitzenden weiblichen Figur in einer weiteren Götterversammlung (?) auf einem Bild des Arpi-Malers (**Kat. 69**) tatsächlich eine Hydria ist, vermag ich der Abbildung nicht sicher zu entnehmen. Die weibliche Figur könnte Aphrodite sein. – Ich gehe nicht ein auf eine Serie von vier untereinander eng verwandten Bildern des Baltimore-Malers (**Kat. 56. 59. 60. 66**), von denen Schauenburg die ersten drei auf Thetis' Übergabe der Waffen an Achill und das vierte auf eine andere Szene von Achill im Lager gedeutet hat: Schauenburg 1984c, 33–47; Schauenburg 1994, 60–63. Das Thema der Waffenübergabe ist sicherlich korrekt erfasst, aber es kann viele Aspekte der Bilder nicht befriedigend erklären. Die Grenzen der traditionellen Benennungshermeneutik zeigen sich an diesem Beispiel besonders deutlich; vielleicht sind die Bilder als Mythenbilder *strictu sensu* schon falsch verstanden und stellen verschiedene (teilweise?) mythische Elemente zu einer neuen Aussage zusammen. Dieser Aussage sich anzunähern bedürfte einer detaillierten ikonographischen Analyse, die hier nicht geleistet werden kann.

[277] So auch: W. Hornbostel, Erwerbungen für die Antikenabteilung im Jahre 1982, JbMusKGHamb 2, 1983, 187. Anders Lindner 1984, 24 f., die zu Recht die Polyvalenz der Figuren problematisiert.

Abb. 25. Ruvo, Mus. Jatta 1097: Volutenkrater des Lykurg-Malers (**Kat. 48**)

Besonders interessant im Vergleich mit den Unterweltdarstellungen der Frauen mit Hydrien sind zwei Bilder der Hesperiden in ihrem Garten, in denen einige von ihnen mit Hydrien ausgestattet sind[278]. Dies gilt zum einen typologisch: Während in der Mehrzahl der mythologischen Bilder die Hydrien schmückendes Beiwerk sind, werden sie hier unmittelbar mit den Frauen verbunden, die zum Teil auf ihnen sitzen, zum Teil mit ihnen hantieren. Sie entsprechen damit unmittelbarer den Frauen mit Hydrien in der Unterwelt, ähnlich den Zeuginnen der Fahrt von Hades und Persephone der eben behandelten Darstellungen. Das reichere Bild bietet ein Volutenkrater des Lykurg-Malers in Ruvo (**Kat. 48**, Abb. 25), während eine von Trendall als spät eingeschätzte Patera des White-Saccos-Malers im amerikanischen Kunsthandel (**Kat. 68**) eine malerisch eher bescheidene Abkürzung gibt. Sie belegt, dass das

---

[278] Auf die Ikonographie der Hesperiden, deren Reichtum hier nur knapp angerissen werden kann, beabsichtige ich an anderer Stelle zurückzukommen.

Thema in nicht entscheidend variierter Form auch in der hier hauptsächlich interessierenden
Werkstatt tradiert wurde; näher betrachten will ich nur das ausführlichere Bild. Es zeigt um
den Baum mit der Schlange, unter dem eine Quelle angegeben ist, nicht weniger als elf Frauen
und einen Eros. Wenn die Frau, neben der er steht, dadurch als Aphrodite gekennzeichnet sein
sollte, wären einige der anderen Frauen Aphrodite-Angleichungen: Sie unterscheiden sich
nicht im kleinsten Detail von Tracht und Schmuck. ›Aphrodite‹ ist eine von zwei Frauen,
die auf einer Hydria sitzen; zwischen diesen beiden sind die Parallelen besonders eng. Eine
weitere Frau, unmittelbar oberhalb der Quelle stehend und offenbar zur Schlange redend, hat
einen Fuß auf eine Hydria gesetzt. Andere, ohne Hydria und inaktiv, halten aphrodisische
Attribute: Spiegel, Kästchen, Fächer, Fruchtschalen, aber auch eine Oinochoe. Zwei weitere
Frauen tragen Hydrien: eine, ganz zentral im Bildvordergrund, hat das Gefäß geschultert, die
zweite, unten links, hat es auf ihrem Knie abgestützt. Durch ein kleines Detail sind sie von
den anderen Frauen abgesetzt: Sie haben weniger aufwendigen Kopfputz. Die Frau links hat
zwar eine Binde, ihr fehlt aber das Diadem, das alle anderen Frauen mit vergleichbarer Binde
tragen. Diejenige in der Mitte trägt ihr Haar ganz offen. Das setzt sie im Rang niedriger – im
Aufbau des Bildes aber ist ihre Position die prominenteste. Als einzige der Frauen im unteren
Register hat sie keinen Gegenpart im oberen, in das sie mit ihrer Hydria deutlich hineinreicht.
Fast in der Mitte, direkt neben dem eine Achse bildenden Baum ist sie das Zentrum der Komposition. Besondere Aufmerksamkeit sichert ihr überdies ihr fast frontal aus dem Bild heraus-
gehender Blick.

   Diese offenkundig arbeitenden Frauen, von denen eine auch noch in den Mittelpunkt gerückt wird, muten überraschend an im Garten der Hesperiden, den die Quellen als »lebens-
gebenden« göttlichen Paradiesgarten[279] beschreiben. Dies ist, auf inhaltlicher Ebene, ein
weiterer Anlass zum unmittelbaren Vergleich mit den Unterweltbildern, auf denen zumindest
einmal explizit Frauen mit Hydrien in den Kontext eines paradiesischen Schlaraffenlands
gesetzt sind – was dort mindestens ebenso überraschen darf. Offenbar treiben die Vasenmaler
hier von zwei gegensätzlichen Seiten dasselbe Spiel: In der grimmigen Unterwelt können
sich einige Figuren paradiesischer Müßigkeit hingeben – im aphrodisischen Paradiesgarten
der Hesperiden sind einige Frauen mit mühevoller Arbeit belastet. Die beiden Bilder, von
konträren Themen ausgehend, haben einen ideellen Überschneidungsbereich: Die Grenzen
werden fließend, Übergänge denkbar. Das Werkzeug, mit dessen Hilfe die Vasenmaler die
Transformation veranschaulichen, ist die Hydria.

Frauen mit Hydrien am Brunnen

   Die größte aller Gruppen von Bildern mit Hydrien bzw. zumeist Frauen mit Hydrien steht
freilich noch zu behandeln aus: diejenigen Darstellungen, die weder explizit in der Unterwelt situiert sind noch sich erkennbar mit einer mythischen Geschichte verbinden lassen. Die
Menge an Material besteht über weite Strecken aus relativ stereotypen Wiederholungen geringfügig variierter Muster, so dass eine nähere Beschreibung von Einzelstücken unterbleiben
kann. Stattdessen sollen die Bilder in Gruppen zusammengefasst werden, deren wichtigste
Charakteristika knapp dargestellt werden. Viele Stücke sind einer näheren Beschreibung auch
gar nicht zugänglich: In jüngerer Zeit in großer Zahl auf dem Kunstmarkt aufgetaucht, sind

---

[279] Vgl. bes. Eur. Hipp. 742–751. Zum Mythos allgemein vgl. McPhee 1990, 394–396.

Abb. 26. Hydria-Fragment des Baltimore-Malers (**Kat. 70**)

sie oft nur durch die Notiz in RVAp und Supplementen bekannt. In noch stärkerem Maße als bei den bisher betrachteten Darstellungen dominiert die Werkstatt des Baltimore- und des White-Saccos-Malers; kaum ein Bild, das eine Hydria zeigt, war aus dem unmittelbaren Vergleich auszuscheiden, weil es chronologisch fern liegt.

Kein anderes Thema drängt sich für eine Darstellung des funktionalen Gebrauchs des Wassergefäßes Hydria so auf wie Szenen am Brunnen (**Kat. 70–76**, Abb. 26). Aber von funktionalem Gebrauch wagt man kaum zu reden, wirft man auch nur einen flüchtigen Blick auf die Bilder dieses Themas. ›Schnappschüsse‹ aus dem Alltagsleben sind sie gewiss nicht. Die Frauen, die doch gekommen sein sollten, Wasser zu holen, und damit alle Hände voll zu tun haben müssten, haben tatsächlich ihre Hände voll von Attributen. Dabei überwiegen die wohlbekannten Accessoires weiblicher Schönheit: Spiegel, Schirme, Kästchen und Fächer – zumindest eine Auswahl aus diesen Gegenständen zeigt jedes der Bilder. Das mit Arbeit verbundene Wasserholen als solches ist kaum thematisiert. Nur auf **Kat. 71** greift eine Frau nach der unter dem Wasserspeier stehenden Hydria; alle anderen Bilder zeigen keine auf das Wasserholen gerichtete Aktivität. Darauf angespielt wird noch auf dem Fragment **Kat. 70** (Abb. 26), wo die dem Brunnen am nächsten stehende Frau eine *tyle* in der Hand hält; dasselbe scheint für die Frau rechts des Brunnenhauses auf **Kat. 71** zu gelten. Auf manchen Bildern nehmen die Figuren Posen ein, wie sie für ›Gabenbringer‹[280] am Naiskos typisch sind. Besonders markant ist das auf **Kat. 72**, wo dionysische Attribute überwiegen: Die Frau links hält Situla und Oinochoe, als wollte sie dem Brunnen eine Weinspende darbieten; ihr Gegenüber hat außer einem Spiegel eine Weintraube in der Hand. Eine Hydria steht weder unter dem Brunnen (genauso wenig auf **Kat. 74**) noch, wie sonst immerhin üblich, neben den Frauen; dafür nimmt im Register darüber ein übergroßes Exemplar des Wassergefäßes die Mitte ein und macht es so doch zum Thema des Bildes. Fünf Frauen stehen und sitzen um diese und zwei weitere Hydrien (eine stehend, eine liegend) herum, die genannten aphrodisischen Attribute haltend und zusätzlich ein ›Xylophon‹. Die Haltung der ›Weinspende‹ am Brunnen kehrt auf **Kat. 73** wieder. Bezeichnenderweise steht hier eine Hydria eher vor als unter dem Brunnen; die Wasserstrahlen der beiden seitlich angeordneten Wasserspeier erreichen sie jedenfalls nicht. Damit wird besonders deutlich, dass in diesen Bildern die Figuren und Gegenstände, die nebeneinander gestellt sind, in keinem unmittelbaren Handlungszusammenhang verbunden sind. Offenbar tragen sie additiv zur Aussage des Bildes bei.

Worin diese liegen könnte, deuten vielleicht die oberen Register an, die **Kat. 72, 73, 75** und **76** über die eigentliche Brunnenszene stellen. In der Mitte sitzt jeweils eine Frau, die auf den beiden letztgenannten Bildern durch einen Thron hervorgehoben ist, auf den anderen beiden immerhin durch den breiteren Raum, den sie einnnimt. Auf **Kat. 73** steht links neben ihr ein Louterion; auf der Gegenseite der Vase nimmt ein Eros die der Frau korrespondierende Position ein. In der Häufung der Zeichen, die sich auf Aphrodisisches und konkreter auf Hochzeit beziehen lassen – zu ergänzen wäre noch die wiederholt vorkommende *anakalypsis* – wird man wohl an Hochzeitsvorbereitungen in der *gynaikonitis* (die Frauen bleiben immer unter sich) denken dürfen, wo das Wasser eine wichtige Rolle spielt. Dies scheint der denotative Sinn der Szenen zu sein. Ihr Gehalt erschöpft sich darin aber nicht. Besonders die Kreuzfackel, die auf **Kat. 70, 73, 74** und **76a** in einem oder mehreren Exemplaren im Innern des Brunnenhauses an der Wand lehnt, erweitert das Feld der Bedeutungen. Wir haben sie als Attribut der Persephone kennengelernt, sie kommt aber genauso deren Mutter Demeter zu[281]. Auch zusammen mit Eros wird die Kreuzfackel gelegentlich dargestellt[282]. Wird das Wasser des Brunnens mit der Göttin der Fruchtbarkeit verbunden – oder liegt doch eine Anspielung auf die Unterwelt vor? Denkt man zurück an die Bilder von den Sagen der Amymone[283] und der Andromeda, könnten die drei Motive Hochzeit, Fruchtbarkeit und Tod durchaus miteinander verwoben sein.

Frauen mit Hydrien im Naiskos

Darstellungen von Gefäßen statt Figuren im Naiskos sind unter den Grabmaldarstellungen der apulischen Vasenmalerei eine durchaus häufig belegte Ausnahme[284]. Hydrien sind darun-

---

[280] Zu den ›Gabenbringern‹ vgl. Giuliani 1995, 143–150; M. Söldner, Bios Eudaimon (Möhnesee 2007) 233–234.
[281] Vgl. LIMC IV (1988) 846 s. v. Demeter (L. Beschi).
[282] Kantharos aus der Baltimore-Werkstatt im Kunsthandel (New York, Royal Athena Galleries): RVAp Suppl. 2 II 296,200-5; K. Schauenburg, Eros und Reh auf einem Kantharos der Kieler Antikensammlung, JdI 108, 1993, 227 Anm. 29; 235 Abb. 26. 27; Kantharos des Malers von Berlin F 3383 (stark übermalt): Neapel, Privatslg. Inv. 449: RVAp II 920,74a; Schauenburg a. O. 244 Anm. 110; 248 Abb. 53.
[283] Auch die Darstellungen des Amymone-Mythos zeigen ja Brunnenszenen, aber die Schemata unterscheiden sich deutlich von denen, die in den hier behandelten anonymen Szenen verwendet werden.
[284] Dazu umfassend Lohmann 1979, 138–161. Zu Naiskosbildern jetzt auch M. Söldner, Naiskoi für Menschen. Eine heroisierende Fiktion im unteritalischen Vasenbild, in: Ch. Schmitz – A. Bettenworth (Hrsg.), Mensch – Heros

ter allerdings extrem rar: Gerade drei Stücke sind zu nennen (**Kat. 77–79**)[285], die überdies vermutlich alle älter sind als die Mehrzahl der Unterweltdarstellungen mit Hydrien. Sie setzen sich damit deutlich ab von einer weit größeren Gruppe von Darstellungen, die nicht Hydrien allein, aber Frauen mit Hydrien im Innern der Grabarchitektur zeigen (**Kat. 80–92**). Was ähnlich für die noch zu behandelnde Gruppe von Frauen mit Hydrien ohne näher bestimmten Kontext gilt, kommt dieses Darstellungsmotiv offenbar erst in der spätapulischen Vasenmalerei auf und erfreut sich seiner größten Beliebtheit in der Werkstatt des Baltimore-Malers.

Die Darstellungen lassen sich in drei Grundtypen gliedern. Nur in einem Exemplar (**Kat. 80**) überliefert ist ein Bildtyp, in dem eine Hydria über einer auf einem Klappstuhl sitzenden Frau im Naiskos[286] im Hintergrund ›hängt‹; die Frau hält einen Fächer und eine Oinochoe in Händen. Zwei weitere Hydrien liegen beiderseits des Naiskos unter Frauen, die dort stehen. Diese Frauen halten ebenfalls jeweils eine Oinochoe, die linke dazu, wie die Frau im Naiskos, die sich aber (wie für Figuren im Naiskos üblich) durch ihre weiße Farbe deutlich von ihr unterscheidet, einen Fächer, die rechte eine Patera.

Ein häufigerer Bildtyp zeigt im Naiskos eine Frau, die auf einer Hydria sitzt. Die Hydria kann dabei stehen (**Kat. 81**. **82**, wie **Kat. 80** beide vom Patera-Maler) oder liegen (**Kat. 86**. **88–90**); von **Kat. 85**, **87**, **91** und **92**, die der Beschreibung in *RVAp* nach demselben Typ angehören, liegen keine Abbildungen vor. Die zuletzt genannten Bilder werden alle dem Maler von Berlin F 3383 oder dem White-Saccos-Maler zugeschrieben. Stets halten die Frauen weitere Gegenstände in Händen, oder diese sind im Hintergrund gemalt: Fächer, Ball, Taube, Oinochoe, Spiegel, Kästchen und Wasserbecken sind zu nennen; die allgemeinere weibliche Sphäre wird auf jeden Fall durch die Taube (**Kat. 86**) und den Ball (mehrfach dargestellt) als aphrodisisch bestimmt. Der Naiskos ist meist von je einer Figur links und rechts gerahmt; das können zwei Frauen oder eine Frau und ein junger Mann sein[287]. Sie sind die für die apulischen Naiskosbilder stereotypen ›Gabenbringer‹[288] mit weiteren Gegenständen in Händen, die im Einzelfall den Gegenständen im Naiskos genau entsprechen. Deutlich ist das auf **Kat. 86** zu sehen, wo sowohl der junge Mann außerhalb des Naiskos als auch die Frau darin das (für einen Mann untypische) aphrodisische Attribut des Balles haben – ein durch den Tod getrenntes Liebespaar? Auf **Kat. 89** hält die Frau rechts des Naiskos eine Traube, womit auch ein dionysisches Element in das Bild kommt. Häufig sind bei den ›Gabenbringern‹ weiterhin Tänien, die den Naiskos auch dann rahmen, wenn seitliche Figuren fehlen (**Kat. 88**. **90**).

Zwei weitere Bilder (**Kat. 83**. **84**), dem Baltimore-Maler selbst zugeschrieben, ergänzen das vorherige Schema, indem sie neben der auf einer Hydria sitzenden Frau noch eine zweite stehende im Naiskos zeigen[289]. Auf **Kat. 83** greift die Stehende in ein geöffnetes Schmuckkästchen, das sie hält; vier Frauen rahmen den Naiskos. Im Übrigen ist das Bild eine Erweiterung des vorher kennengelernten Schemas. Etwas abweichend dagegen ist die Komposition

---

– Gott. Weltentwürfe und Lebensmodelle im Mythos der Vormoderne (Stuttgart 2009) 35–51; M. Söldner, Das Naiskosbild, in: Hitzl 2011, 108–123; zu Gefäßen im Naiskos dort: 115 f.

[285] Vgl. Lohmann 1979, 149.

[286] Zu einzelnen Frauen im Naiskos und zu deren Darstellungsvarianten allgemein: Lohmann 1979, 69–80; sitzende Frauen Lohmann 1979, 72–80. Dort auch umfassende Diskussion der den Frauen beigegebenen Attribute.

[287] Einzig **Kat. 92** zeigt vier Frauen außerhalb des Naiskos, je zwei sitzende und zwei stehende.

[288] s. o. Anm. 280.

[289] Zu Gruppen von zwei Frauen im Naiskos allgemein: Lohmann 1979, 97–100.

auf **Kat. 84**, was durch die abweichende Gefäßform Loutrophore[290] bedingt ist (alle anderen Bildträger waren mit Ausnahme der unpublizierten Hydria **Kat. 87** Volutenkratere): Unter dem Naiskos stehen groß und reich ausgeschmückt gemalt zwei Kisten, ein Kalathos und eine Pyxis, dazu reichlich Bälle, zwei Phialen und ein Spiegel: eine ganze Brautausstattung? Die Kiste kehrt mit nahezu gleicher Bemalung in der Hand der Stehenden im Naiskos wieder, die sie der Sitzenden, die selbst ein geöffnetes Kästchen hält, entgegenstreckt. Die vier Gabenbringer – darunter, in ungewöhnlicher Asymmetrie, ein unbekleideter Mann neben drei Frauen – sind von der Front auf die Nebenseite gerutscht, wo sich das Bild ununterbrochen zur Rückseite mit zwei Frauen um eine Stele fortsetzt. Ein Attribut, dass uns bisher nicht begegnet ist, ist das Tympanon, das die beiden Frauen links des Naiskos halten, ein vor allem auch im Dionysos-Kult wichtiges Instrument[291]. Die untere von beiden hat außerdem, ebenso wie der junge Mann auf der anderen Seite, einen großen Zweig im Arm.

Hydrien oder Frauen mit Hydrien außerhalb eines Naiskos

Auch unter den Gegenständen rings um den Naiskos kommen Hydrien gelegentlich vor, wie schon **Kat. 80** zeigte. In Anbetracht der riesigen Zahl spätapulischer Naiskosdarstellungen[292] erscheinen sie aber bemerkenswert selten. Die einzige konkrete Darstellung einer Wasserspende aus einer Hydria am Grab gibt eine Amphora des Ilioupersis-Malers (**Kat. 93**), die damit chronologisch schon aus dem unmittelbaren Vergleichsrahmen mit den Bildern der Frauen mit Hydrien in der Unterwelt fällt. Eher eine Deponierung einer Hydria am Grabmal als eine Spendehandlung zeigt, wörtlich genommen, das Schulterbild einer Hydria, die nach gängiger Chronologie ebenfalls vor die Jahrhundertmitte zu setzen ist (**Kat. 94**).

Die neun Bilder des Ganymed- (**Kat. 95. 96**), des Baltimore- (**Kat. 97–101**) und des White-Saccos-Malers (**Kat. 102. 103**) variieren alle die stereotypen Schemata der Naiskosszenen dieser Maler. Die Hydria ist auf ihnen ein Attribut unter vielen, die im Einzelfall den anderen, meist viel häufiger vorkommenden Attributen hinzugefügt ist. Besondere Bedeutung wird ihr kaum zugestanden; viele Bilder muss man schon etwas genauer betrachten, um der Hydria (oder der Hydrien) überhaupt gewahr zu werden. Eine gewisse Ausnahme in dieser Hinsicht stellt die Basler Amphora des Ganymed-Malers **Kat. 96** dar; der Eindruck, den die in mittlerer Höhe direkt neben dem Naiskos liegende Hydria macht, verstärkt sich allerdings dadurch, dass auf der gegenüberliegenden Seite der Architektur die entsprechende Partie fehlt. Ob dort symmetrisch eine zweite Hydria gemalt war oder ein anderer Gegenstand (und welcher), wäre für die Beurteilung der Rolle des Gefäßes im Bild wesentlich. Die Basler Vase gehört in mehrerlei Hinsicht zu den Rätselfällen apulischer Ikonographie; es muss bereits bezweifelt werden, ob die Architektur, in der ein nichtgriechisch bekleideter Sänger (den man daher als Orpheus bezeichnen möchte) neben einem weißhaarigen und -bärtigen Sitzenden[293] steht, als

---

[290] Zu Loutrophoren: F. Hildebrandt in: Hitzl 2011, 96–99.

[291] Vgl. RE VII A 2 (1948) 1749–1752 s. v. Tympanum (O. Reuther).

[292] Lohmann 1979 verzeichnet nahezu 700 Vasenbilder mit Naiskoi (vgl. Lohmann 1979, 52), die Beispiele ließen sich zwischenzeitlich immens vermehren. Auch die Vasen, deren Unterweltbilder mit Frauen mit Hydrien ich hier behandle, zeigen mit Ausnahme von **Kat. 8** und **9** alle Naiskosszenen auf der anderen Seite des Gefäßes.

[293] Die Figur erinnert ein wenig an den ›Dämon‹ auf **Kat. 5**.

Naiskos überhaupt korrekt (oder den Gehalt erschöpfend) bezeichnet ist[294]. Unter den konventionelleren Naiskosdarstellungen präsentiert **Kat. 103**, ein Volutenkrater in einer amerikanischen Privatsammlung, die Hydrien noch am auffälligsten: Unter dem breiten Naiskos, in dem drei männliche Figuren, darunter ein bärtiger Sitzender und ein jugendlicher Berittener, Platz gefunden haben, lagern zwei Frauen mit Pyxis, Fächer und Fruchtschale als Attributen; eine Hydria liegt zwischen ihnen nahezu in der Mittelachse des Bildes, eine andere steht schräg weiter rechts. Das Schema ist nicht weit entfernt von dem der Frauen mit Hydrien im Register unter dem ›Palast des Hades‹ auf **Kat. 11–15**. Generell kann die Hydria erscheinen, unabhängig davon, ob im Naiskos Frauen oder Männer dargestellt sind; die Hydria im Umfeld des Naiskos steht oder liegt aber immer einer weiblichen Figur am nächsten.

Hydrien auf und bei Grabstelen oder -säulen

Die kleine Gruppe von Hydrien im unmittelbaren Kontext von Stelen oder Säulen ist inhaltlich disparat: Nur der ikonographische Kontext macht klar, ob sich die Szene in einem Heiligtum oder an einem Grabmal abspielt. Typisch für den weit häufigeren zweiten Fall ist die Position der Stele oder Säule in der Bildmitte als Grabmarker; um ihn herum sind mehrere Figuren mehr oder weniger symmetrisch gruppiert; andere Ortsangaben fehlen. Es handelt sich um eine typische Variante apulischer Grabmalbilder, auch wenn sie nicht ganz so häufig gemalt wurde wie die Naiskosdarstellungen[295]. Die Hydria kann in zweierlei Weise im Zusammenhang der Stelen und Säulen erscheinen: auf ihnen stehend, also als Teil des Grabmonuments selbst (und damit entsprechend den einzeln im Naiskos stehenden Hydrien) (**Kat. 104. 107. 108**); oder in ihrem Umfeld, also als Objekt der Grabspende bzw. als Attribut der ›Gabenbringer‹ (**Kat. 105. 106. 109**). Keines der Bilder stammt aus dem Umkreis des Baltimore-Malers; überwiegend wurden sie in der Werkstatt des Ilioupersis-Malers gemalt. In der zweiten Gruppe fallen zwei Darstellungen auf (nur eine davon in Abbildung publiziert), in denen die Hydria unmittelbar vor der Basis der Stele steht (**Kat. 105. 106**). Auch bei den Naiskosbildern hatte sich feststellen lassen, dass die Beziehung der Hydria zum Grabmal, und damit ihr Status als (Objekt zur) Grabspende, in den früheren Bildern expliziter gemacht wird (vgl. **Kat. 93. 94**), während der Baltimore-Maler und sein Kreis es bei der vagen Anspielung belassen, indem sie das Gefäß irgendwo im Umkreis des Grabmals zeigen. Dies fügt sich ein in die Tendenz, die insbesondere die mythologischen Darstellungen, aber in vielen Punkten auch die Unterweltbilder zeigten: Der Betrachter muss das Geschehen aus den Assoziationen, die die gebotenen Einzelelemente wecken können, erst zusammensetzen; die Bilder selbst sind eher von Inaktivität geprägt.

Die Bilder mit Hydrien am Grab bestätigen, dass die Hydria auch im Bild eine Bedeutung im sepulkralen Zusammenhang haben kann. Insbesondere die Bilder von Hydrien als Teil der Grabmarker selbst sind hier von Bedeutung, allerdings stammen sie nicht aus der Spätphase apulischer Vasenmalerei, die hier vorrangig interessiert. Überhaupt lässt die relative Seltenheit von Hydrien innerhalb der Masse von Grabmalbildern aufmerken, gab es doch bei mehreren anderen Darstellungstypen Anlass, für die Bedeutung des Bildzeichens Hydria

---

[294] Auf dieses komplizierte Bild kann hier nicht näher eingegangen werden; vgl. ausführlich Schmidt 1975; Schmidt 1976, 33–35.

[295] Vgl. Lohmann 1979, 52.

sepulkrale Konnotationen anzunehmen; vor allem die Kombination mit der Darstellung von Oinochoen (die in den Grabmalszenen ungleich häufiger vorkommen) deutete dies an, da beide Gefäße im realen Grabkult eine große Rolle gespielt haben müssen. In den Bildern vom Grabmal spielen die Hydrien dagegen keine besondere Rolle. Andere Gerätschaften sind den Malern hier weit wichtiger. Aber gerade im Hinblick auf diese lässt sich die Frage stellen, ob die Grabmalbilder überhaupt Grabkult im praktischen Sinne schildern. Konnotativ aufgeladene Gegenstände wie Spiegel, Kästchen oder Weintrauben, die zudem von den ›Gabenbringern‹ nie faktisch am Grab abgelegt werden, scheinen weniger als realistische Grabgaben dargestellt zu sein denn als symbolische Verweise vorzugsweise auf aphrodisische und dionysische Sphären. Wichtige Elemente des realen Grabkults müssen in diesem Kontext nicht unbedingt vorkommen; wenn sie es doch tun, dann vielleicht weniger wegen ihrer sepulkralen Bedeutung als wegen ihrer Kompatibilität mit einer dieser Symbolsphären. Die sepulkrale Konnotation der Hydria wird durch ihr Fehlen in der Mehrzahl der Szenen am Grabmal nicht unbedingt geschwächt; vielmehr wird wohl durch ihr gelegentliches Erscheinen ihre Konnotation mit aphrodisisch-hochzeitlichen Bedeutungen bestätigt. Ihr relativ seltenes Vorkommen könnte sich dadurch erklären, dass diese Assoziation schwächer ausgeprägt ist als bei Gegenständen wie Spiegel oder Fächer. Auch die Oinochoe wäre dann weniger als Instrument der Weinlibation am Grab dargestellt, sondern eher wegen ihrer allgemeinen Verbindung mit Dionysischem; ihre größere Häufigkeit erklärte sich dadurch, dass diese Verbindung in der ›Bilderwelt‹[296] breiter etabliert war. Hydria und Oinochoe erscheinen nicht nur gemeinsam, sondern sind in einigen Darstellungen offenkundig austauschbar. Diese Austauschbarkeit verlangt nach einem gemeinsamen Nenner, der am ehesten in der Parallelität im Grabkult zu liegen scheint – es sei denn, auch aphrodisische und dionysische Symbole als solche wären beliebig austauschbar. Zu diesem Gedanken geben die Grabmalbilder allerdings durchaus Anlass, kommen in ihnen doch Verweise auf beide Sphären ohne erkennbare Differenzierung der Verwendung vor.

Hydrien im Kontext eines Heiligtums

Zurück zu Hydrien auf Säulen, die ausnahmsweise auch etwas anderes als Grab bedeuten können: Außer der Darstellung vom Abschied der Alkestis (**Kat. 44**) rückt nur ein nicht zugeschriebenes Bild die auf einer Säule stehende Hydria in einen breiteren Kontext (**Kat. 110**). Aufgrund des Altars, neben dem die Säule steht, und wegen eines Dreifußes auf der anderen Seite des Altars sowie wegen zweier Bukranien im Hintergrund ist der Ort klar als Heiligtum charakterisiert. Das Bild wurde bereits oben als vermeintliche Danaidendarstellung kurz angesprochen. Die Hydria kann hier offenbar, ähnlich dem Dreifuß, den sakralen Raum, in dem die Szene spielt, unterstreichen. Zwei Frauen sitzen als Schutzflehende auf dem Altar. Dieselbe Position soll auch eine Frau »mit Hydria«[297] auf einem Kantharos (**Kat. 111**) einnehmen, den ich mangels Abbildung nicht kommentieren kann. Ein drittes Bild mit einer Hydria in sakralem Kontext sei hier angeschlossen, das sich auf einem lange verschollen geglaubten Fragment in Kiew befindet (**Kat. 112**). Eine Frau mit einer Hydria auf dem Schoß, aus der Zweige ragen, sitzt auf einem Stuhl, von dem nicht recht klar wird, ob er auf dem Wagenkorb

---

[296] ›Bilderwelt‹ wird hier im doppelten Sinne des französischen Ausdrucks ›imaginaire‹ verstanden: das Spektrum der gemalten Bilder und die Welt der Vorstellungen.

[297] Schauenburg 1983, 343 Anm. 42.

eines daneben zu sehenden Zweigespanns zu denken ist. In der Tiefe des Bildraums[298] steht ein Rundaltar wohl mit Körnern darauf[299], daneben ein ithyphallischer Hermenpfeiler. Unmittelbar hinter der Frau ragen zwei Säulen (wohl eines Tempels) empor. Drei Figuren sind am Rand des Fragments angeschnitten auszumachen. Offenkundig geht es um eine sakrale Handlung, die sich aber im Einzelnen nur schwer verstehen lässt[300].

Einzelne Frauen mit Hydrien

Die größte Gruppe von Bildern mit Frauen mit Hydrien schließlich präsentiert diese ohne jeden näher bestimmbaren äußeren Kontext. In der Mehrzahl entstammen sie der Werkstatt des Baltimore-Malers. Auch formal sind alle[301] Variationen eines einzigen Themas. Eine oder mehrere Frauen sitzen auf zumeist liegenden Hydrien; ihnen beigesellt können weitere Figuren beiderlei Geschlechts sein, häufiger außerdem Eros.

Sozusagen die Minimalvariante bieten sieben Vasen (**Kat. 113–115. 117–120**), die mit Ausnahme von **Kat. 117, 119a** und **120** alle nur aus den Notizen in RVAp bekannt sind. Auf einer Gefäßseite (›A‹) sitzt jeweils eine einzelne Frau neben einer Hydria; an weiteren Attributen hat sie eine Auswahl aus Spiegel, Fächer, Kästchen, Kiste und Weintraube. Bei **Kat. 120** fällt im Feld eine Kreuzfackel auf. Die Gegenseite nimmt ein sitzender oder kniender Eros ein, der meist Spendegefäße hält; dazu können Situla und Traube als dionysische Symbole oder eines der weiblichen Attribute wie auf A kommen. Was die Rückseite betrifft, weichen die Bilder des White-Saccos-Malers (**Kat. 117–119a**) von den anderen ab: **Kat. 118** und **119a** zeigen eine weitere Frau oder einen jungen Mann, **Kat. 117** offenbar nur ein Ornament. Auf dieser Vase sind die Figuren der Vorderseite besonders reich ausgestattet: Die Frau hält eine Kiste und einen Kalathos; sie ist umgeben von einer Tänie, einem Ball und einem Tympanon.

Mehrere Frauen mit Hydrien

Dieses Grundschema wird auf der Mehrzahl der Bilder erweitert: Es können mehrere Frauen auftreten, Eros kann ihnen direkt hinzugefügt werden, ebenso können ihnen junge Männer beigesellt werden. Eine große Gruppe (**Kat. 121–133**) zeigt mehrere Frauen unter sich. Es überwiegen einfache Dreifigurengruppen mit der auf einer Hydria sitzenden Frau in der Mitte und zwei stehenden beiderseits. Die Attribute sind die bereits bekannten. Auf **Kat. 131** ist das Schema variiert, indem die rechte Frau sich auf einer weiteren am Bildfeldrand stehenden Hydria aufstützt. **Kat. 124** soll dagegen drei auf Hydrien sitzende Frauen zeigen, die von zwei weiteren stehenden und links zusätzlich einer sitzenden gerahmt sind. Aus dem üblichen Schema fällt eine auch stilistisch abseits stehende Hydria des Varrese-Malers heraus (**Kat. 121**): Um eine etwas links der Bildmitte ein wenig allein stehende Hydria stehen und

---

[298] Die einzige von diesem Stück publizierte Zeichnung suggeriert eine für apulische Vasenbilder ganz ungewöhnliche perspektivische Raumgestaltung.

[299] Ganz ähnlich der Darstellung auf dem Münchner Unterweltkrater Inv. 3297.

[300] Ein recht weitgehender, als hypothetisch eingestandener Interpretationsversuch bei Diehl 1964, 173. 185. Vorsichtigere, etwas abweichende Erwägungen bei Pensa 1977, 43 f. mit Anm. 140. 141.

[301] Mit Ausnahme einer Gruppe von drei Vasen (**Kat. 139–141**), die eher aus inhaltlichen denn aus formalen Gründen in diesem Zusammenhang behandelt werden.

sitzen insgesamt sieben Frauen, die abgesehen von zwei Spiegeln und einem Alabastron aus-schließlich Spendeschalen und -tabletts verschiedener Art halten, teils mit Früchten (?) darauf.

Einzelne Frauen mit Hydrien, dazu Eros

Eine andere Variante verbindet eine einzelne Frau, die auf oder neben einer Hydria sitzt, mit einem Eros, der vor ihr steht oder auf sie zufliegt (**Kat. 133–136**). Die Attribute sind im Wesentlichen die gehabten. Auch Eros kann ein weibliches Attribut wie den Spiegel halten (**Kat. 135**), kombiniert hier mit der dionysischen Weintraube; in besonderer Häufung sind aber gerade ihm Spendegerätschaften gegeben: Auf **Kat. 134** und **136** hat er eine Oinochoe in einer Hand, auf **Kat. 133** und **136** sogar ein Thymiaterion. Der göttliche Eros als Spendender lässt vermuten, bei der dargestellten Frau könnte es sich um seine Mutter Aphrodite handeln, der der Sohn huldigt. Dafür könnte auch sprechen, dass Eros nur mit einer einzelnen Frau vorkommt oder mit gemischten Gruppen, wo er das amouröse Gespräch markiert (s. u.), mit mehreren Frauen unter sich dagegen nicht. Andererseits unterscheidet sich diese ›Aphrodite‹ nicht von anderen Frauen, die, wo sie mehrfach vorkommen, ja nicht alle die Göttin sein können. Aber sie können ihr gleich sein: Das Bildzeichen der Frau, neben der Eros erscheint, ist offenbar mehrdeutig. Eros huldigt Aphrodite – und zugleich der Aphrodite-gleichen Frau.

Eros Hydrophoros

Eros, dessen Geschlechtlichkeit nicht ganz festgelegt ist, kann auch selbst das Frauengefäß Hydria in der Hand halten. Auf zwei älteren Bildern (**Kat. 137. 138**) gießt Eros aus einer Hydria in eine Waschschüssel; ihm gegenüber steht eine nackte Frau, die sich des Wassers wohl gleich bedienen wird. Wasser, das von Eros kommt, dürfte wohl für das Brautbad reser-viert sein. Hier ist also der Bezug der Hydria zum Hochzeitsritual explizit ins Bild gesetzt. Typischerweise ist alles aktive Geschehen getilgt aus einem Bild des Baltimore-Malers, das Eros mit der Hydria zeigt (**Kat. 139**). Der Gott sitzt neben dem Wassergefäß und hat eine Hand darauf gelegt. Das Bild ist nurmehr Anspielung auf einen Zusammenhang, der nicht näher ausgeführt wird.

Frauen mit Hydrien zusammen mit jungen Männern

Relativ variantenreich sind die Kombinationen mehrerer Frauen mit einem oder mehreren jungen Männern, in denen Hydrien vorkommen können (**Kat. 140–144**). Zwei Nestoriden des Varrese-Malers (**Kat. 140. 141**) zeigen recht schlichte Kompositionen von je fünf Figuren pro Gefäßseite, die in ihren Gemeinsamkeiten und Unterschieden gut die Vorgehensweise des Malers veranschaulichen. Die Mitte nimmt jeweils eine Frau ein, während die Folge der übrigen Figuren sich geringfügig unterscheidet. Diese Frau ist einmal stehend, aufgestützt auf eine erhöht stehende Hydria, wiedergegeben, dreimal sitzend. Die drei Sitzenden sind in Haltung und Typ völlig identisch; aber eine von ihnen sitzt a u f einer liegenden Hydria, die zweite n e b e n einer stehenden; die dritte schließlich hat kein Gefäß neben sich, sondern hält eine Girlande in den zusätzlichen Freiraum. Die Serie der Möglichkeiten wird noch ergänzt durch eine Frau, die (als Randfigur der Komposition) in einem Haltungsschema, das spiegel-bildlich bei zwei jungen Männern wiederkehrt, oberhalb einer schrägstehenden Hydria sitzt.

Also sind zum einen die Schemata der Frauen mit Hydrien untereinander ziemlich beliebig austauschbar, zum anderen ist die Hydria als Attribut mit anderen austauschbar. Was sich hier teilweise innerhalb der Bilder eines einzigen Gefäßes demonstrieren ließ, gilt allgemein, vergleicht man mehrere Gefäße miteinander: Praktisch zu jedem in diesem Abschnitt behandelten Typ lassen sich oft sehr enge Parallelen finden[302], die auf das für meine Auswahl maßgebliche Attribut Hydria verzichten; nur eine solide Minderheit der Bilder dieser Typen bedient sich seiner. Ähnlich wie oft in den mythologischen Bildern scheint die Hydria ein Bildthema zu untermalen, das prinzipiell auch gut ohne sie umgesetzt werden kann.

In der Werkstatt des Baltimore-Malers erscheint das Bildschema ›Frauen mit Hydrien und junge Männer‹ in mehreren Varianten. **Kat. 144** zeigt eine einfache Dreifigurengruppe: In der Mitte sitzt eine Frau auf einer liegenden Hydria unter einem Schirm; rechts von ihr steht eine Frau mit einem Spiegel und einer Kiste, links neben einem Pfeiler ein junger Mann, der ihr einen Fächer hinhält. In Gesellschaft von Frauen können Männer häufiger weibliche Attribute haben, die den Kontext des amourösen Gesprächs unterstreichen. Auf **Kat. 142** thront in der Mitte eines erheblich aufwendigeren Bildes eine Frau auf einem reich geschmückten Hocker. In der Rechten hält sie einen Schirm und vollzieht zugleich die *anakalypsis*. Neben ihr stehen eine Hydria und ein Louterion, um das auch noch zwei Schüsseln mit und ohne Henkel liegen – die Utensilien für das Brautbad sind versammelt. Am Louterion lehnt ein junger Mann, der in seiner Rechten einen Spiegel hält. Von ihm zur Frau hin fliegt eine weiße Taube mit einem Kranz im Schnabel als sichtbarer Ausdruck der Liebesbeziehung, die die beiden verbindet. Drei weitere Frauen rahmen die zentrale Gruppe; eine ganze Reihe weitere Attribute weiblicher Schönheit werden von ihnen gehalten oder liegen am Boden. Außerdem steht rechts ein Thymiaterion. **Kat. 143** variiert die bekannten Figuren und Attribute in einem Bild, das wohl zu den Szenen am Grabmal gehört; dieses wäre hier durch eine zentral auf einer Basis stehende Loutrophoros ausgedrückt.

Frauen mit Hydrien zusammen mit jungen Männern, dazu Eros

Die erotische Konnotation der ›Gesprächsszenen‹ zwischen jungen Männern und Frauen wird besonders deutlich gemacht, wenn auch Eros selbst präsent ist (**Kat. 145–154**, Abb. 27 a. b). Das Thema erscheint schon auf einem Bild des Iliupersis-Malers (**Kat. 145**). Ein stehender junger Mann redet auf eine neben einem Gewässer sitzende Frau mit Spiegel ein, von links kommt ein Eros mit einer Fruchtschale heran. Rechts steht eine Frau, die in der herabhängenden Linken eine leere Hydria hält. Das Bild einer Patera des nach diesem Gefäßtyp benannten Malers (**Kat. 146**) gruppiert sich um ein Louterion: Rechts von ihm sitzt eine Frau mit einem Fächer; links steht ein junger Mann mit einer Schale, in die er hineingreift, wohl um der Frau etwas von deren Inhalt anzubieten. Über und zwischen beiden fliegt ein Eros, der im Begriff ist, die Frau zu bekränzen. Am Boden liegt eine Hydria zwischen zwei Bällen.

Eine besonders dicht bemalte Lekanis des Baltimore-Malers (**Kat. 150**) hat eine auf einem Hocker thronende Frau mit Fächer im Zentrum; ihr zugewandt steht links ein junger Mann, der ihr in ähnlicher Weise ein Angebot macht. Über ihnen fliegt, wieder in der Richtung vom

---

[302] Hier eine Liste zu geben, würde zu weit führen. Schon ein Blick auf die Tafeln von RVAp und Supplementen liefert viele Beispiele; vgl. weiterhin K. Schauenburg, Zu kugelförmigen Pyxiden in Unteritalien, ÖJh 62, 1993 Beibl. 53–90 (bes. die gegenübergestellten Abb. 21–28 auf Sp. 75–78).

Abb. 27 a und b. Tarent, Mus. Nazionale Archeologico 9847: Henkellose Loutrophoros des
Baltimore-Malers (**Kat. 148**)

Mann zur Frau, ein Eros. Drei weitere Frauen halten Fächer, Spiegel, Schirm, Kranz. In der Bodenzone liegen eine Hydria und wiederum die beiden Typen großer Schüsseln.

Eine kleine Serie kugelförmiger Pyxiden rückt auf dem gedrängten Bildraum zwei sitzende Frauen, einen sitzenden jungen Mann, einen Schwan und einen Eros zusammen; zweimal sitzen dabei Frauen auf Hydrien (**Kat. 151. 152**). Auf **Kat. 152** fallen zwei Kreuzfackeln auf, die neben Eros und dem jungen Mann lehnen. Verstärkt dionysische Attribute zeigt die Namensvase des Malers von Berlin F 3383 (**Kat. 153**), auf der in Bildmitte eine Frau mit Fächer und Thyrsosstab auf einer liegenden übergroßen Hydria sitzt, über ihr fliegt Eros mit einem Kranz. Sie wird eingerahmt von einer vorgebeugten Frau mit Spiegel und Tympanon links, der sie sich zuwendet, und einem jungen Mann mit Thyrsosstab und anderen pflanzlichen Attributen rechts sowie insgesamt fünf weiteren Frauen und Männern mit ähnlichen Attributen weiter vom Bildzentrum entfernt.

SCHLUSS

Die Beispiele zeigen die Vielfalt der Variationsmöglichkeiten, die die apulischen Maler trotz der Verwendung immer wieder nahezu gleicher Figurentypen gefunden haben. Wo Eros dabei ist, ist klar, dass es um Liebesbeziehungen oder Anspielungen darauf geht. Auch die Paare von Männern und Frauen, in denen der Liebesgott fehlt, sind meist deutlich genug in dieser Hinsicht gekennzeichnet. Durch die gleichen aphrodisischen Attribute sind aber auch die Bilder einzelner Frauen oder mehrerer Frauen unter sich mehr oder weniger eng anzuschließen. Gerade in Letzteren hat die in der Bildmitte sitzende Frau starke Ähnlichkeit mit den bräutlich konnotierten Figuren im Zentrum umfangreicherer Darstellungen. Die gängige Kombination mit Eros macht es unwahrscheinlich, dass die Attribute nur als typische Frauenutensilien zu verstehen sind; die erotische Konnotation schwingt in ihnen allein schon durch das gleichzeitige Vorhandensein derselben Schemata mit eindeutig erotischer Bedeutung mit.

Diese aphrodisischen Attribute weist nun aber auch die Mehrzahl der Frauen mit Hydrien in den Unterweltdarstellungen auf; über Hydrien gelagerte Figuren wie auf den Pyxiden **Kat. 151** und **152** sind den Frauen in der Unterwelt besonders auf dem Bildschema von **Kat. 11–15** unmittelbar vergleichbar. Dass gleiche Figurentypen in unterschiedlichen Kontexten wiederverwendet werden, ist ein allgemeiner Zug gerade der spätapulischen Vasenmalerei. Andererseits erweist sich immer wieder, dass die Bilder mit viel Bedacht komponiert sind und dass keinesfalls Beliebigkeit regiert. Ein gemeinsamer Bedeutungshorizont gleichartiger Figuren ist durchaus anzunehmen, vor dem sich dann in den verschiedenen Kontexten unterschiedliche Akzente abheben. Nur unter dieser Bedingung kann sich eine Bildersprache verständlich machen. Sie kann ihre Bildzeichen gar nicht losgelöst verwenden, da sich die Konnotation aus der Kenntnis anderer Bilder, in denen sie verwendet werden, schon von selbst ergibt. Der Maler kann dem Betrachter nicht hundertmal Hydrien in erotischem Kontext präsentieren und erwarten, dass dieser nicht daran denkt, wenn die Hydria, noch dazu in Kombination mit anderen Zeichen derselben Bedeutungsrichtung, in einem anderen Kontext erscheint. Die Bedeutung kann sich in diesem neuen Kontext abschwächen, verschieben, ja durch entsprechende Mittel in ihr Gegenteil verkehren – verschwinden wird sie nicht.

Ein Bild allein verschließt sich, wenn man seinen Code nicht kennt. Eine Serie von Bildern bietet Chancen, seine Regeln kennenzulernen. Dennoch gibt es in einer Serie Schlüsselstücke, die ein wenig mehr zu verraten scheinen als andere und an denen ein Interpretationsversuch ansetzen muss. Wenn die Elemente an Information, die sie liefern, sich zusammenfügen lassen, können andere Elemente in das so geknüpfte Netz (hoffentlich) eingefügt werden. Schlüsselstücke in der hier behandelten Serie sind m. E.: **Kat. 2** mit seiner durchlässigen Hierarchie von den Hydriaphoren bis zu den Göttern; **Kat. 10**, wo die Frauen, die ihre Hydrien abgestellt haben, höher gerückt sind; **Kat. 14**, wo das Wasser von selbst fließt, während die Frauen in Muße gelagert sind; und als besonders aufschlussreicher Vergleich außerhalb der untersuchten Serie selbst **Kat. 48** mit den schwer Arbeitenden im Paradiesgarten der Hesperiden.

Aus **Kat. 10** schließe ich, dass es einen Unterschied macht, in der Unterwelt Hydrien zu tragen oder nicht – dass damit unterschiedliche ›Daseins‹weisen im Jenseits ausgedrückt sind. **Kat. 2** verrät m. E., dass Übergänge zwischen diesen Daseinsweisen als möglich gedacht sind. **Kat. 14** schildert offenbar einen Idealzustand, den auch potentiell Hydria-Tragende (darauf verweist die Anwesenheit des Gefäßes) erreichen können – dass die Muße ein Idealzustand ist, ergibt sich m. E. aus dem müßigen Dasein der Götter, wie es zum Beispiel auf **Kat. 1** pointiert der Aktivität zum Pithos hin im unteren Register gegenübergestellt ist. **Kat. 48** wirft ein Schlaglicht darauf, dass diese verschiedenen Daseinsweisen auch vom anderen Ende her gedacht werden können und ein Kontinuum darstellen.

Wenn die Muße ein Idealzustand ist, bildet die Arbeit am Pithos ein negatives Gegenbild dazu. Ihre Mühsal wird noch verstärkt durch den Aspekt der Dauer, der sich in der Abbildung verschiedener Phasen der Tätigkeit ausdrückt. Aber nie wird dieses Gegenbild absolut geschildert. In allen (ausführlicheren) Pithos-Szenen gibt es Elemente der Muße; überall stellen sich Verbindungen her zu denen, die nicht mit Arbeit belastet sind, mehrfach (am markantesten auf **Kat. 2**) werden Übergänge explizit angedeutet. Diese Übergänge wie auch der Idealzustand stehen offenbar unter der Obhut der Aphrodite. Aus ihrer Sphäre der *charis* stammt die Mehrzahl der Attribute der Frauen, tätigen wie untätigen; ihr angenähert ist eine der höhergerückten Frauen auf **Kat. 10**; ihr wohlwollender Blick gilt einer anderen Figur in einer Zwischenposition auf **Kat. 1**; sie schließlich präsidiert der Hierarchie der Übergänge auf **Kat. 2**, bezeichnenderweise parallel zu Hermes, dem Gott des Transitorischen schlechthin.

Auch die Hydria selbst hat offenkundig aphrodisische Konnotationen, wie ihre sonstige Verwendung in der spätapulischen Vasenmalerei zeigt. Ihre Fähigkeit, in einem Jenseitsbild positive und negative Seinsweisen zu verbinden, verdankt sie vermutlich ihrer Doppelnatur im Ritual: Sie gehört zu Geburt, Hochzeit und Leichenfeier, zu Leben, Fruchtbarkeit und Tod. Der Tod ist im Unterweltbild von vornherein präsent; die Hydria erlaubt, gleichzeitig einen Aspekt von Leben hineinzubringen im Sinne eines aphrodisischen Zustands glücklicher Muße. Damit ist eine innerhalb der Unterwelt selbst angesetzte Variante dessen gegeben, was die Unterweltbilder sonst in der Überwindung der Grenzen des Hades thematisieren.

All dies hat sich durch eine gründliche Untersuchung den Bildern selbst entnehmen lassen, ohne ihnen von vornherein eine mythische Benennung anzuhängen; ohne auch jedem Attribut, das irgendwie die Gelegenheit dazu bietet, das Etikett »mystisch«[303] anzuhängen. So etwas

---

[303] Es mag gut sein, dass die mystische Interpretation z. B. von Attributen das antike Verständnis der Bilder beeinflusste und verschob. Ich versuche aber evident zu machen, dass die Bilder (daneben?) ein Verständnis suggerieren, das ohne konkreten Mysterienbezug auskommt und auch von einem solchen, wenn er denn vorhanden ist, nicht negiert werden kann. Mit der Suche nach allzu konkreten Bezügen zu einzelnen Mysterienkulten scheint man sich meiner

sind Vorentscheidungen, die, wenn sie selbst nur auf Hypothesen beruhen, das Verständnis der Bilder manipulieren, statt dem Betrachter die Möglichkeit zu geben, sich im Verständnis von den Bildern leiten zu lassen. Wenn Keuls »our mystic context« von vornherein gegeben erscheint[304], wird dieser, *petitio principii*, am Ende der Analyse auch wieder herauskommen, ob er gegeben ist oder nicht. Wenn Moret, in anachronistischer Annäherung an die christliche Hölle, den Hades präfiguriert als einen Ort, dem nicht zu entkommen eine Strafe ist[305], wird er die ›Danaiden‹ als »Büßerinnen« sehen müssen[306], obgleich sich dazu, wie wir sahen, reichlich Gegengründe sammeln lassen, die ihm als brillanten Analytiker der Ikonographie nicht entgangen sein können. Erst nach getaner Analyse der Bilder kann ihr möglicher Bezug zu solchen externen Faktoren überprüft werden.

Die Unterweltdarstellungen der spätapulischen Prachtvasen geben zweifellos ein komplexes, vielschichtiges Bild des Hades, mithin des ›Jenseits‹, des ›Lebens nach dem Tode‹, für das uns unmittelbar korrespondierende literarische Quellen als Exegeten fehlen. Der Hades, in den »alle auf gleichem Weg gehen«[307], hat Schattierungen, weist manchen einen anderen Platz zu als wieder Dritten. Dass die Vorstellung der Bilder dezidiert ›mystisch‹ ist, ist von vornherein eher unwahrscheinlich, achten die Mysterienkulte doch, im berühmtesten Fall von Eleusis bekanntlich zum Verdruss der Forschung sehr erfolgreich, auf ihre Geheimhaltung. Dass wir hier religiöse Vorstellungen ins Bild umgesetzt sehen, die sich konkret mit Kulten und Ritualen und der Rolle bestimmter Gottheiten verbinden lassen, ist dagegen sehr naheliegend, im Einzelnen aber schwer zu verifizieren – eher lehren uns die Bilder etwas über die Kulte als umgekehrt.

Wir sehen: Muße als den offenbar angestrebten Idealzustand, und die Mühsal der Arbeit als Gegenbild und/oder Weg dahin. Wir sehen Aphrodite als diejenige, die, auch im Hades, auffällig oft verbunden wird mit dem Idealzustand und seinem Erreichen. Wir sehen umgekehrt eine Persephone, die mit diesem Wechselspiel eher wenig verknüpft wird, aber ihrerseits an Aphrodite angeglichen wird, so dass beide beinahe zu Doppelungen werden können und in ihren Rollen changieren. Ist dann, in der Konsequenz, die Aphrodite in der Unterwelt eher als Doppel der Persephone unter bestimmten Vorzeichen anzusehen, denn umgekehrt Persephone als Doppel der Aphrodite?

Meinung nach grundsätzlich auf einem Holzweg zu befinden: Mysterien als Kulte klar begrenzter Gruppen können in ihren präzisen Konzepten nur geringe Breitenwirkung haben. Ein Bildcode, der allgemein verständlich bleiben will, kann nur auf eine mutmaßlich eklektische Vulgarisierung solcher Gehalte zurückgreifen. Dass in diesem Sinne mystische Bedeutungen gerade in die Unterweltbilder eingegangen sind, scheint mir durchaus wahrscheinlich – aber im Detail umso schwerer nachzuweisen. Die Literatur zu antiken Mysterienkulten ist unüberschaubar, s. nur einige Standardwerke: Graf 1974; W. Burkert, Ancient Mystery Cults (Harvard 1987); Ph. Borgeaud (Hrsg.), Orphisme et Orphée, en l'honneur de Jean Rudhardt (Genf 1991); P. Scarpi (Hrsg.), Le religioni dei Misteri I. Eleusi, Dionismo, Orfismo (Mailand 2002) (mit Zusammenstellung der Textquellen).

[304] Explizit: Keuls 1974, 99.

[305] Vgl. dagegen R. Garland, The Greek Way of Death (London 1985) 48 f.; und als allgemeine knappe Überblicke zu den (vielfältigen und variablen) griechischen Unterweltvorstellungen: W. Burkert, Griechische Religion der archaischen und klassischen Epoche (Stuttgart 1977) 300–306; OCD3 (1996) 661 f. s. v. Hades (A. Henrichs). Grundsätzlich gilt: Die Unterwelt ist zwar ein unerfreulicher Ort, den aber traditionell alle Verstorbenen bewohnen, nicht nur schuldig gewordene Bestrafte. Die Vorstellung ist, trotz einiger Inkohärenzen, bei Homer klar (s. besonders die Nekyia des Odysseus: Hom. Od. 11; vgl. Burkert a. O. 101–105), und genauso gehen gemäß der Anthologia Palatina »alle auf dem gleichen Weg in den Hades« (Anth. Pal. 7, 477, 3 f.). Obwohl dieses Konzept im Laufe der Zeit offenbar von verschiedener Seite Konkurrenz bekam, ist es also bis in den Hellenismus hinein wirksam und vermutlich dominierend geblieben.

[306] Moret 1993, 343–348.

[307] Anth. Pal. 7, 477, 3 f.

Wir sehen schließlich die Frauen mit ihren Hydrien offenbar in einer Schlüsselstellung, an einem kritischen Punkt, wo der Platz oder die Rolle im Hades nicht eindeutig festgelegt ist, Ambivalenzen oder Fluiditäten ausgespielt werden. Zugrunde liegt das Bild von der mühseligen, kontinuierlichen Arbeit am Pithos, sei es als Fortsetzung der Mühen des Lebens, sei es als besondere Strafe. Dieses Bild aber benutzt die Vasenmalerei zu einem ikonographischen Spiel, erstrebenswertere Weisen des jenseitigen Daseins auszudrücken. Rückt die Frau mit Hydria vom Pithos ab, fehlt dieser ganz oder ist die Hydria abgestellt, dann ist die Figur weiter entfernt von der Mühsal und näher an göttergleicher Muße. Für sich genommen, ist das zunächst strukturell als nebeinander mögliche Varianten aufzufassen. Die Betonung von Übergängen auf einigen Bildern eröffnet aber auch die Möglichkeit, es als Prozess zu verstehen: von der Arbeit – oder durch die Arbeit – zur müßigen Glückseligkeit.

Es ist sicher kein Zufall, dass es Frauen mit Hydrien sind, die an dieser Scharnierstelle zum Einsatz kommen. Sie tragen Wasser, das Element der rituellen Spende und Reinigung, wie es auch im Totenkult – und mit ihm in seinem Gefäß, der Hydria, eine zentrale Rolle spielt. Wasser steht einerseits für Reinigung, andererseits für Leben und Fruchtbarkeit. Insofern markiert es einen Gegensatz zur Welt der Toten. Aber in einem Gegensatz liegt auch ein Verbindendes. Die drei Gelegenheiten, bei denen Wasser außerhalb der Feste der Götter im Leben der Griechen eine entscheidende religiöse Rolle spielte, sind Geburt, Hochzeit und Tod[308]; Werden und Vergehen des Lebens sind mit ihm verknüpft. Wasserspenden sind ein wesentlicher Bestandteil des Grabkultes[309]; sie gliedern sich in Trank- und Badspenden[310] – zwei deutlich zu unterscheidende Funktionen: lebensspendende Nährung und Reinigung. Das übliche Gefäß der Wasserspende am Grab ist die Hydria; sie kann als »dauerndes Sinnbild der einmaligen Spende«[311] am Grab niedergelegt werden und in einem weiteren gedanklichen Schritt selbst zum Grabmarker werden[312].

Aber auch für die Topographie des Hades selbst spielt Wasser eine wesentliche Rolle. Einer oder mehrere Flüsse, in direkter Verbindung mit dem weltumspannenden Okeanos, bilden die Grenze zwischen der Welt der Lebenden und der der Toten[313]: Wasser markiert den Unterschied von Leben und Tod. Mehrere Unterweltbilder zeigen an ihrem unteren Rand ein Gewässer (**Kat. 1. 8. 9**): Sollte in ihm nicht der Grenzfluss der Unterwelt dargestellt sein? In Gestalt eines Brunnens kehrt das Thema des Wassers auf dem Münchner Unterweltkrater[314] wieder. Damit scheint – wie in der Totenspende – die Bedeutung ausgedrückt, die das Wasser als Instrument des Lebens und der Reinigung für die Verstorbenen hat.

Besonders interessant ist ein Beleg für eine konkrete Reinigungshandlung im Hades, von der Platon den Sokrates in seinem großen Schlussmythos des Phaidon erzählen lässt[315]: Demnach werden die Verstorbenen bei ihrer Ankunft im Hades je nach Lebenswandel einer von drei Gruppen zugeordnet. Die als mittelmäßig Beurteilten leben zunächst an einem See, wo sie sich reinigen und für ihre Vergehen büßen, bis sie von ihnen losgesprochen werden (und offenbar in angenehmerer Weise weiterexistieren). Es gibt also, jedenfalls Sokrates zufolge,

308 Vgl. R. Ginouvès, Balaneutikè (Paris 1962) 234–282.
309 Ginouvès a. O. (Anm. 308) 244–264; Diehl 1964, 128–141.
310 Diehl 1964, 135 f.
311 Diehl 1964, 139.
312 Diehl 1964, 139 f.
313 Vgl. J. Rudhardt, Le thème de l'eau primordiale dans la mythologie grecque (Bern 1971) 89 f.
314 München, Antikensammlungen 3297: RVAp II 533,282 Taf. 194.
315 Plat. Phaid. 113d–e.

Aufstiegschancen im Hades, und Wasser steht in einer instrumentalen Verbindung zu ihnen. Diese Vorstellung korreliert strukturell mit der Rolle der Frauen mit Hydrien in den betrachteten Bildern so eng, wie es kein anderer Text tut, nicht zu den Danaiden, aber auch nicht zu den anonymen Wasserschöpfenden am löchrigen Pithos. Erkennbar löchrig, *nota bene*!, war keiner der solide im Boden sitzenden Pithoi der apulischen Bilder.[316] Mag hie und da stattdessen durch überlaufendes Wasser die Mühsal der Arbeit auch noch als sinnlos gekennzeichnet sein, die zentrale, thematische Idee der Bilder, die sie betont zum Ausdruck bringen wollen, ist es nicht. Die Thematik, sich von dieser Mühsal frei zu machen (oder zu sein), war dagegen in allen Bildern – mehr oder weniger ausgeprägt – präsent.

Vielleicht kommen an dieser Stelle doch wieder die mythischen Danaiden ins Spiel. Verdächtig ist zunächst, dass das Bild der Wassergießenden und seine Varianten ausschließlich Frauen zeigen, was dem Gehalt nach sicher nur stellvertretend sein kann und den Gedanken an ein mythisches Exempel weckt. Verdächtig ist weiter, dass solche mythischen Exempla die apulischen Unterweltbilder generell dominieren; mit einer beträchtlichen Vorliebe solche, die die Überwindung der Grenzen der Unterwelt thematisieren, wie Moret völlig zu Recht herausgearbeitet hat[317]. Anonymi treten nur als Randfiguren auf; eine ganze Gruppe nicht-mythischer Figuren, wie sie die umfassendsten Darstellungen der Hydriaphoren zeigen, wäre in dieser Ikonographie ein *hapax*. Aber wie konnten sie zu diesem Exemplum werden, in der Rolle, die sie der ikonographischen Analyse zufolge in den Bildern einnehmen[318]?

›Den‹ Mythos der Danaiden[319] gibt es natürlich eigentlich nicht: Mythos lebt in seinen Aktualisierungen, die aus einer Tradition schöpfen und diese zu einer Geschichte formen, die den jeweiligen Aussageabsichten entspricht. Widersprüche zwischen verschiedenen Varianten ergeben sich aus diesem Prozess der Mythenentwicklung; zwischen den Varianten nach der ›wahren‹ zu suchen, wäre von daher ein sinnloses Unterfangen. Die Wahrnehmung der Danaiden im Späthellenismus und in der Kaiserzeit als kanonische Unterweltbüßerinnen, die sie vormals nach allem, was wir wissen können, nicht waren, ist nur ein extremes Beispiel dieser Variabilität, die den Mythos generell auszeichnet.

Unsere wichtigste Überlieferung zu den Danaiden sind die *Hiketiden* des Aischylos; leider ist nur dieser erste oder zweite Teil einer den Danaiden gewidmeten Trilogie[320] erhalten; an nur in Teilen zu sichernden Rekonstruktionsversuchen haben es die Philologen nicht mangeln lassen[321]. Eine ›vollständige‹, systematisierte Fassung der Geschichte gibt (Pseudo-)Apollodoros[322]. Wichtige Hinweise bieten außerdem Erwähnungen noch einmal bei Aischylos im

---

[316] Abweichungen davon nur (ausnahmsweise) im etruskisch-römischen Bereich: s. o. Anm. 118.

[317] Moret 1993.

[318] Sollten wir immer noch zu sehr im Bann der traditionellen Lehrmeinung stehen, nur nach den Danaiden zu fragen; könnte es sich auch um ein a n d e r e s mythisches Exemplum handeln? Schwerlich – dagegen spricht die spätere bildliche Tradition. Dass sie dem Bildmotiv einen neuen Sinn einprägt, ist aus dem Festgehaltenen evident. Aber dass sie ein für eine andere mythologische Personengruppe etabliertes Bildmotiv umstandslos übertrüge auf die Danaiden, scheint kaum denkbar, die Verwechslungsgefahr wäre zu groß.

[319] Vgl., mit weiteren Nachweisen, die Artikel im LIMC (Keuls 1986a; Keuls 1986b); OCD3 (1996) 428 s. v. Danaus and the Danaids (A. L. Brown); DNP III (1997) 307 s. v. Danaos, Danaides (C. Auffarth).

[320] Bzw., inklusive des thematisch offenkundig verwandten Satyrspiels *Amymone*, einer Tetralogie.

[321] Vgl. dazu den Überblick bei A. F. Garvie, Aeschylus' Supplices (Cambridge 1969) 163–233; sowie zu neueren Untersuchungen, die eine Einordnung der *Hiketiden* an zweiter Stelle der Trilogie bevorzugen, zusammenfassend DNP I (1996) 352. 357 Anm. 1 (Lit.) s. v. Aischylos (B. Zimmermann). Einige Fragmente sind erhalten: TrGF III fr. 43–46.

[322] Apollod. 2, 1, 4 f.

Gefesselten Prometheus[323], bei Pindar[324], bei Herodot[325], bei Strabon, der ein Hesiod-Fragment überliefert[326], und bei Pausanias[327].

Bereits die Tragödie des Aischylos allein ist ungeheuer reich an Bedeutungen, die sich längst nicht alle unter einem Thema zusammenfassen ließen. Die neueren Untersuchungen dazu[328] stimmen aber grundsätzlich darin überein, ihr zentrales Thema in dem zu sehen, was Jean-Pierre Vernant »une interrogation sur la nature véritable du *krátos*«[329] genannt hat. Es geht bei Aischylos, hoch politisch, darum, wie Macht auszuüben ist: auf der Basis nackter Gewalt oder mit dem Mittel der Überzeugung. Durchgespielt wird das am mythischen Exempel des Konflikts um die Eheschließung zwischen Danaiden und Aigyptiden. Insofern ist die Tragödie ein Musterbeispiel dafür, wie ein Erzähler sich einen mythischen Stoff in ganz eigener Aussageabsicht anverwandelt. Die Annahme liegt nahe, dass die Maler der apulischen Unterweltbilder, so sie sich des Danaiden-Mythos bedienten, dies mit ganz anderer Intention getan haben dürften.

Im Hinblick auf die Bilder wäre nun auch der Fortgang der Geschichte viel interessanter. Obwohl die Forschung darüber kontrovers ist, spricht wohl einiges dafür, dass Aischylos seinen Danaiden ein positives Ende gegeben hat[330]. Es scheint schwer vorstellbar, dass der Dichter die zunächst grundsätzlich positiv eingeführten Figuren am Ende als strafwürdige Monstren hat dastehen lassen. Ein vielleicht für die Tendenz der Trilogie aufschlussreiches Fragment überliefert Athenaios[331]: Aphrodite parallelisiert in blumigen Worten irdische und menschliche Fruchtbarkeit. Macht schon ihre selbst in Anspruch genommene Miturheberschaft (παραίτιος) für das Gedeihen der Erde ihre umfassende Rolle für das Wohlergehen deutlich, lässt die ausdrückliche Nennung Demeters an die unmittelbare Angleichung von Aphrodite und Persephone in den apulischen Unterweltbildern denken.

Die Texte der übrigen Autoren, von denen wir Nachrichten über den Ausgang der Geschichte haben, unterscheiden sich stark voneinander; es fehlen Indizien, welche Fassung wir als die in der Spätklassik ›gängige‹ ansehen könnten[332]. Interessant ist aber, was über die Danaiden abseits der Geschichte berichtet wird: Herodot[333] schreibt ihnen nicht weniger als die Einführung der Thesmophorien zu, des Frauenfestes zu Ehren der Fruchtbarkeitsgöttin

---

[323] Aischyl. Prom. 853–869. Aischylos' Autorschaft am *Prometheus* ist umstritten (vgl. DNP I [1996] 353. 357 Anm. 2. 3 [Lit.] s. v. Aischylos [B. Zimmermann]), was hier allerdings keine Rolle spielt.

[324] Pind. P. 9, 111–116; N. 10, 1–10.

[325] Hdt. 2, 171.

[326] Strab. 8, 6, 8 = Hes. fr. 49 Rzach.

[327] Paus. 2, 19, 6 und im Folgenden.

[328] An jüngeren monographischen Behandlungen der *Hiketiden* sind vor allem zwei Arbeiten zu nennen, die bei sehr unterschiedlicher Herangehensweise zu in Grundzügen ähnlichen Ergebnissen kommen: F. I. Zeitlin, La Politique d'Éros. Féminin et masculin dans les ›Suppliantes‹ d'Eschyle, Métis 3, 1988, 231–259; Ch. Rohweder, Macht und Gedeihen. Eine politische Interpretation der »Hiketiden« des Aischylos (Frankfurt a. M. 1998).

[329] J.-P. Vernant in: J.-P. Vernant – P. Vidal-Naquet, Mythe et tragédie en Grèce ancienne [I] (Paris 1972) 32.

[330] So auch, mit aller Vorsicht, Garvie a. O. (Anm. 321) 225.

[331] Athen. 13, 73 (600b Cas.) (= TrGF III fr. 44). Ich habe die Stelle in anderem Zusammenhang kurz kommentiert: A. Thomsen, Die Wirkung der Götter (Berlin 2011) 268 f.

[332] Apollodor und Pindar, die beide von einer Wiederverheiratung berichten, greifen wahrscheinlich auf eine alte epische Fassung zurück, vgl. Graf 1974, 116 mit Anm. 107. Das stärkt die Argumente für einen versöhnlichen Ausgang als traditionelle Version, sagt aber weiterhin nichts Sicheres darüber aus, wie die Sage im 4. Jh. (vornehmlich) bekannt war.

[333] Nachweise zu diesem Absatz s. o. Anm. 325–327.

Demeter; speziell Hypermestra wird laut Pausanias in Argos als Gründerin von Kulten und als Stifterin von Statuen in ehrender Erinnerung gehalten. Amymone, die Danaide mit dem Sonderschicksal, Göttergeliebte zu werden, hat durch die nach ihr benannte Quelle einen Status als Nymphe. Einen ähnlichen Aspekt gibt ihnen allen gemeinsam das Hesiod-Fragment: »Argos, wasserlos, machten die Δανααì zum wohlbewässerten Argos.« Die Klammer all dieser Zuschreibungen ist evident: Die Danaiden gelten als Kulturbringerinnen, die vor allem mit der Stiftung von Fruchtbarkeit verbunden werden. Dies, so scheint es, ist ihr in der griechischen Mythentradition vorherrschendes Bild gewesen, neben dem die Geschichte des Gattenmordes beinahe zur Episode wird – es sei denn, dieser Episode lässt sich ein wesentlicher Platz im Konzept der Kultur- und Fruchtbarkeitsbringerinnen Danaiden zuweisen[334]. Jedenfalls sind sie dadurch nicht nur Wohltäterinnen, sondern auch Schuldbeladene, die der Entsühnung bedürfen – ambivalente Figuren, die den »moralisch Mittelmäßigen« aus dem Mythos im *Phaidon* vielleicht nicht fern stehen müssen.

Vorrangig mit dem Gedanken an Fruchtbarkeit, also Leben, konnotiert, durch den Gattenmord aber auch eng mit dem Tod verbunden und mit Wasser zumal: Die Scharnierstelle der Frauen mit Hydrien in unseren Unterweltbildern könnten die Danaiden gut ausfüllen. Freilich nicht als ewige Büßerinnen, sondern als ambivalente Figuren mit starker Tendenz zur positiven Deutung. Die Übertragung bliebe bemerkenswert. Das gesamte übrige identifizierbare Personal der apulischen Unterweltbilder kennen wir aus Geschichten, die in der Tat in der Unterwelt spielen. Keuls Versuch, die Danaiden in berechtigter positiver Umdeutung zu einer Art ersten Mysten zu machen, die noch ganz irdisch ein Reinigungsritual durchführen[335], scheitert daran. Man muss schon noch einen Schritt weiter gehen: Wir sind hier eindeutig in der Unterwelt.

[334] So Marcel Detienne in einem brillanten, aber sehr frei mit dem verstreuten Material jonglierenden Versuch, alle Elemente des Danaiden-Mythos unter einen Hut zu bekommen: M. Detienne, Les Danaides entre elles ou la violence fondatrice du mariage, Arethusa 21, 1988, 159–173. Nach Detiennes Rekonstruktion ermöglicht der gegenseitige Gewaltverzicht von Lynkeus und Hypermestra eine Art ›contrat social‹ (meine Worte) in Gestalt der Ehe, der als zivilisatorischer Schritt einen vorherigen Zustand der Gewaltsamkeit ablöst.

[335] Keuls 1974, 83–116.

KATALOG: MITTEL- UND SPÄTAPULISCHE VASENBILDER MIT HYDRIEN BZW. FRAUEN MIT HYDRIEN

Mehrere Hydriaphoren am Pithos in unmittelbarem Unterweltkontext

1 Volutenkrater des Baltimore-Malers, 330–310 v. Chr.   Abb. 5. 16
St. Petersburg, Ermitage Б 1716 (St. 426). – Provenienz: Unbekannt.

Volutenattaschen: Frauenköpfe. A: Hals: Flügelwesen in Quadriga. Hauptbild: Unterweltbild (s. Text).
Fuß: Frauenkopf. B: Hals: Eros zwischen Frau und Satyr. Hauptbild: Im Naiskos: Knabe gießt sitzendem jungem Mann in Spendeschale; vier ›Gabenbringer‹. Fuß: Frauenkopf. (Abb. von B: RM 80, 1973, Taf. 82, 2).
Das Hauptbild von A wird oben von einem Lotus-Palmetten-Fries und einem Zungenband eingefasst, unten von einem Mäanderband. Unter den Henkeln Palmettenkompositionen.

Winkler 1888, 58–62 Nr. X; Schauenburg 1958, 66 f. mit Anm. 81 Abb. 12; Keuls 1974, 85 Nr. d; 94 f.; Smith 1976, 177–179 und *passim* Abb. 12; Pensa 1977, 26 f. 37–40 Taf. 9; Lohmann 1979, 47 Anm. 345; 207 Nr. A 272; RVAp II 864,19; Keuls 1986a, 339 Nr. 13*; Lohmann 1986, 74 f. Abb. 1; Sarian 1986, 829 Nr. 14; Shapiro 1986, 390 Nr. 11; RVAp Suppl. 2 II 264; Sarian 1992, 992 Nr. 31; Moret 1993, 337–342. 345. 350 Nr. 25; Aellen 1994, 33. 50. 58 f. 62. 69. 73. 208 Nr. 54 Taf. 70; 72, 1; Morard 2009, 150 Anm. 897.

2 Volutenkrater des Baltimore-Malers, 320 v. Chr.   Abb. 1–4
Urbana-Champaign, University of Illinois, Spurlock Mus. (früher: World Heritage Mus.) 82.6.1 (1982.06.0001A). – Provenienz: Unbekannt.

Volutenattaschen: Frauenköpfe mit Diadem im Haar. A: Hals: Oben Fries von Köpfen mit phrygischen Mützen zwischen stilisierten Lotusblüten; darunter Amazonomachie. Hauptbild: Persephone und Hades im Palast (s. Text). B: Hals: Oben gegenständige Zweige um Blütenrosette; darunter zwei Eroten, die eine Frau und einen jungen Mann bekränzen. Hauptbild: In einem Naiskos auf einem hohen, mit Weinranken geschmückten Podium wird einem sitzendem bärtigem Mann von einem stehendem Unbärtigen aus einer Oinochoe in eine Spendeschale gegossen. Sechs ›Gabenbringer‹. Fuß: Frauenkopf zwischen üppigen Blütenranken.
Das Hauptbild A wird oben von einem Lotus-Palmetten-Fries und einem Zungenband eingefasst, unten von einem Mäander mit dazwischengesetzten Kreuzplatten. Unter den Henkeln Palmettenkompositionen.

MuM 1982, 26–28 Nr. 41; From Alexander to Augustus. A Guide to the Hellenistic and Roman Galleries (Urbana-Champaign 1983) 14–16; RVAp Suppl. 1 152,23a; Schauenburg 1984a, 378; B. Oehlschlaeger-Garvey, A New Apulian Krater in the World Heritage Mus., Journal of Aesthetic Education 19, 1985, Nr. 1 S. 99–113; Keuls 1986a, 339 Nr. 15; Lindner u. a. 1988, 386 Nr. 134; CVA Urbana-Champaign, 34–36 zu Taf. 36–42; RVAp Suppl. 2 II 267; Moret 1993, 345. 348. 351 Nr. 33 Abb. 17 a–c; Güntner 1997, 973 Nr. 300.

Mehrere Hydriaphoren am Pithos ohne unmittelbaren Unterweltkontext

3 Hydria (der V.- und A.-Gruppe verbunden), 360–340 v. Chr. Abb. 7. 8
Policoro, Mus. Archeologico Nazionale della Siritide 38462. – Provenienz: Policoro (Herakleia), Süd-Nekropole.

Schulter: Architektur, darin Hydria; links stehender bärtiger Mann mit Stab, sitzende Frau (*anakalypsis*-Geste), rechts sitzende Frau (*anakalypsis*-Geste), stehender kleiner Eros mit Zweig. Hauptbild: Hydriaphoren am Pithos (s. Text). Schulter- und Hauptbild werden auf Höhe der Henkel von einem Hakenkreuz-Mäander getrennt; unten wird das Hauptbild von einem Mäander mit regelmäßig eingestreuten Schachbrett-Feldern abgeschlossen. B: Palmetten-Blütenranken-Komposition (Abb.: Adamesteanu 1979, Taf. 1, 3).

Trendall 1977, 284 Nr. 9; Kossatz-Deissmann 1978, 50 Anm. 277; RVAp I 407,59; Adamesteanu 1979, 9–12 Taf. 1; Schmidt 1979, 159–162; Simon 1981, 747 Nr. 73; Schmidt 1982, 28 f.; S. Bianco – M. Tagliente (Hrsg.), Il Museo Nazionale della Siritide di Policoro (Bari 1985) 102; Keuls 1986a, 338 Nr. 7*; RVAp Suppl. 2 I 104; Moret 1993, 343 f. 349 Nr. 5; Trésors d'Italie du Sud. Grecs et Indigènes en Basilicate. Ausstellungskatalog Straßburg (Mailand 1998) 232 Taf. 60.

4 Amphora aus dem Umkreis des Patera-Malers, 330–320 v. Chr. Abb. 6
Altamura, Mus. Nazionale Archeologico 10192. – Provenienz: Altamura, Via Bari (Grab); zunächst Tarent, Mus. Archeologico Nazionale Inv. 76010.

A: Schulter: Eros über Blüte zwischen Ranken. Hauptbild: Oben Unterweltbild (s. Text). Unten Hydriaphoren am Pithos (s.Text). B: Schulter: Frauenkopf zwischen Ranken. Hauptbild: Oben Pentheus auf Altar kniend, von Frauen angegriffen. Unten weitgehend verloren, erhalten Frauenkopf und Tympanon – dionysische Szene? (Abb. von B: Schauenburg 1983, Taf. 85, 3). Das Hauptbild A wird oben von einem Zungenband gerahmt, unten von einem Mäander mit etwa mittig eingefügtem gekreuztem Rechteck. Die beiden Friese werden getrennt von einem Zungenband und einem breiten vegetabilen Ornamentstreifen mit gegenständigen Eichenzweigen um eine Mittelrosette, um die Zweige geschlungen ein Band mit aufgereihten bemalten Eiern.

Pensa 1977, 27; F. G. Lo Porto, L'attività archeologica in Puglia, in: Orfismo in Magna Grecia, CMGr 14 (Tarent 1975) 344–346; RVAp II 763,293 Taf. 284, 1; Schmidt 1982, 28; Schmidt 1991, 39–41; Keuls 1986a, 339 Nr. 11*; RVAp Suppl. 2 II 229; Sarian 1992, 992 f. Nr. 41; Moret 1993, 335 f. 350 Nr. 22; Lippolis 1996, 418 f. Nr. 362 Abb.; Museo archeologico nazionale Altamura, Itinerari dei musei … n. s. 59 (Rom 2002) 21.

5 Volutenkrater des Arpi-Malers, 320–310 v. Chr.
Neapel, Privatslg. 369. – Provenienz: Unbekannt.

RVAp II 923,87 u. 922 Taf. 358; Keuls 1986a, 339 Nr. 17; Schmidt 1987, 160; Moret 1993, 343–345. 351 Nr. 35.

Eine einzelne Hydriaphore mit und ohne Pithos im Unterweltkontext

6 Volutenkrater des Baltimore-Malers, 320 v. Chr.   Abb. 9
Münster, Archäologisches Mus. 817. – Provenienz: Unbekannt.

Volutenkrater mit separatem Fuß. Volutenattaschen: Frauenköpfe. Auf A darunter Niken. A: Hals: Entführungsszene (Raub der Persephone?), darüber Frauenkopf zwischen Ranken. Hauptbild: Krieger vor Hades (s. Text). B: Hals: Dionysos mit Gefolge. Hauptbild: Junger Mann mit Pferd und Frau mit Phiale und Oinochoe (Libation) in Naiskos; acht ›Gabenbringer‹. Fuß: Frauenkopf im Blütenkelch.
Das Hauptbild A wird oben von einem Lotus-Palmetten-Fries und einem Zungenband eingefasst, unten von einem Mäander mit eingestreuten Kreuzplatten. Unter den Henkeln Palmettenkompositionen.

Schauenburg 1984a, 368–371. 379 Taf. 116; K. Stähler in: B. Korzus (Hrsg.), Griechische Vasen aus westfälischen Sammlungen. Ausstellungskatalog Münster (Münster 1984) 208–212 Nr. 85 Abb.; Lohmann 1986, 65–82; RVAp Suppl. 2 II 274,22a3; Stähler 1992, 421–423; Moret 1993, 328 f. 332–335. 345. 350 f. Nr. 30 Abb. 13 a–c; Aellen 1994, 30. 32 f. 59. 61. 65. 175. 209 Nr. 59; Kossatz-Deissmann 2009a, 162 Nr. add. 5* (mit Verweisen).

7 Volutenkrater des Baltimore-Malers, 320–310 v. Chr.   Abb. 10. 11
Antikenmus. Basel BS 464. – Provenienz: Unbekannt.

Volutenkrater mit separatem Fuß. Volutenattaschen: Frauenköpfe. A: Hals: Viergespann, weibliche Flügelwesen. Hauptbild: Krieger vor Hades (s. Text). B: Hals: Frauenkopf im Blütenkelch. Hauptbild: Junger Mann mit Pferd in Naiskos; sechs ›Gabenbringer‹. Fuß: Männlicher Kopf im Blütenkelch. Drei Frauen mit Kästchen, Fächer.
Das Hauptbild A wird oben von einem Lotus-Palmetten-Fries und einem Zungenband eingefasst, unten von einem Mäander mit eingestreuten Kreuzplatten. Unter den Henkeln Palmettenkompositionen.

Schmidt 1976, 51–77 Taf. 14–18; Pensa 1977, 29.57 f.; Krauskopf 1981, 704 Nr. 81; RVAp II 865,23; RVAp Suppl. 1 146; A. D. Trendall in: 25 Anni della Facoltà di Lettere e Filosofia, Università degli studi di Lecce (Galatina 1983) 71–84; G. Siebert, Des vases apuliens à figures rouges aux céramiques à décor polychrome et plastique, Ktema 10, 1985, 22–24; Keuls 1986a, 340 Nr. 34; Shapiro 1986, 390 Nr. 14; RVAp Suppl. 2 II 265; Sarian 1992, Add. 992 Nr. 33; Moret 1993, 328. 332 f. 336. 345. 351 Nr. 32; Krauskopf 2009, 57.

Hydriaphoren ohne Pithos im Unterweltkontext

8 Volutenkrater eines Nachfolgers des Lykurg-Malers, 340 v. Chr.   Abb. 17
Karlsruhe, Badisches Landesmus. B 4 (388). – Provenienz: Ruvo.

Keine Volutenattaschen. A: Hals: Gespann des Helios. Hauptbild: Unterwelt (s. Text). B: Hals: Frauenkopf im Blütenkelch. Hauptbild: Bellerophon und die Chimaira. Fuß (umlaufend): Greif, Sphinx, Panther, Greif, Eber.

MonInst 2 (1834) Taf. 49. 50; AZ 1843, Taf. 11; H. Winnefeld, Beschreibung der Vasensammlung (Karlsruhe 1887) 99–105 Nr. 388; Winkler 1888, 13–18 Nr. II; Roscher, ML I (1886) 1805 f. s. v. Hades (Chr. Scherer); Cook III 423 Anm. 2 Nr. 3; J. Beazley, Etruscan Vase Painting (Oxford 1947) 147 Nr. 6; CVA

Karlsruhe (1) 29 f. zu Taf. 61, 5; 62–64; Keuls 1974, 85 Nr. a. 90–91; Cämmerer 1975, 47–50; Smith 1976, 177; Pensa 1977, 24. 34. 49; RVAp I 431,81; Delivorrias u. a. 1984, 146 Nr. 1529; M. Maaß, Wege zur Klassik. Führer durch die Antikenabteilung des Badischen Landesmuseums (Karlsruhe 1985) 86 Taf. 14 (Farbe); 130–132 Abb. 97; Keuls 1986a, 338 Nr. 8; Sarian 1986, 828 Nr. 11; Thimme 1986, 136–143 Abb.; Schmidt 1988, 726 Nr. 11; Sarian 1992, 992 Nr. 28*; Moret 1993, 335–341. 350 Nr. 7; Aellen 1994, 30. 32.58–62. 64 f. 136. 183. 205 Nr. 28 Taf. 34. 35.

9 Volutenkrater aus dem Umkreis des Lykurg-Malers, 340 v. Chr.
Neapel, Mus. Archeologico Nazionale 81666 (H 3222). – Provenienz: Altamura.

Keine Volutenattaschen. A: Hals: Amazonomachie. Hauptbild: Unterwelt (s. Text). B: Hals: Helios und Selene. Hauptbild: (1) Apollo mit Leier zwischen jungen Männern, Frau, Satyr. (2) Paare von jungen Männern und Frauen. (3) Junge Männer, einer mit Flöte, einer bedroht eine Frau mit einem Schwert. (Das laut RVAp 431,82 beinahe völlig restaurierte Hauptbild B ist m. W. unpubliziert; die Halsbilder s. AdI 1864, Taf. ST.) Fuß: Schwarz mit tongrundigen Bändern.

H. Heydemann, Die Vasensammlungen des Museo Nazionale zu Neapel (Berlin 1872) 510–516 Nr. 3222; Winkler 1888, 18–27 Nr. III; Keuls 1974, 85 Nr. 5; 91 f.; Smith 1976, 176 Abb. 11; Pensa 1977, 24 und *passim* Taf. 1–4; RVAp I 431,82; LIMC I (1981) 311 Nr. 1* s. v. Aiakos (J. Boardman); LIMC I (1981) 758 Nr. 2* s. v. Ananke (E. Simon); RVAp Suppl. 1 57; Lambrinudakis u. a. 1984, 296 Nr. 938*; LIMC II (1984) 911 Nr. 29 s. v. Astra (S. Karusu); Keuls 1986a, 339 Nr. 9*; LIMC III (1986) 755 Nr. 41 s. v. Eos (C. Weiss); Schmidt 1988, 726 Nr. 10*; RVAp Suppl. 2 I 109; Moret 1993, 335 f. 350 Nr. 8; Aellen 1994, 30. 33. 50. 58. 60–65. 142. 190. 202 Nr. 2 Taf. 2. 3.

10 Volutenkrater des Malers von Louvre K 67, 320–300 v. Chr.   Abb. 12–15
St. Petersburg, Ermitage Б 1717 (St. 424). – Provenienz: Ruvo.

Volutenattaschen: Frauenköpfe. A: Hals: Ixion am Rad. Hauptbild: ›Palast des Hades‹ (s. Text). B: Hals: Aphrodite im Blütenkelch, zwei Eroten. Hauptbild: Naiskos, darin junger Mann sitzend, junger Mann stehend, dem ersten einen Kranz reichend. Acht ›Gabenbringer‹. Fuß (umlaufend): Frau, junger Mann, Frau, Eros, Frau.

M. Raoul-Rochette, Monuments Inédits (Paris 1833) 179 f. Nr. 3 Taf. 45; O. Jahn, Darstellungen der Unterwelt auf römischen Sarkophagen, SBLeipzig 1856, 282; Stephani 1869, 223–231 Nr. 424; A. Baumeister, Denkmäler des klassischen Altertums III (München 1888) 1930 s. v. Unterwelt; Winkler 1888, 65–69 Nr. XII und Anhang S. 89–92; Wiener Vorlegeblätter E Taf. 4; Cook I 201; Séchan 1926, 394 f.; Cook III 423 Anm. 2 Nr. 1; E. Simon, Ixion und die Schlangen, ÖJh 42, 1955, 18 f.; Schauenburg 1958, 62–64; Keuls 1974, 85 Nr. e; 95 f.; Smith 1976, 177–180; Pensa 1977, 26.36–39; RVAp II 930,117; Delivorrias u. a. 1984, 131 Nr. 1377; Keuls 1986a, 339 Nr. 18; LIMC III (1986) 114 Nr. 2* s. v. Bia et Kratos (E. Simon); Sarian 1986, 829 Nr. 20; Lindner u. a. 1988, 387 Nr. 150; Kossatz-Deissmann 1990, 756 Nr. 156; LIMC V (1990) 858 Nr. 3 s. v. Ixion (C. Lochin); B. Fehr, Über den Umgang mit Feinden der Zivilisation in Griechenland und Rom, Hephaistos 10, 1991, 93–96; RVAp Suppl. 2 II 324; Moret 1993, 337. 348. 351 Nr. 36; Aellen 1994, 30. 50. 69. 73. 209 Nr. 62 Taf. 78. 79; Güntner 1997, 973 Nr. 304; A. C. Montanaro, Ruvo di Puglia e il suo territorio (Rom 2007) 662–664 Kat. 154.7 Abb. 597; Morard 2009, 146 f. 195 Taf. 57.

Frauen mit Hydrien im Unterweltkontext

11 Volutenkrater des Baltimore-Malers, 320–310 v. Chr.
Schweiz, Privatslg. – Provenienz: Unbekannt.

Volutenattaschen: Frauenköpfe. A: Hals: Dionysos in Pantherbiga mit Gefolge. Hauptbild: Unterwelt (s. Text). B: Hals: Laufender junger Mann mit Fackel, Frau, Eros. Hauptbild: Sitzender junger Krieger in Naiskos; vier ›Gabenbringer‹. Fuß (separat): Frauenköpfe zwischen Blumenranken.

RVAp II 865,22a Taf. 325, 1; Lohmann 1982, 197 Tab. 1 (»England, Privatbesitz 3«); Keuls 1986a, 339 Nr. 14; Lohmann 1986, 72 mit Anm. 51; Krauskopf 1991, 705 Nr. 81a; RVAp Suppl. 2 II 265 (falscher Nachweis!); Sarian 1992, 992 Nr. 36; Moret 1993, 332 f. 350 Nr. 27.

12 Volutenkrater des Baltimore-Malers, 320–310 v. Chr.   Abb. 20
Pulsano, Slg. Guarini. – Provenienz: Nördlich von Canosa.

Volutenattaschen: Frauenköpfe. A: Hals: Amazonomachie. Hauptbild: Unterwelt (s. Text). B. Hals: Frauenkopf im Blütenkelch. Hauptbild: Stehender junger Mann mit Pferd in Naiskos; vier ›Gabenbringer‹. Fuß (gesondert, Zugehörigkeit unsicher): Schwarz.

L. Todisco, Un nuovo cratere con scena d'oltretomba del Pittore di Baltimora, ArchClass 35, 1983, 45–57 Taf. 14–18; Schauenburg 1990, 97 Abb. 6; Moret 1993, 332 f. 336. 350 Nr. 29; RVAp Suppl. 2 II 274,22a2; Kossatz-Deissmann 2009a, 161 Add. 3; Krauskopf 2009, 57 Nr. add. 4.

13 Volutenkrater des White-Saccos-Malers (in Verbindung mit dem Baltimore-Maler),
320–310 v. Chr.   Abb. 18
Ehemals Malibu, J. Paul Getty Mus. 77.AE.13, restituiert an Italien (derzeit Rom, Mus. Nazionale Etrusco della Villa Giulia). – Provenienz: Unbekannt; angeblich aus demselbem Kontext wie 77.AE.15.

Fuß und Henkelvoluten nicht erhalten. A: Hals: Frauenkopf im Blütenkelch. Hauptbild: Unterwelt (s.Text). B: Hals: Palmetten. Hauptbild: Junger Mann sitzend in Naiskos; 2 ›Gabenbringerinnen‹.

RVAp II 863,17; RVAp Suppl. 1 147 f. 182,29/A; Schauenburg 1984a, 359–387 Taf. 94; Keuls 1986a, 339 Nr. 12; Lindner u. a. 1988, 385 Nr. 125; Schmidt 1988, 727 Nr. 15; CVA Malibu (3) 7 f. Taf. 133–135; RVAp Suppl. 2 II 348; Sarian 1992, 992 Nr. 38; Moret 1993, 351 Nr. 37; L. Godart – S. De Caro (Hrsg.), Nostoi. Capolavori ritrovati. Ausstellungskatalog Rom (Rom 2008) 196 f. Nr. 54 Farbabb.

14 Volutenkrater des White-Saccos-Malers, 330–300 v. Chr.   Abb. 19 a. b
Antikenslg. – Kunsthalle zu Kiel B 585. – Provenienz: Unbekannt.

Volutenattaschen: Frauenköpfe. A: Hals: Frauenkopf im Blütenkelch. Hauptbild: Unterwelt (s. Text). B. Hals: Voluten-Palmetten-Komposition. Hauptbild: Bändergeschmückte Stele, darauf Schale; vier ›Gabenbringer‹. Fuß (separat): Schwarz.

Schauenburg 1984a, 361 f. und *passim* Taf. 100; 101, 1; museum 1987.1, 106–109 Abb. S. 91. 99 und Titel (Farbe); Schmidt 1988, 726 Nr. 13*; RVAp Suppl. 2 II 351,A1; Stähler 1992, 417–419; Moret 1993, 325 f. 342. 351 Nr. 38; B. Brandes-Druba, Architekturdarstellungen in der unteritalischen

Keramik (Frankfurt a. M. u. a. 1994) 229 Nr. IVA3; K. Schauenburg in: B. Schmaltz (Hrsg.), Exempla. Ausstellungskatalog Kiel (Kiel 1996) 114–118; Kossatz-Deissmann 2009a, 161 Nr. add. 4*.

15 Volutenkrater des White-Saccos-Malers, 330–300 v. Chr.
Matera, Mus. Archeologico Nazionale »Domenico Ridola« 164510. – Provenienz: Unbekannt; ex Bari, Slg. Rizzon 51.

Volutenattaschen: Frauenköpfe. A: Hals: Weibliches Flügelwesen in Quadriga; darüber Frauenkopf im Blütenkelch. Hauptbild: Unterwelt (s. Text). B. Hals: Sitzende Frau mit Schmuckkästchen zwischen zwei stehenden Frauen. Hauptbild: Frau mit Schmuckkästchen, in Naiskos sitzend; vier ›Gabenbringer‹. Fuß: Schwarz.

Schauenburg 1984a, 368 Taf. 112, 2–115; Lindner u. a. 1988, 385 Nr. 126*; Schmidt 1988, 727 Nr. 14*; RVAp Suppl. 2 II 351,A2; Moret 1993, 325 f. 351 Nr. 39; G. Pugliese Caratelli (Hrsg.), I Greci in Occidente. Ausstellungskatalog Venedig (Mailand 1996) 740 Nr. 336; Farbabb. S. 450; Kosaatz-Deissmann 2009b, 161 Nr. add. 2*.

›Isolierte‹ Hydrien im Unterweltkontext

16 Volutenkrater des Unterwelt-Malers, 330–320 v. Chr.
Neapel, Mus. Archeologico Nazionale Stg. 709. – Provenienz: Armento.

Keine Volutenattaschen. A: Hals: Amazonomachie. Hauptbild: Unterwelt (s. Text). B: Hals: Pferd von Greifen angegriffen. Hauptbild: Acht Krieger. Fuß: Seegetier.

Winkler 1888, 27–35 Nr. IV; Schauenburg 1958, 74 f. Abb. 10; Keuls 1974, 92 f.; Pensa 1977, 27. 33 f. 47. 52; RVAp II 533,284; Shapiro 1986, 390 Nr. 8*; Lindner u. a. 1988, 387 Nr. 154*; M. Wegner, Orpheus, Boreas 11, 1988, 183; RVAp Suppl. 2 I 142; Sarian 1992, Add. 992 Nr. 29; Moret 1993, 311. 319. 335 f. 348. 350 Nr. 18; Aellen 1994, 31. 58–60. 62. 64 f. 211 Nr. 78 Taf. 92. 93; Morard 2009, 150 mit Anm. 897; 153.

17 Amphora des Patera-Malers, 340–320 v. Chr.
St. Petersburg, Ermitage Б 1701 (St. 498). – Provenienz: Unbekannt; ex Slg. Pacileo.

A: Schulter: Frauenkopf im Blütenkelch. Hauptbild: Oben: Orpheus vor Hades (s. Text). Unten: Zwei sitzende Frauen, Eros. Die Register sind durch einen perspektivischen Mäander getrennt. B: Schulter: Frauenkopf. Hauptbild: Oben: Frau, junger Mann, Frau, junger Mann. Unten: Stele, zwei Frauen.

Stephani 1869, 256–260 Nr. 498; Winkler 1888, 54–56 Nr. VII; Schauenburg 1958, 68; Smith 1976, 243 f. Abb. 6; Pensa 1977, 28 Taf. 12; RVAp II 733,46; Lindner u. a. 1988, 387 Nr. 156*; Moret 1993, 342. 350 Nr. 21; Garezou 1994, 88 Nr. 79.

18 Volutenkrater des Baltimore-Malers, 330–320 v. Chr.
Ehemals New York, Kunsthandel (Royal Athena Galleries) HNH 47. – Provenienz: Unbekannt.

Volutenattaschen: Frauenköpfe. A: Hals: Weibliches Flügelwesen (Nike?) in Quadriga, davor weibliches Flügelwesen, darüber Eros. Hauptbild: Unterwelt (s. Text). B: Hals: Frauenkopf im Blütenkelch.

Hauptbild: Mann mit Pferd (teilweise ergänzt) in Naiskos; sechs ›Gabenbringer‹. Fuß: Frauenkopf zwischen Blütenranken.

Schauenburg 1990, 94 Abb. 4. 5; RVAp Suppl. 2 II 274,22a1 Taf. 71, 2; Moret 1993, 329 f. 332 f. 350 Nr. 28 Abb. 12 a. b; Krauskopf 2009, 57 Nr. add. 3*.

19 Volutenkrater des Baltimore-Malers, 330–310 v. Chr.
Deutschland, Privatslg. – Provenienz: Unbekannt.

Volutenattaschen: Frauenköpfe. A: Hals: Weibliches Flügelwesen (Nike?) in Quadriga, darüber zwei fliegende Eroten. Hauptbild: Unterwelt (s. Text). B. Hals: Eros, sitzende Frau mit Kantharos, junger Mann vorgebeugt zu ihr, Frau mit Thyrsosstab, vorigen bekränzend. Hauptbild: Nackter Krieger in Naiskos; sechs ›Gabenbringer‹. Fuß: Schwarz.

Schauenburg 1990, 91–100 Abb. 1–3; RVAp Suppl. 2 II 274,22a4; Moret 1993, 328. 332–335. 351 Nr. 31; Krauskopf 2009, 57 f. Nr. add. 5*.

Hermes mit Hydria (Unterweltkontext?)

20 Volutenkrater des Baltimore-Malers, 330–310 v. Chr.
Ehemals New York, Kunsthandel (Royal Athena Galleries) HNH 46 (1991–74). – Provenienz: Unbekannt.

A: Hals: Amazonomachie. Hauptbild: Oben: Streit um Adonis (s. Text). Unten: Dionysos und Ariadne (oder Semele) in Pantherbiga, Mänaden. B: Hals: Sitzender Dionysos zwischen Mänaden und Satyr. Hauptbild: Krieger zu Pferde in Naiskos; sechs ›Gabenbringer‹. Fuß: Frauenkopf zwischen Blütenranken.

RVAp Suppl. 2 II 275,23 f. Taf. 71, 3. 4. Morard 2009, 117. 123. 193 Kat. 75 Taf. 55, 1. 2.

21 Volutenkrater des Baltimore-Malers, 330–320 v. Chr.   Abb. 21
Genf, Mus. d'art et d'histoire HM 7797/8. – Provenienz: Unbekannt; ex Slg. Sciclounoff, Galerie Hydra.

A: Hals: Aphrodite auf Blume sitzend zwischen zwei Eroten in Blumenranken. Hauptbild: Oben: Streit um Adonis (s. Text). Unten: Drei Paare von Männern und Frauen im Gespräch, rechts bekränzt der Mann die Frau, links tut das ein fliegender Eros. B: Hals: Sitzender Dionysos zwischen zwei Mänaden. Hauptbild: Krieger in Naiskos; sechs ›Gabenbringer‹. Fuß: Lorbeerzweig.

Schauenburg 1984a, 369 f. 373. 384 Taf. 110. 111; Aellen – Cambitoglou – Chamay 1986, 215–224 Abb.; Farbabb. S. 26; Lohmann 1986, 75 f.; Kossatz-Deissmann 1990, 750 Nr. 100*; LIMC V (1990) 349 Nr. 762 s. v. Hermes (G. Siebert); RVAp Suppl. 2 II 275,23g; Güntner 1997, 973 Nr. 293; Felten 2009, 523 Nr. add. 131; Morard 2009, 147. 187 Kat. 58 Taf. 45.

22 Volutenkrater des Baltimore-Malers, 320 v. Chr.   Abb. 22
Neapel, Mus. Archeologico Nazionale Stg. 687 (Inv. 81001). – Provenienz: Ruvo.

A: Hals: Flügelwesen in Wagen. Hauptbild: Oben: Götterversammlung (s. Text). Unten: Dionysos und Ariadne in Pantherbiga mit Gefolge. B: Hals: Sitzender Dionysos zwischen Satyr und Mänade. Hauptbild: Krieger in Naiskos; vier ›Gabenbringer‹. Fuß: Weinranken mit Trauben.

H. Heydemann, Die Vasensammlungen des Museo Nazionale zu Neapel (Berlin 1872) 788–791 Nr. 687; Schmidt 1976, 55 Nr. 4; Lohmann 1979, 236 Nr. A 517; RVAp II 866,30 Taf. 326, 3; Delivorrias u. a. 1984, 149 Nr. 1554*; RVAp Suppl. 2 II 265; Morard 2009, 118–126. 149. 189 Kat. 64 Taf. 48; 108, 2.

Hekate mit Hydria im Unterweltkontext

23 Volutenkrater des Baltimore-Malers, 340–320 v. Chr.   Abb. 23
Bari, Mus. Archeologico Provinziale 2396. – Provenienz: Ruvo.

A: Hals: Eros zwischen Blütenranken. Hauptbild: Unterwelt; Krieger (s. Text). B: Hals: ? – vielleicht nicht erhalten. Hauptbild: Krieger in Naiskos; vier ›Gabenbringer‹. Fuß nicht erhalten.

G. Jatta, NSc 1893, 73–79; Schmidt 1976, 59. 62 f. Taf. 34 b. c; Pensa 1977, 30 f.; Lohmann 1979, 179 Nr. A42; RVAp II 863,16; Schauenburg 1984a, 372; Lohmann 1986, 72.77 Taf. 9, 1; Shapiro 1986, 390 Nr. 9*; RVAp Suppl. 2 II 264; Sarian 1992, 992 Nr. 37; Moret 1993, 332. 350 Nr. 24; Aellen 1994, 32. 59. 62. 64. 211 Nr. 80 Taf. 95.

24 Amphora des White-Saccos-Malers (zunächst dem Baltimore-Maler zugeschrieben), 330–300 v. Chr.
Genf, Slg. M. C. – Provenienz: Unbekannt.

A: Schulter: Frauenkopf im Blütenkelch. Hauptbild: Oben: Unterwelt (s. Text). Unten: Frau und junger Mann beiderseits einer Stele. B: Vorgebeugter junger Mann in Naiskos; vier ›Gabenbringer‹.

RVAp Suppl. 2 II 279,40g; Moret 1993, 325–327. 351 Nr. 40 Abb. 9 a–d.

Mythologische Darstellungen

Amymone
25 Pelike des Malers der Moskauer Pelike, 400–375 v. Chr.
Archäologische Slg. der Universität Zürich 2656. – Provenienz: Basilicata; ex Piedimonte, Slg. Egg.

G. Minervini, BullArchNap 2, 1844, 57–60.73 f. Taf. 3. 4; R. Ulrich – A. Heizmann, Catalog der Sammlungen der Antiquarischen Gesellschaft in Zürich II (Zürich 1890) 45–47 Nr. 2291; Roscher, ML III 2 (1909) 2872 f. s. v. Poseidon (H. Bulle); V. Macchioro, I ceramisti di Armento in Lucania, JdI 27, 1912, 284; H. Blümner, Führer durch die archäologische Sammlung der Universität Zürich (Zürich 1914) 129 Nr. 2363; Schauenburg 1961, 84 f. Nr. 8; W. H. de Haan-van de Wiel, Two Apulian Vasefragments Reunited, BABesch 46, 1971, 136 f. Abb. 3.; D. Novellone, Il valore contenutistico delle rappresentazioni vascolari di miti, PP 26, 1971, 216; CVA Zürich 53 f. Taf. 35–37; RVAp I 169,31; Simon 1981, 749 Nr. 81*; RVAp Suppl. 1 21; Delivorrias u. a. 1984, 169 Nr. 1382*; RVAp Suppl. 2 I 37.

26 Glockenkrater des Urteils-Malers, 375–350 v. Chr.
Bari, Mus. Archeologico Provinciale (Slg. Polese) 6332. – Provenienz: Unbekannt.

Schauenburg 1961, 84 Nr. 1; R. Stazio, La Collezione Polese nel Museo di Bari (Bari 1970) 25 Nr. 45
Taf. 14; Trendall 1977, 283 Nr. 6; RVAp I 263,24; Simon 1981, 747 Nr. 64*; E. M. de Juliis, Il Museo
archcologico di Bari I (Bari 1983) 68 f.; RVAp Suppl. 1 33.

27 Pelike aus der Gruppe der Kopenhagener Tänzerin (Umkreis des Dareios-Malers), 330 v. Chr.
Moskau, Staatliches Mus. für Bildende Künste A. S. Puschkin 746 (II 1b 741). – Provenienz: Unbekannt; ehemals als verloren geltend.

MonInst 4 (1844) Taf. 14; Schauenburg 1961, 84 Nr. 9; D. Novellone, Il valore contenutistico delle
rappresentazioni vascolari di miti, PP 26, 1971, 215 f.; Trendall 1977, 284 Nr. 11; Simon 1981, 748
Nr. 75*; RVAp II 509, 128; RVAp Suppl. 1 69.

28 Glockenkrater aus der Gruppe des Berliner Ganymed (Umkreis des Lykurg-Malers), 350 v. Chr.
Neapel, Mus. Archeologico Nazionale H 690 (Inv. 81946). – Provenienz: Armento.

H. Heydemann, Die Vasensammlungen des Museo Nazionale zu Neapel (Berlin 1872) 19–21 Nr. 690;
V. Macchioro, I ceramisti di Armento in Lucania, JdI 27, 1912, 285. 288–294 Abb. 12 b; Schauenburg
1961, 84 f. Nr. 2; Trendall 1977, 284 Nr. 10 Taf. 75, 4; RVAp I 423,51; Simon 1981, 748 Nr. 74; RVAp
Suppl. 1 56.

29 Pelike aus der Gruppe des Berliner Ganymed (Umkreis des Lykurg-Malers), 350 v. Chr.
Tarent, Mus. Nazionale Archeologico 124520. – Provenienz: Unbekannt.

Trendall 1977, 283 f. Nr. 8; RVAp I 423,52 Taf. 155, 5. 6; Simon 1981, 747 Nr. 66; E. C. Keuls, The
Reign of the Phallus (New York 1985) 240.

Andromeda
30 Loutrophoros des Dareios-Malers, 350–325 v. Chr.
Neapel, Mus. Archeologico Nazionale H 3225 (Inv. 82266). – Provenienz: Canosa.

Séchan 1926, 259; J. M. Woodward, Perseus (Cambridge 1937) 87; A. Rocco, Il »Pittore del Vaso die
Persiani«, ArchCl 5, 1953, 173 f. Taf. 81–83; Schauenburg 1960, 59 f.; Schmidt 1960, 43–47 Taf. 13;
Phillips 1968, 10. 12; Trendall – Webster 1971, 79 f.; E. Keuls, Aspetti religiosi della Magna Grecia
nell'età romana, in: La Magna Grecia nell'età romana, CMGr 15 (Tarent 1976) 451; Kossatz-Deiss-
mann 1978, 157; Schauenburg 1981, 777 Nr. 13; RVAp II 500,58; Schauenburg 1984a, 372 Anm. 105;
Balty 1997, 667 Nr. 2; Morard 2009, 81 mit Anm. 477; 105 Taf. 95, 1.

31 (Kelch-)Krater des Dareios-Malers, 350–325 v. Chr.
Matera, Mus. Archeologico Nazionale »Domenico Ridola« 12538. – Provenienz: Irsina, Nekropole
Cappussini.

Phillips 1968, 10 Taf. 10. 11 Abb. 27–29; Trendall – Webster 1971, 79 Nr. III.3,12; Abb. S. 80 unten;
G. M. Rispoli, Per l'Andromeda di Sofocle, RendNap NS 47, 1972, 207–209; Il Museo Nazionale
Ridola di Matera (Matera 1976) 138; Moret 1978, 89 f. Anm. 85; Schauenburg 1981, 780 f. Nr. 64*;

RVAp II 501,65; RVAp Suppl. 1 69; RVAp Suppl. 2 I 141; Balty 1997, 667 Nr. 8; Morard 2009, 98. 107 f. 163. 176 Kat. 29 Taf. 22, 1. 2.

32 Pelike des Dareios-Malers, 330 v. Chr.   Abb. 24
Ehemals Malibu, J. Paul Getty Mus. 87.AE.23, restituiert an Italien (derzeit Rom, Mus. Nazionale Etrusco della Villa Giulia). – Provenienz: Unbekannt.

CVA Malibu (4) 14–17 Taf. 198–200; RVAp Suppl. 2 I 151,69a; A. D. Trendall in: T. Rasmussen – N. Spivey, Looking at Greek Vases (1991) 178; Balty 1997, 668 Nr. 13; L. Godart – S. De Caro (Hrsg.), Nostoi. Capolavori ritrovati. Ausstellungskatalog Rom (Rom 2008) 180–181 Nr. 49 Farbabb.; Morard 2009, 80 mit Anm. 475; 89; 107 Taf. 94; Schauenburg 2009, 61 f. Nr. add. 4* (mit Verweisen).

33 Loutrophoros (›Typ II‹) des Baltimore-Malers, 330–310 v. Chr.
Deutschland, Privatslg. – Provenienz: Unbekannt.

Schauenburg, Zur Grabsymbolik apulischer Vasen, JdI 104, 1989, 27–29 Abb. 9–11; RVAp Suppl. 2 II 280,43 f.; Schauenburg 2009, 62 Nr. add. 7*.

34 Henkellose Loutrophoros (›Fass-Amphora‹) des Baltimore-Malers, 320–310 v. Chr.
Fiesole, Slg. Costantini 154. – Provenienz: Unbekannt.

Schmidt 1976, 56 Nr. 5; V. Saladino, Nuovi vasi apuli con temi euripidei, Prometheus 5, 1979, 104–107 Abb. 7–9; CVA Fiesole (2) 19 f. Taf. 20, 2. 3; 21; Schauenburg 1981, 777 Nr. 15; RVAp II 869,47; RVAp Suppl. 1 146; Schauenburg 1984a, 372; C. Salvianti, La Collezione Costantini. Ausstellungs-katalog Fiesole (Florenz 1985) 103 Nr. 43; Farbabb. S. 65; RVAp Suppl. 2 II 265; LIMC VII (1994) 391 Nr. 3 s. v. Phineus II (L. Kahil).

35 Hydria des Baltimore-Malers, 330–320 v. Chr.
Deutschland, Privatslg. – Provenienz: Unbekannt.

MuM 1982, 29 f. Nr. 43 Taf. 20; RVAp Suppl. 1 156,60a; Schauenburg 1984a, 372 Anm. 105; LIMC VI (1992) 8 Nr. 12* s. v. Kepheus I (K. Schauenburg); RVAp Suppl. 2 II 267; LIMC VII (1994) 343 Nr. 184 s. v. Perseus (L. Jones Roccos); Schauenburg 2009, 62 f. Nr. add. 11.

36 Oinochoe des Baltimore-Malers, 330–310 v. Chr.
Bari, Mus. Archeologico Provinciale 1016. – Provenienz: Canosa.

R. Engelmann, Archäologische Studien zu den Tragikern (Berlin 1900) 6 f.; Séchan 1926, 261 f.; Schauenburg 1960, 60; Phillips 1968, 13 Taf. 13, 38–40; RVAp II 874,75; Schauenburg 1981, 777 Nr. 16*; E. de Juliis, Il Museo archeologico di Bari (Bari 1983) 70 Taf. 42, 2; RVAp Suppl. 1 146; Schauenburg 1984a, 372; Balty 1997, 669 Nr. 32.

37 (Knopfhenkel-)Schale aus dem Umkreis des Arpi-Malers, 320–310 v. Chr.
Tarent, Mus. Nazionale Archeologico 8928. – Provenienz: Canosa (oder Ruvo?).

Séchan 1926, 148; F. Brommer, Die Königstochter und das Ungeheuer, MarbWPr 1955, 1–15; Schau-enburg 1960, 61–67. 130 f.; Letteratura e arte figurata nella Magna Grecia. Ausstellungskatalog Tarent

(Tarent 1966) Nr. 143 Abb.; Phillips 1968, 9. 11; A. D. Trendall, The Mourning Niobe, RA 1972, 313 f.; Schmidt 1975, 135–137; Schmidt 1976, 47–50; G. Schneider-Herrmann, Apulian Red-figured Paterae with Flat or Knobbed Handles, BICS Suppl. 34 (London 1977) 111 Nr. 186; E. Keuls, Aeschylus' »Niobe« and Apulian Funerary Symbolism, ZPE 30, 1978, 47 Nr. 4; 63 f.; E. Keuls, The Happy Ending. Classical Tragedy and Apulian Funerary Art, MededRom 40, 1978, 89; Kossatz-Deissmann 1978, 80 Nr. K 25; 84–88 Taf. 12, 1; Moret 1978, 85 Anm. 44; Schauenburg 1981, 777 Nr. 17; RVAp II 926,97 Taf. 363, 1; RVAp Suppl. 1 169; H. M. Fracchia, The Mourning Niobe Motif on South Italian Art, EchosCl 31, 1987, 205 Nr. 3; LIMC VI (1992) 8 Nr. 18 s. v. Kepheus I (K. Schauenburg); LIMC VI (1992) 911 Nr. 14 s. v. Niobe (M. Schmidt); Morard 2009, 108 Taf. 105, 3.

Paris-Urteil
38 Hydria des Chamay-Malers, 350–340 v. Chr.
Neapel, Mus. Archeologico Nazionale H 3244 (Inv. 82419). – Provenienz: Ruvo (oder Canosa).

H. Heydemann, Die Vasensammlungen des Museo Nazionale zu Neapel (Berlin 1872) 555–557 Nr. 3244; C. Clairmont, Das Parisurteil in der antiken Kunst (Zürich 1951) 62 Nr. 196; I. Raab, Zu den Darstellungen des Parisurteils in der griechischen Kunst (Frankfurt a. M. 1972) 183 Nr. B 50; K. Schauenburg, Bendis in Unteritalien?, JdI 89, 1974, 149 Abb. 14; Moret 1978, 77. 83 f. 86 f. 90 f. Nr. 18 Taf. 27; RVAp I 426,59.

39 Pelike des Dareios-Malers, 340–330 v. Chr.
Deutschland, Privatslg. – Provenienz: Unbekannt.

MuM. Auktion 40. Auktionskatalog Basel 13. Dezember 1969 (Basel 1969) 74 f. Nr. 119 Taf. 50. 51; K. Schauenburg, Die Göttin mit dem Vogelszepter, RM 82, 1975, 215; Moret 1978, 77. 83 f. 90 f. 97 Nr. 19; RVAp II 502,69; Delivorrias u. a. 1984, 137 Nr. 1437*; LIMC IV (1988) 711 Nr. 445 s. v. Hera (A. Kossatz-Deissmann); Kossatz-Deissmann 1990, 753 Nr. 132; RVAp Suppl. 2 I 141.

40 Volutenkrater des Baltimore-Malers, 330–320 v. Chr.
New York, Metropolitan Mus. of Art 69 : 11 : 7. – Provenienz: Ruvo.

I. Raab, Zu den Darstellungen des Parisurteils in der griechischen Kunst (Frankfurt a. M. 1972) 182 Nr. B 43; Moret 1978, 77. 85–88. 90 mit Anm. 92 Nr. 23 Taf. 28, 2; RVAp II 863,15 Taf. 323, 1. 2; Schauenburg 1984a, 372 Anm. 108; Hermary – Cassimatis – Vollkommer 1986, 926 Nr. 911b*; RVAp Suppl. 2 II 264.

Vergewaltigung der Kassandra
40a Volutenkrater des Dareios-Malers, 340–330 v. Chr.
Schweiz, Privatslg. – Provenienz: Unbekannt.

B. Gollan in: Homère chez Calvin. Festschrift Olivier Reverdin = Ausstellungskatalog Genf (Genf 2000) 160 f. 261 Nr. C 20 Abb.; Morard 2002, 56. 63. 104 Nr. 31; Kossatz-Deissmann 2009b, 293 f. Nr. add. 1* (mit Verweisen).

41 Volutenkrater des Baltimore-Malers, 320–310 v. Chr.
Zürich, Galerie Nefer. – Provenienz: Unbekannt.

RVAp Suppl. 1 151,21a Taf. 29, 4; K. Schauenburg, Baltimoremaler und Bellerophon, JbMusKGHamb 3, 1984, 35 Abb. 26. 27; Galerie Nefer 3. Auktionskatalog Zürich (Zürich 1985) o. S. Nr. 10 Farbabb.; Kahil – Icard 1988, 551 Nr. 361*; LIMC V (1990) 437 Nr. 22 s. v. Hippodameia I (M. Pipili); RVAp Suppl. 2 II 266; Paoletti 1994, 963 Nr. 137; Schauenburg 1994, 57 f. 60 Taf. 22, 2; 23; Morard 2002, 105 f. Nr. 37.

42 Amphora des Baltimore-Malers, 330–310 v. Chr.
Melbourne, Slg. Geddes A 5 : 2. – Provenienz: Unbekannt.

Schauenburg 1984c, 36 Abb. 39; RVAp Suppl. 2 II 278,40c Taf. 73, 1; Paoletti 1994, 963 Nr. 141*; LIMC VIII (1997) Suppl. 653 Nr. 21 s. v. Ilioupersis (M. Pipili); Morard 2002, 105 Nr. 35.

43 Amphora des Baltimore-Malers, 340–310 v. Chr.
Antikenmus. Basel BS 1456. – Provenienz: unbekannt, aus Privatslg. erworben.

Schauenburg 1994, 56 f. Taf. 18; 19, 1; W. Hornbostel – W. Martini (Hrsg.), Bilder der Hoffnung. Ausstellungskatalog Gießen (Hamburg 1995) 16 f. Nr. 1 Abb.; Morard 2002, 105 Nr. 34; Kossatz-Deissmann 2009b, 294 Nr. add. 3a*.

44 Volutenkrater des Baltimore-Malers, 330–310 v. Chr.
Antikenmus. Basel BS 1457. – Provenienz: unbekannt, aus Privatslg. erworben.

Schauenburg 1994, 58 f. Taf. 24. 28. 29; W. Hornbostel – W. Martini (Hrsg.), Bilder der Hoffnung. Ausstellungskatalog Gießen (Hamburg 1995) 22 f. Nr. 4 Abb.; Morard 2002, 105 Nr. 36; Kossatz-Deissmann 2009b, 294 Nr. add. 3b*.

Diverse mythologische Darstellungen
45 Glockenkrater des Ilioupersis-Malers, 370–350 v. Chr.
Paris, Louvre K 3. – Provenienz: Unbekannt.

J. Overbeck, Atlas der griechischen Kunstmythologie (Leipzig 1872) Taf. 6, 12; Encyclopédie photographique de l'art III 2 (Fasz. 22) (Paris 1938) 34 Abb. A; Cook III 623; RVAp I 195,17 Taf. 62, 1. 2; K. Schauenburg, Tymboi auf unteritalischen Vasen, RM 88, 1981, 112 Anm. 37; E. Jahn, Europa und der Stier (1983) Kat. 64; Delivorrias u. a. 1984, 131 Nr. 1375; LIMC IV (1988) 77 Nr. 4 s. v. Europe I (M. Robertson); RVAp Suppl. 2 I 44; C. Pouzadoux, L'invention des images dans la seconde moitié du IVe siècle: entre peintres e commanditaires, in: Denoyelle u. a. 2005, 188 Abb. 1.

46 (Kelch-)Krater des Lykurg-Malers, 360–350 v. Chr.
London, British Mus. 1849.6–23.48 (F 271). – Provenienz: Ruvo, Grab in contrada La Zeta.

MonInst 5 (1849) Taf. 21; Séchan 1926, 71 f.; Schmidt 1960, 12 Taf. 2. 3; O. Brendel, Der große Fries in der Villa dei Misteri, JdI 81, 1966, 235; J. Duchemin, Le personnage de Lyssa dans l'»Héraclès Furieux« d'Euripide, REG 80, 1967, 136; M.-L. Saeflund, The East Pediment of the Temple of Zeus at Olympia (Göteborg 1970) 134; Trendall – Webster 1971, III 1 S. 15; Moret 1975, 163 f. 257 f. Kat. 147; RVAp I 415,5 Taf. 147; RVAp Suppl. 1 56; LIMC II (1984) 483 Nr. 92 s. v. Ares (Ph. Bruneau); B. v. Freytag-Löringhoff, Giebelrelief von Telamon, RM Ergh. 27 (Tübingen 1986) 292 Nr. E 61; I. Th. Kakridis (Hrsg.), Elliniki Mithologia III (Athen 1986) 292 Abb. 194; RVAp Suppl. 2 I 108; Kossatz-Deissmann 1992, 325 Nr. 8; LIMC VI (1992) 313 Nr. 28 s. v. Lykourgos I (A. Farnoux); A. C. Montanaro, Ruvo di Puglia e il suo territorio. Le necropoli (Rom 2007) 887 f. Nr. 321.3; Morard 2009, 52. 88 f. 157. 163. 168 Kat. 7 Taf. 5.

47 Volutenkrater des Lykurg-Malers, 360–340 v. Chr.
Mailand, Slg. »H. A.« 260. – Provenienz: Ruvo; ex Slg. Caputi.

T. Avellino, Bullettino Archeologico Napolitano NS 3, 1855, 173–175 Taf. 14; G. Jatta, Vasi del Signor Caputi (Neapel 1877) 47–49 Nr. 260; P. Mingazzini, Rappresentazioni vascolari dell'apoteosi di Eracle, MemLinc 6. Serie 1, 6 (Rom 1925) 441; Cook III 513; G. Sena Chiesa, Vasi apuli di stile ornato, Acme 21, 1968, 348–352; CVA Mailand, Collezione »H. A.« (1) 6 f. Taf. 7–9; RVAp I 417,13; F. Brommer, Herakles II (Darmstadt 1984) 96 Abb. 46; LIMC V (1990) 129 Nr. 2919 s. v. Herakles (J. Boardman u. a.); LIMC V (1990) 545 Nr. 8 s. v. Hyades (V. Machaira).

48 Volutenkrater des Lykurg-Malers, 350 v. Chr.   Abb. 25
Ruvo, Mus. Jatta 1097 (Inv. 36822). – Provenienz: Unbekannt.

H. Sichtermann, Griechische Vasen in Unteritalien aus der Sammlung Jatta in Ruvo (Tübingen 1966) 50 Nr. 72 Taf. 119–122; G. Schneider-Herrmann, Kultstatue im Tempel auf italischen Vasenbildern, BABesch 47, 1972, 34; Keuls 1974, 101; RVAp I 417,16; Schmidt 1979, 163 f.; RVAp Suppl. 1 56; Lambrinudakis u. a. 1984, 223 Nr. 326*; I. Th. Kakridis (Hrsg.), Elliniki Mithologia II (1986) 291 Abb. 135 (Farbe); F. di Palo, Dalla Ruvo antica al Museo Jatta (Fasano 1987) Abb. S. 163–165; McPhee 1990, 396 Nr. 2*; RVAp Suppl. 2 I 108; Morard 2009, 52 mit Anm. 306 Taf. 88, 2.

49 Loutrophoros des Laodamia-Malers, 345–335 v. Chr.
Antikenmus. Basel S 21. – Provenienz: Unbekannt.

Trendall – Webster 1971, Nr. III.3.5; A. Herrmann, Two Hellenistic Groups and Their Forerunners, AntK 18, 1975, 89 f.; Schmidt 1976, 78–93 Taf. 19–22; Farbtafel bei S. 78; LIMC I (1981) 535 Nr. 5 s. v. Alkestis (M. Schmidt); RVAp II 482,16; RVAp Suppl. 1 68; K. Schefold, Die Urkönige, Perseus, Bellerophon, Herakles und Theseus in der klassischen und hellenistischen Kunst (München 1988) 271; RVAp Suppl. 2 I 139; Morard 2009, 77. 108. 114 Taf. 104, 2.

50 Volutenkrater des Dareios-Malers, 340–320 v. Chr.
Neapel, Mus. Archeologico Nazionale H 3254 (Inv. 81953). – Provenienz: Canosa, Ipogeo del vaso di Dario.

E. Gerhard, AZ 1857, 56–60; H. Heydemann, Die Vasensammlungen des Museo Nazionale zu Neapel (Berlin 1872) 579–584 Nr. 3254; FR II 156–160 Taf. 89; A. Rocco, Il »Pittore del Vaso dei Persiani«, ArchCl 5, 1953, 176–180 Taf. 84–86; Schmidt 1960, 32–42 Taf. 10–12; K. Schauenburg, Achilleus in der unteritalischen Vasenmalerei, BJb 161, 1961, 223 Nr. 2; Moret 1975, 77. 121. 214 f. Nr. 144; LIMC I (1981) 118 Nr. 487* s. v. Achilleus (A. Kossatz-Deissmann); LIMC I (1981) 266 Nr. 58* s. v. Agamemnon (O. Touchefeu); RVAp II 495,39; G. Pugliese Caratelli (Hrsg.), Megale Hellas (Mailand 1983) 619 f. Abb. 620. 621 (Farbe); RVAp Suppl. 1 68; LIMC II (1984) 998 Nr. 465* s. v. Athena (P. Demargne); LIMC III (1986) 59 Nr. 23* s. v. Automedon (A. Kossatz-Deissmann); LIMC III (1986) 161 Nr. 20* s. v. Briseis (A. Kossatz-Deissmann); LIMC IV (1988) 491 Nr. 72* s. v. Hektor (O. Touchefeu); K. Schefold, Die Sagen von den Argonauten, von Theben und Troia in der klassischen und

hellenistischen Kunst (München 1989) 231; RVAp Suppl. 2 I 140; R. Cassano (Hrsg.), Principi impe-
ratori vescovi. Duemila anni di storia a Canosa. Ausstellungskatalog Bari (Venedig 1992) 180–182
Nr. 2 Farb-Abb.; S. De Caro (Hrsg.), La Magna Grecia nelle collezioni del Museo Archeologico di
Napoli. Ausstellungskatalog Neapel (Neapel 1996) 153 f. Nr. 11:16; LIMC VIII (1997) Suppl. 986
Nr. 12 s. v. Phoinix II (A. Kauffmann-Samaras); C. Pouzadoux, Les funérailles de Patrocle, in: R. Ol-
mos – J. A. Santos Velasco (Hrsg.), Iconografía Ibérica – Iconografía Itálica. Coloquio internacional
Roma 1993 (Madrid 1997) 137–152; C. Pouzadoux, Immagine, cultura e società in Daunia e in Peuce-
zia, in: G. Volpe – M. J. Strazzulla – D. Leone (Hrsg.), Storia e archeologia della Daunia. In recordo di
Marina Mazzei. Atti delle Giornate di studio Foggia, 19.–21. Mai 2005 (Bari 2008) 207–213 Abb. 1–3;
Morard 2009, 74 f. 148 f. 178 Kat. 32 Taf. 25.

51 Loutrophoros des Dareios-Malers, 350–325 v. Chr.
Ehemals Princeton University Art Mus. 1989:29, restituiert an Italien. – Provenienz: Unbekannt.

RVAp Suppl. 2 I 149,56b Taf. 36, 2. 3; A. D. Trendall in: T. Rasmussen – N. Spivey (Hrsg.), Looking
at Greek Vases (Cambridge 1991) 176–178 Abb. 73; LIMC VI (1992) 912 Nr. 20*; 914 s. v. Niobe
(M. Schmidt); Aellen 1994, 213 Nr. 92 Taf. 114. 115; LIMC VII (1994) 286 Nr. 59 s. v. Pelops (I. Triantis); M. De Cesare, Le statue in immagine (Rom 1997) 287 Kat. 401; H. Schulze, Ammen und Pä-
dagogen (Mainz 1998) 129. 149 Kat. AV 47. PV 21 Taf. 43, 3. 4; Morard 2009, 80. 180 Kat. 36 Taf. 30.

52 Lekythos des Unterwelt-Malers, 350–340 v. Chr.
Richmond, Virginia Mus. of Fine Arts 80:162. – Provenienz: Unbekannt.

Mayo 1982, 128–132 Nr. 50 Abb.; RVAp Suppl. 1 84,281c; A. D. Trendall, Nuovi Aspetti dell'iconografia dei vasi italioti, in: Università degli Studi di Lecce (Hrsg.), 25 Anni della Facoltà di Lettere e
Filosofia (Lecce 1983) 71–84; LIMC III (1986) 584 Nr. 203* s. v. Dioskouroi (F. Gury); J. Boardman
in: Descœudres 1990, 61 f.; RVAp Suppl. 2 I 143; Felten 2009, 533 Nr. add. 208 (mit Verweisen).

53 Volutenkrater des Unterwelt-Malers (Frühwerk), 330–320 v. Chr.
Staatliche Museen zu Berlin, Antikenslg. 1984. 45. – Provenienz: Undokumentiert; wahrscheinlich
Canosa oder Ruvo.

M. Schmidt, Adler und Schlange, Boreas 6, 1983, 70 f.; Schauenburg 1984a, 142 Anm. 38; L. Giuliani,
Bildervasen aus Apulien, Bilderheft SMPK 55 (Berlin 1988) 18–24; LIMC IV (1988) 476 Nr. 17a
s. v. Hekabe (A.-F. Laurens); LIMC IV (1988) 485 Nr. 21 s. v. Hektor (O. Touchefeu); K. Schefold –
F. Jung, Die Urkönige (München 1988) 24 f.; RVAp Suppl. 2 I 181,283a; Kossatz-Deissmann 1992,
327 Nr. 27; Aellen 1994, 32. 46 f. 74. 80. 206 Nr. 36; Paoletti 1994, Add. 960 Nr. 32*; Giuliani 1995,
40–45. 118–132 Abb. 18. 20. 22. 24. 26. 28. 80–83.

54 Volutenkrater des Baltimore-Malers, 330–310 v. Chr.
Ehemals New York, Kunsthandel (Royal Athena Galleries). – Provenienz: Unbekannt.

Royal Athena Galleries. Art of the Ancient World IV. Auktionskatalog New York 1985 (New York 1985)
Abb. S. 134 Nr. 104 (Farbe); RVAp Suppl. 2 II 272,14 f.; Morard 2009, 92 f. 192 Kat. 74 Taf. 54, 3. 4.

55 Volutenkrater des Baltimore-Malers, 340–310 v. Chr.
St. Petersburg, Ermitage Б 1715 (St. 420). – Provenienz: Unbekannt.

Stephani 1869, 206–212 Nr. 420; Séchan 1926, 385; Trendall – Webster 1971, Nr. III.3,29; Smith 1976, 18–29 Abb. 2 Taf. 2; RVAp II 863,18; Kahil 1984, 729 Nr. 1378*; Schauenburg 1984a, 372; Taf. 117, 2; LIMC V (1990) 715 Nr. 23* s. v. Iphigeneia (L. Kahil u. a.); RVAp Suppl. 2 II 264; M. De Cesare, Le statue in immagine (Rom 1997) 230 Kat. 19; Morard 2009, 190 Kat. 68 Taf. 52.

56 Volutenkrater des Baltimore-Malers, 330–310 v. Chr.
Florenz, Soprintendenza archeologica / Mus. archeologico 114106. – Provenienz: Unbekannt (vor Ausfuhr konfisziert).

RVAp II 864,20; P. E. Arias, RendPontAcc 53/54, 1980–1982, 69–90 Abb. 1–4; Schauenburg 1984c, 33 f. 47 mit Anm. 153. 154; K. Schauenburg, Flügelgestalten auf unteritalischen Grabvasen, JdI 102, 1987, 217 f. Abb. 26; Kossatz-Deissmann 1990, 754 Nr. 139*; RVAp Suppl. 2 II 264.

57 Volutenkrater des Baltimore-Malers, 325–310 v. Chr.
Melbourne, Slg. Geddes A.1 : 1. – Provenienz: Unbekannt.

Sotheby's. Auktionskatalog London 13. Juli 1981 (London 1981) 170 f. Nr. 357 Abb.; RVAp Suppl. 1 151,21b; Schauenburg 1984b, 142 Abb. 15; Kahil – Icard 1988, 535 Nr. 197*; RVAp Suppl. 2 II 267.

58 Volutenkrater des Baltimore-Malers, 330–310 v. Chr.
Deutschland, Privatslg. – Provenienz: Unbekannt.

Schauenburg, Zur Grabsymbolik apulischer Vasen, JdI 104, 1989, 22–24; LIMC V (1990) 679 Nr. 13* s. v. Iobates (G. Berger-Doer); RVAp Suppl. 2 II 273,22–2; LIMC VII (1994) 224 Nr. 154a* s. v. Pegasos (C. Lochin).

59 Volutenkrater des Baltimore-Malers, 330–310 v. Chr.
Brüssel, Kunsthandel (Deletaille). – Provenienz: Unbekannt.

Schmidt 1976, 69 f.; RVAp Suppl. 1 153,23d Taf. 28, 1; Schauenburg 1984c, 33–37 Abb. 41.

60 Volutenkrater des Baltimore-Malers, 330–320 v. Chr.
Genf, Slg. Sciclounoff. – Provenienz: Unbekannt.

Schauenburg 1984c, 39–41 Abb. 42–44; Aellen – Cambitoglou – Chamay 1986, 205–214 Abb.; LIMC VI (1992) 809 Nr. 323 s. v. Nereides (N. Icard-Gianolio – A.-V. Szabados); RVAp Suppl. 2 II 275,23e; LIMC VIII (1997) 12 Nr. 49 s. v. Thetis (R. Vollkommer).

61 Volutenkrater des Baltimore-Malers, 330–310 v. Chr.
Toledo, Slg. John Orr. – Provenienz: Unbekannt.

Schauenburg 1990, 95 f. Abb. 7. 8; RVAp Suppl. 2 II 275,23 h Taf. 77, 1; Aellen 1994, 209 Nr. 60 Taf. 76. 77; LIMC Suppl. (2009) 285 Nr. add. 11 s. v. Hippolytos I (P. Linant de Bellefonds) (mit Verweisen); Morard 2009, 81 f. 191 Kat. 69 Taf. 53, 1.

62 Volutenkrater des Baltimore-Malers, 330–310 v. Chr.
Ruvo, Mus. Jatta 424. – Provenienz: Unbekannt.

K. Schauenburg, Pan in Unteritalien, RM 69, 1962, 34 Nr. 102; H. Sichtermann, Griechische Vasen in Unteritalien aus der Sammlung Jatta in Ruvo (Tübingen 1966) 51 Nr. 73 Taf. 123–127; Lohmann 1979, 236 Nr. A 517; H. Lohmann, Ein Canosiner Volutenkrater im Martin-von-Wagner-Museum, AA 1979, 202; RVAp II 865,24; RVAp Suppl. 1 146; Delivorrias u. a. 1984, 146 Nr. 1535; Kahil 1984, 727 Nr. 1351*; Lambrinudakis u. a. 1984, 312 Nr. 1081*; L. Kahil, Le relief des dieux du sanctuaire d'Artémis à Brauron, in: Descœudres 1990, 115; LIMC V (1990) 362 Nr. 900* s. v. Hermes (G. Siebert); LIMC VI (1992) 916 Nr. 10 s. v. Niobidai (W. Geominy); RVAp Suppl. 2 II 264; Morard 2009, 190 Kat. 66 Taf. 50.

63 Volutenkrater des Baltimore-Malers, 330–310 v. Chr.
Neapel, Privatslg. 370. – Provenienz: Unbekannt.

RVAp II 866,27 Taf. 325, 2; Schauenburg 1984a, 372; LIMC III (1986) 288 Nr. 4a s. v. Chrysippos I (K. Schefold); Sarian 1986, 838 Nr. 106a; LIMC V (1990) 436 Nr. 14* s. v. Hippodameia I (M. Pipili); Kossatz-Deissmann 1992, 327 Nr. 26*; LIMC VI (1992) 694 Nr. 12 s. v. Myrtilos (I. Triantis); LIMC VII (1994) 20 Nr. 10 s. v. Oinomaos (I. Triantis); LIMC VII (1994) 284 Nr. 17 s. v. Pelops (I. Triantis).

64 Amphora des Baltimore-Malers, 320 v. Chr.
Bari, Slg. Cirillo di Blasi 15. – Provenienz: Unbekannt.

K. Schauenburg, Eros im Tempel, AA 1981, 484; RVAp II 868,40 Taf. 327; RVAp Suppl. 1 146; Schauenburg 1984a, 372 Anm. 106; LIMC VI (1992) 694 Nr. 13 (mit Verweisen) s. v. Myrtilos (I. Triantis); RVAp Suppl. 2 II 265.

65 Patera des Baltimore-Malers, 340–310 v. Chr.
Chicago, Field Mus. 1984 : 10. – Provenienz: Unbekannt; ex Kalifornien, Kunsthandel.

RVAp Suppl. 1 158,67b Taf. 30, 3; Schauenburg 1984a, Taf. 118, 2; RVAp Suppl. 2 II 264.

66 Volutenkrater des Baltimore-Malers, 340–310 v. Chr.
Privatslg. – Provenienz: Unbekannt.

Schauenburg 1994, 60–63 Taf. 25–27.

67 Hydria des White-Saccos-Malers (in Verbindung mit dem Baltimore-Maler), 320–310 v. Chr.
Mus. für Kunst und Gewerbe Hamburg 1982 : 4. – Provenienz: Unbekannt; ex Ascona, Kunsthandel (Galleria Casa Serodine).

A. Cambitoglou, Some Interesting Red-figure Apulian Vases, RdA NS 5, 1981, 12 Nr. 24 Abb. 45–50; Trendall 1981, 181. 186; W. Hornbostel, Erwerbungen für die Antikenabteilung im Jahre 1982, JbMusKGHamb 2, 1983, 181–189 Abb.; RVAp II 871,57a; RVAp Suppl. 1 146.148.183 Nr. E; A. D. Trendall, Nuovi aspetti dell'iconografia dei vasi italioti, in: 25 anni della Facoltà di Lettere e Filosofia, Università de Lecce (Lecce 1983); Lindner 1984, 23–25 Nr. 16 Taf. 5; Schauenburg 1984a, 360. 366. 377–379 Taf. 98, 1; Schauenburg 1984c, 34; Keuls 1986a, 340 Nr. 35; Schmidt 1987, 161; Lindner u. a. 1988, 382 Nr. 89; RVAp Suppl. 2 II 263. 346; Sarian 1992, 990 Nr. 8; Güntner 1997, 967 Nr. 192.

68 Patera des White-Saccos-Malers (Spätwerk), 310–300 v. Chr.
New York, Kunsthandel (Sotheby's). – Provenienz: Unbekannt; ex Slg. Almagià.

Sotheby's. Auktionskatalog New York 29. November 1989 (New York 1989) Nr. 123 mit Farbabb.; McPhee 1990, 400 Nr. 41*; RVAp Suppl. 2 II 369,243a.

69 Volutenkrater eines Nachfolgers des Arpi-Malers bzw. aus der Nachfolge der Gruppe von Tarent 7031, 310 v. Chr.
Tarent, Mus. Nazionale Archeologico 39121. – Provenienz: Gravina.

F. G. Lo Porto, Recenti scoperte archeologiche in Puglia, in: Locri Epizefiri, CMGr 16 (Tarent 1977) 735; RVAp II 1024,40; LIMC III (1986) 754 f. Nr. 39* s. v. Eos (C. Weiss); Kossatz-Deissmann 1990, 750 Nr. 98; RVAp Suppl. 2 II 388; K. Schauenburg, Baltimoremaler oder Maler der weißen Hauben?, AA 1994, 564 f. Abb. 24. 25; Morard 2009, 147. 150. 196 Kat. 83.

Frauen mit Hydrien am Brunnen

70 Hydria-Frgt. des Baltimore-Malers, 325–320 v. Chr.   Abb. 26
Den Haag, Slg. Schneider-Herrmann 47. – Provenienz: Unbekannt.

G. Schneider-Herrmann, Ein apulisches Vasenfragment, BABesch 36, 1961, 64–70; G. Schneider-Herrmann, Eine niederländische Studiensammlung antiker Kunst, BABesch Suppl. 1 (Leiden 1975) 50 f. Nr. 121 Taf. 52. 53; Pensa 1977, 39–42; Trendall 1981, 184; RVAp II 872,59; Keuls 1986a, 340 Nr. 36; Schmidt 1987, 160 f.

71 Volutenkrater des Malers von Louvre K 67, 320–300 v. Chr.
Mailand, Slg. »H. A.« 253. – Provenienz: Ruvo; ex Slg. Caputi.

G. Jatta, Vasi del Signor Caputi (Neapel 1877) 42–45 Nr. 253; G. Sena Chiesa, Vasi apuli di stile ornato, Acme 21, 1968, 360 f. Nr. 6; CVA Mailand, Collezione »H. A.« (1) 8 f. Taf. 13. 14; RVAp II 930,116.

72 Volutenkrater des White-Saccos-Malers (in Verbindung mit dem Baltimore-Maler), 330–320 v. Chr.
Ehemals London, Kunsthandel (Heim Gallery). – Provenienz: Unbekannt.

RVAp Suppl. 1 182,B Taf. 36; Schauenburg 1984a, 379 f. Taf. 119, 3; Keuls 1986a, 339 Nr. 16; RVAp Suppl. 2 II 348.

73 Henkellose Loutrophoros (Typ I) des White-Saccos-Malers, 330–300 v. Chr.
Tampa, Fla., Mus. of Art 87.37. – Provenienz: Unbekannt.

W. K. Zewadski, Ancient Greek Vases from South Italy in Tampa Bay Collections. Suppl. 1 (Tampa Bay 1986) 15–21 Abb.; K. Schauenburg, Kreusa in Delphi, AA 1988, 638–640 Abb. 9; RVAp Suppl. 2 II 353,D8 Taf. 92, 3. 4.

74 Hydria des White-Saccos-Malers, 330–300 v. Chr.
Ehemals London, Kunsthandel (Sotheby's). – Provenienz: Unbekannt.

Sotheby's. Auktionskatalog London 17./18. Juli 1985 (London 1985) Nr. 341 Farbabb.; Sotheby's. Auktionskatalog London 14. Dezember 1987 (London 1987) 34 Nr. 175; K. Schauenburg, Kreusa in Delphi, AA 1988, 638–640 Abb. 10; Lindner u. a. 1988, 382 Nr. 90*; Sotheby's. Auktionskatalog London 22. Mai 1989 (London 1989) 63 Nr. 210; RVAp Suppl. 2 II 353,E1; Güntner 1997, 968 Nr. 200.

75 Hydria des White-Saccos-Malers (in Verbindung mit dem Baltimore-Maler), 320–310 v. Chr. Malibu, J. Paul Getty Mus. 77.AE.15. – Provenienz: Unbekannt; angeblich aus demselbem Kontext wie 77.AE.13 (jedoch m. W. nicht wie diese an Italien restituiert).

RVAp II 872,60; RVAp Suppl. 1 146. 148. 183 Nr. F; Schauenburg 1984a, 359–363; CVA Malibu (3) 21 f. Taf. 160. 161.

76 Hydria des White-Saccos-Malers (in Verbindung mit dem Baltimore-Maler), 330–310 v. Chr. Zürich, Kunsthandel (Galerie Sternberg). – Provenienz: Unbekannt.

RVAp Suppl. 1 183,G Taf. 37; Schauenburg 1984a, 360. 362. 380 Taf. 96, 1. 2; Schmidt 1987, 160; RVAp Suppl. 2 II 348.

76a Amphora des White-Sacco-Malers (Spätwerk oder Nachfolger), 310–300 v. Chr. Urbana-Champaign, University of Illinois, Spurlock Mus. WHM 89.9.22. – Provenienz: Unbekannt.

RVAp Suppl. 2 II 354,J Taf. 93, 1.

Hydrien im Naiskos

77 Volutenkrater des Malers von Athen 1714, 370–360 v. Chr. Paris, Louvre CA 227. – Provenienz: Unbekannt.

Séchan 1926, 206–208; N. Moon, Some Early South Italian Vase-Painters, BSR 11, 1929, 47 Taf. 15. 16; Keuls 1974, 75–77; Kossatz-Deissmann 1978, 56 f. Nr. 16; RVAp I 211,146; LIMC I (1981) 265 Nr. 44* s. v. Agamemnon (O. Touchefeu); RVAp Suppl. 1 25; Keuls 1986b, 342 Nr. 4; LIMC III (1986) 17 Nr. 2 s. v. Atreus (J. Boardman); LIMC III (1986) 284 Nr. 11 s. v. Chryses I (I. Krauskopf); K. Schefold, Die Sagen von den Argonauten, von Theben und Troia in der klassischen und hellenistischen Kunst (München 1989) 173 Abb. 153; RVAp Suppl. 2 I 44; LIMC VIII (1997) 21 Nr. 3 (mit Verweisen) s. v. Thyestes (M. Pipili).

78 Hydria des Malers von Bari 12061 (Ginosa-Gruppe), 350–325 v. Chr. Triest, Civico Mus. di Storia ed Arte S 393. – Provenienz: Unbekannt.

CVA Triest IVD 4 Taf. 2, 2. 6; RVAp I 376,128.

79 (Miniatur-)Hydria, 400–320 v. Chr. Dublin, University College 1917.53 (J. 514). – Provenienz: Unbekannt; ex Slg. Hope, Hamilton.

E. M. W. Tillyard, The Hope Vases (Cambridge 1923) 128 Nr. 244; RVAp II 548 (im Text).

Frauen mit Hydrien im Naiskos

80 Volutenkrater des Patera-Malers, 340–320 v. Chr. Archäologische Slg. der Universität Zürich L 8. – Provenienz: Unbekannt; Leihgabe aus Slg. Ros.

A. D. Trendall, La ceramica, in: Taranto nella civiltà della Magna Grecia, CMGr 10 (Tarent 1971) 261 f.; Lohmann 1979, 268 Nr. A 781 Taf. 33, 1; RVAp II 727,7 Taf. 268, 1. 2; RVAp Suppl. 2 II 228.

81 Volutenkrater des Patera-Malers, 340–320 v. Chr.
Mailand, Slg. »H. A.« 306. – Provenienz: Ruvo; ex Slg. Caputi.

G. Jatta, Vasi del Signor Caputi (Neapel 1877) 70 f. Nr. 306; CVA Mailand, Collezione »H. A.« (1) 11 f. Taf. 19. 20; RVAp II 728,16.

82 Volutenkrater des Patera-Malers (Übergangsstil zum Baltimore-Maler), 320 v. Chr.
Los Angeles, County Mus. of Art M80.196.2. – Provenienz: Unbekannt.

Mayo 1982, 177 f. Nr. 72 Abb.; RVAp Suppl. 1 129,38a.

83 Volutenkrater des Baltimore-Malers, 340–320 v. Chr.
Bari, Slg. Cavalcanti 14. – Provenienz: Unbekannt.

Lohmann 1979, 307 Nr. A84c; Lohmann 1982, 200 Abb. 5. 6; RVAp II 862,9 Taf. 321, 4; RVAp Suppl. 1 146.

84 Henkellose Loutrophoros (›Fass-Amphora‹) des Baltimore-Malers, 320 v. Chr.
Ehemals Basel, Kunsthandel (MuM). – Provenienz: Unbekannt.

Lohmann 1979, 270 f. Nr. A 794; Lohmann 1982, 202 f. Abb. 11; RVAp II 869,48 Taf. 330; RVAp Suppl. 1 146; RVAp Suppl. 2 II 265.

85 Volutenkrater des Malers von Berlin F 3383, 330–300 v. Chr.
Ehemals Paris, Kunsthandel (Samarcande). – Provenienz: Unbekannt.

RVAp Suppl. 2 II 329,63 f.

86 Volutenkrater des Malers von Berlin F 3383, 320–310 v. Chr.
Westfalen, Privatslg. – Provenienz: Unbekannt.

K. Stähler in: B. Korzus (Hrsg.), Griechische Vasen aus westfälischen Sammlungen. Ausstellungskatalog Münster (Münster 1984) 206 f. Nr. 83; RVAp Suppl. 2 II 329,64d.

87 Hydria des Malers von Berlin F 3383, 330–300 v. Chr.
Birmingham, Mich., Donna Jacobs Gallery. – Provenienz: Unbekannt.

RVAp Suppl. 1 172,70a.

88 Volutenkrater des White-Saccos-Malers (in Verbindung mit dem Baltimore-Maler), 330–310 v. Chr.
Zuletzt New York, Kunsthandel (André Emmerich Gallery GR 321). – Provenienz: Unbekannt.

K. Schauenburg, Eros im Tempel, AA 1981, 467. 469 Abb. 10. 11; Lohmann 1982, 209 Abb. 7–9; RVAP II 962,2b; RVAp Suppl. 1 181; André Emmerich Gallery. Classical Antiquities. Auktionskatalog New York 6. Dezember 1988–7. Januar 1989 (New York 1988) Abb. 15; RVAp Suppl. 2 II 346.

89 Volutenkrater des White-Saccos-Malers, 330–300 v. Chr.
Trier, Universität O 1985.3. – Provenienz: Angeblich aus der Umgebung von Canosa.

K.-P. Goethert, Leihgaben und Neuerwerbungen der Original- und Abguss-Sammlung in den Jahren 1984–1985, TrWP 7, 1985, 29 f. Taf. 24; RVAp Suppl. 2 II 354,2d1.

90 Volutenkrater des White-Saccos-Malers (in Verbindung mit dem Baltimore-Maler), 330–310 v. Chr.
Ehemals Athen, Kunsthandel (Acheloos Gallery). – Provenienz: Unbekannt.

RVAp II 962,3 Taf. 375, 3. 4; Schauenburg 1984a, 372 Anm. 110; RVAp Suppl. 2 II 346.

91 Volutenkrater des White-Saccos-Malers (in Verbindung mit dem Baltimore-Maler), 330–310 v. Chr.
Verbleib unbekannt. – Provenienz: Unbekannt; ex Niederlande, Kunsthandel.

RVAp Suppl. 1 184,3a; Schauenburg 1984a, 372 Anm. 110.

92 Amphora des White-Saccos-Malers (in Verbindung mit dem Baltimore-Maler), 330–310 v. Chr.
Santa Monica, Kunsthandel (Holland Coins & Antiquities). – Provenienz: Unbekannt.

Holland Coins and Antiquities, Winter List 1982 (Santa Monica 1982) Nr. 24 Abb.; RVAp Suppl. 1 184,4b.

Hydrien oder Frauen mit Hydrien außerhalb eines Naiskos

93 Ps.-panathenäische Amphora des Ilioupersis-Malers, 375–350 v. Chr.
Vatikan, Mus. Gregoriano Etrusco AA 4 (Inv. 18256). – Provenienz: Unbekannt.

A. D. Trendall, Vasi italioti ed etruschi a figure rosse del Vaticano II (Vatikanstadt 1970) 207–209 Taf. 55 a–e; A. Greifenhagen, Griechische Vasen auf Bildern des 19. Jahrhunderts, SBHeidelberg 1978.4, 227 f.; RVAp I 196,30.

94 Hydria des Malers von Athen 1714, 370–350 v. Chr.
Paris, BnF, Cabinet des médailles 980 (4963). – Provenienz: Basilicata?

A. de Ridder, Catalogue des vases peints II (Paris 1902) 586–588 Nr. 980; RVAp I 214,169 Taf. 68, 1; RVAp Suppl. 2 I 45; LIMC II (1984) 330 Nr. 25a* s. v. Apollon Agyieus (E. di Filippo Balestrazzi).

95 Volutenkrater des Ganymed-Malers, 340–320 v. Chr.
Bari, Slg. Loconte 3. – Provenienz: Unbekannt.

RVAp II 797,9 Taf. 296, 2; RVAp Suppl. 2 II 243.

96 Amphora des Ganymed-Malers, 330–320 v. Chr.
Antikenmus. Basel S 40. – Provenienz: Unbekannt.

Schmidt 1976, 7 f. 32–35 Taf. 7 c. d; 11; Schmidt 1975, 105–137 Taf. 8. 9; RVAp II 798,15; M. Wegner, Orpheus, Boreas 11, 1988, 183; RVAp Suppl. 2 II 244; Garezou 1994, 90 Nr. 88*.

97 Volutenkrater des Baltimore-Malers, 330–300 v. Chr.
Ehemals New York, Kunsthandel (Royal Athena Galleries) MG 9201. – Provenienz: Unbekannt.

RVAp Suppl. 2 III 521,13d.

98 Hydria des Baltimore-Malers, 320–310 v. Chr.
Fiesole, Slg. Costantini 152. – Provenienz: Unbekannt.

Lohmann 1979, 200 Nr. A 212; CVA Fiesole (2) 21 Taf. 24. 25; RVAp II 871,54 Taf. 331, 1; 334, 1; C. Salvianti (Hrsg.), La Collezione Costantini. Ausstellungskatalog Fiesole (Florenz 1985) 103 Nr. 44; Farbabb. S. 65; RVAp Suppl. 2 II 265.

99 Hydria des Baltimore-Malers, 320–310 v. Chr.
Fiesole, Slg. Costantini 153. – Provenienz: Unbekannt.

Lohmann 1979, 199 Nr. A 211; CVA Fiesole (2) 20 f. Taf. 22. 23; RVAp II 871,55 Taf. 331, 2; 332, 2; 334, 2; C. Salvianti, La Collezione Costantini. Ausstellungskatalog Fiesole (Florenz 1985) 103 Nr. 45; Farbabb. S. 67; LIMC III (1986) 288 Nr. 4 s. v. Chrysippos I (K. Schefold).

100 Hydria des Baltimore-Malers, 320 v. Chr.
Mattinata, Slg. Sansone 685. – Provenienz: Unbekannt.

Lohmann 1979, 223 Nr. A 413 Taf. 30, 2; RVAp II 871,56 Taf. 331, 3; 333, 1; RVAp Suppl. 1 146; LIMC IV (1988) 120 Nr. 104 s. v. Helene (L. Kahil – N. Icard); RVAp Suppl. 2 II 265.

101 Hydria des Baltimore-Malers, 320 v. Chr.
Bari, Slg. Macinagrossa 26. – Provenienz: Unbekannt.

Lohmann 1979, 72 f. 184 Nr. A 90; Trendall 1981, 175–177; RVAp II 871,57 Taf. 331, 4; 333, 2; 334, 3; Delivorrias u. a. 1984, 131 Nr. 1379; Kahil 1984, 732 Nr. 1287; Lindner 1984, 17 f. Nr. 10; Schauenburg 1984a, 370; Lohmann 1986, 79–85; Lindner u. a. 1988, 384 Nr. 113; RVAp Suppl. 2 II 265; Güntner 1997, 968 Nr. 199.

102 Loutrophoros (Typ III: ›Fass-Amphora‹) des White-Saccos-Malers, 330–300 v. Chr.
Melbourne, Slg. Geddes A 1 : 19. – Provenienz: Unbekannt.

Sotheby's. Auktionskatalog London 13. Juli 1987 (London 1987) Abb. S. 111 Nr. 309; RVAp Suppl. 2 II 355,4–1 Taf. 94.

103 Volutenkrater des White-Saccos-Malers, 330–300 v. Chr.
USA, Privatslg. – Provenienz: Unbekannt; ex New York, Kunsthandel (Royal Athena Galleries).

K. Schauenburg, Baltimoremaler oder Maler der weißen Hauben?, AA 1994, 543–549 Abb. 1–6 (543 Anm. 3 Nachweis auf RVAp Suppl. 2 falsch; nicht aufzuklären).

Hydrien auf und bei Grabstelen oder -säulen

104 Hydria des Ilioupersis-Malers, 375–350 v. Chr.
Neapel, Mus. Archeologico Nazionale 3422 (Inv. 82295). – Provenienz: Unbekannt.

RVAp I 197,44.

105 Hydria des Ilioupersis-Malers, 375–350 v. Chr.
Neapel, Mus. Archeologico Nazionale 2217 (Inv. 81838). – Provenienz: Ruvo, Sant' Angelo (Grab).

RVAp I 197,45; S. De Caro (Hrsg.), La Magna Grecia nelle collezioni del Museo Archeologico di Napoli. Ausstellungskatalog Neapel (Neapel 1996) 120 Nr. 10:23 Abb.

106 Hydria aus dem Umkreis des Ilioupersis-Malers, 375–350 v. Chr.
London, Wellcome Collection R 481/1936. – Provenienz: Unbekannt.

RVAp I 205,111.

107 Hydria aus dem Umkreis des Ilioupersis-Malers, 375–350 v. Chr.
Paris, BnF, Cabinet des médailles 978 (Oppermann 84). – Provenienz: Unbekannt; ex Slg. Oppermann.

A. de Ridder, Catalogue des Vases peints II (Paris 1902) 585 Abb. 139; RVAp I 205,112.

108 Amphora des Varrese-Malers, 360–340 v. Chr.
London, British Mus. F 331. – Provenienz: Ruvo.

H. B. Walters, Catalogue of the Greek and Etruscan Vases in the British Museum IV. Vases of the Latest Period (London 1896) 164–166; RVAp I 338,5 Taf. 109, 2–4; Delivorrias u. a. 1984, 338 Nr. 1517*; RVAp Suppl. 2 I 86.

109 Hydria des Malers von Lecce 3544, 370–350 v. Chr.
Ruvo, Mus. Jatta J 1058. – Provenienz: Unbekannt.

G. Jatta, Catalogo (Ruvo 1869) Nr. 1058; RVAp I 410,73; Lohmann 1979, 253 Nr. A 654 Taf. 53, 2; H. Cassimatis, Le miroir dans les représentations funéraires apuliennes, MEFRA 110, 1998, 322 f.

Hydrien im Kontext eines Heiligtums

110 Amphora, 340–320 v. Chr.
St. Petersburg, Ermitage Б 1705 (St. 452). – Provenienz: Unbekannt.

Stephani 1869, 248–253 Nr. 452; Séchan 1926, 521–524 Abb. 153; Keuls 1974, 78; Kossatz-Deissmann 1978, 56–59; Schauenburg 1983, 342 f.; Ch. Aellen in: Aellen – Cambitoglou – Chamay 1986, 73–80, bes. 75 f. mit Abb.; Keuls 1986a, 338 Nr. 1*; LIMC VII (1994) 250 Nr. 5 s. v. Pelasgos (C. Lochin).

111 Kantharos der Paidagogos-Gruppe (Umkreis des Dareios- bzw. Unterwelt-Malers), 340–320 v. Chr.
Bari, Slg. Sette Labellarte 46. – Provenienz: Unbekannt.

RVAp II 610,56; Schauenburg 1983, 343 Anm. 42.

112 Frgt. des Dareios-Malers, 345–320 v. Chr.
Kiew, Museum der westlichen und orientalischen Kunst 147a. – Provenienz: Ruvo; ex Paris, BnF, Cabinet des médailles.

H. Heydemann, Adonia (?) auf einer Vase aus Ruvo, AZ 30, 1873, 65; E. Bielefeld, Zum Relief aus Mondragone, Wissenschaftliche Zeitschrift der Ernst-Moritz-Arndt-Universität Greifswald 1.2–3, 1951/1952, 27. 29 Nr. 14 Abb. 10; Diehl 1964, 173. 185 Taf. 48, 2; Pensa 1977, 43 f. mit Anm. 140. 141 (als vermisst); RVAp II 504,81.

Einzelne Frauen mit Hydrien

113 Lekanis-Deckel des Baltimore-Malers, 340–310 v. Chr.
Paris, Louvre K 401. – Provenienz: Unbekannt.

RVAp II 876,109; Schauenburg 1984a, 372.

114 Kantharos des Baltimore-Malers, 330–310 v. Chr.
Scottsdale, Ariz., Slg. Cutler RF 13. – Provenienz: Unbekannt.

RVAp Suppl. 2 II 286,110e.

115 Kantharos des Baltimore-Malers, 330–310 v. Chr.
Ehemals Rom, Kunsthandel. – Provenienz: Unbekannt.

RVAp Suppl. 2 II 286,110i.

116 entfällt

117 Oinochoe des White-Saccos-Malers, 330–300 v. Chr.
Ehemals New York, Kunsthandel (Royal Athena Galleries). – Provenienz: Unbekannt.

RVAp Suppl. 2 II 360,49d Taf. 98, 2.

118 Lekanis des White-Saccos-Malers, 330–310 v. Chr.
Mattinata, Slg. Sansone. – Provenienz: Unbekannt.

RVAp II 967,68.

119 Kantharos des White-Saccos-Malers, 330–310 v. Chr.
Mattinata, Slg. Sansone 208. – Provenienz: Unbekannt.

RVAp II 968,84.

119a Kantharos des White-Saccos-Malers, 330–300 v. Chr.
Mannheim, Reiss-Engelhorn-Mus. Cg 46. – Provenienz: Unbekannt.

CVA Mannheim (1) 54 f. Taf. 42, 4. 5; RVAp II 968,85; E. Brümmer, Griechische Truhenbehälter, JdI 100, 1985, 63 Abb. 20 d; RVAp Suppl. 2 II 347.

120 Kantharos des Malers von Bari 5981, 325–300 v. Chr.
Compiègne, Musée Vivenel 1064. – Provenienz: Unbekannt.

Catalogue du Musée Vivenel (Compiègne 1870) Nr. 1064; CVA Compiègne (Musée Vivenel) 20 Taf. 26, 1. 2; RVAp II 988,311.

Mehrere Frauen mit Hydrien

121 Hydria des Varrese-Malers, 350–340 v. Chr.
Tokio, Mus. für antike Mittelmeerkultur 71. – Provenienz: Unbekannt.

CVA Japan (2) 50–52 Taf. 43, 2–5; 44, 1. 2.

122 entfällt

123 Volutenkrater des White-Saccos-Malers, 330–300 v. Chr.
Ehemals New York, Kunsthandel (Harmer Rooke Galleries). – Provenienz: Unbekannt.

RVAp Suppl. 2 II 351,A3; Harmer Rooke Galleries. Auktionskatalog New York 15. Dezember 1988 (New York 1988) Abb. S. 9 Nr. 36.

124 Amphora des White-Saccos-Malers, 330–300 v. Chr.
Ehemals europäischer Kunsthandel (Information: Cahn). – Provenienz: Unbekannt.

RVAp Suppl. 2 II 351,D1.

125 Amphora des White-Saccos-Malers, 330–300 v. Chr.
Ehemals europäischer Kunsthandel (Info: Cahn). – Provenienz: Unbekannt.

RVAp Suppl. 2 II 352,D2.

126 Loutrophoros (Typ III: ›Fass-Amphora‹) des White-Saccos-Malers, 330–300 v. Chr.
Ehemals London, Kunsthandel (Sotheby's). – Provenienz: Unbekannt.

Sotheby's. Auktionskatalog London 10.–11. Juli 1989 (London 1989) 131 Nr. 263 Farbabb.; RVAp Suppl. 2 II 352,D7 Taf. 92, 1. 2.

127 Oinochoe des White-Saccos-Malers (in Verbindung mit dem Baltimore-Maler), 330–310 v. Chr.
Ehemals London, Kunsthandel (Charles Ede). – Provenienz: Unbekannt.

Christie's. Auktionskatalog London 19. Oktober 1970 (London 1970) Nr. 56 Abb. bei S. 21; RVAp II 963,10; Schauenburg 1984a, 372 Anm. 110.

128 Oinochoe des White-Saccos-Malers (in Verbindung mit dem Baltimore-Maler), 330–310 v. Chr. Japan, Privatslg. – Provenienz: Unbekannt.

Christie's. Auktionskatalog London 19. Oktober 1970 (London 1970) Nr. 57 Abb. bei S. 21; RVAp II 963,11; Schauenburg 1984a, 372 Anm. 110.

129 Oinochoe des White-Saccos-Malers, 330–300 v. Chr.
Ehemals Brüssel, Kunsthandel (Drees-Nabil Asfar). – Provenienz: Unbekannt.

RVAp Suppl. 2 II 360,44a Taf. 98, 1.

130 Bauchige Lekythos des White-Saccos-Malers, 330–310 v. Chr.
Ehemals München, Kunsthandel. – Provenienz: Unbekannt.

RVAp II 966,55.

131 Pyxis des White-Saccos-Malers, 330–310 v. Chr.
München, Kunsthandel (M. Waltz). – Provenienz: Unbekannt.

RVAp II 966,57 Taf. 378, 3; Schauenburg 1984a, 372 Anm. 110; K. Schauenburg, Helios auf einer apulischen Pyxis, ÖJh 63, 1994, Beibl. 53. 55–58 Abb. 2–5.

132 Kantharos des White-Saccos-Malers, 330–310 v. Chr.
Melbourne, Slg. Geddes A 0 : 16. – Provenienz: Unbekannt.

Sotheby's. Auktionskatalog London 8. Dezember 1980 (London 1980) Nr. 234 Abb.; RVAp II 968,84a; RVAp Suppl. 1 181; RVAp Suppl. 2 II 346.

Eine oder mehrere Frauen mit Hydrien, dazu Eros

133 Pyxis des Baltimore-Malers, 340–310 v. Chr.
Genf, Slg. J. Chamay. – Provenienz: Unbekannt.

RVAp II 875,98.

134 Kantharos des Baltimore-Malers, 340–310 v. Chr.
Santa Monica, Privatslg. – Provenienz: Unbekannt.

RVAp Suppl. 1 159,115b.

135 Oinochoe des Baltimore-Malers, 340–310 v. Chr.
Hildesheim, Roemer- und Pelizaeus-Mus. RM 15. – Provenienz: Unbekannt.

RVAp II 877,116 Taf. 337, 1. 2; Schauenburg 1984a, 372 Anm. 103; Schauenburg 1984b, 128. 135 Abb. 9.

136 Pyxis des White-Saccos-Malers, 330–310 v. Chr.
München, Kunsthandel (M. Waltz). – Provenienz: Unbekannt.

RVAp II 966,58 Taf. 378, 4; Schauenburg 1984a, 372 Anm. 110; K. Schauenburg, Helios auf einer apulischen Pyxis, ÖJh 63, 1994, Beibl. 53. 59 f. Abb. 6–9.

Eros Hydrophoros

137 Lekanis aus dem Umkreis des Truro-Malers, 380–350 v. Chr.
Triest, Civico Mus. di Storia ed Arte S. 478. – Provenienz: Unbekannt.

CVA Triest IVD 27 Taf. 30, 1–3.

138 Pelike des V. und A.-Malers, 360–350 v. Chr.
London, Victoria and Albert Mus. 4799 : 1901. – Provenienz: Ruvo.

RVAp I 404,45 Taf. 143, 1. 2; Hermary – Cassimatis – Vollkommer 1986, 907 Nr. 654e*; RVAp Suppl. 2 I 103.

139 Pyxis des Baltimore-Malers, 340–310 v. Chr.
Agrigent, Mus. Archeologico Nazionale R 187 (Giudice 561). – Provenienz: Unbekannt; ex Slg. Giudice.

RVAp II 875,97.

Frauen mit Hydrien zusammen mit jungen Männern

140 Nestoris des Varrese-Malers, 350–340 v. Chr.
London, Kunsthandel (R. Symes). – Provenienz: Unbekannt.

RVAp Suppl. 1 46,34,1 Taf. 5, 1.

141 Nestoris des Varrese-Malers, 350–340 v. Chr.
London, Kunsthandel (R. Symes). – Provenienz: Unbekannt.

RVAp Suppl. 1 46,34,2 Taf. 5, 2; RVAp Suppl. 2 I 87.

142 Hydria des Baltimore-Malers, 330–310 v. Chr.
Aufbewahrungsort unbekannt. – Provenienz: Unbekannt; wohl Region von Canosa.

L. Todisco, Nuovi grandi vasi dei Pittori di Baltimora e del sakkos bianco, Xenia 7, 1984, 50.62–64 Nr. 4 Abb.; RVAp Suppl. 2 II 283,58.

143 Loutrophoros des Baltimore-Malers, 340–310 v. Chr.
Privatslg. – Provenienz: Unbekannt.

Schauenburg 1994, 65–67 Taf. 17.

144 Loutrophoros (Typ II) des White-Saccos-Malers, 330–300 v. Chr.
Ehemals New York, Kunsthandel (Sotheby's). – Provenienz: Unbekannt.

Sotheby's. Auktionskatalog New York 2. Dezember 1988 (New York 1988) Nr. 107/2 mit Farbabb.;
RVAp Suppl. 2 II 352,D6 Taf. 91, 4.

Frauen mit Hydrien zusammen mit jungen Männern, dazu Eros

145 (Voluten)-Krater des Ilioupersis-Malers, 365–355 v. Chr.
Boston, Mus. of Fine Arts 1970:235. – Provenienz: Unbekannt.

C. C. Vermeule, Greek Vases for Boston, Burlington Magazine 1973.2, 118; RVAp I 194,11 Taf. 61, 3. 4; A.
Greifenhagen, Eichellekythen, RA 1982, 156 f.; RVAp Suppl. 2 I 44; J. M. Padgett u. a., Vase-Painting in Italy. Red-figure and Related Works in the Museum of Fine Arts, Boston (Boston 1993) 80 f. Nr. 21 Farbtaf. 7.

146 Patera des Patera-Malers, 340–320 v. Chr.
Foggia, Mus. civico 131646. – Provenienz: Salaria, Grab 188.

RVAp II 732,42 Taf. 270, 4; E. M. de Juliis (Hrsg.), Archeologia in Puglia: Foggia (Foggia 1983) 23;
RVAp Suppl. 2 II 228.

147 Amphora-Frgt. aus dem Umkreis des Patera-Malers, 330–320 v. Chr.
Tarent, Mus. Nazionale Archeologico. – Provenienz: Altamura, Via Bari (Grab).

RVAp II 763,294 Taf. 284, 2.

148 Henkellose Loutrophoros (›Fass-Amphora‹) des Baltimore-Malers, 330–320 v. Chr.   Abb. 27 a. b
Tarent, Mus. Nazionale Archeologico 9847. – Provenienz: Unbekannt.

RVAp II 869,44 Taf. 329, 1–3; Schauenburg 1984b, 131 Abb. 5. 6; Kossatz-Deissmann 1990, 754
Nr. 140; RVAp Suppl. 2 II 265.

149 Bauchige Lekythos des Baltimore-Malers, 330–310 v. Chr.
Genf, Slg. M. C. – Provenienz: Unbekannt.

RVAp Suppl. 2 II 283,62–1.

150 Lekanis des Baltimore-Malers, 340–310 v. Chr.
Privatslg. – Provenienz: Unbekannt.

Schauenburg 1994, 55 f. Taf. 20.

151 Kugelförmige Pyxis der Baltimore-Werkstatt (Verbindung Baltimore-/Stoke-on-Trent-Maler),
340–310 v. Chr.
Brüssel, Musées royaux d'Art et d'Histoire R 252. – Provenienz: Unbekannt.

CVA Brüssel (2) IVDb, 8 Taf. 7, 1; RVAp II 886,220.

152 Kugelförmige Pyxis der Baltimore-Werkstatt (Verbindung Baltimore-/Stoke-on-Trent-Maler), 330–310 v. Chr.

Montpellier, Société archéologique 269 (SA139). – Provenienz: Unbekannt; ex Slg. Portalès, Durand.

RVAp II 886,221; Ch. Landes – A.-F. Laurens (Hrsg.), Les Vases à Memoire. Ausstellungskatalog Lattes (Lattes 1988) 133. 136 Nr. 90 Abb.; RVAp Suppl. 2 II 266; K. Schauenburg, Zu kugelförmigen Pyxiden in Unteritalien, ÖJh 62, 1993, Beibl. 74. 77 f. Abb. 25–28.

153 Oinochoe des Malers von Berlin F 3383, 330–320 v. Chr.

Staatliche Museen zu Berlin, Antikenslg. F 3383. – Provenienz: Unbekannt.

RVAp II 918,58; Taf. 353; Hermary – Cassimatis – Vollkommer 1986, 901 Nr. 588a*; RVAp Suppl. 2 II 324.

154 Amphora des Arpi-Malers, 310 v. Chr.

Tarent, Mus. Nazionale Archeologico I.G. 132723. – Provenienz: Arpi, Tomba del vaso di Niobidi.

RVAp II 925,90; Schauenburg 1984a, 373; LIMC IV (1988) 639 Nr. 126 s. v. Hephaistos (A. Hermary – A. Jacquemin); E. M. De Juliis, La tomba del vaso di niobidi di Arpi (Bari 1992) 54–58 Nr. 111 Abb. 264–281.

Bibliographie:

Adamesteanu 1979	D. Adamesteanu, Hydria apula di Heraclea, in: Cambitoglou 1979, 9–12
Aellen 1994	Ch. Aellen, A la recherche de l'ordre cosmique. Forme et fonction des personnifications dans la céramique italiote (Kirchberg 1994)
Aellen – Cambitoglou – Chamay 1986	Ch. Aellen – A. Cambitoglou – J. Chamay, Le Peintre de Darius et son milieu. Ausstellungskatalog Genf (Genf 1986)
Balty 1997	J. Ch. Balty in: LIMC VIII (1997) Suppl. 666–670 s. v. Kassiepeia
Cämmerer 1975	B. Cämmerer, Geschichten aus der Unterwelt. Neue Deutungsversuche zum großen Karlsruher Unterwelts-Krater, JbBadWürt 12, 1975, 39–50
Cambitoglou 1979	A. Cambitoglou (Hrsg.), Studies in Honour of Arthur Dale Trendall (Sydney 1979)
Cook	A. B. Cook, Zeus I (Cambridge 1914); III (Cambridge 1940)
Delivorrias u. a. 1984	A. Delivorrias u. a. in: LIMC II (1984) 2–151 s. v. Aphrodite
Denoyelle u. a. 2005	M. Denoyelle – E. Lippolis – M. Mazzei – C. Pouzadoux (Hrsg.), La céramique apulienne. Bilan et perspectives. Actes de la table ronde organisée par l'École Française de Rome en collaboration avec la Soprintendenza per i Beni Archeologici della Puglia et le Centre Jean Bérard de Naples, 30 novembre – 2 décembre 2000 (Neapel 2005)
Descœudres 1990	J.-P. Descœudres (Hrsg.), ΕΥΜΟΥΣΙΑ. Ceramic and Iconographic Studies in honour of Alexander Cambitoglou (Sydney 1990)
Diehl 1964	E. Diehl, Die Hydria. Formgeschichte und Verwendung im Kult des Altertums (Mainz 1964)

Felten 2009	W. Felten in: LIMC Suppl. (2009) 495–535 s. v. Zeus
Garezou 1994	M.-X. Garezou in: LIMC VII (1994) 81–105 s. v. Orpheus
Giuliani 1995	L. Giuliani, Tragik, Trauer und Trost. Bildervasen für eine apulische Totenfeier (Berlin 1995)
Graf 1974	F. Graf, Eleusis und die orphische Dichtung Athens in vorhellenistischer Zeit (Berlin 1974)
Güntner 1997	G. Güntner in: LIMC VIII (1997) 956–978 s. v. Persephone
Hermary – Cassimatis – Vollkommer 1986	A. Hermary – H. Cassimatis – R. Vollkommer in: LIMC III (1986) 850–942 s. v. Eros
Hitzl 2011	K. Hitzl (Hrsg.), Kerameia. Ein Meisterwerk apulischer Töpferkunst. Studien dem Andenken K. Schauenburgs gewidmet (Kiel 2011)
Kahil 1984	L. Kahil in: LIMC II (1984) 618–753 s. v. Artemis
Kahil – Icard 1988	L. Kahil – N. Icard in: LIMC IV (1988) 498–563 s. v. Helene
Keuls 1974	E. Keuls, The Water Carriers in Hades. A Study of Catharsis through Toil in Classical Antiquity (Amsterdam 1974)
Keuls 1986a	E. Keuls in: LIMC III (1986) 337–341 s. v. Danaides
Keuls 1986b	E. Keuls in: LIMC III (1986) 341–343 s. v. Danaos
Kossatz-Deissmann 1978	A. Kossatz-Deissmann, Dramen des Aischylos auf westgriechischen Vasen (Mainz 1978)
Kossatz-Deissmann 1981	A. Kossatz-Deissmann in: LIMC I (1981) 736–738 s. v. Amyetoi
Kossatz-Deissmann 1990	A. Kossatz-Deissmann in: LIMC V (1990) 741–760 s. v. Iris I
Kossatz-Deissmann 1992	A. Kossatz-Deissmann in: LIMC VI (1992) 322–329 s. v. Lyssa
Kossatz-Deissmann 2009a	A. Kossatz-Deissmann in: LIMC Suppl. (2009) 161 f. s. v. Danaides
Kossatz-Deissmann 2009b	A. Kossatz-Deissmann in: LIMC Suppl. (2009) 293–295 s. v. Ilioupersis
Krauskopf 1981	I. Krauskopf in: LIMC I (1981) 691–713 s. v. Amphiaraos
Krauskopf 2009	I. Krauskopf in: LIMC Suppl. (2009) 56–59 s. v. Amphiaraos
Lambrinudakis u. a. 1984	W. Lambrinudakis u. a. in: LIMC II (1984) 183–327 s. v. Apollon
Lindner 1984	R. Lindner, Der Raub der Persephone in der antiken Kunst (Würzburg 1984)
Lindner u. a. 1988	R. Lindner u. a. in: LIMC IV (1988) 367–394 s. v. Hades
Lippolis 1996	E. Lippolis (Hrsg.), I Greci in Occidente: Arte e artigianato in Magna Grecia. Ausstellungskatalog Tarent (Neapel 1996)
Lohmann 1979	H. Lohmann, Grabmäler auf unteritalischen Vasen, AF 7 (Berlin 1979)
Lohmann 1982	H. Lohmann, Zu technischen Besonderheiten apulischer Vasen, JdI 97, 1982, 191–249
Lohmann 1986	H. Lohmann, Der Mythos von Amphiaraos auf apulischen Vasen, Boreas 9, 1986, 65–82
Mayo 1982	M. E. Mayo (Hrsg.), The Art of South Italy. Vases from Magna Graecia. Ausstellungskatalog Richmond (Richmond 1982)
McPhee 1990	I. McPhee in: LIMC V (1990) 394–406 s. v. Hesperides
Morard 2002	Th. Morard, Les Troyens à Métaponte (Mainz 2002)
Morard 2009	Th. Morard, Horizontalité et verticalité. Le bandeau humain et le bandeau divin chez le Peintre de Darius (Mainz 2009)
Moret 1975	J.-M. Moret, L'Ilioupersis dans la céramique italiote. Les mythes et leur expression figurée au IV. siècle (Genf 1975)

Moret 1978   J.-M. Moret, Le jugement de Pâris en Grande-Grèce, AntK 21, 1978, 76–98

Moret 1993   J.-M. Moret, Les départs des Enfers dans l'imagerie apulienne, RA 1993.2, 293–351

MuM 1982   MuM. Auktion 60. Auktionskatalog Basel 21. September 1982 (Basel 1982)

Neumann 1965   G. Neumann, Gesten und Gebärden in der griechischen Kunst (Berlin 1965)

Paoletti 1994   O. Paoletti in: LIMC VII (1994) 956–970 s. v. Kassandra I

Pensa 1977   M. Pensa, Rappresentazioni dell'oltretomba nella ceramica apula (Rom 1977)

Philipps 1968   K. M. Phillips Jr., Perseus and Andromeda, AJA 72, 1968, 1–23

RVAp   A. D. Trendall – A. Cambitoglou, The Red-Figured Vases of Apulia I (Oxford 1978); II (Oxford 1982)

RVAp Suppl. 1   A. D. Trendall – A. Cambitoglou, The Red-Figured Vases of Apulia, Suppl. 1 (London 1983)

RVAp Suppl. 2   A. D. Trendall – A. Cambitoglou, The Red-Figured Vases of Apulia, Suppl. 2, in 3 Teilbden. (London 1991–1992)

Sarian 1986   H. Sarian in: LIMC III (1986) 825–843 s. v. Erinys

Sarian 1992   H. Sarian in: LIMC VI (1992) 985–1018 s. v. Hekate

Schauenburg 1958   K. Schauenburg, Die Totengötter in der unteritalischen Vasenmalerei, JdI 73, 1958, 48–78

Schauenburg 1960   K. Schauenburg, Perseus in der Kunst des Altertums (Bonn 1960)

Schauenburg 1961   K. Schauenburg, Göttergeliebte auf unteritalischen Vasen, AuA 10, 1961, 77–101

Schauenburg 1981   K. Schauenburg in: LIMC I (1981) 774–790 s. v. Andromeda I

Schauenburg 1983   K. Schauenburg, Zur Telephossage in Unteritalien, RM 90, 1983, 339–358

Schauenburg 1984a   K. Schauenburg, Unterweltsbilder aus Großgriechenland, RM 91, 1984, 359–387

Schauenburg 1984b   K. Schauenburg, Zu einer Hydria des Baltimoremalers in Kiel, JdI 99, 1984, 127–160

Schauenburg 1984c   K. Schauenburg, Baltimoremaler und Bellerophon, JbMusKGHamb 3, 1984, 33–47

Schauenburg 1990   K. Schauenburg, Zu zwei Unterweltskrateren des Baltimoremalers, AA 1990, 91–100

Schauenburg 1994   K. Schauenburg, Zur Mythenwelt des Baltimoremalers, RM 101, 1994, 51–68

Schauenburg 2009   K. Schauenburg in: LIMC Suppl. (2009) 61–65 s. v. Andromeda I

Schmidt 1960   M. Schmidt, Der Dareiosmaler und sein Umkreis (Münster 1960)

Schmidt 1975   M. Schmidt, Orfeo e orfismo nella pittura vascolare italiota, in: Orfismo in Magna Grecia, CMGr 14 (Tarent 1975) 105–137

Schmidt 1976   M. Schmidt in: M. Schmidt – A. D. Trendall – A. Cambitoglou, Eine Gruppe Apulischer Grabvasen in Basel. Studien zu Gehalt und Form der unteritalischen Sepulkralkunst (Basel 1976)

Schmidt 1979   M. Schmidt, Ein Danaidendrama (?) und der euripideische Ion auf unteritalischen Vasenbildern, in: Cambitoglou 1979, 159–169

Schmidt 1982	M. Schmidt, Some Remarks on the Subject of South Italian Vases, in: Mayo 1982, 23–36
Schmidt 1987	M. Schmidt, Beziehungen zwischen Eros, dem dionysischen und dem eleusinischen Kreis auf apulischen Vasenbildern, in: C. Bérard – Ch. Bron – A. Pomari (Hrsg.), Images et société en Grèce ancienne. L'iconographie comme méthode d'analyse. Actes du colloque international, Lausanne, 8–11 février 1984 (Lausanne 1987) 155–167
Schmidt 1988	M. Schmidt in: LIMC IV (1988) 723–728 s. v. Herakleidai
Schmidt 1991	M. Schmidt, Bemerkungen zu Orpheus in Unterwelts- und Thrakerdarstellungen, in: Ph. Borgeaud (Hrsg.), Orphisme et Orphée, en l'honneur de Jean Rudhardt (Genf 1991) 31–50
Schmidt 2000	M. Schmidt, Aufbruch oder Verharren in der Unterwelt?, AntK 43, 2000, 86–101
Séchan 1926	L. Séchan, Etudes sur la tragédie grecque dans ses rapports avec la céramique (Paris 1926)
Shapiro 1986	H. A. Shapiro in: LIMC III (1986) 388–391 s. v. Dike
Simon 1981	E. Simon in: LIMC I (1981) 742–752 s. v. Amymone
Smith 1976	H. R. W. Smith, Funerary Symbolism in Apulian Vase-Painting (Berkeley 1976)
Stähler 1992	K. Stähler, Das Lesen apulischer Vasenbilder, in: O. Brehm – S. Klie (Hrsg.), Μουσικος ανηρ. Festschrift Max Wegner (Bonn 1992) 399–423
Stephani 1869	L. Stephani, Die Vasen-Sammlung der Kaiserlichen Ermitage I (St. Petersburg 1869)
Thimme 1986	J. Thimme, Antike Meisterwerke im Karlsruher Schloß (Karlsruhe 1986)
Todisco 2012	L. Todisco (Hrsg.), La ceramica a figure rosse della Magna Grecia e della Sicilia, 3 Bde. (Roma 2012)
Trendall 1977	A. D. Trendall, Poseidon and Amymone on an Apulian Pelike, in: U. Höckmann – A. Krug (Hrsg.), Festschrift für Frank Brommer (Mainz 1977) 281–287
Trendall 1981	A. D. Trendall, A Campanian Lekanis in Lugano with the Rape of Persephone, NumAntCl 10, 1981, 165–195
Trendall – Webster 1971	A. D. Trendall – T. B. L. Webster, Illustrations of Greek Drama (London 1971)
Winkler 1888	A. Winkler, Die Darstellungen der Unterwelt auf apulischen Vasen. Eine archäologische Untersuchung (Breslau 1888)

Abbildungsnachweis: Abb. 1: Courtesy of The Spurlock Museum, University of Illinois at Urbana-Champaign. – Abb. 2–4: Courtesy of The Spurlock Museum, University of Illinois at Urbana-Champaign (J. Followell). – Abb. 5. 16: © St. Petersburg, Staatliches Museum der Ermitage. – Abb. 6; 27 a. b: su concessione del Ministero per i Beni e le Attività Culturali – Soprintendenza per i Beni Archeologici della Puglia. – Abb. 7. 8: su concessione del Ministero per i Beni e le Attività Culturali – Direzione Regionale per i Beni Culturali e Paesaggistici della Basilicata – Soprintendenza per i Beni Archeologici della Basilicata. – Abb. 9: Archäologisches Museum. Westfälische Wilhelms-Universität Münster. – Abb. 10. 11: © Antikenmuseum Basel und Sammlung Ludwig (A. Voegelin). – Abb. 12–15: © St. Petersburg, Staatl. Museum der Ermitage (V. Terebenin, L. Kheifets, Y. Molodkovets). – Abb. 17:

CVA Karlsruhe (2) Taf. 62, 1. – Abb. 18: CVA Malibu (3) Taf. 133, 1. – Abb. 19 a. b: © Antikensammlung – Kunsthalle zu Kiel (J. Raeder). – Abb. 20: L. Todisco, Un nuovo cratere con scena d'oltretomba del Pittore di Baltimora, ArchClass 35, 1983, Taf. 18, 3. – Abb. 21: © Musée d'art et d'histoire, Genf, Inv. A 2003–0043/dt (Yves Siza). – Abb. 22: Soprintendenza Speciale per i Beni Archeologici di Napoli e Pompei. – Abb. 23: Provincia di Bari. – Abb. 24: CVA Malibu (4) Taf. 198, 1. – Abb. 25: H. Sichtermann, Griechische Vasen in Unteritalien aus der Sammlung Jatta in Ruvo (Tübingen 1966) Taf. 121. – Abb. 26: G. Schneider-Herrmann, Eine niederländische Studiensammlung antiker Kunst, BABesch Suppl. 1 (Leiden 1975) Taf. 53.

Dr. Arne Thomsen, Universität des Saarlandes, FR 3.5 Altertumswissenschaften – Klassische Archäologie, Campus B3 2, 66123 Saarbrücken, Deutschland, E-Mail: a.thomsen@mx.uni-saarland.de

Zusammenfassung:
Arne Thomsen, Zwischen Mühsal und Muße. Eine Analyse der Ikonographie der sog. Danaiden in der apulischen Vasenmalerei

Das Bildthema der Frauen mit Hydrien in der Unterwelt, das auf den rotfigurigen apulischen Bildervasen etwa um die Mitte des 4. Jhs. v. Chr. erscheint, wird meist umstandslos mit der mythischen Unterweltstrafe der Danaiden identifiziert. Dabei ergeben sich aus philologischer wie ikonographischer Perspektive Probleme. Eine präzise Untersuchung der Ikonographie lässt erkennen, dass die Frauen mit Hydrien als ein Bildzeichen benutzt werden, mit dem sich trefflich verschiedene Seinszustände in der Unterwelt auf einer Skala zwischen der Mühsal der Arbeit am Pithos und einer den Göttern angenäherten Muße darstellen lassen. Die mit aphrodisischen Attributen aufgeladenen Bilder schildern Abstufungen, aber letztlich suggerieren sie ein hoffnungsvolles Jenseitsbild, in dem die Mühsal nur der (systematische) Ausgangspunkt ist, während die müßige Ferne von der Arbeit das eigentliche Bildthema ist. Dem mythischen Exempel, das in den Frauen wohl gesehen werden muss, kann sich der moderne Betrachter nur auf Umwegen und hypothetisch annähern.

Schlagwörter: Danaides – Unterwelt/Hades – Apulisch-rotfigurige Vasenmalerei – Pithos – Hydria

Abstract:
Arne Thomsen, Between Toil and Leisure. An Analysis of the Iconography of the So-called Danaids in Apulian Vase Painting

The pictorial theme of women with *hydriai* in the Underworld that appears on red-figure Apulian painted vases around the middle of the fourth century BC tends to be identified without further ado with the mythical Underworld punishment of the Danaids. This presents problems from both the philological and the iconographic perspective. A precise evaluation of the iconography reveals that the women with *hydriai* are employed as a motif capable of suggesting different states in the Underworld on a scale ranging from the tribulation of toiling at the pithos to a leisure like that of the gods. While the paintings, which display Aphrodisian attributes, show different gradations on this scale, they ultimately evoke a hopeful picture of the beyond in which toil is merely the (systematic) point of departure, and a leisurely freedom from drudgery is the actual subject of the picture. The mythic example that probably must be seen in the women can only be inferred indirectly and hypothetically by the modern observer.

Keywords: Danaids – Underworld/Hades – Apulian Red-figure Vase Painting – Pithos – Hydria

FRAGMENTE EINES RELIEFGIEBELS AUS ATHEN

von Elena V. Vlachogianni

Das Relieffragment Abb. 1 a–e, eines der bislang unpublizierten Bildwerke des Athener Archäologischen Nationalmuseums (NM), verdient aufgrund seiner Gattung besonderes Interesse. Es handelt sich um ein Architekturrelief, genauer um die linke Eckplatte des Tympanons eines kleinen Giebels mit Reliefdarstellung und aus demselben Block gearbeiteter, vortretender Standleiste. Das Fragment wird im Magazin der Skulpturensammlung aufbewahrt und ist im Inventar unter der Nr. 12059 verzeichnet.

Die Herkunft des Fragments ist unbekannt. Es besteht aus weißem pentelischem Marmor. Die größte Höhe beträgt 30 cm, die größte erhaltene Breite 39 cm und die Dicke der Platte 5,5 cm. Die Standleiste besitzt eine Höhe von 6,5–7 cm und eine Tiefe von 12,5 cm. Die Ecke des Giebelfelds ist mit der entsprechenden Ecke der Standleiste abgebrochen. Die Vorderseite der Standleiste ist links in der gesamten Höhe stark bestoßen.

Von der Reliefdarstellung (Abb. 1 a) sind das rechte Bein einer männlichen Figur ab der Mitte des Oberschenkels und ein Teil des linken Knies erhalten. Kleinere Bestoßungen erkennt man auf dem rechten Knie und an der Spitze des geschlossenen Schuhs, den die Figur trägt. Die geringen Spuren eines feinen Zahneisens, die an einigen Stellen des Giebelfelds erkennbar sind, deuten darauf hin, dass die Hintergrundfläche bemalt gewesen ist. Die Oberseite der Standleiste (Abb. 1 b. c) ist mit einem groben Spitzeisen, ihre Vorderseite mit einem groben Zahneisen bearbeitet. Die abgeschrägte Oberseite der Platte (Abb. 1 b. c) ist dagegen sorgfältig mit einem feineren Zahneisen abgearbeitet. Die Unterseite der Standleiste (Abb. 1 d), die auf dem Horizontalgeison des Giebels auflag, ist mit einem sehr feinen Zahneisen flach und glatt abgearbeitet, doch erkennt man an einigen Stellen auch nicht sehr tiefe Schlagspuren eines feinen Zahneisens. Die Rückseite des Fragments (Abb. 1 e) ist mit einem Spitzeisen grob geglättet, das an einigen Stellen tiefe Rillen hinterlassen hat.

Das rechte Bein der Figur ist locker nach links gestreckt und im Knie leicht angewinkelt, so dass der Fuß nur mit der Ferse aufsteht (Abb. 1 a). Die Reliefpartie, die unterhalb des rechten Oberschenkels teilweise erhalten ist, gehört zum Knie des linken Beines, das stark angewinkelt unter das rechte Bein geschlagen war. Die Figur trägt ein eng anliegendes zottelliges Trikot mit langen Ärmeln und mit Hosenbeinen, dessen dichte Zotteln in flachem Relief angegeben sind. Der in Höhe der Knöchel verlaufende Saum ist plastisch ausgearbeitet. Der rechte Fuß trägt einen geschlossenen Schuh mit abgesetztem oberem Abschluss und in Relief angegebener Sohle. Der Abstand zwischen Ferse und Kniekehle, der etwa 20 cm beträgt, erlaubt die Rekonstruktion der Größe der Figur, die etwas weniger als halbe Lebensgröße betragen hat.

Aufgrund der Haltung des erhaltenen rechten Beines und der Ergänzung des linken kann das Motiv der gesamten Figur unschwer rekonstruiert werden: Sie war mit leicht erhobenem Oberkörper nach links ausgestreckt und stützte sich auf den angewinkelten linken Arm. Obwohl nur wenige Hinweise erhalten sind, können wir mit Sicherheit davon ausgehen, dass

Abb. 1 a–c. Athen, NM Inv. 12059: Reliefgiebelfragment. –
a. Vorderseite. – b. Ansicht von oben. – c. Schrägansicht
mit der abgeschrägten Oberkante von oben

Abb. 1 d und e. Athen, NM Inv. 12059: Reliefgiebelfragment. –
d. Unterseite der Standleiste. – e. Rückseite

ein Papposilen dargestellt war, der führende Einzelschauspieler beim Satyrtanz (σίκιννις) in der Orchestra und der Vater der Satyrn im Satyrdrama[1], der mit einem Wolltrikot bekleidet ist. Ob die geschlossenen Schuhe mit den ἐμβάδες identisch sind[2], lässt sich nicht mit Sicherheit sagen.

Für Diskussionen und Hinweise zu Einzelproblemen dieser Untersuchung danke ich Giorgos I. Despinis sehr herzlich. Dank schulde ich darüber hinaus der Direktorin der I. Ephorie für Prähistorische und Klassische Altertümer, Eleni Kourinou, und dem Vorsitzenden für die Errichtung des Neuen Akropolis-Museums, Dimitris Pandermalis, für die Fotografien des Reliefs AM Inv. 4760. Für weitere Hinweise danke ich auch Hans R. Goette sehr herzlich. Für die Übersetzung meines neugriechischen Textes danke ich Wolfgang Schürmann.

[1]   Die Figur des Papposilens erscheint zum ersten Mal in den Satyrdramen des Aischylos, s. S. Radt (Hrsg.), Tragicorum Graecorum Fragmenta (TrGF) III. Aeschylus (Göttingen 1985) 167–173 F47 a (Δικτυουλκοί); 341–343 F235–237 (Σφίγξ); 349–351 F246 a–d (Τροφοί); s. außerdem Simon 1982, 139–142; Chourmouziades 1998, 56. 66 (Δικτυουλκοί); 79 (Σφίγξ); 80 (Τροφοί); Conrad 1997, 46–49 (Δικτυουλκοί); A. Wessels – R. Krumeich, Diktyulkoi, in: Krumeich u. a. 1999, 107–124; R. Germar – R. Krumeich, Sphinx, in: Krumeich u. a. 1999, 189–196; R. Germar – R. Krumeich, Trophoi, in: Krumeich u. a. 1999, 197–202. Zur führenden Rolle des Silens beim Satyrtanz s. Pickard-Cambridge 1962, 91–97; D. F. Sutton, Father Silenus: Actor or Coryphaeus?, ClQ 24, 1974, 19–23; Conrad 1997, 52 f. 79–82. 120–122; Chourmouziades 1998, 21. 64.
[2]   Poll. 4, 115: καὶ τὰ ὑποδήματα κόθορνοι μὲν τὰ τραγικὰ καὶ ἐμβάδες, ἐμβάται δὲ τὰ κωμικά.

Der μαλλωτός χιτών, der auch als χορταῖος oder δασὺς χιτών bezeichnet wird[3], war das eng anliegende wollene, mit weißen Zotteln besetzte Ganzkörpertrikot des Silenschauspielers, welches das Satyrdrama nach Erika Simon[4] von den Tierchören übernommen hatte, also von den als Tieren verkleideten Schauspielern der Komödie. Es hat demnach nichts mit den ἀναξυρίδες zu tun, den langen Hosen der östlichen Barbarentracht der Perser, Skythen, Thraker und der Amazonen. Es ist allerdings darauf hinzuweisen, dass – zur Angabe der Behaarung – gepunktete, eng anliegende ›collants‹[5] von den Satyrn in der Vasenmalerei bereits seit dem Beginn des 5. Jhs. v. Chr. getragen werden[6]. Es kann also angenommen werden, dass entsprechende Kostüme von den Choreuten der frühen Satyrdramen getragen wurden. Das wollene Trikot gilt jedenfalls als Erfindung des Sophokles und wird mit den Neuerungen verbunden, die der Athener Tragiker mit seinem Satyrdrama Διονυσίσκος[7] in das Theaterspiel eingeführt hat, das unmittelbar nach der Mitte des 5. Jhs. v. Chr. uraufgeführt worden ist.

Charakteristisch für das hier behandelte Theaterkostüm sind außer den langen Ärmeln und Hosenbeinen[8] der gewöhnlich lederne angenähte Pferdeschwanz und das Zottelhaar[9], das in der attisch rotfigurigen Vasenmalerei bereits seit der 2. Hälfte des 5. Jhs. v. Chr.[10] mit reichlich verwendeter weißer Zusatzfarbe dargestellt wird, die möglicherweise auf das Greisen-

---

[3] Poll. 4, 118: χορταῖος, χιτὼν δασύς, ὃν οἱ Σειληνοὶ φοροῦσιν; Dion. Hal. ant. 7, 72: σκευαὶ δ'αὐτοῖς ἦσαν τοῖς μὲν εἰς Σιληνοὺς εἰκασθεῖσι μαλλωτοὶ χιτῶνες, οὓς ἔνιοι χορταίους καλοῦσι; Eust. 4, 270: ταῦτα Αἴλιος Διονύσιος, παρ'ᾧ καὶ ὅτι χορταῖος ὁ δασὺς καὶ μαλλωτὸς χιτών; Hesych. s. v. χορταῖος; Suda s. v. χορταῖος.

[4] Simon 1982, 142 f.

[5] Simon 1982, 142; Kossatz-Deißmann 1982, 74, wo nachgewiesen wird, dass der eng anliegende ›collant‹ nicht speziell für das Theater erfunden, sondern zuvor bereits von Akrobatinnen, Tänzerinnen und Sportlerinnen getragen wurde.

[6] Die älteste Darstellung eines gepunkteten ›collant‹ in der Vasenmalerei findet sich auf einem rf. Stamnos des Eucharides-Malers aus der Zeit um 490 v. Chr. im Louvre Inv. C 10754: ARV² 228.32; Beazley, Para. 347; Beazley Addenda² 199; Pickard-Cambridge 1968, 184 Abb. 39; Kossatz-Deißmann 1982, 67 Abb. 3; 68; Froning 2002, 80 Abb. 102; BAPD 202233.

[7] Zum Satyrdrama Διονυσίσκος des Sophokles s. N. Ch. Chourmouziades, Σατυρικά (Athen 1974) 98–100; Conrad 1997, 149–154; S. Radt (Hrsg.), Tragicorum Graecorum Fragmenta (TrGF) IV. Sophocles ²(Göttingen 1999) 175 f. F171–173; S. Scheurer – R. Bielfeldt, Dionysiskos, in: Krumeich u. a. 1999, 250–258. – Zur Zuweisung der Erfindung des Wolltrikots an Sophokles s. Simon 1982, 143; Kossatz-Deißmann 1982, 68 mit Anm. 14.

[8] Eust. 4, 270: χορταῖος χιτὼν ποδήρης, ἔχων χειρῖδας.

[9] Zum Wolltrikot s. RE III 2 (1899) 2330 s. v. χιτών (W. Amelung); M. Bieber, Die Herkunft des tragischen Kostüms, JdI 32, 1917, 47–57; Brommer 1959, 50 Abb. 47; 51 Abb. 48; Pickard-Cambridge 1968, 238; Simon 1982, 142–145; Kossatz-Deißmann 1982, 68–70; LIMC VIII (1997) 1125 s. v. Silenoi (E. Simon); R. Krumeich, Kostüme und Masken, in: Krumeich u. a. 1999, 55 mit Anm. 61; Froning 2002, 82–84.

[10] Die älteste Darstellung des Wolltrikots in der Vasenmalerei findet sich auf einer Oinochoe des Hermonax aus der Zeit um 450 v. Chr. in Basel, Antikenmuseum und Sammlung Ludwig Inv. Kä 430: CVA Basel (3) 65 Taf. 40, 3; 41, 4; Froning 2002, 82 Abb. 107; 84; BAPD 30438 und wenig später (um 440/435 v. Chr.) auf dem weißgrundigen Kelchkrater des Phiale-Malers im Vatikan Inv. 16586: ARV² 1017.54; Beazley, Para. 440; Beazley Addenda² 315; Brommer 1959, 53 Abb. 50; BAPD 21432. – Vgl. außerdem den Glockenkrater des Polion aus dem Jahrzehnt 430/420 v. Chr. in New York, Metropolitan Museum of Art Inv. 25.78.66: ARV² 1172.8; Beazley, Para. 459; Beazley Addenda² 339; Pickard-Cambridge 1962, 301 Nr. 1 Taf. 1 a; BAPD 215506. – Vgl. ferner den Volutenkrater des Pronomos-Malers aus der Zeit um 400 v. Chr. in Neapel, Mus. Naz. Inv. 81673: ARV² 1336.1; Beazley, Para. 480; Beazley Addenda² 365; Pickard-Cambridge 1968, 186 Abb. 49; Kossatz-Deißmann 1982, 69 Abb. 4; Froning 2002, 81 Abb. 105. 106; Savarese 2007, 14 f.; BAPD 217500.

alter hinweisen soll[11]. Das Kostüm ändert sich in der Kunst vom späten 5. Jh. v. Chr.[12] bis zum 2. Jh. n. Chr.[13] nur geringfügig.

Der Typus des wie auf unserem Relief gelagerten Silens ist durch eine Reihe von Brunnenfiguren bekannt[14], die schlafende Silene darstellen, die sich auf Weinschläuche oder Gefäße (Amphoren) stützen, deren Mündungen für die Aufnahme der Wasserröhren durchbohrt sind[15]. Solche als Brunnenfiguren verwendete Silene finden sich als Paare in Theatern[16], wo sie als nahezu identische Figuren vor den Enden des *pulpitum* platziert wurden, so dass sich die Zuschauer an heißen Tagen während der Aufführungen erfrischen konnten.

[11] Kossatz-Deißmann 1982, 69.
[12] Vgl. die Marmorgruppe mit Papposilen und Dionysos NM Inv. 257 (seit 2009 im AM) aus der Umgebung des Dionysostheaters, die ins 2. Jh. v. Chr. datiert wird, aber als späthellenistische Kopie eines verlorenen Vorbilds aus dem Jahrzehnt 440/430 v. Chr. gilt. Der Papposilen trägt ein Himation über dem Wolltrikot (N. Stampolides, Το σύμπλεγμα αρ. 257 του Ε.Μ. και οι πλατωνικοί Σιληνοί. Μια ακόμα προσέγγιση στην »προσωπογραφία« του Σωκράτη, Archaiognosia 3, 1982–1984, 123–159 Taf. 16; Kaltsas 2002, 119 Nr. 217). – Vgl. außerdem die Terrakottastatuette eines Papposilens aus der Zeit um 410/400 v. Chr., die im Kerameikos gefunden worden ist (Kerameikos Mus. Inv. T 574: Froning 2002, 83 Abb. 108; 84), sowie Silens-Terrakotten aus dem späten 5. oder frühen 4. Jh. v. Chr. (H. Goldman – F. Jones, Terracottas from the Necropolis of Halae, Hesperia 11, 1942, 405 Nr. i1 Taf. 23, V-i-1 [390–350 v. Chr.]; R. A. Higgins, Catalogue of the Terracottas in the Department of Greek and Roman Antiquities, British Museum I [London 1954] 197 f. Nr. 736 Taf. 97; B. Schmaltz, Terrakotten aus dem Kabirenheiligtum bei Theben. Menschenähnliche Figuren, menschliche Figuren und Gerät, Das Kabirenheiligtum bei Theben 5 [Berlin 1974] 28 f. Nr. 54). – Zur Datierung der ältesten Beispiele ins späte 5. Jh. v. Chr. s. A. A. Peredolskaja, Attische Tonfiguren aus einem südrussischen Grab, AntK Beih. 2 (Olten 1964) 7 f. Zum Typus in der 1. Hälfte des 4. Jhs. v. Chr. s. L. Palaiokrassa, Το ιερό της Αρτέμιδος Μουνιχίας (Athen 1991) 119 Nr. E 87 Taf. 19 (um 375 v. Chr.). – Zu hellenistischen Darstellungen des Typus s. D. Burr-Thompson, Three Centuries of Hellenistic Terracottas, Hesperia 34, 1965, 36–40 Taf. 13. 14.
[13] Die frühhadrianischen Silenstatuen von der Skene des Dionysostheaters tragen ebenfalls ein kleines Himation um die Hüfte, s. Ch. Papastamati-von Moock, Θέατρο του Διονύσου Ελευθερέως. Τα γλυπτά της ρωμαϊκής σκηνής: χρονολογικά, καλλιτεχνικά και ερμηνευτικά ζητήματα, in: Th. Stefanidou-Tiveriou – P. Karanastasi – D. Damaskos (Hrsg.), Κλασική παράδοση και νεωτερικά στοιχεία στην πλαστική της ρωμαϊκής Ελλάδας, Πρακτικά Διεθνούς Συνεδρίου, Θεσσαλονίκη, 7–9 Μαΐου 2009 (Thessaloniki 2012) 137 Abb. 7; 140 Abb. 9; 143 Abb. 11. Dasselbe gilt auch für die beiden hadrianischen Silenstatuen von der dritten Etage der Skene des Theaters in Korinth, s. M. C. Sturgeon, Sculpture. The Assemblage from the Theater, Corinth 9, 3 (Princeton 2004) 92–99 Kat. 11. 12 Taf. 21–25. – Vgl. außerdem zwei Marmorstatuen von Schauspielern mit Papposilenskostümen, d. h. Wolltrikots, und Hüftmänteln aus Rom: a) Berlin, Antikensammlung Inv. Sk 278, aus dem frühen 2. Jh. n. Chr.: A. Scholl in: Savarese 2007, 76 f. – b) Rom, Palazzo Massimo alle Terme Inv. 135769, aus der Zeit um 150 n. Chr.: Froning 2002, 83 Abb. 109; 84; Savarese 2007, 75.
[14] Kapossy 1969, 69 f.; Söldner 1986, 295 f.; Fuchs 1987, 141–143. Zum Begriff ›Brunnenfigur‹, der für die Bezeichnung von Wasser spendenden Figuren verwendet wird, s. W. Letzner, Römische Brunnen und Nymphaea in der westlichen Reichshälfte (Münster 1990) 258–262, bes. Anm. 124; Aristodemou 2012, 89 f. mit Anm. 574.
[15] Zu den drei bekannten Beispielen, die eine geschlossene Gruppe bilden, s. Kapossy 1969, 35; Stefanidou-Tiveriou 1995; Aristodemou 2012, 125; 286 Kat. 6 Taf. 2, 1 (aus Athen); 301 Kat. 79 Taf. 13, 1 (aus Thessaloniki); 336 Kat. 206 Taf. 32, 8 (aus Mytilene). – Varianten des Typus bilden: a) Satyrfiguren, die sich auf ihren linken Arm und auf eine durchbohrte Weinamphora stützen: Aristodemou 2012, 300 Kat. 74 Taf. 12, 3. – b) Flussgottheiten, die sich mit dem linken Ellbogen auf ein durchbohrtes Wassergefäß stützen: Kapossy 1969, 23; Aristodemou 2012, 104; 311 Kat. 108 Taf. 18, 6; 321 Kat. 136–138 Taf. 24, 6–8; 338 Kat. 214 Taf. 34, 1; 370 Kat. 359. 360 Taf. 50, 3. 4. – c) Eroten, die sich mit dem linken Ellbogen auf einen Delphin stützen, durch dessen Schnabel das Wasser austritt: Söldner 1986, 81 f. 369; 620 Kat. 43 Abb. 50–52; 622 f. Kat. 48 Abb. 53; vgl. außerdem einen Eroten mit leicht abgewandeltem Motiv, ebenda 622 Kat. 47 Abb. 54.
[16] Kapossy 1969, 33 f. 57; s. außerdem Fuchs 1987, 142 (mit Beispielen aus den Theatern der Städte Caere und Falerii in Italien, Olisipo auf der Iberischen Halbinsel sowie Arles und Vienne in Gallien). Nachträge zur Liste der Theater bei Ajootian 1993, 251 f.; 254 Abb. 4–7.

Giorgos Bakalakis, der sich anlässlich der Veröffentlichung einer Brunnenfigur in Silens-
gestalt aus der mittleren Kaiserzeit im Archäologischen Museum von Thessaloniki eingehend
mit dem Typus des gelagerten oder schlafenden Silens beschäftigt hat[17], datiert das Original
in hochhellenistische Zeit[18]. Theodosia Stefanidou-Tiveriou[19] vertritt dagegen die Ansicht,
dass das Motiv zwar bereits seit dem Ende des 5. Jhs. v. Chr. in der attischen Vasenmalerei
bekannt war[20], von der Rundplastik jedoch erst erheblich später aufgegriffen worden sei, da
Brunnenfiguren vor der frühhellenistischen Zeit nicht belegt sind[21]. Sie erkennt schließlich in
diesem Motiv ein Produkt des späthellenistischen Klassizismus mit deutlichen Rückbezügen
auf die klassische Zeit[22].

Der halb liegende Silen in der linken Ecke des Giebels, ein für Figuren in Giebelecken ge-
läufiges Motiv, lässt den Schluss zu, dass eine symmetrisch entsprechende, also nach rechts
gelagerte Figur mit entspannt ausgestrecktem linkem und untergeschlagenem rechtem Bein in
der rechten Ecke des Giebels zu postulieren ist.

Die geforderte Entsprechung ist mit Sicherheit auf einem Relieffragment im Akropolis-Museum (AM) Inv. 4760 (Abb. 2 a–c) zu erkennen. Das bereits von Otto Walter beschriebene Fragment[23] besteht aus weißem pentelischem Marmor. Die größte erhaltene Höhe beträgt 28 cm, die
größte erhaltene Breite 50 cm und die größte Dicke 21 cm. Die Standleiste besitzt eine Höhe
von 5,5–6 cm und eine Tiefe von 12,5 cm. Das Fragment ist oben, unten und rechts gebrochen.
Die vom Betrachter aus gesehen linke Kante ist senkrecht abgearbeitet und mit einem sehr
feinen Zahneisen sorgfältig geglättet. Die Vorderkante der Standleiste (Abb. 2 a) trägt Spuren
eines groben Zahneisens, während ihre Oberseite mit einem groben Spitzeisen bearbeitet ist.
Die Unterseite (Abb. 2 b) ist dagegen sorgfältig mit einem feinen Zahneisen geglättet und weist
außerdem an einigen Stellen Rillen auf, die von der Verwendung eines Spitzeisens stammen.
Die Rückseite der Reliefplatte (Abb. 2 c) ist grob mit einem Spitzeisen abgearbeitet.

Auf dem Fragment AM Inv. 4760 ist in bis zu 9 cm hohem Relief die nach rechts gelagerte
Figur eines Papposilens dargestellt (Abb. 2 a), die etwa bis in Brusthöhe erhalten ist. Der
übrige Oberkörper ist mit dem Hals und dem Kopf schräg abgebrochen. Darüber hinaus fehlt
die untere Hälfte des linken Unterschenkels mit dem Fuß. Der Silen, der am eng anliegenden
wollenen Trikot mit den in flachem Relief angegebenen Zotteln zu erkennen ist, hat das rechte
Bein stark angewinkelt. Das linke ist locker nach rechts ausgestreckt und leicht gebeugt. Mit
dem rechten Arm stützt er sich auf einen Weinschlauch, dessen Hals er auf eine Weise zusammendrückt, dass sich der Wein in das Trinkhorn ergießen kann, das er in seiner linken
Hand hält. Die Art, wie er sich auf den Askos stützt, zwingt ihn dazu, den Oberkörper leicht
aufzurichten und ihn zugleich schräg dem Betrachter zuzuwenden. Unter dem Unterschenkel
des ausgestreckten Beines sind Spuren eines horizontal geführten Zahneisens zu erkennen.

[17] Thessaloniki, Arch. Mus. Inv. 6680: Bakalakis 1966.
[18] Bakalakis 1966, 21. 23. 26 f.
[19] Th. Stefanidou-Tiveriou in: G. Despines – Th. Stefanidou-Tiveriou – E. Voutiras (Hrsg.), Κατάλογος Γλυπτών
      του Αρχαιολογικού Μουσείου Θεσσαλονίκης I (Thessaloniki 1997) 124–126 Kat. 97 Abb. 269–272; Stefanidou-
      Tiveriou 1995, 69 f. Taf. 31. 32; 33 a; Aristodemou 2012, 125; 301 Kat. 79 Taf. 13, 1.
[20] Ajootian 1993, 253; Stefanidou-Tiveriou 1995, 72 Anm. 24.
[21] Kapossy 1969, 66 f. 86 f.; Stefanidou-Tiveriou 1995, 72; LIMC VIII (1997) 1130 Nr. 220 s. v. Silenoi (E. Simon).
      Speziell zum Motiv des schlafenden Silens in der hellenistischen Plastik s. E. J. Stafford, Aspects of Sleep in
      Hellenistic Sculpture, BICS 38, 1991–1993, 107–109.
[22] Stefanidou-Tiveriou 1995, 72 mit Anm. 27.
[23] Walter 1923, 218 Nr. 440.

Abb. 2 a–c. Athen, AM Inv. 4760: Reliefgiebelfragment. –
a. Vorderseite. – b. Unterseite der Standleiste. – c. Rückseite

Die Oberfläche des Weinschlauchs ist dagegen mit einer besonders feinen Raspel geglättet, was darauf hinweist, dass er ursprünglich bemalt gewesen ist.

Bereits ein flüchtiger Vergleich zeigt, dass der Silen auf dem Relief AM Inv. 4760 demjenigen auf dem Fragment NM Inv. 12059 exakt entspricht, wobei der eine den anderen spiegelbildlich wiederholt (Abb. 3). Auf den Fragmenten AM Inv. 4760 und NM Inv. 12059 entsprechen sich nicht nur die Körperhaltungen der Silene, sondern auch die Wiedergabe der Wolltrikots. Ein weiteres gemeinsames ikonographisches Detail bildet darüber hinaus die Art, wie der Saum des Ärmels auf dem Relief AM Inv. 4760 als plastischer Ring wiedergegeben ist, was exakt der Darstellungsweise des Hosenbeinsaums auf dem Fragment NM Inv. 12059 entspricht. Zudem sind auch die Größenverhältnisse der beiden Figuren gleich. Schließlich stimmen die technischen Charakteristika der beiden Reliefs weitestgehend überein: Beide bestehen aus feinkörnigem weißem pentelischem Marmor. Bei der Bearbeitung der Oberseite

Abb. 3. Athen, die Reliefgiebelfragmente
NM Inv. 12059 und AM Inv. 4760

der Standleiste ist in beiden Fällen ein grobes Spitzeisen verwendet worden. Die Höhe der Standleisten und ihre Tiefe entsprechen sich ebenfalls.

Auf der Grundlage dieser Übereinstimmungen kann mit Sicherheit davon ausgegangen werden, dass die Fragmente NM Inv. 12059 und AM Inv. 4760 zusammengehört haben, also von den Ecken desselben Giebels stammen (Abb. 4). Die unterschiedliche Bearbeitung der Rückseiten (Abb. 1 e; 2 c) der Fragmente könnte damit erklärt werden, dass sie von verschiedenen Bildhauern abgearbeitet worden sind.

Keiner der älteren Bearbeiter hat erkannt, dass es sich beim Relief AM Inv. 4760 (Abb. 2 a) um ein Architekturrelief, genauer: um den Teil eines Giebels handelt. Sowohl Heinrich Heydemann[24] als auch Ludwig von Sybel[25] haben es mit dem Schmuck eines Brunnenhauses verbunden, obwohl der Erstgenannte das Fehlen des notwendigen Loches für die Einführung der Wasserleitung ausdrücklich vermerkte.

Es ist darauf hinzuweisen, dass sich der Silen auf dem Relief AM Inv. 4760 von den silengestaltigen Brunnenfiguren unterscheidet, die trunken und ermattet den durchbohrten Weinschlauch oder das Weingefäß sozusagen als Kopfkissen benutzen. Der Augenblick, den die Darstellung auf dem Relief AM Inv. 4760 (Abb. 2 a) einfängt, geht diesem Zustand zeitlich voraus, da sich der Silen Wein eingießt und, obwohl bereits trunken, Oberkörper und Kopf noch aufrecht hält. Die Art, wie er sich mit dem Unterarm auf den Weinschlauch stützt – die bei einer kaiserzeitlichen Brunnenfigur eines gelagerten Satyrn aus Sparta wiederkehrt[26] –, steht dem Motiv von Flussgottheiten darstellenden Brunnenfiguren, die sich mit dem linken Ellbogen auf durchbohrte Wassergefäße stützen[27], näher als entsprechenden Silensfiguren.

Das Motiv des stark unter das ausgestreckte rechte Bein geschlagenen linken Unterschenkels des Silens begegnet bei einer Reihe von Statuetten aus Olynth bereits in der 1. Hälfte des 4. Jhs. v. Chr.[28]. Sie stellen gelagerte Silene dar – mit einer zugegebenermaßen versammel-

[24]   H. Heydemann, Die antiken Marmorbildwerke zu Athen (Berlin 1874) 235 Kat. 643 (221).

[25]   L. von Sybel, Katalog der Sculpturen zu Athen (Marburg 1881) 275 Kat. 3816.

[26]   Sparta, Arch. Mus. Inv. 22: M. N. Tod – A. J. B. Wace, Catalogue of the Sparta Museum (Oxford 1906) 138 Kat. 22; Ajootian 1993, 251 Abb. 1 a. b; 253 f.; Aristodemou 2012, 300 Kat. 73 Taf. 12, 2.

[27]   a. O. (Anm. 15) zu b).

[28]   D. M. Robinson, The Terra-cottas of Olynthus Found in 1931, Olynthus 7 (Baltimore 1933) 84 Nr. 323–326 Taf. 39; D. M. Robinson, Terracottas, Lamps, and Coins Found in 1934 and 1938, Olynthus 14 (Baltimore 1952) 267 Nr. 366. 366 A Taf. 111 und 271 Nr. 375 Taf. 113.

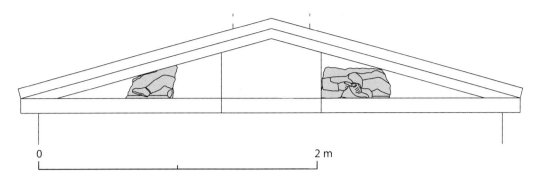

Abb. 4. Zeichnerische Rekonstruktion des Naiskosgiebels mit den Reliefgiebelfrag-
menten NM Inv. 12059 und AM Inv. 4760

teren Haltung als beim Silen auf unserem Relief und mit einer zum Kopf erhobenen Hand –,
die sich auf eine Spitzamphora stützen, in einer Hand einen Kantharos halten und ein Bein
unter das gestreckte andere schlagen. Dasselbe Motiv findet sich auch auf Grabreliefs aus
Limyra[29] in Lykien aus dem Jahrzehnt 380/370 v. Chr., auf den Reliefs des Heroons von Trysa
(Gjölbaschi)[30] aus der Zeit um 380/370 v. Chr. sowie auf Totenmahlreliefs von der Akropolis
von Thasos[31] aus der Zeit um 360 v. Chr. sowie aus Myra in Lykien[32] aus dem späten 4. Jh.
v. Chr. Ein Vergleich mit den genannten Bildwerken führt zu einer Datierung der Reliefs NM
Inv. 12059 und AM Inv. 4760 ins fortgeschrittene 4. Jh. v. Chr. Ich werde weiter unten auf die
Datierung zurückkommen, da diese unmittelbar mit dem Typus des Monuments verbunden ist.

Es ist schwierig, auf der Grundlage der erhaltenen Maße der beiden Fragmente auf die
ehemalige Gesamtbreite des Giebels zu schließen, da weder seine Höhe noch die Anzahl der
Reliefplatten abgeschätzt werden kann, die zwischen den beiden Eckplatten einzufügen sind.
Da die Breite jeder der beiden Eckplatten auf etwa 1,18 m geschätzt werden kann, hat die ursprüngliche Breite des Giebels also, zusammen mit dem Gesims, 3 m überschritten (Abb. 4).

Zum Fragment AM Inv. 4760 (Abb. 2 a) gibt Otto Walter keine Herkunftsangabe. Ludwig
von Sybel nennt es allerdings zusammen mit anderen Bildwerken, die aus dem Gebiet des
Olympieions stammen und sich 1880 im Hof des Hauses der Invaliden beim Aufgang zur
Akropolis befanden. Das Olympieion liegt östlich des Dionysostheaters und südöstlich des
Stadtviertels Plaka. Vielleicht hat also der Giebel, den wir aus den Fragmenten NM Inv. 12059
und AM Inv. 4760 rekonstruieren (Abb. 4), einen der choregischen Naiskoi in diesem Ge-

---

[29] Vgl. a) Nekropole P II/90: Thönges-Stringaris 1965, 94 Nr. 168 (300 v. Chr.); Dentzer 1982, 571 Nr. R 38 Taf. 38
      Abb. 232; J. Borchhardt – A. Pekridou-Gorecki, Limyra. Studien zu Kunst und Epigraphik in den Nekropolen der
      Antike (Wien 2012) 381 Kat. 7 Taf. 24, 3; 25, 1. Zur Datierung in das Jahrzehnt 380/370 v. Chr. s. ebenda 245 f. –
      b) Grab des Medemudi, Nekropole P II/52: Thönges-Stringaris 1965, 94 Nr. 169 (300 v. Chr.); Dentzer 1982, 571
      Nr. R 36 Taf. 38 Abb. 229. 230; Borchhardt – Pekridou-Gorecki a. O. 380 Kat. 6 Taf. 24, 1. 2. Zur Datierung um
      370 v. Chr. s. ebenda 249.
[30] Dentzer 1982, 572 Nr. R 44 Taf. 44 Abb. 254.
[31] Thönges-Stringaris 1965, 76 Nr. 50; Dentzer 1982, 605 Nr. R 317 Taf. 93 Abb. 566.
[32] Grab 81: Dentzer 1982, 571 f. Nr. R 40 Taf. 40 Abb. 237. 239. – Grab 9: Thönges-Stringaris 1965, 93 Nr. 167
      (320 v. Chr.); Dentzer 1982, 572 Nr. R 41 Taf. 42 Abb. 245 (der Oberkörper des Gelagerten ist dem Betrachter
      frontal zugewandt, was auf eine spätere Zeitstellung hinweist).

biet geschmückt, deren Unterbauten während der letzten 30 Jahre[33] überwiegend entlang der westlichen Seite[34] der Tripodenstraße entdeckt und untersucht worden sind. Das Thema des Giebelreliefs mit den gelagerten Silenschauspielern, die schläfrig Wein aus den Schläuchen in die Trinkhörner gießen, verweist auf das Theater. Die Möglichkeit, dass die Fragmente NM Inv. 12059 und AM Inv. 4760 ursprünglich zum Giebel eines kleinen Dionysostempels gehört haben, kann zwar nicht ausgeschlossen werden, doch können überzeugende Hinweise hierfür nicht beigebracht werden. Aufgrund der geringen Tiefe des Giebeltympanons, die nur 12,5 cm beträgt, kann eine Verbindung der Fragmente mit dem Giebel des großen Tempels des Dionysos Eleuthereus[35] ausgeschlossen werden. Die vorhandenen Anhaltspunkte führen uns vielmehr mit größerer Wahrscheinlichkeit zu einem der großen naiskosförmigen choregischen Monumente an der Tripodenstraße.

Die Tripodenstraße[36] oder Τρίποδες, die ihren Namen von den choregischen Dreifüßen erhalten hat, die an ihrem Rand auf monumentalen Unterbauten aufgestellt waren, zählte zu den wichtigsten Straßen des antiken Athen und führte vom Prytaneion am Nordabhang der Akropolis[37] zum Eingang des Dionysosheiligtums am Südabhang südwestlich des Odeions des Perikles (And. 1, 38). Die Straße, die eine Breite von 6–6,50 m besaß, hatte auch zur Zeit des Besuchs des Pausanias um 150 n. Chr. mit ihren glanzvollen naiskosförmigen Bauten und der Fülle der dort aufgestellten choregischen Dreifüße[38] noch nichts von ihrer Pracht und ihrem Eindruck eingebüßt.

Die Straße verband zwei Dionysosheiligtümer miteinander, das Λήναιον[39] auf der Agora und das Heiligtum des Dionysos Eleuthereus am Südabhang der Akropolis, in dem vom 9. bis

[33] Korres 1980, 12 Zeichn. 1; 16–18; Choremi-Spetsieri 1994; Goette 2007, 136 f.; Agelidis 2009, 28 mit Anm. 182; 186–190 Kat. 37–54. Von den meisten Unterbauten sind nur die untersten Fundamentlagen erhalten geblieben, da das übrige Baumaterial später für die Errichtung byzantinischer Kirchen wiederverwendet worden ist, wie z. B. der Kirche des Agios Nikolaos Rangavis am Nordosthang der Akropolis.

[34] Die meisten Monumente erhoben sich am westlichen Rand der Straße vor speziell errichteten Mauern, die das Erdreich des Hanges zurückhalten sollten. Entweder befand sich entlang der Ostseite eine geringere Zahl von Monumenten oder sie sind aufgrund von zerstörerischen Erdrutschen nicht gefunden worden; s. Choremi-Spetsieri 1994, 32.

[35] Zum Tempel des Dionysos Eleuthereus s. Travlos, Athen 537; 541 Abb. 678; 542 Abb. 679; zuletzt E. Santaniello in: Greco 2010, 166 f. § 1.30; 168 Abb. 88.

[36] Zur Tripodenstraße und zu den choregischen Monumenten s. A. Philadelpheus, Ἀνασκαφὴ παρὰ τὸ Λυσικράτειον μνημεῖον, AEphem 1921, 83–97; G. Welter, Die Tripodenstrasse in Athen, AM 47, 1922, 72–77 Taf. 11; RE Suppl. VIII (1956) 861–888 s. v. Tripodes (H. Riemann); Travlos, Athen 566–568 Abb. 709. 710. 712; Korres 1980, 12 Zeichn. 1; 14–18; Choremi-Spetsieri 1994; K. Kazamiakis, Η οδός των Τριπόδων – τεχνικά και κατασκευαστικά στοιχεία, in: Coulson u. a. 1994, 43 f.; C. Schnurr, Zur Topographie der Theaterstätten und der Tripodenstraße in Athen, ZPE 105, 1995, 139–153; Hintzen-Bohlen 1997, 56–62; 145–147 Kat. II.3–9; Wilson 2000, 209–213 Abb. 9. 10; Knell 2000, 148–166 Abb. 106; L. Kostaki, The *intra muros* Road System of Ancient Athens (Diss. Toronto 2006) 224–230. 233 f. (I.54). 352–354 (II.1–4). 359–362 (II.11–12). 364 f. (II.15). 419 (III.8); Goette 2007, 130 Abb. 5; 136 f. 144 f.; L. Ficuciello, Le strade di Atene (Athen 2008) 66–74 § 2.2; Agelidis 2009, 112–115; M. Saporiti in: Greco 2011, 528–531 § 6.4.

[37] Zur Lage des Prytaneions s. R. Di Cesare in: Greco 2011, 535–537 F.42. Zur neuen Ansicht zur Lage des Prytaneions am Ostabhang der Akropolis s. zuletzt G. Kavvadias – A. P. Matthaiou, A New Fifth Century BC Inscription from the East Slope of the Acropolis, in: A. P. Matthaiou (Hrsg.), Η των Αθηναίων αρχή. The Athenian Empire: Old and New Problems, Επιγραφικόν Συμπόσιον προς τιμήν του Harold B. Mattingly, Αθήναι 21–23 Μαΐου 2010 (Athen 2014) 49–58 (im Druck).

[38] Heliodor hat eine spezielle Schrift περὶ τῶν Ἀθήνησιν τριπόδων verfasst, die nicht erhalten geblieben ist (Harpokr. s. v. Ὀνήτωρ).

[39] Zum Λήναιον s. F. Kolb, Bemerkungen zur archaischen Geschichte Athens. Peisistratos und Dionysos, das Heiligtum des Dionysos Lenaios und das Problem der alten Agora in Athen, in: R. Mellor – L. Tritle (Hrsg.), Text and Tradition. Studies in Greek History and Historiography in Honor of Mortimer Chambers (Claremont 1999)

zum 13. Tag des Monats Elaphebolion, also in der zweiten Märzhälfte, die Μεγάλα oder ἐν ἄστει Διονύσια[40] gefeiert wurden. Dort wurde zu Beginn des 5. Jhs. v. Chr. das Theater errichtet, in dem dann die dramatischen Wettkämpfe stattfanden[41].

Während der Blütezeit dieser Agone wurden insgesamt zwanzig Dithyramboi (von zehn Männer- und zehn Knabenchören), fünf Komödien und drei Tetralogien, also drei Tragödien und ein Satyrspiel, aufgeführt[42]. Die Kosten für die Einstudierung des Chores für die dithyrambischen oder dramatischen Agone übernahmen die Choregen[43], wohlhabende Bürger, die aus jeder Phyle ausgewählt wurden[44]. Der siegreiche Chorege der dithyrambischen Agone[45] wurde vom Staat im Namen der Phyle gewöhnlich mit einem bronzenen, in einigen Fällen aber auch versilberten Dreifuß ausgezeichnet[46], den er auf eigene Kosten auf einem Votivmonument aufstellen ließ, das auch eine entsprechende Inschrift trug.

Die Form der choregischen Weihgeschenke in der weiteren Umgebung des Dionysostheaters variierte sehr stark. Belegt sind naiskosförmige, gelegentlich runde Bauten, wie das

203–218, bes. 209–212; G. I. Despinis, Hochrelieffriese des 2. Jhs. n. Chr. aus Athen (München 2003) 129–137; Spineto 2005, 134–142; R. Di Cesare in: Greco 2010, 170 f. F.15.

[40]   Zu den Μεγάλα oder ἐν ἄστει Διονύσια s. Deubner 1932, 138–142; Pickard-Cambridge 1968, 57–125; H.-D. Blume, Einführung in das antike Theaterwesen (Darmstadt 1978) 32–42; E. Simon, Festivals of Attica: an archaeological Commentary (Wisconsin – London 1983) 102–104; E. Csapo – W. J. Slater, The Context of Ancient Drama (Ann Arbor 1995) 103–121; D. Noel, Les grandes Dionysies, AIONArch 4, 1997, 69–86; Ch. Sourvinou-Inwood, Tragedy and Athenian Religion (Lanham 2003) 67–140; Spineto 2005, 185–325; Agelidis 2009, 12–15; R. Di Cesare in: Greco 2010, 171–173 F.16.

[41]   Zur Verlegung des Theaters an den Südabhang der Akropolis s. G. Despinis, Il tempio arcaico di Dioniso Eleutereo, ASAtene 74/75, 1996/1997, 212–214.

[42]   Zum Satyrspiel s. Zimmermann 2011, 611–635 (mit Lit.).

[43]   Die Institution der χορηγία, eine der wichtigsten λειτουργίες des athenischen Staates, war zwar bereits zur Zeit der Peisistratiden bekannt, griff als systematische Einrichtung aber erst nach den Gesetzesreformen des Kleisthenes (508/7 v. Chr.) und der vielleicht um 500 v. Chr. oder, wie jüngst vorgeschlagen worden ist, um 480/470 v. Chr. erfolgten Gliederung der Bürger Athens in zehn Phylen, s. Wilson 2000, 216–218. 369 Anm. 64 (zur Datierung der Inschrift IG I³ 833bis).

[44]   Es sind allerdings auch Fälle freiwilliger Übernahmen von Choregien bekannt, wie z. B. durch den Rhetor Demosthenes 349/48 v. Chr. (Pickard-Cambridge 1968, 75 mit Anm. 3; Wilson 2000, 54).

[45]   Über die Votivmonumente siegreicher Choregen dramatischer Agone ist nur wenig bekannt, da ihnen die öffentliche Aufstellung der Preise freigestellt war. Der siegreiche Chorege erhielt als Preis gewöhnlich einen Kranz (Vierneisel – Scholl 2002, 28 mit Anm. 107). Literarische Quellen (Plut. Themistokles 5, 4 f.) nennen für das 5. Jh. v. Chr. als Votivgaben πίνακες mit gemalten Darstellungen und Inschrift (Wilson 2000, 216. 218. 242; Vierneisel – Scholl 2002, 29 mit Anm. 111) und ξύλινες ταινίες mit Inschrift (Theophr. char. 22, 1 f.; Wilson 2000, 243). Lysias (21, 4) berichtet, dass er als siegreicher Chorege einer Komödie im Jahre 402 v. Chr. τὴν σκευήν, also die Masken, die bei der siegreichen Vorstellung getragen worden waren, im Heiligtum des Dionysos geweiht hatte (Wilson 2000, 92. 238). – Vgl. das Doppelrelief von der Akropolis im NM Inv. 1750: Scholl 2002, Abb. S. 552; 553 Kat. 415; Vierneisel – Scholl 2002, 32 mit Anm. 134; 36 Abb. 25; J.-Ch. Wulfmeier, Griechische Doppelreliefs (Münster 2005) 128 Kat. WR 18; Agelidis 2009, 54 f. 222 f. Kat. 99 Taf. 10 d. e. – Für Votive von Komödienchoregen aus dem 4. Jh. v. Chr. s. a) die Fragmente einer Statuenbasis (?) von der Agora im Agora Mus. Inv. S 1025 a–c, S 1586: T. B. L. Webster, Greek Dramatic Monuments from the Athenian Agora and Pnyx, Hesperia 29, 1960, 263–265; 280 Nr. B 7 Taf. 66; Vierneisel – Scholl 2002, 29 mit Anm. 114. 116; 30 Abb. 17–20; Agelidis 2009, 49–51; 220 Kat. 94 Taf. 9 b–f. – b) Das Relieffragment aus dem Eleusinion im Agora Mus. Inv. S 2098: Webster a. O. 265; 282 Nr. B 33 Taf. 66; Vierneisel – Scholl 2002, 30 mit Anm. 118; 31 Abb. 21; Agelidis 2009, 51; 220 f. Kat. 95.

[46]   Zum Material, zum Format und zu den Kosten der choregischen Dreifüße s. Wilson 2000, 206; 365 Anm. 24.

Lysikratesmonument (335/34 v. Chr.)[47], Stoen[48], Tore[49], Säulen oder Pfeiler mit dreiseitigen Kapitellen[50], rechteckige[51] oder dreiseitige[52] Marmorbasen mit Reliefschmuck, Votivreliefs[53], Statuen[54] und Phalloi[55].

Die tempelförmigen Bauten zählten zu den beliebtesten Typen der choregischen Monumente. Auf der Spitze der Giebel – nach Ansicht mancher Forscher auch im Inneren der Gebäude – wurden die choregischen Dreifüße als Votive aufgestellt, wie wir durch eine Stelle bei Pausanias erfahren (1, 20, 1): ναοὶ ὅσον ἐς τοῦτο μεγάλοι, καί σφισιν ἐφεστήκασι τρίποδες. Zwei tempelförmige Gebäude aus dem späten 4. Jh. v. Chr. sind seit langem bekannt. Eines ist der 16,68 × 11,79 m große sechssäulige prostyle dorische Naiskos des Nikias[56] (320/19 v. Chr.)

[47] RE Suppl. VIII (1956) 266–348 s. v. Lysikratesmonument (H. Riemann); Travlos, Athen 348–351 Abb. 450–452; H. Bauer, Lysikrates-Denkmal. Baubestand und Rekonstruktion, AM 92, 1977, 197–227 Abb. 1–7 Taf. 91–96 Beil. 5–10; Amandry 1997, 463–487; Wilson 2000, 219–226 Abb. 11–14; Knell 2000, 149–159 Abb. 105. 107–113; Scholl 2002, 551 Kat. 411; Goette 2004, 470 Anm. 32; Goette 2007, 130 Abb. 5 Nr. 22; 132 f. Abb. 8 a. b; Agelidis 2009, 165–168 Kat. 22 Taf. 3 d; 4 a; M. Saporiti in: Greco 2011, 541–544 § 6.6. Zur Inschrift s. IG II² 3042; Mette 1977, 77 f. Nr. 23.

[48] s. die Überreste eines 11 × 7,40 m großen Monuments, die vor der Südwestseite der Terrasse des Odeions des Perikles entdeckt worden sind (Korres 1980, 12 Zeichn. 1; 16 Nr. 7; Choremi-Spetsieri 1994, 33 f. Agelidis 2009, 189 Kat. 47 Taf. 23 b Nr. 7).

[49] s. das Monument des ältesten bekannten Agonotheten Xenokles (307/6 v. Chr.), Sohn des Xeinis, aus dem Demos Sphettos, das sich in der Nähe der östlichen Parodos des Dionysostheaters befunden hat (M. Korres, Εργασίες στα μνημεία: Διονυσιακό θέατρο [choregisches Monument IG II² 3073], ADelt 38, 1983, Chron 10 Taf. 15 a; Goette 1989, 97 [g]; Wilson 2000, 273; 381 Anm. 38; 382 Anm. 41; S. D. Lambert, The First Athenian Agonothetai, Horos 14–16, 2000–2003, 99–105; Goette 2004, 473; Goette 2007, 141–143 Abb. 13; Agelidis 2009, 277 Kat. 170 Taf. 17 g; 18 a–c).

[50] s. die beiden – anhand der Felsbettungen erkennbar waren es ehemals drei – hohen, mit dreiseitigen korinthischen Kapitellen bekrönten Säulen über dem Thrasyllosmonument (Stikas 1961, 162 f.; 164 Abb. 6; 165 Abb. 7; 166 Abb. 8; Travlos, Athen 562; 563 Abb. 704; Amandry 1997, 446–459 Abb. 3–8. 10; Agelidis 2009, 308 f. Kat. 200/201). Vgl. außerdem Goette 2007, 129 Anm. 27; 130 Abb. 5 Nr. 3 a–c.

[51] s. a) AM Inv. 4078: Walter 1923, Abb. S. 194 Nr. 399 B; Vierneisel – Scholl 2002, 23 mit Anm. 81; 24 Abb. 9; A. Kosmopoulou, The Iconography of Sculptured Statue Bases in the Archaic and Classical Periods (Wisconsin Univ. 2002) 177 f. Nr. 15 Abb. 31. 32. – b) NM Inv. 3496, 3497, 3498: Kaltsas 2002, 288 f. Kat. 609; Scholl 2002, 549 Abb. 2. 3; 551 Kat. 412; Vierneisel – Scholl 2002, 24–26 mit Anm. 87 Abb. 10–12; Agelidis 2009, 64–67. 234 f. Kat. 108 Taf. 13 d; 14 a–e; 15 a. – c) NM Inv. 1490: Wilson 2000, 207 mit Anm. 30; 208 Abb. 8; Vierneisel – Scholl 2002, 27 mit Anm. 97; 28 Abb. 15.

[52] NM Inv. 1463: Kaltsas 2002, 244 f. Kat. 511; Vierneisel – Scholl 2002, 26 mit Anm. 94; 27 Abb. 13. 14; G. Mostratos in: N. Kaltsas – G. Despinis (Hrsg.), Πραξιτέλης. Ausstellungskatalog Athen (Athen 2007) 170–173 Kat. 53. Goette 2007, 128 f. Abb. 4; Agelidis 2009, 177 Kat. 29 Taf. 5 c–e.

[53] AM Inv. 2995: Wilson 2000, 207; 208 Abb. 7; Scholl 2002, 551 Kat. 413; Abb. S. 552; Vierneisel – Scholl 2002, 27 mit Anm. 99; 29 Abb. 16.

[54] s. die von Pausanias (1, 20, 1) und Athenaios (13, 59, 32) erwähnte Bronzestatue eines Satyrs unter einem choregischen Dreifuß an der Tripodenstraße, die häufig mit dem Statuentypus des einschenkenden Satyrs des Praxiteles verbunden wird. Zur diesbezüglichen Diskussion und Problematik s. J.-L. Martinez, Τα έργα που αποδίδονται στον Πραξιτέλη, in: Kaltsas – Despinis (a. O. Anm. 52) 38; I. Mennenga, ebenda 150. 152 zu Kat. 42.

[55] Dionysostheater Inv. NK 2253: E. Buschor, Ein choregisches Denkmal, AM 53, 1928, 96–108 Beil. 29. 30; Goette 2007, 128. – s. auch das hellenistische Karystios-Monument auf Delos (L. Bizard – G. Leroux, Fouilles de Délos, BCH 31, 1907, 504–511 Abb. 18–20 Taf. 13).

[56] Travlos, Athen 357–360 Abb. 459–463; Hintzen-Bohlen 1997, 60–62; 146 Kat. II.5; Wilson 2000, 226–229 Abb. 15. 16; Knell 2000, 161–164 Abb. 117–119; J. M. Camp, The Archaeology of Athens (New Haven – London 2001) 161 f.; H. Svenshon, Studien zum hexastylen Prostylos archaischer und klassischer Zeit (Darmstadt 2002) 108–124; Goette 2004, 471 Anm. 35. 36; Goette 2007, 130 Abb. 5 Nr. 1; 135 Abb. 10; Agelidis 2009, 171–174 Kat. 27 Taf. 4 b–d; M. G. Tofi in: Greco 2010, 192 f. § 1.38 Abb. 100. Zur Identifikation der im Beulé-Tor verbauten Architekturglieder des Monuments und zu seiner Rekonstruktion s. W. B. Dinsmoor, The Choragic Monument of Nicias, AJA 14, 1910, 459–484. Für die Inschrift s. IG II² 3055; Mette 1977, 79 Nr. 29.

nordwestlich der westlichen Parodos des Dionysostheaters unmittelbar neben der Stoa des Eumenes. Die Marmor- und Kalksteinbauglieder des Oberbaus sind 1910 von William Dinsmoor in der spätrömischen Befestigungsmauer am Eingang zur Akropolis, dem bekannten Beulé-Tor, erkannt worden.

Beim zweiten Bauwerk dieser Art handelt es sich um den dorischen Naiskos des Thrasyllos[57] (320/19 v. Chr.), der sich oberhalb des Epitheatrons des Dionysostheaters[58] vor der als κατατομή[59] bekannten Felsabarbeitung bis 1827 erhalten hatte, bis er während der Belagerung Athens durch die Türken zerstört wurde. Das Monument, dessen Aussehen durch eine Zeichnung von James Stuart und Nicholas Revett[60] überliefert ist, wird von Gabriel Welter[61] mit einem 6,20 × 1,70 m großen und 6 m hohen Innenraum, drei Pfeilern an der Fassade, zwei hohen Marmortüren und einem Flachdach[62] rekonstruiert, auf dem auf einem dreistufigen Sockel der choregische Dreifuß aufgestellt war. Die Choregeninschrift ist in den Architrav eingemeißelt, über dem auf dem Fries in flachem Relief elf Kränze dargestellt sind; beim mittleren handelt es sich um einen Olivenkranz und bei den übrigen um Efeukränze.

Neuere Funde, die während der 1970er und 1980er Jahre ans Licht gekommen sind, haben die Zahl der tempelförmigen choregischen Monumente erhöht. So sind am Treffpunkt der Prytaniou- und der Epicharmou-Straße am Nordabhang der Akropolis Blöcke aus Konglomeratgestein gefunden worden, die zusammen mit Architekturgliedern aus Marmor (Fragmente ionischer Basen und kleiner Säulen), die von einem tempelförmigen ionischen Bauwerk stammen, in einer mittelalterlichen Mauer verbaut waren[63].

Im Jahre 1989 hat Hans Rupprecht Goette[64] im Zusammenhang mit der Veröffentlichung eines auf dem Gebiet des Kerameikos gefundenen Marmorarchitravs[65] einen weiteren dorischen Naiskos rekonstruiert, bei dem es sich vielleicht um ein choregisches Monument gehandelt hat. Auf dem Architrav waren fünfzehn Kränze dargestellt, die beiden Schmalseiten waren jeweils mit einem weiteren Kranz geschmückt. Aus der Länge des Architravs ergibt sich eine Breite des Naiskos von 3,16 m[66]. Dieser wird sich auf einer dreistufigen Basis er-

---

[57]   Welter 1938; Travlos, Athen 562–565 Abb. 704–708; Amandry 1997, 459 f.; Hintzen-Bohlen 1997, 59 f.; 146 Kat. II.6; Wilson 2000, 230–234 Abb. 17–20; Knell 2000, 159–161 Abb. 114–116; Camp (a. O. Anm. 56) 162 f.; Goette 2004, 471 Anm. 33; Goette 2007, 130 Abb. 5 Nr. 4; 133–135 Abb. 6. 7. 9; Agelidis 2009, 174–177 Kat. 28 Taf. 4 e; 5 a. b; M. G. Tofi in: Greco 2010, 163–165 § 1.29 Abb. 83. 84. Für die Inschriften s. IG II² 3056. 3083; Mette 1977, 79 Nr. 30; 81 Nr. 4 ab.

[58]   Die aus dem Fels gehauene Fundamentbettung eines dem Monument des Thrasyllos in der Größe vergleichbaren Bauwerks ist westlich von diesem erkannt und von H. R. Goette veröffentlicht worden (Goette 2007, 130 Abb. 5 Nr. 2; 137; 138 Abb. 11). Travlos (Athen 562) hatte seine Maße auf etwa 10 × 8 m geschätzt.

[59]   Harpokr. s. v. κατατομή. Vgl. außerdem Welter 1938, 34.

[60]   J. Stuart – N. Revett, The Antiquities of Athens Measured and Delineated by James Stuart, F. R. S. and F. S. A. and Nicholas Revett, Painters and Architects I–II ²(London 1825) 85–96 Taf. 37–40; Welter 1938, 62 Abb. 36; Travlos, Athen 565 Abb. 707. 708; M. G. Tofi in: Greco 2010, 164 Abb. 83 b.

[61]   Welter 1938, 66 Abb. 39; Travlos, Athen 564 Abb. 705; Wilson 2000, 233 Abb. 19; M. G. Tofi in: Greco 2010, 164 Abb. 83 a.

[62]   Zur Identifikation des dorischen Kapitells des mittleren Pfeilers des Naiskos im Depot des Archäologischen Nationalmuseums s. R. F. Townsend, A Newly Discovered Capital from the Thrasyllos Monument, AJA 89, 1985, 676–680.

[63]   Choremi-Spetsieri 1994, 35; 41 Anm. 47.

[64]   Goette 1989, 83–103 Taf. 12–16; Agelidis 2009, 273–275 Kat. 167.

[65]   Der Architrav ist aus zwei anpassenden Fragmenten zusammengesetzt worden. Der Architravblock bildet die Nordseite einer Gitterschleuse des Eridanos in der Stadtmauer auf dem Gelände des Kerameikos, zwischen dem Heiligen Tor und dem Pompeion.

[66]   Goette 1989, 86 f. Abb. 2; 89 Abb. 3.

hoben und – entsprechend dem Naiskos des Nikias – eine Gesamthöhe von etwa 4,40 m besessen haben; die Tiefe wird im Anschluss an die Tiefe der Grabnaiskoi des letzten Viertels des 4. Jhs. v. Chr. mit 0,80–0,90 m angenommen[67]. Gestützt auf epigraphische Hinweise datiert Goette das Monument vor das Jahr 318 v. Chr., vielleicht 325 v. Chr.[68].

Vor der südlichen Terrassenmauer des Odeions des Perikles sind Bauglieder eines weiteren Monuments entdeckt worden, das Manolis Korres[69] als 5 m breiten und 4 m tiefen Naiskos mit zwei Säulen *in antis* und Eingang im Süden rekonstruiert. Das Monument erhob sich auf einer dreistufigen Krepis. Hans Rupprecht Goette[70] schlägt aufgrund seiner herausgehobenen Lage vor dem Eingang des Heiligtums des Dionysos eine Datierung des Monuments um 360 v. Chr. vor, also in die Zeit der Realisierung des Erneuerungsprogramms des Heiligtums und seines monumentalen Propylons.

Einem weiteren, vielleicht ebenfalls choregischen Naiskos gleicher Größe mit zwei Säulen *in antis* weist Hans Rupprecht Goette[71] schließlich das Fragment des dorischen Frieses NM Inv. 1688[72] zu, das 1892 in der Nähe der Uhr des Andronikos Kyrrhestes (des ›Turmes der Winde‹) gefunden worden ist. Das Fragment, das stilistisch ins 2. Viertel des 4. Jhs. v. Chr. datiert wird, weist eine Metope zwischen zwei Triglyphen auf. Das Relief der Metope stellt drei auf Felsen sitzende, in Mäntel gehüllte trauernde Frauen dar, von denen zwei als jünger und die dritte als älter charakterisiert sind. Goette schließt aus, dass das Fragment von einem Grabmonument stammt[73], und rekonstruiert ausgehend von der Höhe des Frieses (0,50 m) ein Bauwerk mit einer Breite von 5 m und einer Höhe von wenigstens 7 m mit einer Säule oder einem Pfeiler als tragendem Element in der Mitte der Fassade. Die Metopendarstellung könnte auf den Inhalt einer Tragödie anspielen, die mit der Νέκυια zusammenhing[74]. Eine ungefähr entsprechende Größe wird auch der Naiskos besessen haben, zu dem die Fragmente NM Inv. 12059 und AM Inv. 4760 gehört haben[75]. Weitere Vermutungen zu der Rekonstruktion der Darstellung des Giebels und den architektonischen Einzelheiten des kleinen Naiskos sollen an dieser Stelle nicht geäußert werden.

Das Satyrspiel[76], an das man zuerst denken könnte, wird gegen Ende des 5. Jhs. v. Chr. aufgegeben. In Untersuchungen zum hellenistischen und römischen Theater wird daher mit dem Begriff σατυρικόν[77] nicht das Satyrspiel, sondern der Satyrdithyrambos[78] bezeichnet,

---

[67]　Goette 1989, 90 f.
[68]　Goette 1989, 95. 103.
[69]　Korres 1980, 12 Zeichn. 1; 16 Nr. 8; 17 Zeichn. 4; Choremi-Spetsieri 1994, 32; Goette 2004, 471; 476 Abb. 7 a; Goette 2007, 130 Abb. 5 Nr. 11; 136 f.; Agelidis 2009, 189 Kat. 48 Taf. 23 b Nr. 8.
[70]　Goette 2004, 471 f.
[71]　Goette 2004; Goette 2007, 137.
[72]　NM Inv. 1688: P. Wolters, Sepulkrales Relief aus Athen, AM 18, 1893, 1–6 Taf. 1; Kaltsas 2002, 188 f. Kat. 371.
[73]　Goette 2004, 465–468.
[74]　Goette 2004, 468 f.
[75]　Zu den von M. Korres rekonstruierten Maßen des Naiskos s. Korres 1980, 16 Nr. 8.
[76]　Zum Satyrspiel s. R. Lämmle, Das Satyrspiel, in: Zimmermann 2011, 611–663 (mit Lit.).
[77]　Schon im späten 4. Jh. v. Chr. spielte der Satyrdithyrambos (Aristot. poet. 1449a: ... ἐκ σατυρικοῦ ...) im Zusammenhang mit der bewussten Rückbesinnung auf die Wurzeln des Dramas durch die Betonung des kollektiven Charakters des dionysischen Kultes und Ritus innerhalb des Athener Theaterlebens eine bedeutende Rolle. Zu diesem Thema s. ausführlich Pickard-Cambridge 1962, 52–55 § 7; 92–94; B. Zimmermann, Dithyrambos. Geschichte einer Gattung (Göttingen 1992) 137–147.
[78]　Zum Satyrdithyrambos s. F. Stoessl, Die Vorgeschichte des griechischen Theaters (Darmstadt 1987) 96; R. Seaford, Reciprocity and Ritual. Homer and Tragedy in the Developing City-State (Oxford 1994) 267 f.; B Zimmermann, Das Drama. Ursprungsfragen, Vor- und Frühgeschichte, Organisation, in: Zimmermann 2011, 459 mit Anm. 50; 463 mit Anm. 76.

der nach Aussage epigraphischer Zeugnisse[79] 342/1 v. Chr. eingeführt worden ist. Auf diesem Datum weist auch, wie wir weiter unten sehen, die Datierung des Giebels hin.

Die große Zahl der choregischen Monumente für Siege bei dithyrambischen Agonen, die während der 2. Hälfte des 4. Jhs. v. Chr. festzustellen ist, ist unmittelbar mit dem Bauprogramm des Eubulos und des Lykurg im Dionysostheater verbunden[80], dessen Ziel die Aufwertung der Umgebung des Dionysostheaters und die Überbietung der Bauleistungen der hochklassischen Zeit war. Seit der Mitte des 3. Jhs. v. Chr. nehmen die choregischen Monumente sowohl in der Größe als auch in der Zahl ab, wobei es sich allerdings um einen schlichten Zufall der Erhaltung handeln kann[81]. Seit jener Zeit sind jedenfalls keine choregischen Monumente mehr bekannt, obwohl wir wissen, dass im Dionysostheater weiterhin Agone ausgetragen worden sind. Während der römischen Kaiserzeit und konkret zwischen der Regierungszeit des Augustus und derjenigen des Hadrian stellten die siegreichen Agonotheten wieder Dreifüße auf dreiseitigen Monumenten auf[82].

Mit Reliefs geschmückte Bauglieder vom Oberbau choregischer Naiskoi waren bislang nur durch vereinzelte Beispiele bekannt, die ausschließlich von Friesen und Architraven stammen. Der Giebel des Naiskos (Abb. 4), von dem die hier vorgelegten Fragmente NM Inv. 12059 und AM Inv. 4760 stammen, fügt dem Bestand nun den ersten Giebel eines choregischen Monuments mit Reliefschmuck hinzu. Das Monument kann mit einiger Wahrscheinlichkeit in die 2. Hälfte des 4. Jhs. und in jedem Fall nach 342/41 v. Chr. datiert werden, dem Jahr also, in dem der Satyrdithyrambos eingeführt worden ist.

Abkürzungen:

Agelidis 2009   S. Agelidis, Choregische Weihgeschenke in Griechenland (Bonn 2009)

Ajootian 1993   A. Ajootian, Silenus at Sparta, in: O. Palagia – W. Coulson (Hrsg.), Sculpture from Arcadia and Laconia, Proceedings of an International Conference Held at the American School of Classical Studies at Athens, April 10–14, 1992 (Oxford 1993) 251–256

Amandry 1997   P. Amandry, Monuments chorégiques d'Athènes, BCH 121, 1997, 445–487

Aristodemou 2012   G. A. Aristodemou, Ο Γλυπτός διάκοσμος νυμφαίων και κρηνών στο ανατολικό τμήμα της ρωμαϊκής αυτοκρατορίας (Thessaloniki 2012)

---

[79] IG II² 2320 (Διδασκαλίαι); Pickard-Cambridge 1968, 72 f. § 12; 107–109. 124; Blume a. O. (Anm. 40) 10 f.; Lämmle a. O. (Anm. 76) 613 mit Anm. 7.

[80] Zu den Leistungen des Eubulos und des Lykurg s. Hintzen-Bohlen 1997, 135–140. Speziell zu den Arbeiten am Dionysostheater s. Hintzen-Bohlen 1997, 21. 23–29; H. R. Goette, An Archaeological Appendix, zum Beitrag von E. Csapo, in: P. Wilson (Hrsg.), The Greek Theatre and Festivals. Documentary Studies (Oxford 2007) 117–120 Abb. 1; H. R. Goette, Die Architektur des klassischen Theaters unter besonderer Berücksichtigung Athens und Attikas, in: Zimmermann 2011, 482–484.

[81] Goette 2007, 146. Vgl. Entsprechendes auch für den Fall der choregischen Monumente auf der griechischen Agora, Geagan 2011, bes. 98.

[82] IG II² 3112–3120; Stikas 1961, 165 f.; 168 Abb. 11; 169 Abb. 12. 13; S. Follet – D. Peppas-Delmousou, Les dédicaces chorégiques d'époque flavienne et antonine à Athènes, in: O. Salomies (Hrsg.), The Greek East in the Roman Context. Proceedings of a Colloquium Organised by the Finnish Institute at Athens, May 21 and 22, 1999 (Helsinki 2001) 95–117; Goette 2007, 146; Agelidis 2009, 291 f. Kat. 185; 294–297 Kat. 188; 298–304 Kat. 190–195; 305–308 Kat. 197–199; Geagan 2011, 104–109 Kat. C 187–193 Taf. 14. Die Monumente erhoben sich entlang der Panathenäen-Straße und griffen damit die alte Sitte der Aufstellung von Dreifüßen auf der Agora wieder auf, wo sich das ältere Heiligtum des Dionysos befand (Travlos, Athen 566. 568 Abb. 711. 713; Choremi-Spetsieri 1994, 40).

Bakalakis 1966	G. Bakalakis, Satyros an einer Quelle gelagert, AntK 9, 1966, 21–28
BAPD	Beazley Archive Pottery Database
Brommer 1959	F. Brommer, Saryrspiele. Bilder griechischer Vasen [2](Berlin 1959)
Choremi-Spetsieri 1994	A. Choremi-Spetsieri, Η οδός των Τριπόδων και τα χορηγικά μνημεία στην αρχαία Αθήνα, in: Coulson u. a. 1994, 31–42
Chourmouziades 1998	N. Ch. Chourmouziades, Περί χορού. Ο ρόλος του ομαδικού στοιχείου στο αρχαίο δράμα (Athen 1998)
Conrad 1997	G. Conrad, Der Silen. Wandlungen einer Gestalt des griechischen Satyrspiels (Trier 1997)
Coulson u. a. 1994	W. D. E. Coulson – O. Palagia – T. L. Shear Jr. – H. A. Shapiro – F. J. Frost (Hrsg.), The Archaeology of Athens and Attica under the Democracy. Proceedings of an International Conference Celebrating 2500 Years since the Birth of Democracy in Greece, Held at the American School of Classical Studies at Athens, December 4–6, 1992 (Oxford 1994)
Dentzer 1982	J.-M. Dentzer, Le motif du banquet couché dans le Proche-Orient et le monde grec du VIIe au IVe siècle avant J.-C., BEFAR 246 (Paris 1982)
Deubner 1932	L. Deubner, Attische Feste (Berlin 1932)
Froning 2002	H. Froning, Masken und Kostüme, in: S. Moraw – E. Nölle (Hrsg.), Die Geburt des Theaters in der griechischen Antike (Mainz 2002) 70–95
Fuchs 1987	M. Fuchs, Untersuchungen zur Ausstattung römischer Theater (Mainz 1987)
Geagan 2011	D. J. Geagan, Inscriptions: The Dedicatory Monuments, Agora 18 (Princeton 2011)
Goette 1989	H. R. Goette, Ein dorischer Architrav im Kerameikos von Athen, AM 104, 1989, 83–103
Goette 2004	H. R. Goette, Mausoleum oder choregisches Weihgeschenk? Zum Friesfragment Inv. 1688 im Athener Nationalmuseum, in: M. Fano Santi (Hrsg.), Studi di Archeologia in onore di Gustavo Traversari (Rom 2004) 463–476
Goette 2007	H. R. Goette, Choregic Monuments and the Athenian Democracy, in: P. Wilson (Hrsg.), The Greek Theatre and Festivals. Documentary Studies (Oxford 2007) 122–149
Greco 2010	E. Greco (Hrsg.), Topografia di Atene. Sviluppo urbano e monumenti dalle origini al III secolo d. C. I. Acropoli – Areopago – Tra Acropoli e Pnice (Athen 2010)
Greco 2011	E. Greco (Hrsg.), Topografia di Atene. Sviluppo urbano e monumenti dalle origini al III secolo d. C. II. Colline sud-occidentali – Valle dell'Ilisso (Athen 2011)
Hintzen-Bohlen 1997	B. Hintzen-Bohlen, Die Kulturpolitik des Eubulos und des Lykurg. Die Denkmäler- und Bauprojekte in Athen zwischen 355 und 322 v. Chr. (Berlin 1997)
Kaltsas 2002	N. Kaltsas, Εθνικό Αρχαιολογικό Μουσείο. Τα γλυπτά [2](Athen 2002)
Kapossy 1969	B. Kapossy, Brunnenfiguren der hellenistischen und römischen Zeit (Zürich 1969)
Knell 2000	H. Knell, Athen im 4. Jahrhundert v. Chr. – eine Stadt verändert ihr Gesicht (Darmstadt 2000)

Korres 1980 · M. Korres, Περίκλειο Ωδείο και τα πλησίον χορηγικά μνημεία, ADelt 35, 1980, Chron 14–18

Kossatz-Deißmann 1982 · A. Kossatz-Deißmann, Zur Herkunft des Perizoma im Satyrspiel, JdI 97, 1982, 65–90

Krumeich u. a. 1999 · R. Krumeich – N. Pechstein – B. Seidensticker (Hrsg.), Das Griechische Satyrspiel (Darmstadt 1999)

Mette 1977 · H. J. Mette, Urkunden dramatischer Aufführungen in Griechenland (Berlin 1977)

Pickard-Cambridge 1962 · A. Pickard-Cambridge, Dithyramb, Tragedy and Comedy, Revised by T. B. L. Webster ²(Oxford 1962)

Pickard-Cambridge 1968 · A. Pickard-Cambridge, The Dramatic Festivals of Athens, Revised by J. Gould – D. M. Lewis ²(Oxford 1968)

Savarese 2007 · N. Savarese (Hrsg.), In scæna. Il teatro di Roma antica. Ausstellungskatalog Rom (Mailand 2007)

Scholl 2002 · A. Scholl, Denkmäler der Choregen, Dichter und Schauspieler des athenischen Theaters, in: W. Hoepfner (Hrsg.), Die griechische Klassik. Idee oder Wirklichkeit. Ausstellungskatalog Berlin (Mainz 2002) 546–554

Simon 1982 · E. Simon, Satyr-plays on Vases in the Time of Aeschylus, in: D. Kurtz – B. Sparkes (Hrsg.), The Eye of Greece. Studies in the Art of Athens (Cambridge 1982) 123–148

Söldner 1986 · M. Söldner, Untersuchungen zu liegenden Eroten in der hellenistischen und römischen Kunst (Frankfurt a. M. 1986)

Spineto 2005 · N. Spineto, Dionysos a teatro. Il contesto festivo del drama greco (Rom 2005)

Stefanidou-Tiveriou 1995 · Th. Stefanidou-Tiveriou, Σιληνός καθεύδων, AEphem 1995, 67–76

Stikas 1961 · E. G. Stikas, Τρίπλευρα κιονόκρανα κορυφώματα και μνημεία, AEphem 1961, 159–179

Thönges-Stringaris 1965 · R. N. Thönges-Stringaris, Das griechische Totenmahl, AM 80, 1965, 1–99 Beil. 1–30

Vierneisel – Scholl 2002 · K. Vierneisel – A. Scholl, Reliefdenkmäler dramatischer Choregen im klassischen Athen. Das Münchner Maskenrelief für Artemis und Dionysos, MüJb 53, 2002, 7–55

Walter 1923 · O. Walter, Beschreibung der Reliefs im kleinen Akropolismuseum in Athen (Wien 1923)

Welter 1938 · G. Welter, Das choregische Denkmal des Thrasyllos, AA 47, 1938, 33–68

Wilson 2000 · P. Wilson, The Athenian Institution of the Khoregia: The Chorus, the City and the Stage (Cambridge 2000)

Zimmermann 2011 · B. Zimmermann (Hrsg.), Die Literatur der archaischen und klassischen Zeit, HdA VII 1 (München 2011)

Abbildungsnachweis: Abb. 1 a. b. e; 2 a–c; 3: K. Xenikakis. – Abb. 1 c. d: E. Vlachogianni. – Abb. 4: Y. Nakas.

Dr. Elena V. Vlachogianni, Skulpturensammlung, Archäologisches Nationalmuseum, Od. Tositsa 1, 10682 Athen, Griechenland, E-Mail: elenavlachogiani@yahoo.gr

Zusammenfassung:
Elena V. Vlachogianni, Fragmente eines Reliefgiebels aus Athen

Das Relieffragment im Athener Archäologischen Nationalmuseum Inv. 12059 unbekannter Herkunft stammt von der linken Eckplatte des Tympanons eines kleinen Giebels und trägt die Reliefdarstellung eines nach links gelagerten Papposilens, der durch das eng anliegende wollene Trikot identifiziert werden kann. Das Relief ist zusammen mit der vortretenden Standleiste, auf dem der Silen liegt, aus demselben Block gearbeitet. Das Relieffragment Inv. 4760 im Akropolis-Museum, das die Figur eines nach rechts gelagerten Papposilens mit einem identischen Wolltrikot zeigt, ist auf der Grundlage der Maße, der technischen Merkmale und des Stils der gegenüberliegenden rechten Ecke desselben Giebels zuzuweisen. Mit dem rechten Arm stützt der Papposilen sich auf einen Weinschlauch, dessen Hals er auf eine Weise zusammendrückt, dass sich der Wein in das Trinkhorn ergießen kann. Die beiden Relieffragmente stammen vom Giebel eines kleinen Gebäudes, sehr wahrscheinlich eines tempelförmigen choregischen Monuments. Der Naiskos, der aufgrund des Reliefstils in die 2. Hälfte des 4. Jhs. v. Chr. datiert werden kann, stand (sehr wahrscheinlich) an der Tripodenstraße östlich vom Eingang zum Dionysosheiligtum.

Schlagwörter: Athen, Tripodenstraße – Naiskos – Choregisches Monument – Reliefgiebel – Papposilen

Abstract:
Elena V. Vlachogianni, Fragments of a Relief Pediment from Athens

The relief fragment in the National Archaeological Museum, Athens, Inv. 12059 of unknown provenance comes from the left corner slab of the tympanon of a small pediment and carries a relief depicting a leftwards reclining Papposilenus, who can be identified by the close-fitting woollen garment. The relief together with the projecting ledge on which the Silenus lies is carved from one block. The relief fragment Inv. 4760 in the Acropolis Museum, which shows the figure of a Papposilenus reclining to the right wearing an identical woollen garment, can be attributed to the right corner of the same pediment on the grounds of measurements, technical features and style. Papposilenus supports himself with his right arm on a wineskin, whose neck he squeezes in such a way that the wine can pour into the drinking horn. Both relief fragments come from the pediment of a small building, very probably a temple-shaped choregic monument. The naiskos, which can be dated to the 2nd half of the 4th century BC on account of the relief style, stood (very probably) on the Street of the Tripods east of the entrance to the sanctuary of Dionysos.

Keywords: Athens, Street of the Tripods – Naiskos – Choregic Monument – Relief Pediment – Papposilenus

»SEINER WOHLTÄTIGKEIT WEGEN«

Zur statuarischen Repräsentation Herodes' I. von Iudaea

von Ralf Krumeich und Achim Lichtenberger

Biographie, Regierungszeit und Handlungsspielräume Herodes' I. (›des Großen‹) von Iudaea (reg. 40/37–4 v. Chr.) bewegten sich im Spannungsfeld zwischen hellenistischen Traditionen und seiner Stellung als Klientelkönig Roms mit römischem Bürgerrecht auf der einen sowie jüdischer Kultur und Religion auf der anderen Seite[1]. Seit der Antike wurde Herodes zu einem grausamen und rücksichtslosen Herrscher stilisiert, dessen grauenvoller Tod als gerechte Strafe Gottes aufgefaßt wurde; die Wiedergaben des Königs etwa beim Bethlehemitischen Kindermord fallen dementsprechend topisch aus und sind weitgehend ahistorisch[2].

Vor diesem Hintergrund wird im folgenden Beitrag ein zentraler, in der Forschung allerdings bisher vernachlässigter Aspekt der Repräsentation des Herodes betrachtet – seine zu Lebzeiten entstandenen Porträtstatuen[3]. Nach einer kurzen Einleitung zu Biographie und Euergetismus des Herodes werden im Zentrum des Beitrages die vier (oder fünf) uns bekann-

---

Für wichtige Anregungen und die Übersendung von Fotografien danken wir J. Aliquot, D. Bosnakis, J. Curbera, H. Gitler, K. Hallof, F. Herbin und A. Sartre-Fauriat.

[1] Vgl. etwa Merkel – Korol 1988, 824–826; Schalit 2001, 403–482. 539–562; Günther 2005, 195–233; Baltrusch 2012, 25 f. 335 f. und *passim*. Zuletzt hat das Israel Museum in Jerusalem dem König eine umfangreiche Ausstellung gewidmet, die auch die neuen Funde vom Herodeion präsentiert: Rozenberg – Mevorah 2013.

[2] Der erste Beleg für den Bethlehemitischen Kindermord findet sich bei Mt 2, 16. Für spätantike Denkmäler mit Darstellungen dieses Themas vgl. Kötzsche-Breitenbruch 1968/1969; Koenen 1986; Merkel – Korol 1988, 840. 845–847; Schneider 2001, 955 f.

[3] Vgl. etwa Otto 1913, 74 f.; Graindor 1927, 82–84 (jeweils mit Nennung und kurzer prosopographischer Diskussion der Basen auf der Athener Akropolis); PIR² H 153 (S. 84 f.: Auflistung der Herodesstatuen in Athen und Sia); Schürer – Vermes – Millar 1973, 308 Anm. 70 (Erwähnung der Herodesbasen auf der Akropolis als Dokumente für die Euergesien des Königs gegenüber Athen); Smallwood 1976, 71 Anm. 34 (»Athenian inscriptions«); Mantzoulinou-Richards 1988, 96 (»Inscriptions honoring king Herodes«); Merkel – Korol 1988, 830 f. (Herodesstatue in Sia); 833 (Herodes werde »das Aufstellen seines eigenen Bildnisses an einem allgemein zugänglichen Ort wohl eher nur in Gebieten mit überwiegend heidnischer Bevölkerung... zugelassen haben« [ohne Erwähnung der athenischen Statuenbasen]); Richardson 1996, 206–208 Nr. 5–8 (knappe Würdigung der Statuenbasen als »inscriptions«); Kokkinos 1998, 137 (»inscribed bases«); Lichtenberger 1999, 169 f. (Statuenbasen als Belege für die Existenz zeitgenössischer Herodesstatuen); Schalit 2001, 422 (»Titel... in zwei attischen Inschriften«); Günther 2005, 229 (»einige wenige inschriftliche Zeugnisse«); Bernett 2007, 121 (»Fünf solcher Ehrungen sind inschriftlich überkommen«); Weber 2008, 262. 268 (»epigraphisch überliefert«); Weber 2009, 79 (»Statuenehrungen für Herodes in Athen und auf den griechischen Inseln... nur noch epigraphisch greifbar«); Schwentzel 2010, 536 f. (knappe Erwähnung einer der athenischen Statuen [IG II/III² 3440] und derjenigen in Sia); Baltrusch 2012, 235. 237. 240 (kurze Verweise auf die Statuenbasen als Dokumente für die hellenistische Facette des Herodes); Kropp 2013, 73. 255 (beiläufige Erwähnung der Herodesstatuen in Athen und auf Kos); Toher 2014, bes. 128. 132 f. (zum historischen Hintergrund der Herodesstatuen auf der Akropolis).

ten zeitgenössischen Porträtstatuen des Königs im südsyrischen Sia, in Athen und auf Kos stehen, die durch – fast ohne Ausnahme bis heute erhaltene – steinerne Basen samt den zugehörigen Inschriften überliefert sind. Deutlich wird, wie sehr die statuarische Repräsentation des Herodes zu seinen Lebzeiten im Rahmen der persönlichen und staatlichen Ehrungen für bedeutende Protagonisten des späten Hellenismus und der frühen römischen Kaiserzeit verstanden werden kann.

I.

Herodes wurde 40 v. Chr. als Klientelkönig Roms eingesetzt und übernahm mit militärischer Unterstützung Roms 37 v. Chr. in Jerusalem und Iudaea die Macht, welche er bis zu seinem Tod im Jahr 4 v. Chr. nicht mehr aus den Händen gab[4]. Seine Herrschaftsrepräsentation, die insbesondere über seine Bautätigkeit für uns gut greifbar ist[5], war geprägt von den Idealen hellenistischer Könige, wobei er sich einerseits gegenüber Rom und dem Kaiser zu positionieren hatte, andererseits Rücksicht auf die Belange seiner überwiegend jüdischen Bevölkerung nehmen mußte. Auch vor diesem Hintergrund ist eine Analyse der statuarischen Repräsentation des Herodes von besonderem Interesse. Sein königliches Auftreten nahm sehr genau auf die unterschiedlichen Zielgruppen Rücksicht. So stellte er sich gegenüber Rom und der hellenistischen Welt als Rom und dem Kaiser treuer, aber doch mächtiger hellenistischer Monarch dar, der in der Tradition hellenistischer Könige euergetisch für griechische Gemeinwesen im Mittelmeerraum wirkte. Gegenüber der jüdischen Bevölkerung seines Klientelreichs trat er jedoch zurückhaltender auf. Auch den Juden gegenüber zeigte er Pracht- und Machtentfaltung, allerdings waren der Formensprache Grenzen gesetzt: Das zeitgenössische Judentum in Iudaea war in weiten Teilen von einer radikalen Torah-Observanz geprägt, welche zu einer strengen Auslegung des alttestamentlichen Bilderverbots führte. Die Folge war das weitgehende Fehlen von Darstellungen von Menschen und Tieren in Iudaea; nur sehr wenige Ausnahmen von dieser Regel existieren[6]. Die offizielle Selbstdarstellung von König Herodes war in Iudaea weitgehend nicht-figürlich, und so bildete auch seine Münzprägung keine Herrscherbildnisse ab; das einzige hier wiedergegebene Lebewesen ist ein Adler als ein Reverstypus (Abb. 1)[7]. Die Münzvorderseiten, auf denen ansonsten in der griechisch-römischen Welt Götterbilder oder Herrscherporträts dominieren, zeigen unter Herodes statt dessen gegenständliche Bilder, wie Füllhörner (Abb. 2), Helme oder einzelne Diademe (Abb. 3), welche auf das Königtum des Münzherrn verweisen. Erst der Herodessohn Philippos (reg. 4 v. Chr. – 33/34 n. Chr.), der über überwiegend nicht-jüdische Gebiete in Südsyrien herrschte, setzte sein eigenes Bildnis auf die Münzen (Abb. 4)[8].

---

[4]   Zu Herodes (PIR² H 153) vgl. Otto 1913; Richardson 1996; Schalit 2001; Günther 2005; Baltrusch 2012.

[5]   Zur Bautätigkeit Herodes' des Großen vgl. Roller 1998; Lichtenberger 1999; Japp 2000; Netzer 2006.

[6]   s. dazu zuletzt Lichtenberger 2009; Kropp 2013, 150–152. Mittlerweile sind jedoch weitere figürliche Darstellungen bei den Ausgrabungen im Herodeion entdeckt worden: Netzer u. a. 2010, 9 f. Farbabb. G. J. K. L sowie Rozenberg – Mevorah 2013.

[7]   Zur Münzprägung des Herodes s. jetzt Ariel – Fontanille 2012 (dort der Adlertypus Type 16); vgl. auch Kropp 2013, 245–247.

[8]   Meshorer 2001, 85–90. 228–230 Nr. 95. 96; 108 Taf. 50. 51. s. dazu auch Kokkinos 1998, 136; Weber 2009, 79 f.; Schwentzel 2010, 540–542; Kropp 2013, 74. 76 Abb. 30.

Abb. 1. Kleinbronze des Herodes mit Adler, M. 2 : 1
(Typ: Ariel – Fontanille 2012, Type 16)

Abb. 2. Kleinbronze des Herodes mit Anker und Doppelfüll-
horn, M. 2 : 1 (Typ: Ariel – Fontanille 2012, Type 15)

Abb. 3. Kleinbronze des Herodes mit Diadem und Tisch, M. 2 : 1
(Typ: Ariel – Fontanille 2012, Type 5)

Abb. 4. Kleinbronze des Philippos mit Kopf des
Philippos n. r. und Kranz, M. 2 : 1 (Typ: Meshorer
2001, 230 Nr. 108)

Das Fehlen offizieller Herrscherbilder des Herodes auf Münzen[9], welches auf die strenge
Einhaltung des alttestamentlichen Bilderverbotes zurückzuführen ist, stellt ein grundlegendes
Problem für die Identifikation potentieller rundplastischer Herodesbildnisse dar. Zwar können
wir annehmen, daß es in Analogie zu den in Iudaea geprägten herodianischen Münzen in diesem Gebiet kaum öffentlich sichtbare Porträtstatuen im Rahmen einer offiziellen Herrscherre-
präsentation gegeben haben dürfte[10]; doch gilt dies mit Sicherheit nicht für die außerhalb des
jüdischen Kernlands gelegenen Gebiete, für die mehrere Statuen des Herodes belegt sind.

Außerhalb seines Herrschaftsgebietes trat Herodes in der Tradition hellenistischer Könige
als großzügiger Euerget auf. Flavius Josephus berichtet von zahlreichen Stiftungen des Herodes an griechische und römische Städte oder Heiligtümer außerhalb seines Königreichs[11]:

»Den Städten Tripolis, Damaskos und Ptolemais errichtete er Gymnasien, Byblos eine
Stadtmauer, Berytos und Tyros Exedren, Stoen, Tempel und Agorai, Sidon und Damaskos
sogar Theater, Laodikeia am Meer eine Wasserleitung, Askalon Bäder und kostbare Brunnen, dazu noch Kolonnaden von bewundernswerter Kunstfertigkeit und Größe; einigen
aber schenkte er Haine und Parkanlagen. Viele Städte empfingen aus seiner Hand Land,
als wenn sie Teile seines Königreichs wären. Anderen Städten stiftete er dauernde Auf-
sichtsämter für alljährliche Wettspiele, wobei er dann, wie in Kos, auch Einkünfte für die
Siegerauszeichnung sicherstellte, damit es daran niemals fehle. Getreide aber gewährte er
vollends allen Bedürftigen, der Insel Rhodos spendete er wieder und wieder Mittel zum
Aufbau ihrer Schiffahrt, auch baute er dort das vom Feuer zerstörte pythische Heiligtum
auf seine Kosten schöner wieder auf. Was müssen noch die Geschenke an die Lykier und
die Bewohner von Samos erwähnt werden oder seine Großzügigkeit gegen ganz Ionien, wo
nur jemand in Not war? Sind nicht Athen und Lakedämon, Nikopolis und Pergamon in My-
sien voll von den Weihgeschenken des Herodes? Hat er nicht die Hauptstraße im syrischen
Antiochia, die wegen ihres Schmutzes gemieden wurde, in einer Länge von 20 Stadien mit
poliertem Marmor belegt und mit einer Säulenhalle von gleicher Länge zum Schutz gegen
Regen versehen?
Diese Geschenke, so könnte man sagen, berührten nur die damit bedachten Völker, die
Gabe an Elis aber betraf nicht nur ganz allgemein Griechenland, sondern den gesamten
bewohnten Erdkreis, zu dem ja der Glanz der Olympischen Spiele durchdringt. Als er nun
sah, daß diese Spiele ganz in Auflösung begriffen waren und daß das letzte Stück vom
alten Hellas versank, da übernahm er nicht nur das Amt des Kampfrichters ..., sondern er
stiftete auch Einkünfte für dauernde Zeiten, damit die Erinnerung an ihn wachbleibe, die
zugleich die regelmäßige Einrichtung von Spielen nicht vergessen ließ. Es wäre endlos, die
Schulden und Steuern aufzuzählen, die er übernahm; z. B. erleichterte er den Einwohnern

---

[9]   Kokkinos 1998, 134 f. hat vorgeschlagen, daß ein Herodesporträt auf städtischen Bronzemünzen von Askalon
      (BMC Palestine 109–111 Nr. 30–45; vgl. zur Identifikation des Kopfes auch ebenda S. LVII) abgebildet sei, doch
      bleibt diese Überlegung reine Spekulation (vgl. auch Weber 2009, 79; Ariel – Fontanille 2012, 93; Kropp 2013,
      73).

[10]   Gänzlich absent dürften Bilder am Hof des Herodes aber nicht gewesen sein. So berichtet Ios. bell. Iud. 1, 439,
      daß Mariamme, die Frau des Herodes, ihr (gemaltes) Bildnis an Marc Anton geschickt habe; nach Ios. ant. Iud.
      15, 26 f., habe die Hasmonäerin Alexandra Porträtgemälde ihrer Kinder Aristobulos und Mariamme an Marc
      Anton gesandt. Vgl. Lichtenberger 2009, 74; Schwentzel 2010, 533 f. (sehr spekulativ); Kropp 2013, 72 f. und die
      umsichtigen Äußerungen von Merkel – Korol 1988, 831–833.

[11]   Ios. bell. Iud. 1, 422–428 (Übersetzung nach O. Michel und O. Bauernfeind). Zu den Stiftungen vgl. Lichten-
      berger 1999, 168–175; Japp 2000, 41–44; Netzer 2006, 237–240; Bernett 2007, 121–126.

von Phasaelis und Balanea und den Kleinstädten von Kilikien die jährlichen Abgaben. Ein erhebliches Hindernis für seine Freigebigkeit bildete dabei die Sorge, nicht den Anschein zu erwecken, als sei er besonders beneidenswert oder als führe er etwas im Schilde, wenn er den Städten mehr Wohltaten erwies als ihre eigenen Besitzer.«

Demnach hat Herodes Geld oder Bauwerke sowohl an Gemeinwesen in Syrien (Antiochia, Askalon, Balanea, Berytos, Byblos, Damaskos, Laodikeia, Ptolemais, Sidon, Tripolis, Tyros) als auch in Griechenland und Kleinasien (Athen, Chios[12], Kos, Nikopolis, Olympia, Pergamon, Phasaelis, Rhodos, Samos, Sparta, Troja[13] sowie an die Lykier und kilikische Kleinstädte) gestiftet. Auch eine Inschrift aus Syros könnte auf weitere Gebäudestiftungen des Herodes verweisen[14]. Es ist außerordentlich schwierig, konkrete archäologische Befunde auf diese Stiftungen zu beziehen[15]; zudem stellt sich die Frage, ob nicht auch herrscherliche Topik in dem Text des Josephus steckt, der hier vermutlich auf den Hofhistoriker des Herodes, Nikolaos von Damaskos, zurückgreift. Dennoch gibt es deutliche Hinweise darauf, daß Herodes griechische Gemeinwesen tatsächlich mit umfangreichen und kostbaren Stiftungen bedachte; jene wiederum revanchierten sich gelegentlich in traditioneller Weise durch staatliche Ehrenstatuen des Königs.

Derartige Denkmäler, aber auch in persönlicher Initiative errichtete Porträtstatuen und -gemälde stellten generell Elemente der visuellen Repräsentation hellenistischer Könige dar; an zentralen öffentlichen Orten plaziert, transportierten und verbreiteten sie repräsentative Aussagen über Stifter und Geehrte. Die exakten Prozesse der Beschlußfassung, Produktion und Aufstellung von Ehrenstatuen, die hellenistischen Herrschern von Poleis oder anderen Gemeinschaften zum Dank für erwiesene Wohltaten errichtet wurden, sind nur selten genau rekonstruierbar. Gelegentlich finanzierten die Geehrten derartige Statuen selbst; eine weitergehende aktive Beteiligung königlicher Honoranden ist in der Regel jedoch nicht nachweisbar[16]. Gleichwohl darf davon ausgegangen werden, daß die Ehrenstatuen mit Einwilligung der Herrscher aufgestellt wurden; darüber hinaus dürfte ihre in den Gremien der jeweiligen Stadt oder Gemeinschaft festgelegte äußere Erscheinung (Typologie und Ikonographie) auf Zustimmung bei den Dargestellten gestoßen sein.

II.

Ebenso wie andere hellenistische Könige und Klientelkönige Roms konnte auch Herodes erwarten, daß seine Euergesien gegenüber griechischen Städten von diesen unter anderem durch die Errichtung repräsentativer Ehrenstatuen an zentralen öffentlichen Orten honoriert wurden[17]. Durch ein Fragment des Historikers Nikolaos von Damaskos, der ein Berater des

---

[12] Ios. ant. Iud. 16, 18 f.
[13] FGrH 90 F 134.
[14] Mantzoulinou-Richards 1988; Richardson 1996, 205 f. Möglicherweise bezieht sich die Inschrift auf eine Stiftung auf Delos.
[15] Vgl. etwa jetzt zu Berytos Kropp – Lohmann 2011, 38–50. – Zu Rhodos s. Fittschen 2001, 181 f.
[16] Vgl. Smith 1988, 16–18.
[17] s. hier auch Ios. ant. Iud. 16, 150–159 zur angeblich besonders ausgeprägten »Ruhmsucht« (φιλοτιμία) des Herodes, zu der auch die (in den jüdischen Gebieten seines Reiches freilich enttäuschte) Erwartung von Bildnisehrungen (εἰκόνες) bzw. Ehrenstatuen gehört haben soll: Ios. ant. Iud. 16, 157 f.; vgl. Merkel – Korol 1988, 832.

Herodes war, sind wir über einen solchen Vorgang in Troja unterrichtet[18]. Die Bürger der Stadt baten Herodes um Hilfe und darum, daß er ihr Helfer und Fürsorger (βοηθὸς καὶ προστάτης) werde. Nachdem Herodes ihnen durch Vermittlung des Nikolaos geholfen hatte, erfolgte eine Ehrung durch die Stadt. Zwar wird diese nicht spezifiziert, doch wäre eine Ehrenstatue eine denkbare und angemessene Form.

Eindrucksvolle archäologische Belege für diese ›hellenistische‹ Spielart in der Repräsentation des Herodes sind mehrere Statuenbasen, die als originale Bestandteile der statuarischen Repräsentation des Königs in Sia (Syrien), Athen und auf Kos zum größten Teil bis heute erhalten sind. Ebenso wie die meisten anderen derartigen Denkmäler wurden sie bisher jedoch im wesentlichen als Träger historischer Inschriften bzw. als epigraphische Dokumente rezipiert; auch vor diesem Hintergrund lohnt sich ein neuer und genauerer Blick auf dieses Material. Denn die Kombination von Stifterinschriften und archäologischem Befund läßt in mehreren Fällen Grundzüge der auswärtigen Repräsentation des Königs erkennen. Dies gilt zunächst hinsichtlich Material, Format (Größe), Standmotiv, Typologie und Ikonographie der Statuen; bei den athenischen Statuen werden darüber hinaus aber auch weitere charakteristische Elemente der Ehrungspraxis im Athen des späteren 1. Jhs. v. Chr. deutlich, die außer Herodes auch andere prominente Honoranden des späten Hellenismus und der frühen Kaiserzeit betrafen.

Die Statue des Herodes vor dem Baalshamintempel von Sia

In dem auf einem Höhenrücken oberhalb des Tals von Qanawat (Kanatha) im südsyrischen Hauran gelegenen Heiligtum von Sia war Herodes durch eine etwa lebensgroße Statue repräsentiert, deren Basis noch heute partiell erhalten ist[19]. Als Melchior De Vogüé und William Henry Waddington im Jahr 1861 Zentral- und Südsyrien bereisten und Architektur, Inschriften und weitere Befunde des Heiligtums von Sia (Abb. 5) aufnahmen, befand sich die Herodesbasis zusammen mit drei weiteren Statuenbasen noch vor dem Eingang des Baalshamintempels, der zwischen 33/32 und 2/1 v. Chr. von einem lokalen Aristokraten namens Malikat, Sohn des Ausu, erbaut und später von seinem Enkel Malikat, Sohn des Muairu, weiter ausgebaut wurde (Abb. 6)[20]. Bereits im frühen 20. Jh. waren die zur Zeit De Vogüés

---

Zu Recht rechnet auch Baltrusch 2012, 240 die außerhalb Iudaeas mehrfach belegten Statuen des Herodes zur hellenistischen Spielart der Herrschaft dieses Königs. Nach dem spätantiken armenischen Historiker Moses von Choren soll Herodes auch den Wunsch nach der Aufstellung einer Porträtstatue seiner selbst in Armenien geäußert haben: Moses von Choren, Geschichte Armeniens 2, 26; vgl. dazu Roller 1998, 266.

[18] FGrH 90 F 134. s. dazu Lichtenberger 1999, 171 Anm. 896.

[19] Erhalten war auch im mittleren 19. Jh. lediglich der vor wenigen Jahren wiedergefundene Basissockel mit der Inschrift; s. u. Anm. 25. In der Rekonstruktionszeichnung bei De Vogüé 1865–1877, Taf. 2, 2 ist auf diesen Sockel ein nicht erhaltener bzw. fiktiver Basisschaft gesetzt. – Zu Sia, dem antiken Seeia, vgl. Butler 1916, 365–402; Sourdel 1952, 21. 98 f. 101–103; EAA VII (1966) 155 f. s. v. Seia (G. Garbini); Stillwell 1976, 820 s. v. Seia (Si) (J.-P. Rey-Coquais); Dentzer 1985, bes. 65–75 Taf. 26. 27; Wenning 1987, 31–38; Wenning 1990, 387–390; Freyberger 1998, 46–55; Taylor 2002, 134 f. 138; Steinsapir 2005, 11–30; Dentzer-Feydy 2010, 225–227. 232 f. 236; Kropp 2010, 4–15; Kropp 2013, 290–302; Segal 2013, 206–213.

[20] Für die im Jahr 2/1 v. Chr. entstandene Bauinschrift des Tempels s. CIS II 163; Littmann 1914, 76–78 Nr. 100; Starcky 1985, 175; Hackl – Jenni – Schneider 2003, 170–172 Nr. E.004.01; Tholbecq 2007, 286 f. 293–302. Vgl. De Vogüé 1865–1877, 31–38; Butler 1904, 334–340; Butler 1916, 368. 372–379; Dentzer 1985, 69–73 mit Abb. 3 Taf. 27 a; Dentzer-Feydy 1986, 265–269; Wenning 1987, 34–36; Freyberger 1998, 48–50; Taylor 2002, 134. 138; Laxander 2003, bes. 119–122; Kropp 2010, 5–7. – Zu den Generationen der Stifterfamilie s. zuletzt Tholbecq 2007, 288 f. Wenig plausibel ist die von Tholbecq 2007, 289–293 als Alternative zur communis

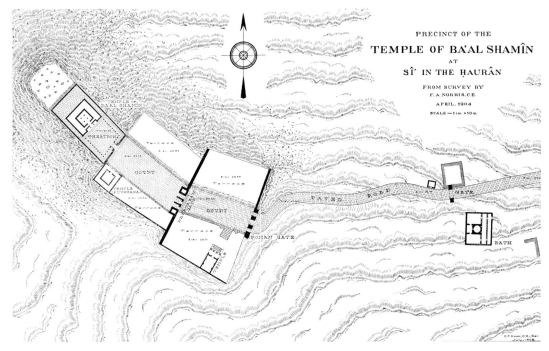

Abb. 5. Sia, Gesamtplan des Heiligtums

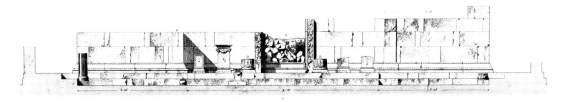

Abb. 6. Sia, Statuenbasen (a–d) am Zugang zum Baalshamintempel (Rekonstruktion)

und Waddingtons noch bis zu einer Höhe von etwa 2 m erhaltene aufgehende Architektur des Tempels sowie die vorgelagerten Säulen- und Statuenbasen von Steinräubern komplett ausgeraubt[21]; die Herodesbasis galt bis vor wenigen Jahren als verschollen[22]. Vor diesem Hinter-

---

opinio vorgeschlagene Genealogie, wonach Malikat, Sohn des Ausu, nicht Großvater, sondern Neffe des Malikat, Sohn des Muairu, gewesen sei (zustimmend referiert von Kropp 2013, 295); gegen diese Annahme sprechen allerdings sowohl paläographische Indizien als auch die sehr wahrscheinlich auf einen Auf- oder Ausbau bereits bestehender Architektur weisende Verwendung des Verbs ὑπεροικοδομέω (Liddell – Scott – Jones 1866 mit Hinweis auf Ios. ant. Iud. 15, 340: »build over or above«) in der bilinguen Inschrift für Malikat, Sohn des Muairu: CIS II 164 + Waddington 1870, Nr. 2366; vgl. Parlasca 1967, 557 f.; Grushevoi 1985, 52 f.; Starcky 1985, 175 und u. Anm. 29.

[21] Butler 1916, 368. 374. 378. Dies geschah z. T. bereits in den Jahren vor 1900, um Material für osmanische Militärbaracken im nahegelegenen Soueida zu gewinnen: Butler 1916, 374; vgl. auch Laxander 2003, 121.

[22] Prentice 1908, 327 zu Nr. 427 b (»This inscription is said to be now in the Louvre«). Dort war die Basis jedoch niemals nachzuweisen: Ingholt 1963, 135 Anm. 80 (nach brieflicher Mitteilung von A. Parrot vom 15. Dezember 1960). Nicht ausgeschlossen ist, daß sich der von Waddington angefertigte Abklatsch noch in den Archiven des Louvre oder in einer anderen Sammlung finden läßt.

Abb. 7 a und b.　Damaskus, Service des Antiquités de la Damascène (Magazin): Sockel der Herodesbasis vor
dem Baalshamintempel von Sia. – a. Vorderseite mit Inschrift. – b. Oberseite des Basissockels

grund ist es ein großer Glücksfall, daß im Jahr 2008 ein originaler Bestandteil dieser Basis mit
der weitgehend erhaltenen Inschrift in der Umgebung des etwa 20 km nördlich von Damaskus
gelegenen Ortes et-Tell wiedergefunden wurde (Abb. 7 a. b)[23]. Auch wenn die Inschrift heute
nicht mehr ganz so vollständig erhalten ist wie im mittleren 19. Jh., trägt die Wiederauffin-
dung des Steines maßgeblich zur Klärung des archäologischen Befundes bei: Es handelt sich
um den niedrigen, aus Basalt gearbeiteten Sockel einer zusammengesetzten Basis, der rechts
vor dem Eingang des Baalshamintempels gefunden wurde; nicht erhalten sind Basisfuß und
-schaft sowie die Bekrönung mit den Standspuren der Statue[24]. Nach dem griechischen und

[23]　Der Stein wurde von Ibrahim Omeri gefunden und befindet sich heute im Magazin des Service des Antiquités
de la Damascène. Informationen zu diesem Fund und Fotografien verdanken wir der kollegialen Unterstützung
durch A. Sartre-Fauriat und J. Aliquot; die Inschrift wird in einem der nächsten Bände der »Inscriptions grecques
et latines de la Syrie« publiziert (Korrespondenz am 6. und 8. April 2013). Der Sockel ist links und an der Rückseite gebrochen; H 0,11 m; B [0,50] m; T [0,18] m. Vgl. Hammoud – Omeri 2010, 57 mit Abb. 295 und demnächst
A. Sartre-Fauriat – M. Sartre, IGLS XVI 262 (in Vorbereitung).

[24]　Gegen die Annahme, daß es sich bei dem erhaltenen Stein um die Bekrönungsplatte der Basis handelt, spricht das
Fehlen von Profilen und von Standspuren auf der Oberseite; auch die Rekonstruktionszeichnung bei De Vogüé
1865–1877, Taf. 2, 2 (hier Abb. 6) enthält lediglich den Sockel sowie einen (nicht erhaltenen) Basisfuß mit dem
Ansatz eines ebenfalls fiktiven Basisschaftes. Im Aufbau war die Herodesbasis somit der benachbarten Basis a
vergleichbar, deren Bilingue sich auf Sockel und Schaft des Postaments verteilte: CIS II 164 + Waddington 1870,

daher auch an auswärtige Besucher gerichteten Text ließ ein offenbar vermögender lokaler Stifter namens Obaisatos die Statue des Herodes aus eigenen Mitteln errichten[25]: [Βα]σιλεῖ Ἡρώδει κυρίῳ Ὀβαίσατος Σαόδ|ου / ἔθηκα τὸν ἀνδριάντα ταῖς ἐμαῖς δα|πάναι[ς] – »Dem König (und) Herrn Herodes habe ich, Obaisatos, Sohn des Saodos, die Statue auf meine eigenen Kosten aufgestellt.« Die Position der Stifterinschrift am Basissockel und die auf die rechte Seite umbrechende Zeilenführung folgen offenbar lokalen Traditionen[26].

Die Statue des Herodes gehörte zweifellos zu den prominentesten Weihungen im Kultzentrum von Sia (Abb. 5). Nachdem die Besucher die Höfe der ersten beiden Tempel des Heiligtums passiert hatten, gelangten sie in das *theatron* – einen an drei Seiten von Stoai und Sitzbänken gerahmten Hof vor dem Tempel des Baalshamin[27]. Die Eingangsseite des Gebäudes bestand aus zwei flankierenden Türmen und dem durch zwei Säulen herausgehobenen Zugang zum Inneren des Tempels, in dem sich das Kultbild unter einem von vier Säulen getragenen Baldachin befand. Zwischen den Säulen und den Türmen standen jeweils zwei etwa lebensgroße Porträtstatuen, die besonders bedeutende Personen repräsentierten und deren Basen 1861 z.T. noch *in situ* gefunden wurden (Abb. 6. 8)[28]: Von links nach rechts waren dies die beiden Bauherren des Tempels, Malikat, Sohn des Muairu (Basis a), und sein Großvater Malikat, Sohn des Ausu (»Maleichathos, Sohn des Ausos«, Basis b); nördlich der Säulen waren Herodes I. von Iudaea (Basis c) und vermutlich eine weitere historische Person zu sehen, deren Name auf den erhaltenen Partien der Basis (d) jedoch bereits 1861 nicht mehr

---

Nr. 2366; s. u. Anm. 28. 29. Für vergleichbare zusammengesetzte Basen vgl. Schmidt 1995, 43–59; zur Position der Inschrift im unteren Bereich der Basis vgl. etwa IGLS VII 2766 mit Taf. 11 (Baalbek, um 200 n. Chr.).

[25]   De Vogüé 1865–1877, 35; Waddington 1870, Nr. 2364 (»Sur une base trouvée devant le temple, à droite de la porte… Inscription très-bien conservée«); OGIS 415; IGRR III 1243; Prentice 1908, 327 Nr. 427 b; Boffo 1994, 145–150 Nr. 17; Hackl – Jenni – Schneider 2003, 173 f. Nr. E.004.03. Vgl. Butler 1904, 337; Butler 1916, 379; Ingholt 1963, 135; Merkel – Korol 1988, 830 f.; Richardson 1996, 206 f. Nr. 5; Bernett 2007, 132; Freyberger 1998, 46. 49; Schalit 2001, 457 (die hier insinuierte Verbindung dieser Statue mit einer »Vergottung« des Herodes ist freilich nicht zu halten; vgl. auch die Relativierung dieser Annahme bei Schalit 2001, 457 Anm. 1064); Steinsapir 2005, 16. 23; Weber 2009, 6. 78 f.; Kropp 2010, 7; Schwentzel 2010, 536 f.; Kropp 2013, 293. – Der hier wiedergegebene Text folgt der Lesung der vollständig erhaltenen Inschrift durch Waddington 1870, Nr. 2364; die Buchstaben nach den senkrechten Trennstrichen sind auf der rechten Nebenseite des Steins eingemeißelt. Auf dem im Jahr 2008 gefundenen Basisfragment ist noch zu lesen: [Βασιλεῖ Ἡ]ρώδει κυρίῳ Ὀβαίσατος Σαόδ|ου / [ἔθηκα τ]ὸν ἀνδριάντα ταῖς ἐμαῖς δα|πάνα[ις].

[26]   Vgl. hierfür die Bilingue auf der ganz in der Nähe befindlichen Basis a, bei der die aramäische Version am Sockel und der griechische Text am Schaft der Basis zu lesen waren: s. u. Anm. 28. 29. Nicht ausgeschlossen ist daher, daß der nicht erhaltene Schaft der Herodesbasis eine weitere (griechische oder aramäische?) Inschrift aufgewiesen hat.

[27]   Zur Architektur des Heiligtums s. o. Anm. 19.

[28]   Für die Bezeichnungen der im folgenden erwähnten Basen vgl. De Vogüé 1865–1877, 35 Taf. 2, 2 (hier Abb. 6); Butler 1916, 375 Abb. 325; S. 378 f. Die Sockelzone der Basis a (CIS II 164) und die gesamte Basis b (Waddington 1870, Nr. 2367) befanden sich 1861 noch *in situ*. Sicher mit dem Sockel a ließ sich ein vor dem Tempel gefundener Basisschaft mit der griechischen Version der bilinguen Ehreninschrift für Malikat, Sohn des Muairu, verbinden (Waddington 1870, Nr. 2366); der Sockel der Herodesbasis (c; Waddington 1870, Nr. 2364) und eine im erhaltenen Teil anepigraphe Basis (d) ließen sich ihrem Fundort nach dem Bereich rechts vom Zugang in den Baalshamintempel zuweisen. Weder die Fundlage des Herodesbasissockels noch die stark fragmentierten, nicht sicher zugehörigen Statuenrelikte in ihrer Nähe (s. u. Anm. 38) lassen auf eine absichtliche Zerstörung der Herodesstatue schließen (so aber De Vogüé 1865–1877, 35; Waddington 1870, 540 zu Nr. 2364). Immerhin war (und ist) die Herodesinschrift sehr gut erhalten (s. o. Anm. 25); ferner befand sich auch der Schaft der Basis a nicht mehr *in situ*, sondern wurde in einiger Entfernung von dem zugehörigen Sockel gefunden (s. o.; vgl. Waddington 1870, Nr. 2366).

vorhanden war[29]. Bei den ersten beiden Denkmälern handelte es sich um Ehrenstatuen, die vom Stamm der Obaisat (»Demos der Obaisenoi«) bzw. der Vereinigung (κοινόν) der in der Umgebung des Heiligtums von Sia lebenden Σεειηνοί in Auftrag gegeben worden waren[30]. Ebenso wie die in persönlicher Initiative des Obaisatos errichtete Herodesstatue waren auch jene Statuen mit griechischen Inschriften verbunden, die von einem überregionalen Publikum verstanden werden konnten; lediglich auf dem Postament der Ehrenstatue für Malikat, Sohn des Muairu, war eine aramäisch-griechische Bilingue zu lesen[31].

Die Herodesstatue selbst existierte in Sia bereits im Jahr 1861 nicht mehr. Dennoch lassen sich ihrer noch heute z. T. erhaltenen Basis wichtige Informationen zur Repräsentation des Herodes in Sia entnehmen, das seit 23 v. Chr. zu seinem Machtbereich gehörte[32]: Gemeinsam mit den beiden Bauherren des in den Jahren seit 33/32 v. Chr. entstandenen Baalshamintempels und einer weiteren Person war Herodes direkt am Eingang des Gebäudes und damit an einer prominenten, regelmäßig von den Besuchern des Heiligtums gesehenen oder sogar passierten Stelle repräsentiert[33]; nach der zugehörigen Inschrift handelte es sich um eine zu Lebzeiten des Königs entstandene Statue, die zunächst wahrscheinlich als Reverenz an den seit 23 v. Chr. auch über die nördliche Auranitis herrschenden König, eventuell aber auch als Dank für finanzielle Unterstützung des (noch im Bau befindlichen?) Tempels zu verstehen ist[34]. Die Herodesstatue mag ebenso wie einige andere Figuren und die Architekturplastik von Sia aus dem lokalen dunklen Basalt gearbeitet gewesen sein; nicht ganz ausgeschlossen ist allerdings, daß es sich um eine bronzene Statue (mit Himation und Diadem?) handelte[35]. Nach Ausweis der Maße des partiell erhaltenen Basissockels (Abb. 7 a. b) dürfte sie ein etwa lebensgroßes

[29] Basis a (Malikat, Sohn des Muairu; Statue leicht unterlebens- bis lebensgroß): CIS II 164 + Waddington 1870, Nr. 2366; Prentice 1908, 328 Nr. 428 a; Butler 1916, 378 f.; Grushevoi 1985, 52; Hackl – Jenni – Schneider 2003, 174–176 Nr. E.004.04; Tholbecq 2007, 288. – Basis b (Malikat, Sohn des Ausu; Statue lebens- bis leicht überlebensgroß): Waddington 1870, Nr. 2367; Prentice 1908, 328 Nr. 428 b; Butler 1916, 379; Grushevoi 1985, 53; Hackl – Jenni – Schneider 2003, 172 f. Nr. E.004.02; Tholbecq 2007, 287. – Basis c (Herodes; Statue lebens- bis leicht überlebensgroß): Waddington 1870, Nr. 2364; OGIS 415; s. o. Anm. 25. – Basis d (anepigraph; Statue lebens- bis leicht überlebensgroß): Butler 1916, 379. – Die Angaben zum Format der nicht erhaltenen Statuen ergeben sich aus den Dimensionen ihrer Basen: s. u. Anm. 36; der links gebrochene Sockel der Herodesbasis hat heute immer noch eine Breite von [0,50] m. Vgl. De Vogüé 1865–1877, 33 Abb. 4 (Rekonstruktion; wieder-abgedruckt in: Ingholt 1963, Taf. 34 Abb. 17); S. 35 Taf. 2, 2; Butler 1916, 378 f.; Starcky 1985, 175 (mit partiell unzutreffenden Angaben zur Abfolge der vier Basen); Freyberger 1998, 49 (mit Verwechslung von Großvater und Enkel namens Malikat); Hackl – Jenni – Schneider 2003, 172–176; Steinsapir 2005, 16.

[30] Für die Termini ›Demos‹ und ›Koinon‹ in diesen Inschriften vgl. Grushevoi 1985, 53 f.; Freyberger 1998, 49. 104 f. Dem Heiligtum waren sehr wahrscheinlich einige dörfliche Ansiedlungen benachbart: Freyberger 1998, 46.

[31] Zur Bedeutung der gewählten Sprachen und Alphabete s. auch Steinsapir 2005, 19.

[32] Ios. ant. Iud. 15, 343 f.; Ios. bell. Iud. 1, 398.

[33] Vgl. hier auch Steinsapir 2005, 16.

[34] Die Bezeichnung des Königs als κύριος und somit als (aktueller) »Herr« der Region spricht für eine Entstehung der Statue zu Lebzeiten des Herodes und in der Zeit seiner Herrschaft über die Auranitis (23–4 v. Chr.); vgl. Waddington 1870, Nr. 2364; Ingholt 1963, 135; Millar 1993, 395 f.; Kropp 2013, 293. Eine frühere Entstehung ist allerdings keineswegs auszuschließen.

[35] Grundsätzlich gilt dies auch für die drei übrigen Statuen vor dem Baalshamintempel. Die in Bostra und Umgebung gefundenen Statuenbasen mögen z. T. bronzene Denkmäler getragen haben; leider enthalten die entsprechenden IGLS-Bände keine Angaben zum archäologischen Befund oder Aufnahmen der Basis-Oberseiten: IGLS XIII 1 (Paris 1982); IGLS XIII 2 (Beirut 2011). Vgl. auch den Bronzetorso vom Tel Shalem, der vermutlich hellenistisch ist und später mit einem Kopf des Kaisers Hadrian versehen wurde: Gergel 1991, bes. 250 f.; Laube 2006, 168 f. 235 f. Nr. 66 Taf. 71, 1. 2. Gut belegt ist die Aufstellung bronzener (kaiserzeitlicher) Statuen für Baalbek und Palmyra; s. etwa IGLS VI 2767; Colledge 1976, 89 f. In diesem Zusammenhang ist auch das palmyrenische Steuergesetz des Jahres 137 n. Chr. interessant, wonach Bronzestatuen in gewissem Umfang nach Palmyra importiert

Format gehabt haben[36]. Ein im Jahr 1861 in unmittelbarer Nähe des Sockels (»attenant à la base«) gefundener, etwa lebensgroßer rechter (Basalt?-)Fuß kann seitdem als ein Phantom der Forschung bezeichnet werden[37]. Da die Bekrönung der Herodesbasis niemals gefunden wurde, gibt es keinerlei Grundlage für die Zuweisung dieses Fußes an die Statue des Herodes in Sia; es kann sich selbstverständlich auch um das Fragment einer anderen im Heiligtum gestifteten Figur gehandelt haben. Ähnliches gilt für die Fragmente einer (?) stark zerstörten Statue, die De Vogüé in der Umgebung des Herodessockels sah und ebenfalls für Bestandteile der seiner Meinung nach von Christen vorsätzlich zerstörten Statue des Königs hielt[38].

Generell lassen sich die Herodesstatue vor dem Baalshamintempel von Sia sowie die ganz in der Nähe plazierten Statuen der beiden Bauherren (und eines weiteren Honoranden?) als Denkmäler verstehen, die sich an einem zentralen Ort des Heiligtums an ein lokales und über-regionales Publikum richteten. In unmittelbarer Nähe zum Tempeleingang positioniert, stel-len sie höchst repräsentative Porträtstatuen an prominenter Stelle dar, die von der Nähe zum Tempel und zur Kultstatue des Baalshamin profitieren sollten: Für die hier repräsentierten Personen wurde nicht allein eine hohe gesellschaftliche und politische Bedeutung reklamiert, sondern auch eine besondere Nähe zu einer der mächtigsten Gottheiten des Hauran; durch ihre Stiftungen bzw. Funktionen hatten sich die Dargestellten nach Meinung der Auftraggeber

wurden: CIS II 3913, Z. 128–130; Hillers – Cussini 1996, 57–63 Nr. PAT 0259; S. 62 Z. 128–130; vgl. Colledge 1976, 90; Teixidor 1983, 242 f. Zur Frage der möglichen Ikonographie von Herodesstatuen s. u. Anm. 50. 51.

[36] Nach dem erhaltenen Fragment dürfte der Sockel – und damit auch die nicht erhaltene Basisbekrönung – ur-sprünglich eine Breite von etwa 70–75 cm aufgewiesen haben; vgl. hier auch die Wiedergabe der Basis bei De Vogüé 1865–1877, Taf. 2, 2 (hier Abb. 6) und den dort angegebenen Maßstab, aus dem sich für den Sockel der Herodesbasis eine Breite von etwa 72 cm erschließen läßt. In Analogie zur sehr ähnlich dimensionierten und voll-ständig erhaltenen Basis b dürfte die ursprüngliche Höhe der Herodesbasis (mit Bekrönungsplatte) etwas mehr als 1,30 m betragen haben; vgl. ähnlich Merkel – Korol 1988, 830 (H 1,40 m; B 0,75 m). Für eine lebensgroße Statue ist eine Breite der Standfläche von 70 cm vollkommen ausreichend; s. u. Anm. 42 zu den Maßen einer der athenischen Herodesstatuen (IG II/III² 3440). Beispiele hauranitischer Skulpturen der Zeit Herodes' I. sind die in Princeton aufbewahrten Architekturplastik-Fragmente des Baalshamintempels von Sia (33/32–2/1 v. Chr.): Wenning 2001, 312–320; generell zur Basaltplastik im Hauran vgl. Weber 2010.

[37] Zu diesem angeblichen Fuß der Herodesstatue vgl. De Vogüé 1865–1877, 35 (»le pied droit, encore attenant à la base sur laquelle est gravée l'inscription«); Waddington 1870, Nr. 2364 (»le pied de la statue était encore adhérent à la base«); OGIS 415 (»Basis cum altero pede statuae«). Butler 1916, 379 referiert lediglich die Ansicht De Vogüés und Waddingtons: »the statue of Herod, of which only one foot was found attached to the pedestal, was a portrait of life size«; ähnlich Ingholt 1963, 135; Merkel – Korol 1988, 830; Weber 2009, 6. 79 (mit der in dieser Form nicht belegten Angabe »auf der Oberseite der Basis… ein lebensgroßer Fuß der Statue erhalten«); Kropp 2013, 293 (»was said to still have one foot on top«). Nach De Vogüé 1865–1877, Taf. 2, 2 (hier Abb. 6) fehlte bei der Herodesbasis jedoch bereits im Jahr 1861 die Bekrönung, welche allein die Zugehörigkeit eines Statuenfußes sichern könnte.

[38] De Vogüé 1865–1877, 35; Waddington 1870, 540 zu Nr. 2364; zustimmend referiert von Butler 1916, 379; Kropp 2013, 293. Es dürfte sich hier jedoch um Streufunde gehandelt haben, die in Sia auch sonst belegt sind; vgl. Butler 1916, 398 mit Abb. 344 a. Ferner gehören auch zwei heute im Louvre aufbewahrte Köpfe sowie einige weitere Fragmente unterlebensgroßer Figuren, die De Vogüé 1865–1877, 35 mit den Statuen auf Basis a oder b verbinden wollte, nicht mit Sicherheit zu diesen Denkmälern; in der Rekonstruktionszeichnung bei De Vogüé 1865–1877, 33 Abb. 4 ist die Statue auf Basis b im übrigen als größte (!) der vier Figuren angegeben. Vgl. richtig bereits Butler 1916, 379, mit Hinweis auf die auf ein Denkmal größeren Formats weisende Dimension der Basis b und F. Baratte in: Homès-Fredericq 1980, 102 f. Nr. 74. 75 (zu den Köpfen Paris, Louvre AO 4995. 4996). Gegenüber dieser zu Recht kritischen Position stellt die Präsentation eines der beiden o. g. Köpfe (Paris, Louvre AO 4996) als vermeintlich gesicherter Bestandteil einer der Statuen vor dem Baalshamintempel durch Wenning 1990, 389 Taf. 20, 3. 4 (»Basis [sc. b] und Kopf der Statue [sc. des Malikat, Sohn des Ausu] … sind erhalten«) einen deutlichen Rückschritt dar (vorsichtig aufgenommen von Kropp 2013, 293 f. »A portrait head … perhaps depicts this man [d. i. Malikat]«).

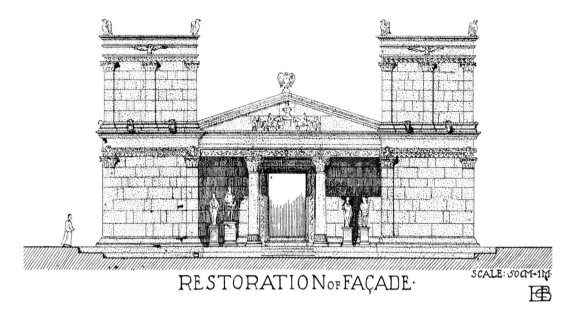

RESTORATION of FAÇADE·   SCALE: 50CM-1M·

Abb. 8. Sia, Fassade des Baalshamintempels (Rekonstruktion)

(und sicher auch nach eigener Auffassung) das Wohlwollen des Baalshamin verdient und konnten für sich, ihre Familien oder – im Falle des Herodes – ihr Herrschaftsgebiet auf göttliche Unterstützung rechnen. Diese Intentionen dürften unmittelbar nebeneinander bestanden haben und stehen in der griechischen Kultur in einer langen Tradition[39]. Auch spätere herodianische Herrscher scheinen die Nähe zu den Heiligtümern Südsyriens gesucht zu haben, wie die zahlreichen wohl königlichen Gespann- und Reitermonumente an diesen Orten belegen[40].

Die Ehrenstatuen des Herodes in Athen

Während die Herodesstatue in Sia in Adaption einer weitverbreiteten griechischen Praxis als persönliche Stiftung eines lokalen Auftraggebers entstand, gelangen wir mit den staatlichen Ehrenstatuen des Herodes in Athen in eines der wichtigsten kulturellen Zentren der (spät)hellenistischen Welt. Zwei Ehrenstatuen auf der Akropolis und wahrscheinlich eine weitere auf der Agora zeugen vom hohen Ansehen des Königs und Euergeten in Athen, das er mit umfangreichen Baustiftungen und Wohltaten bedacht hatte[41].

Zunächst zu den beiden Herodesstatuen auf der Athener Akropolis: Im Jahr 1858 wurde bei Grabungen im Osten der Felsbettung für die kolossale Athena Promachos der quaderförmige

---

[39]   Zur ambivalenten Funktion griechischer Porträtstatuen und -gemälde, die in der Regel nicht als rein ›profane‹ Denkmäler zu verstehen sind, vgl. Krumeich 2007, 162–165. Vgl. auch Freyberger 1998, 49. 104, der die Aufstellung von Statuen in Heiligtümern zu Recht als Übernahme griechischer Praktiken bezeichnet.

[40]   Weber 2009; vgl. aber auch Kropp 2013, 259–262.

[41]   Ios. bell. Iud. 1, 425. In diesem Zusammenhang mag auch die von Suet. Aug. 60 überlieferte Fertigstellung des Zeus-Olympios-Tempels in Athen durch Klientelkönige erwähnt werden, auch wenn Herodes hier nicht explizit genannt wird. Vgl. dazu Braund 1984, 114; Willers 1990, 34; Schäfer 1998, 68 f. mit Anm. 95. 96; Lichtenberger 1999, 175 Anm. 925 sowie zum möglichen archäologischen Befund am Olympieion in Athen Tölle-Kastenbein 1994, 153 f.

Block einer Ehrenstatue des Herodes gefunden (Abb. 9 a. b)[42]. Da auf der Akropolis viele Basen und Architekturelemente sekundär als ›Spolien‹ in nachantiken Mauern verwendet wurden, ergibt sich für die Frage des ursprünglichen Aufstellungsortes der Statue lediglich generell das Heiligtum der Athena Polias auf der Akropolis[43]. Es handelt sich um eine 35 cm hohe blockförmige Quaderbasis aus dunklem eleusinischen Kalkstein, die mit einiger Wahrscheinlichkeit als einziger sichtbarer Bestandteil der Basis fungierte; nicht ganz ausgeschlossen ist jedoch, daß es sich um den obersten Block einer mehrstufigen Basis handelte[44]. Gemäß der Ehreninschrift auf der Vorderseite gehörte der Quader zu einer vermutlich noch vor 27 v. Chr. entstandenen athenischen Ehrenstatue des Herodes (40/37–27 v. Chr.)[45]: ὁ δῆμο[ς] / βασιλέα Ἡρώδην Φιλο- / ρώμαιον εὐεργεσίας / ἕνεκεν καὶ εὐνοίας τῆς / εἰς ἑατόν – »Der Demos / (hat) König Herodes (geehrt), den Freund / der Römer, seiner Wohltätigkeit / wegen und seines Wohlwollens / ihm gegenüber.« Offenbar resultierte diese hohe Ehrung aus den Stiftungen des Herodes zugunsten Athens.

Nach den sohlenförmigen Standspuren auf der Steinoberseite war Herodes durch eine etwa 1,60–1,80 m hohe und damit etwa lebensgroße bronzene Statue repräsentiert[46]; es handelte sich um eine ponderierte Figur mit rechtem Stand- und linkem Spielbein, dessen Fuß leicht nach vorne gesetzt war. Ähnlich wie mehrere andere Ehrenstatuen für Klientelkönige Roms und hochrangige Römer war auch diejenige des Herodes nicht eigens für den König angefertigt worden. Nach Ausweis der weitgehend in die aufgerauhte Fläche einer in der Forschung bisher nicht bemerkten *rasura* eingemeißelten Inschrift (Abb. 9 a) handelte es sich vielmehr um eine ältere Statue, die erst in einer dritten Phase zur Ehrung des Herodes verwendet worden ist[47]. Das originale Denkmal dürfte in der hellenistischen Zeit entstanden

---

[42] Athen, Akropolis 13249 (H 35 cm; B 69,8 cm; T 59,8 cm). IG II/III² 3440; OGIS 414; K. S. Pittakis, AEphem 50, 1858, 1798 Nr. 3442; Richardson 1996, 207 Nr. 6; Holtzmann 2003, 185; Krumeich 2008, 356 f. mit Abb. 7. 8; Schwentzel 2010, 536; Toher 2014, bes. 127. 132 f. Die Basis wurde am 10. November 1858 gefunden und befindet sich heute (März 2012) an der nördlichen Seite des Panathenäischen Weges, kurz vor dem Abzweig Richtung Erechtheion und Arrhephorenhaus.

[43] Zum Problem der ›wandernden Steine‹ auf der Akropolis vgl. Krumeich – Witschel 2009, 211 f.; Krumeich – Witschel 2010b, 31–33.

[44] Zu solchen Basen s. Keesling 2010, 308 f. – Für einfache unprofilierte Quaderbasen generell vgl. Schmidt 1995, 1–20.

[45] Die Datierung ergibt sich durch den Beinamen Φιλορώμαιος, der – anders als das in einer weiteren Ehreninschrift für Herodes auf der Akropolis verwendete Epitheton Φιλόκαισαρ (s. u. Anm. 59) – bereits seit dem frühen 1. Jh. v. Chr. belegt ist: Braund 1984, 105–107; Facella 2010, 186–191. Seit dem Jahr 27 v. Chr. dürfte der König in Athen daher eher als Φιλόκαισαρ bezeichnet worden sein; zur Datierung vor 27 v. Chr. vgl. auch Schalit 2001, 422 f.

[46] L der Sohlenbettungen 18,5 cm (linker Fuß); 20 cm (rechter Fuß). Zur Berechnung der Statuenhöhe (Näherungswerte) kann die Länge der Sohlenbettungen mit dem Faktor 8–9 multipliziert werden: Krumeich 2010, 368.

[47] Zur Entdeckung der *rasura* vgl. u. Anm. 60. Nach den Standspuren auf der Basisoberseite wurde die ältere Statue nicht etwa demontiert und durch eine neue Figur ersetzt. Die vorhergehende Inschrift ist lediglich in Z. 5 erhalten und endet mit den Worten εἰς ἑατόν (»ihm gegenüber«); diese verweisen mit hoher Wahrscheinlichkeit auf das Wohlwollen (εὔνοια), die Wohltätigkeit (εὐεργεσία) oder eine andere Leistung gegenüber dem Demos, der dementsprechend auch in der primären Phase des Denkmals als stiftende Instanz aufgetreten ist. Dagegen wird es sich auf der Akropolis kaum um die Stiftung eines hellenistischen Königs gehandelt haben, der etwa auf die »Tugend« einer Person »ihm gegenüber« verwies; hierfür vgl. etwa SEG 14, 1957, 127; Geagan 2011, 177 Nr. H 328 (Attalos II. ehrt seinen σύντροφος Theophilos aus Halai durch eine Statue vor der Attalosstoa an der Agora). Die Buchstabenformen in Z. 5 weichen von denjenigen in Z. 1–4 leicht ab. Bei genauerer Betrachtung des in der Arbeitsstelle Inscriptiones Graecae der Berlin-Brandenburgischen Akademie der Wissenschaften aufbewahrten Abklatsches der Inschrift wurde deutlich, daß auch Z. 5 zumindest im oberen Bereich der Buchstaben in eine zuvor bestehende *rasura* eingemeißelt wurde. Dieselbe Statue wurde demnach in drei Phasen genutzt, von

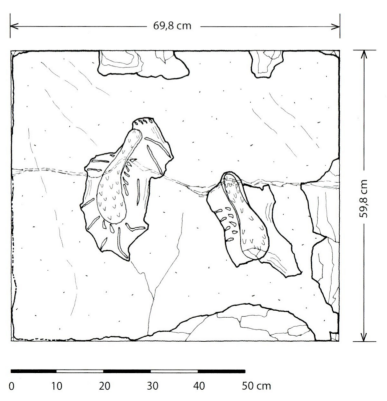

Abb. 9 a und b. Athen, Akropolis 13249: Basis einer Ehrenstatue des Herodes auf
der Akropolis von Athen (IG II/III² 3440). – b. Zeichnung der Oberseite mit den
Standspuren der Statue

Abb. 10. Adana, Archäologisches Mus.: Bronzene Porträtstatue späthellenistischer Zeit aus dem Meer bei Kilikien
(erh. H 1,80 m)

sein; nach Wortlaut und Buchstabenformen der in Zeile 5 noch erhaltenen Inschrift, die der Herodesinschrift unmittelbar vorausging, wurde die Statue bereits in späthellenistischer Zeit (zwischen dem früheren 1. Jh. und 40/37–27 v. Chr.) zum ersten Mal wiederverwendet[48]. Viel spricht dafür, daß die in dieser (zweiten) Phase geehrte Person ebenfalls ein Klientelkönig oder ein hochrangiger Vertreter Roms war, dessen Renommee in Athen allerdings auf wenige Jahre begrenzt war und nach seinem Tod bald verfiel[49]. Über die Ikonographie dieser Statue, die offenbar sowohl für den bzw. die zuvor Geehrten als auch für Herodes geeignet erschien, sind nur bedingt Aussagen möglich: Mit einiger Wahrscheinlichkeit war Herodes als aus dem Osten des Imperium Romanum stammender Klientelkönig Roms in einem griechischen ›Kostüm‹ dargestellt. Der ›zivile‹ Kontext der Ehrung in Athen spricht dabei am ehesten für eine Himationstatue (Abb. 10); nicht vollkommen ausgeschlossen sind aber auch eine ganz oder weitgehend nackte Figur (eventuell mit über Schulter und Arm gelegtem Mantel; Abb. 12) sowie eine Panzerstatue[50]. Als königlicher Honorand dürfte Herodes zudem mit einem Diadem ausgestattet gewesen sein[51]. Sollte es sich bei der in der vorhergehenden Phase des Denkmals geehrten Person um einen (spät)hellenistischen König gehandelt haben, dessen äußere Erscheinung ein Mindestmaß an Übereinstimmung mit derjenigen des Herodes aufwies, mag das Denkmal vollkommen intakt für den König umgeschrieben worden sein; denkbar ist aber

---

denen zumindest Phase 2 (Ehrenstatue für einen uns unbekannten Honoranden) und 3 (Herodes I.) in das 1. Jh. v. Chr. fallen. Zur Chronologie der drei Verwendungsphasen s. u. Anm. 48; für Diskussionen bei der Autopsie des Berliner Abklatsches danken wir J. Curbera.

[48] Sollte das Denkmal auch in seiner ersten Phase als staatliche Ehrenstatue fungiert haben, so wird es kaum vor der quantitativen Zunahme derartiger Denkmäler auf der Akropolis und dem Aufkommen der ersten athenischen Ehrenstatuen für Römer in den Jahren seit 120 v. Chr. entstanden sein (dazu Krumeich – Witschel 2009, 189 f. [mit weiterer Lit.]; zu einer solchen Zeitstellung passen generell auch das ponderierte Standmotiv und die Verwendung des eleusinischen Kalksteins für die Basis (beides ist freilich auch zuvor belegt). Für eine Datierung der zweiten Phase in die späthellenistische Zeit sprechen nicht allein die Buchstabenformen in Z. 5, sondern auch die Verwendung der Form ἑατόν statt des geläufigeren ἑαυτόν: Threatte 1980, 383 f. (mit Beispielen aus der Zeit zwischen etwa 80 v. Chr. und der frühen Kaiserzeit). Für Hinweise zur chronologischen Einordnung von Z. 5 sei J. Curbera und K. Hallof sehr gedankt. Phase 2 des Denkmals (zwischen ca. 80 und 40/37–27 v. Chr.) gehört somit zu den früheren Belegen für die seit der sullanischen Zeit belegte Praxis der Wiederverwendung älterer Statuen in Athen und Attika (hierzu zuletzt: Keesling 2010, 306 f.; Krumeich 2010, 350–354. 361–367).

[49] Für hellenistische Ehrenstatuen auf der Akropolis, die ebenfalls nach kurzer Zeit ›umgeschrieben‹ oder demontiert wurden, vgl. z. B. Krumeich 2010, 371 f. Kat. A 5; 377 f. Kat. A 11*. Gegen die prinzipiell denkbare Möglichkeit, wonach die Ehrenstatue eines Atheners zur Ehrung des Herodes wiederverwendet wurde, spricht das Fehlen der in solchen Fällen mehrfach bezeugten inschriftlichen Memorierung des ursprünglich Geehrten: vgl. hierzu Krumeich 2010, 362 f.

[50] Zur Ikonographie späthellenistischer und kaiserzeitlicher Statuen im griechischen Osten des Römischen Reiches s. Tuchelt 1979, 92–101; Zanker 1995, 251–258; Smith 1998, 64–66; Krumeich 2010, 332 (mit weiterer Lit.). – Bronzene Porträtstatue in Adana (Abb. 10): Bruns-Özgan – Özgan 1994; hellenistische und frühkaiserzeitliche Panzerstatuen: Stemmer 1978, bes. 133–148; Cadario 2004, bes. 43–326; Laube 2006, bes. 72–157; vgl. hier auch die gepanzerten Figuren des Herodes Agrippa I. und des Herodes von Chalkis auf einer Bronzemünze des Herodes Agrippa I. (42/43 n. Chr.): Kropp 2013, 38 Abb. 3; 88. – Gegen die prinzipiell denkbare Repräsentation des Herodes, der das römische Bürgerrecht besaß, als römischer Bürger in der Toga spricht die Seltenheit von Togati in Athen und generell im griechischen Osten: Tuchelt 1979, 94 f.; Krumeich 2010, 365 f. Zum Bestand derartiger Statuen in Griechenland (Achaia, Makedonien, Kreta) vgl. Havé-Nikolaus 1998, bes. 20–52, und zuletzt Th. Stephanidou-Tiveriou in: Despinis – Stephanidou-Tiveriou – Voutiras 2010, 169–172 Nr. 500; bes. S. 170.

[51] Zum Diadem als Attribut hellenistischer Könige vgl. zuletzt Lichtenberger – Martin – Nieswandt – Salzmann 2012.

auch, daß man den Statuenkopf nun gegen einen neu angefertigten aktuellen Bildniskopf des Königs austauschte[52].

Diese Ehrenstatue des Herodes auf der Akropolis gehörte demnach zu den nicht wenigen Beispielen für wiederverwendete Statuen, die im Athen des späten Hellenismus und der frühen Kaiserzeit zur Ehrung hochrangiger Honoranden weitergenutzt wurden[53]; durch solche Denkmäler geehrt wurden insbesondere römische Statthalter und Konsuln, aber auch eng mit Rom (und Athen) verbundene Klientelkönige wie Herodes von Iudaea[54]. Anders als es die kritischen Bemerkungen des Cicero oder des Dion Chrysostomos vermuten lassen[55], handelte es sich in Athen keineswegs um Ehrungen zweiter Klasse, die die Geehrten aus primär ökonomischen Gründen mit besonders preiswerten Ehrungen ›abspeisten‹. Vieles spricht dafür, daß die gezielt eingesetzten Wiederverwendungen älterer Statuen in Athen veritable und positiv konnotierte Ehrungen darstellten; diese waren für die neuen Honoranden offenbar nicht nur akzeptabel, sondern als qualitätvolle, oft von bekannten Künstlern des 5.–2. Jhs. v. Chr. gearbeitete Denkmäler auch durchaus begehrenswert[56].

Einige Jahre später ehrten die Athener ihren Euergeten Herodes auf der Akropolis durch eine weitere Ehrenstatue, die in diesem Fall jedoch eigens aus diesem Anlaß neu angefertigt wurde. Der zugehörige Basisblock (Abb. 11 a. b) wurde im März 1860 im Westen des Erechtheion und damit nicht weit entfernt von der zuvor besprochenen Statuenbasis gefunden[57]; die beiden Herodesstatuen mögen nebeneinander im Heiligtum gestanden haben, zu sichern ist dies jedoch nicht[58]. Die zweite Herodesstatue auf der Akropolis wurde auf einen niedrigen und tiefrechteckigen Block aus bläulichem hymettischen Marmor montiert. An der vorderen Schmalseite der Basis ist folgende Ehreninschrift zu lesen, die auf das vorbildhafte Verhalten des Königs gegenüber den Göttern, seine Freundschaft zum Kaiser Augustus und generell auf seinen Euergetismus gegenüber Athen anspielt (27–4 v. Chr.)[59]: ὁ δῆμος / [βασι]λέα Ἡρώδην Εὐσεβῆ καὶ Φιλοκαίσαρα / [ἀ]ρετῆς ἕνεκα καὶ εὐεργεσίας – »Der Demos (hat) / König Herodes Eusebes (›den Frommen‹) und Philokaisar (›Freund des Kaisers‹) (geehrt) / seiner Tugend und Wohltätigkeit wegen.« An der rechten Langseite der Basis ist der Beginn einer weiteren, offenbar irrtümlich an dieser Stelle begonnenen und erst vor

---

[52]   Zu dieser Frage generell vgl. Krumeich 2010, 346–350.
[53]   Hierzu zuletzt Krumeich 2010; vgl. auch Blanck 1969; Shear 2007; Keesling 2010.
[54]   Zu Klientelkönigen, die auf der Akropolis durch wiederverwendete ältere Statuen repräsentiert wurden, vgl. Krumeich 2010, 370 f. Kat. A 4 (Rhaskouporis I. von Thrakien); 371 f. Kat. A 5 (Kotys von Thrakien).
[55]   Cic. Att. 6, 1, 26; Dion Chrys. 31; [Dion Chrys.] 37.
[56]   Vgl. Krumeich 2010, 361–367.
[57]   Athen, Akropolis 13245 (H 24,2 cm; B 77 cm; T 142 cm); die Basis befand sich im März 2012 im Inschriftenmagazin des Alten Akropolismuseums. IG II/III² 3441; OGIS 427; K. S. Pittakis, AEphem 53, 1860, 1935 Nr. 3768; Richardson 1996, 207 f. Nr. 7; Holtzmann 2003, 185. Diese Statuenbasis wird von Schwentzel 2010, 547 in der Folge z. B. W. Dittenbergers (zu OGIS 427) zu Unrecht immer noch mit dem Herodes-Enkel Herodes von Chalkis (PIR² H 156) verbunden; ähnlich jetzt wieder Toher 2014, 127. 133. s. gegen diese Annahme aber bereits Otto 1913, 74 f.; J. Kirchner zu IG II/III² 3441; PIR² H 153 (jeweils – sehr plausibel – mit Bezug auf Herodes I.).
[58]   s. o. Anm. 43. Mehrere Ehrenstatuen der gleichen Person am gleichen Ort sind für bedeutende Honoranden auf der Akropolis gelegentlich auch sonst bezeugt: Aneziri 2010, 282. 289 f.; Krumeich – Witschel 2010b, 25 f. (Archelaos IV. und Archelaos V. von Kappadokien; Tiberius und spätere Kaiser; Agrippa, Paullus Fabius Maximus und weitere Angehörige der römischen Elite).
[59]   Zum seit 27 v. Chr. verwendeten Beinamen Φιλόκαισαρ vgl. Liddell – Scott – Jones 1936 (»loyal to the Emperor«); Braund 1984, 105; Lica 1992, 226 f. 230; Schalit 2001, 422 f.; Facella 2010, 189 f. – Zum Typus der unprofilierten Quaderbasis s. o. Anm. 44.

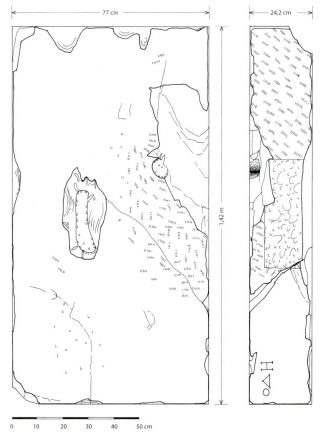

Abb. 11 a und b. Athen, Akropolis 13245; zur Zeit im Magazin des Alten Akropolismus.:
Basis einer Ehrenstatue des Herodes auf der Akropolis von Athen (IG II/III² 3441). – b. Zeichnung
der Oberseite mit den Standspuren der Statue und der rechten Nebenseite

Abb. 12. Delos, Archäologisches Mus. A 4340: Statue des C. Ofellius Ferus
von der ›Agora der Italiker‹ auf Delos (erh. H 2,36 m; um 100 v. Chr.)

wenigen Jahren entdeckten Inschrift zu lesen: Ὁ δῆ[μος - - -] – »Der De[mos - - -]«[60]. Nach den Bearbeitungsspuren an den Basisseiten war die grob gespitzte Rückseite – anders als die geglätteten Partien von Vorderseite, linker Seite und vorderem Bereich der rechten Seite (Abb. 11 b) – nicht sichtbar. Rechts mögen sich eine oder mehrere weitere Basen angeschlossen haben, die die hinteren zwei Drittel der rechten Nebenseite verdeckten[61]. Die Statue des Herodes mag daher den Beginn einer Serie von Ehrenstatuen oder anderer statuarischer Anatheme gebildet haben, die vor einer Wand oder Terrassenmauer standen; durch ihre Position an der linken Ecke dieser Statuenreihe und den risalitartigen Vorsprung ihrer ungewöhnlich tiefen Basis war sie unter diesen Anathemen mit Sicherheit deutlich hervorgehoben.

Im Zentrum der Basisoberseite sind die Standspuren auch dieser Ehrenstatue des Herodes noch gut zu erkennen: Es handelte sich um eine leicht überlebensgroße, etwa 1,90–2,10 m hohe bronzene Figur mit rechtem Standbein und deutlich, in geradezu polykletischer Manier nach hinten gesetztem Spielbein, das nur am Ballen des Fußes befestigt war; Spuren einer Lanze oder eines anderen Attributs sind nicht vorhanden. Hinsichtlich ihres Standschemas dürfte diese Herodesstatue an Figuren wie den ›Thermenherrscher‹ oder die Porträtstatue des C. Ofellius Ferus auf Delos (Abb. 12) erinnert haben[62]. Das weit zurückgesetzte Spielbein spricht in diesem Fall für die Rekonstruktion einer weitgehend oder vollständig nackten oder einer gepanzerten Statue.

Etwa zur gleichen Zeit (27–4 v. Chr.) – und vermutlich aus ähnlichem Anlaß – ehrten die Athener den König offenbar auch auf der Agora und damit an einem weiteren zentralen und traditionsreichen, in politischer sowie kultischer Hinsicht sehr bedeutenden Ort ihrer Stadt. Die partiell erhaltene Basis der hier errichteten Ehrenstatue (Abb. 13 a. b) wurde bei den amerikanischen Grabungen am 20. März 1935 als ›Spolie‹ in einer nachantiken Mauer gefunden, die sich im östlichen Bereich der hellenistischen Mittelstoa befand[63]. Es handelt sich um eine niedrige, ursprünglich breitrechteckige Basis aus hymettischem Marmor, deren (allerdings stark ergänzte) Inschrift ebenfalls auf die Wohltaten des Herodes gegenüber Athen eingegangen sein mag[64]. Von der Basis ist heute lediglich ein Fragment der (vom Betrachter aus)

[60] Ebenso wie die *rasura* bei der zuvor besprochenen Herodesbasis auf der Akropolis wurde diese Inschrift erst vor wenigen Jahren im Zuge des im Jahr 2004 aufgenommenen, von der Gerda Henkel Stiftung und der DFG geförderten Akropolis-Projekts entdeckt und dokumentiert; zu diesem Forschungsprojekt vgl. Krumeich – Witschel 2010b, 33.

[61] Im hinteren Bereich der rechten Seite sind die originalen Zahneisenspuren noch gut erhalten; dieses Areal könnte daher durch unmittelbar anschließende Basen geschützt gewesen sein. Die grob gespitzte Anathyrose (?) im Zentrum der rechten Basisseite dürfte dagegen eher sekundär sein.

[62] ›Thermenherrscher‹: E. Schraudolph in: Bol 2007, 229–231 Abb. 193 a–f; vgl. auch Lehmann 1996/1997, 116 Abb. 19 (Umzeichnung des Standmotivs). – C. Ofellius Ferus: F. Queyrel in: Marcadé 1996, 190 f. Nr. 85; Ch. Vorster in: Bol 2007, 284 f. Abb. 256.

[63] Athen, Agoramuseum I 2658 (H 24,5 cm; B [43,5] cm; T [62,5] cm): SEG 12, 1955, 150; Meritt 1952, 370 Nr. 14 Taf. 93; Richardson 1996, 208 Nr. 8; Schmalz 2009, 126 f. Nr. 158; Geagan 2011, 170 f. Nr. H 316. Zum Fundort im Quadranten N 13 der Agora s. Geagan 2011, Taf. 80.

[64] Zur Rekonstruktion der Inschrift vgl. Meritt 1952, 370; Schmalz 2009, 127. Nach der auf der Grundlage von IG II/III² 3441 erfolgten Ergänzung der Inschrift wurde Herodes auch hier aufgrund seiner Wohltätigkeit geehrt: [ὁ δῆμος] / [βασιλέα Ἡρώδην Εὐ]σεβῆ καὶ / [Φιλοκαίσαρα ἀρετῆς] ἕνεκα / [καὶ εὐεργεσί]ας. Auch diese Basis wird von Schwentzel 2010, 547 ohne hinreichende Begründung mit Herodes von Chalkis (PIR² H 156) oder Herodes Iulius Agrippa I. (PIR² I 131) verbunden (s. auch o. Anm. 57).

Abb. 13 a und b. Athen, Agoramus. I 2658 (Magazin):
Basis einer Ehrenstatue des Herodes auf der Athener
Agora (SEG 12, 1955, 150). – b. Oberseite der Basis

rechten Hälfte erhalten, deren vordere rechte Ecke in späterer Zeit abgearbeitet wurde[65]; zu
dieser sekundären Verwendung des Steins gehören die beiden Anathyrosen in diesem Bereich
(Abb. 13 a rechts). Während die geglättete und mit Zahneisenspuren versehene antike Oberfläche der rechten Seite und der Unterseite partiell erhalten ist, weist die Oberseite (Abb. 13 b)
grobe Spitzspuren auf, die die (vermutlich sohlenförmigen) Standspuren der Statue hier vollständig überlagern. Sollte die rechteckige Zapfenbettung nahe der Vorderseite und der späten
Abarbeitung an der rechten Ecke zum originalen Bestand des Denkmals gehören, so war hier
offenbar eine Lanze oder ein stabartiges Attribut der Statue befestigt[66]. Nach den Maßen des
erhaltenen Fragments dürfte die Basis jedenfalls eine zumindest lebensgroße bronzene Statue
des Herodes getragen haben.

Als Klientelkönig Roms und wichtiger Wohltäter wurde Herodes im innenpolitisch weitgehend autonomen Athen durch mehrere staatliche Ehrenstatuen geehrt, die wichtige Dokumente für die statuarische Repräsentation des Königs außerhalb Iudaeas darstellen. Die
Ehrendenkmäler der Athener für Herodes reihen sich in mehrfacher Hinsicht in die spezifisch

---

[65] Der Stein wurde hier in einer Breite von 0,10 m und einer Tiefe von 0,35 m abgearbeitet: Geagan 2011, 170;
      auch die Spitzspuren im oberen Bereich der Vorderseite gehören sehr wahrscheinlich in diesen Zusammenhang.
      Nach Geagan 2011, 170 war hier ursprünglich ein Profil vorhanden; ein solches ist jedoch nicht zu erkennen. –
      Zum Typus der im hellenistischen und kaiserzeitlichen Athen weitverbreiteten unprofilierten Quaderbasen s. o.
      Anm. 44.

[66] Vgl. auch Geagan 2011, 170.

athenische Form der Ehrenpraxis gegenüber auswärtigen, zumeist römischen Honoranden im späten Hellenismus und der frühen römischen Kaiserzeit ein: Die lebens- oder leicht überlebensgroßen bronzenen Ehrenstatuen des Königs wurden im öffentlichen Raum der Akropolis und anscheinend auch der Agora präsentiert und damit an Orten, die als zentrales städtisches Heiligtum bzw. als traditionelles politisch-religiöses Zentrum bereits seit Jahrhunderten eine herausragende Rolle für das Selbstverständnis Athens spielten[67]. Nach Material, Größe, Standmotiven und vermutlich auch hinsichtlich ihrer Ikonographie handelte es sich um typische Beispiele athenischer Ehrenstatuen der späthellenistischen Zeit, die zudem – anders als etwa im athenisch verwalteten Delos der gleichen Zeit – auf traditionell niedrigen Basen standen[68]. Als ponderierte Statuen, von denen eine ein weit zurückgesetztes Spielbein aufwies, standen die Herodesstatuen auf der Akropolis zweifellos in einer griechischen Tradition von Ehrenstatuen klassischer und hellenistischer Zeit; Ähnliches darf mit einiger Wahrscheinlichkeit auch für die Herodesstatue auf der Agora postuliert werden. In Analogie zur Ikonographie der Marmorstatuen auf dem seit 167/66 v. Chr. unter athenischer Verwaltung stehenden Delos dürfte es sich um Figuren im griechischen Himation, vollständig oder weitgehend nackte oder aber um gepanzerte Statuen gehandelt haben (vgl. Abb. 10. 12)[69]. Indizien für Lanzen oder andere Hinweise auf eine militärische Ikonographie fehlen allerdings bei den Statuenbasen von der Akropolis; denkbar ist ein solches Attribut für die Herodesstatue auf der Agora. Charakteristisch und keineswegs negativ konnotiert ist schließlich auch die Tatsache, daß es sich bei einer der drei uns bekannten Herodesstatuen in Athen um eine weiterverwendete ältere Statue handelte, die ursprünglich wahrscheinlich in hellenistischer Zeit entstanden war und vor Herodes vermutlich einen anderen Klientelkönig oder einen römischen Honoranden repräsentiert hatte. Nicht zwingend vorauszusetzen, aber denkbar ist ein Austausch des originalen Statuenkopfes gegen einen Bildniskopf des Herodes.

Herodes war nicht der erste Herrscher Iudaeas, der in Athen durch eine bronzene Ehrenstatue ausgezeichnet wurde. Bereits im Jahr 106/5 v. Chr. hatten die Athener beschlossen, den hasmonäischen Hohenpriester Johannes Hyrkanos I. (reg. 135/34–104 v. Chr.) aufgrund seiner Verdienste um athenische Bürger in Iudaea mit einem goldenen Kranz sowie einer bronzenen Ehrenstatue im Heiligtum des Demos und der Chariten zu ehren[70]. Dieses Temenos am Nordabhang des Kolonos Agoraios war kurz nach der Befreiung Athens von der makedonischen Oberhoheit im Jahr 229 v. Chr. eingeweiht worden und wurde seither insbesondere zur Ehrung auswärtiger Honoranden genutzt, die hier in enger Verbindung mit dem Kult des

---

[67] Zur Akropolis vgl. Krumeich – Witschel 2010b. – Zur Funktion der Agora als Ort athenischer Repräsentation vgl. Camp 1986; Krumeich – Witschel 2009, 190–192. 197–209.

[68] Die konsequente Verwendung derartig niedriger Basen ist außerhalb Attikas in der hellenistischen Welt sehr ungewöhnlich und scheint an die Tradition archaischer und klassischer Basen auf der Akropolis angeknüpft zu haben; vgl. Krumeich 2014, bes. 145 f. 153.

[69] s. o. Anm. 50. – Für Beispiele aus Delos vgl. Krumeich 2008, 366 Anm. 36.

[70] Diese Ehrung ist außergewöhnlich gut und auf der Grundlage offizieller Dokumente überliefert: Ios. ant. Iud. 14, 149–155 (mit ausführlichen Zitaten aus dem Beschluß der Athener). Vgl. Wycherley 1957, 59 Nr. 125; 212; Thompson – Wycherley 1972, 160; Schürer – Vermes – Millar – Black 1979, 52 f. Anm. 143; Merkel – Korol 1988, 833; Habicht 1995, 283 f.; Bernett 2007, 147 f.; Ruggeri – Siewert – Steffelbauer 2007, 89; Schwentzel 2010, 532 f. (allerdings mit nicht zutreffendem Bezug auf Johannes Hyrkanos II.); Baltrusch 2012, 237. Ganz unsicher ist der Versuch, eine fragmentarisch erhaltene Inschrift von der Akropolis mit dieser Statue zu kombinieren: IG II/III² 4700; SEG 21, 1965, 799. – Zur Person des Johannes Hyrkanos I. s. RE Suppl. IV (1924) 786–788 s. v. Johannes 1 a (E. Obst); Schürer – Vermes – Millar 1973, 200–215.

athenischen Demos repräsentiert waren[71]. Die bei Josephus überlieferte offizielle Urkunde über den Beschluß einer bronzenen Ehrenstatue des Johannes Hyrkanos I. ist höchst aufschlußreich für die Assimilation eines jüdischen hohepriesterlichen Herrschers an die Gepflogenheiten der hellenistischen Welt und sein Einverständnis mit der athenischen Ehrenpraxis im späten 2. Jh. v. Chr.; mit einiger Wahrscheinlichkeit war der Honorand im Himation, vielleicht zudem mit Insignien seiner priesterlichen Funktion dargestellt[72]. Diese Statue bildet einen wichtigen Hintergrund für das Verständnis der athenischen Ehrungen des Herodes, der außerhalb Iudaeas auch hinsichtlich seiner statuarischen Repräsentation gerne als hellenistischer König traditionell griechischer Prägung auftrat. In diesem Zusammenhang ist darüber hinaus ein frühkaiserzeitliches Denkmal interessant, das nicht allein Bezug auf Herodes als Wohltäter nahm, sondern mit einiger Wahrscheinlichkeit auch in Verbindung mit den in dieser Zeit vermutlich noch existierenden Herodesstatuen in Athen rezipiert wurde. Mit der Königin Iulia Berenike war im Athen der Jahre nach 61 n. Chr. eine Urenkelin des Herodes durch eine zumindest lebensgroße Statue geehrt worden, deren Inschrift sie eine »Nachfahrin großer Könige und Wohltäter der Stadt (d. i. Athen)« nannte[73]. Nach dem ehemaligen Aufbewahrungsort der großen, heute verschollenen Basis im Haus eines griechischen Einwohners im Athen des späteren 17. Jhs. befand sich die Berenikestatue vermutlich an der Agora oder an einem anderen öffentlichen Ort in der Unterstadt Athens[74]; nicht ausgeschlossen ist daher, daß antike Betrachter sich nicht allein durch die Inschrift an Herodes erinnert fühlten, sondern eventuell auch durch die räumliche Nähe der Statue Berenikes zu derjenigen ihres Urgroßvaters an der

---

[71] Wycherley 1957, 59–61; Thompson – Wycherley 1972, 159 f.; Habicht 1982, 84–93; Habicht 1995, 183 f.; Mikalson 1998, 172–178; Monaco 2001; Messerschmidt 2003, 21–23. 210–215; Krumeich 2007, 164; Krumeich – Witschel 2009, 192 f.

[72] Vgl. auch Schwentzel 2010, 533. Zum Ornat jüdischer Hohenpriester s. insbesondere die ausführliche Beschreibung der Priestergewänder Aarons und seiner Söhne in 2. Mose 28 und 3. Mose 8, 7–13; vgl. Gryson 1979; Guinot 1989; Hossfeld – Schöllgen 1994, 22. 53–56; Swartz 2012, 33–54. Johannes Hyrkanos I. war in jedem Fall über diese Ehrung unterrichtet, da ihm der athenische Beschluß von Gesandten überbracht wurde: Ios. ant. Iud. 14, 155.

[73] IG II/III² 3449; OGIS 428: Ἡ βουλὴ ἡ ἐξ Ἀρείου πάγου καὶ / ἡ βουλὴ τῶν Χ καὶ ὁ δῆμος Ἰου- / λίαν Βερενείκην βασιλίσσαν / μεγάλην Ἰουλίου Ἀγρίππα βασι- / λέως θυγατέρα καὶ μεγάλων / βασιλέων εὐεργετῶν τῆς πό- / λεως ἔκγονον διὰ τῆς προνοί- / ας τοῦ ἐπιμελητοῦ τῆς πόλε- / ως Τιβ. Κλαυδίου Θεογένους / Παιανιέως. – »Der Rat des Areopags und der Rat der 600 und der Demos (haben) die große Königin Iulia Berenike, Tochter des Königs Iulius Agrippa und Nachfahrin großer Könige und Wohltäter gegenüber der Stadt (geehrt); (dies geschah) durch die Fürsorge des Epimeleten der Polis Tib(erius) Claudius Theogenes aus Paiania«; vgl. Kokkinos 1998, 137; Ruggeri – Siewert – Steffelbauer 2007, 86; Schmalz 2009, 128 Nr. 161 (mit Argumenten für die Datierung der Ehrenstatue in die Jahre kurz nach 61 n. Chr.); Aneziri 2010, 279; Schwentzel 2010, 547. – Zu Berenike, der Tochter des Herodes Iulius Agrippa I. (PIR² I 131), s. PIR² I 651.

[74] Die in den Jahren 1675 und 1676 im Athener Haus des Gianni Mistrigo (»in aedibus olim Iani Mistrigo«) befindliche Inschrift wurde auf der Grundlage des Reiseberichts Jacob Spons und einer weiteren, 1729 oder 1730 entstandenen Abschrift M. Fourmonts zuerst von A. Boeckh im Jahr 1828 herausgegeben und kritisch kommentiert: Spon – Wheler 1678, III 2, 35–37; CIG 361. Das Haus des Mistrigo befand sich in der Athener Unterstadt, vermutlich nicht allzu weit entfernt von der Kleinen Metropolis-Kirche (Mommsen 1868, 114–119 Nr. 142); vgl. Spon – Wheler 1678, II 219–222 und (generell zur Bevölkerung Athens im 17. Jh.) Collignon 1914, bes. 395 f. 406–408. Bereits Pittakis kannte nur noch ein kleines Fragment der ehemals zweifellos recht großen, aus pentelischem Marmor bestehenden Basis, das sich 1837 in einem Haus in der Umgebung der Kirche Agia Agathokleia befand und heute ebenfalls verschollen ist: K. S. Pittakis, AEphem 42, 1856, 1397 Nr. 2810; vgl. IG III 556 (mit Skizze). Die im mittleren 19. Jh. bereits abgetragene Kirche lag an der heutigen Ερμού-Straße, in geringer Entfernung westlich des Monastiraki-Platzes; dazu Mommsen 1868, 103 f. Nr. 123 mit Taf. 2.

Agora (Abb. 13 a. b)[75]. Die Inschrift zu Ehren der Berenike verdeutlicht das hohe Ansehen, in dem Herodes noch im Athen der Zeit um 60/70 n. Chr. stand; falls seine Statuen in dieser Zeit noch existierten – und nichts spricht dagegen – hielten sie die Erinnerung an den großen Wohltäter Athens noch Jahrzehnte nach seinem Tod wach.

Die Ehrenstatue des Herodes auf Kos

Von den großzügigen Stiftungen des Herodes profitierte auch Kos, wo der König laut Josephus die Einrichtung einer dauerhaften Gymnasiarchie finanzierte[76]. Auch hier wurde er von seiten des Demos (δᾶμος) durch eine Statue geehrt, wobei sich ein unmittelbarer Zusammenhang zwischen Gymnasiarchie und Ehrenstatue nicht herstellen läßt. Während der Grabung in einem kaiserzeitlichen Gebäude nahe dem Mandraki-Hafen von Kos kam in den 1920er oder frühen 1930er Jahren der dort offenbar als Spolie wiederverwendete Schaft einer zusammengesetzten Rundbasis aus weißem Marmor zum Vorschein (Abb. 14 a–c). Diese mehrfach verwendete Basis diente ursprünglich als Sockel einer Ehrenstatue Herodes' I., der hier nicht allein als König, sondern ausdrücklich auch als römischer Bürger (C. Iulius Herodes) bezeichnet wird[77]: Ὁ δᾶμος ἐτίμασεν / βασιλέα Γάϊον Ἰούλι / ον Ἡρώδην, ἀρετᾶς / ἕνεκα καὶ εὐνοίας / τᾶς ἐς αὐτόν – »Der Demos hat / König Gaius Iuli / us Herodes geehrt, seiner Tugend / wegen und des Wohlwollens / ihm gegenüber.« Anlaß für die Aufstellung dieser mit Sicherheit an einem zentralen öffentlichen Platz von Kos errichteten Statue könnte eine Reise des Königs nach Rhodos, Kos und Lesbos im Jahr 14 v. Chr. gewesen sein[78]. Auf der Oberseite des zylindrischen Schaftes lassen sich zwei Dübellöcher und ein Gußkanal zur Befestigung

---

[75] Für ein ähnliches Zusammenspiel zwischen älteren und jüngeren Ehrenstatuen von Mitgliedern derselben Familie vgl. den Fall des Samippos aus Elis (IG II/III² 3827; um die Zeitenwende) und seines Nachkommen Antonios Oxylos (IG II/III² 1072; späteres 1. Jh. n. Chr.), deren Statuen auf der Akropolis dort vermutlich nicht weit voneinander entfernt standen; die Inschrift für Antonius Oxylos nimmt Bezug auf die athenischen Ehrungen für die Vorfahren des Dargestellten und damit auch auf die Ehrenstatue des Samippos: Schmalz 2009, 177 Nr. 225; Krumeich – Witschel 2010b, 27 f. (jeweils mit weiterer Lit.). – Grundsätzlich wäre auch für die Ehrenstatue der Königin Glaphyra auf der Akropolis eine Verbindung zu den beiden Statuen ihres Schwiegervaters Herodes I. im selben Heiligtum denkbar, denn Glaphyra war zunächst mit dem Herodessohn Alexander, anschließend mit Iuba II. von Mauretanien und danach mit Herodes Archelaos, einem weiteren Sohn des Herodes, verheiratet: PIR² G 176; für die in augusteischer Zeit errichtete Statue auf der Akropolis vgl. IG II/III² 3437/3438; OGIS 363; SEG 37, 1987, 148; Kokkinos 1998, 137; Schmalz 2009, 126 Nr. 157 (»ca. A.D. 1/4«); Aneziri 2010, 279. Da die Königin in der zugehörigen Inschrift ›lediglich‹ als Tochter des Archelaos IV. von Kappadokien und Frau Iubas II. bezeichnet wird, war eine gemeinsame Rezeption der Statuen Glaphyras und des Herodes jedoch – anders als im Falle der Iulia Berenike – offenbar weder von den Athenern noch von seiten der Geehrten beabsichtigt.

[76] Ios. bell. Iud. 1, 423. Vgl. dazu Roller 1998, 226 f.

[77] Kos, Kastell (Κάστρο της Νερατζιάς), Magazin (H 0,72 m; Dm 0,53 m). Der Basisschaft scheint während der 1922 aufgenommenen italienischen Grabungen gefunden worden zu sein und befand sich bereits in den Jahren zwischen 1934 und 1938 im Kastell von Kos, wo M. Segre seine Inschrift aufnahm (Erstpublikation der Scheden Segres im Jahr 1993). Zum Fundort s. Segre 1993, 238: »Proviene dallo scavo di un edificio romano dietro al Caffè Impero (vicino al piccolo porto)«; generell für die italienischen Grabungen auf Kos (1922–1943) vgl. Livadiotti – Rocco 1996, 77–208 mit Faltplan. IG XII 4, 2, 882; Höghammar 1993, 43. 123 Nr. 13; 212 Abb. 6; Jacobson 1993/1994, 31–34; Segre 1993, 239 EV 247 b Taf. 128; Habicht 1996, 87. Fuß und Bekrönung der Basis sind nicht erhalten; zum Basistypus vgl. Schmidt 1995, 69–79.

[78] Ios. ant. Iud. 16, 17; vgl. Jacobson 1993/1994, 33; Habicht 1996, 87. Vgl. auch Höghammar 1993, 43 (Datierung in die Jahre zwischen 18/17 und 12 v. Chr.); 66 (Vorschlag einer Lokalisierung der Statue in einem der Gymnasien von Kos).

Abb. 14 a–c. Kos, Kastell (Magazin): Rundbasis einer Ehrenstatue des Herodes auf Kos
(IG XII 4, 2, 882). – a. Oberseite des Basisschaftes. – b. Basisschaft mit Inschrift. – c. Inschrift für die
Siegerstatue des Ringkämpfers Heliodoros auf der Gegenseite des Basisschaftes (IG XII 4, 2, 942)

der separaten Basisbekrönung erkennen (Abb. 14 a); auf dieser war die wahrscheinlich bronzene, ruhig stehende und ponderierte Herodesstatue befestigt, die nach den Abmessungen
des erhaltenen Schaftes ein etwa lebensgroßes Format aufgewiesen haben dürfte. Für die
Ikonographie der nicht erhaltenen Statue gilt Ähnliches wie für die Denkmäler des Herodes
in Athen: Es könnte sich um eine Figur im Himation, eine vollständig oder weitgehend nackte
oder aber um eine gepanzerte Statue gehandelt haben (vgl. Abb. 10. 12).

Bereits in der ersten Hälfte des 1. Jhs. n. Chr. wurde die Statue des Herodes demontiert;
anschließend wurde der Basisschaft gedreht und – mit neu befestigter oder ausgetauschter
Bekrönung – zur Sockelung einer Siegerstatue des Ringkämpfers Heliodoros genutzt, der als
Knabe in Olympia erfolgreich war (Abb. 14 c); die ältere Inschrift für Herodes befand sich
nun auf der Rückseite des gedrehten Schaftes[79]. Selbst wenn die Zerstörung der Herodesstatue
mit einer Beschädigung durch eines der Erdbeben auf Kos zusammenhängen sollte, ist ihr
Verschwinden nach wenigen Jahren oder Jahrzehnten bemerkenswert; eine Reparatur oder
Wiederherstellung des Denkmals war von seiten der Koer jedenfalls nicht intendiert. Falls die
Herodesstatue bereits um die Zeitenwende beschädigt oder zerstört war[80], scheint auch der
auf Kos durch eine in persönlichem Auftrag gestiftete Statue repräsentierte Tetrarch Herodes
Antipas (reg. 4 v. Chr. – 37 n. Chr.) nicht auf einer solchen Restitution bestanden zu haben[81].
Nicht ausgeschlossen ist freilich, daß die Statue Herodes' I. erst nach dem Tod dieses Hero-
dessohnes demontiert und durch die Statue des jungen Ringers ersetzt wurde. In diesem Fall
wäre Herodes Antipas zumindest für einige Zeit zusammen mit seinem Vater – und eventuell
am selben Ort – auf Kos repräsentiert gewesen.

III.

Die besprochenen Statuenbasen gehören jeweils zu in staatlichem oder persönlichem Auftrag errichteten zeitgenössischen Porträtstatuen des Herodes und bezeugen, daß es derartige
Denkmäler des Königs außerhalb des jüdischen Kernlands gegeben hat. Es wurde wiederholt
versucht, Bildnisse des Herodes im überlieferten Bestand rundplastischer Skulpturen zu identifizieren; doch hat dies wenig Aussicht auf Erfolg, solange nicht eine sichere Kombination
von Porträt und Beischrift vorliegt. Auch existieren – anders als bei anderen hellenistischen
Königen[82] – keine Münzbildnisse des Herodes. Vor diesem Hintergrund sind die Vorschläge,

---

[79]   IG XII 4, 2, 942; Höghammar 1993, 44. 131 Nr. 21; 214 Abb. 10; Segre 1993, 238 EV 247 a Taf. 128; Habicht
      1996, 93 f. Es handelte sich ebenfalls um eine Stiftung des δᾶμος. Für eine erneute Montage der ursprünglichen
      Bekrönung dürfte der Befund der Schaftoberseite sprechen (zwei Dübellöcher und ein Gußkanal; ein zweiter
      Gußkanal mag sich an der Unterseite der Basisbekrönung befunden haben).
[80]   So Höghammar 1993, 43, mit Verweis auf die Erdbeben in den Jahren 12 und 6 v. Chr; anders Jacobson 1993/1994,
      34, wonach die Basis erst nach dem Tod des Herodes Antipas (s. im folgenden) wiederverwendet worden sei.
[81]   Kos, Kastell (Κάστρο της Νερατζιάς); verwendet als Spolie in der Festungsmauer nahe dem Carmedino-Tor: IG
      XII 4, 2, 997; OGIS 416; IGRR IV 1043; Höghammar 1993, 43. 126 Nr. 16; Jacobson 1993/1994, 33 f.; Habicht
      1996, 87; Kokkinos 1998, 137; Schwentzel 2010, 540. Die Statue wurde im Auftrag seines koischen Gastfreundes
      Philion, Sohn des Aglaos, errichtet (zu diesem vgl. auch IG XII 4, 2, 1035).
[82]   Vgl. etwa Kyrieleis 1975 zu den Herrscherbildnissen der Ptolemäer, zu denen der Seleukiden Fleischer 1991 und
      allgemein Smith 1988.

Köpfe aus Jerusalem (jetzt in St. Petersburg)[83], Memphis (jetzt in Boston)[84], Byblos (jetzt in Beirut)[85] und einen mit letzterem verwandten Porträtkopf in Turin[86] als Bildnisse des Herodes zu identifizieren, methodisch haltlos und müssen zum gegenwärtigen Forschungsstand als unzutreffend bzw. spekulativ zurückgewiesen werden[87]. Auch die Aussagen von Flavius Josephus zum Aussehen des Herodes, der im Alter sein Haar gefärbt (Ios. bell. Iud. 1, 490) und eine ausgezeichnete körperliche Konstitution gehabt habe (Ios. bell. Iud. 1, 429 f.), führen nicht weiter, da sie wenig spezifisch sind und in Verdacht stehen, negative bzw. positive Herrschertopik zu sein. Ebenfalls nicht für die von Herodes intendierte Repräsentation heranzuziehen sind die Darstellungen in der frühchristlichen Kunst, die ohne Kenntnis zu Lebzeiten des Königs angefertigter Herodesbildnisse konzipiert worden sein dürften[88].

Auch weitere statuarische Denkmäler wurden als Schlüssel zur Rekonstruktion von Bildnissen des Herodes diskutiert. So wurde vorgeschlagen, die Torsi von Panzerstatuen in Caesarea Maritima[89] und Samaria-Sebaste[90] (jetzt in Jerusalem) sowie die Fragmente einer Kolossalstatue in Askalon[91] auf Bildnisstatuen des Herodes zu beziehen; ohne identifizierende Inschriften bleibt dies jedoch methodisch ebenso fragwürdig wie die Zuweisung der Porträtköpfe.

IV.

Der späthellenistische König Iudaeas und Klientelkönig Roms Herodes der Große respektierte innerhalb der jüdischen Gebiete seines Königreichs und gegenüber seinen dortigen Untertanen das streng ausgelegte alttestamentliche Bilderverbot. Da aus diesem Grund keine Münzbilder des Herodes mit seinem beischriftlich identifizierten Bildnis existieren, konnte die Identifizierung eines rundplastischen Porträtkopfes bis heute nicht gelingen. Jedoch hat es außerhalb seines Reiches nachweislich mehrere Bildnisse des Königs in verschiedenen Regionen des Mittelmeerraums gegeben. Zumindest vier, wahrscheinlich sogar fünf in der Forschung bis-

---

[83] St. Petersburg, Ermitage A 571: Strobel 1995; Kokkinos 1998, 137 f.; s. dazu kritisch Merkel – Korol 1988, 831; Roller 1998, 275 Anm. 30; Fischer 1998, 153 f. Ph 5a–e; Lichtenberger 1999, 170 Anm. 890; Weber 2008, 265; Kropp 2013, 74.

[84] Boston, Museum of Fine Arts 59.51: Ingholt 1963 mit Taf. 29. 30; Roller 1998, 273 f. Abb. 48; Kokkinos 1998, 137 f.; Rocca 2008, 127 Abb. 2, 10. s. kritisch dazu Merkel – Korol 1988, 831; Fittschen 2001, 183; Weber 2008, 264 f.; Kropp 2013, 74. Es handelt sich mit hoher Wahrscheinlichkeit um das Bildnis eines späten Ptolemäers: Kyrieleis 1975, 71 f. 175 f. Nr. H 6 Taf. 62. 64 (Ptolemaios XI.); Stanwick 2002, 58 f. 231 Abb. 265. 266 (Ptolemaios IX.).

[85] Beirut, Nationalmuseum 12649: Smith 1988, 131. 174 Nr. 101 Taf. 60, 1 (Identifikation als Herodes mit Fragezeichen); Kreikenbom 1992, 136 f.; Weber 2008, 265–267 Abb. 13. 14; Weber 2009, 79 Abb. 128. 129; Kropp 2013, 74 f. mit Abb. 29 (»Herod or Agrippa I«).

[86] Turin, Museo di Antichità 155: Smith 1988, 105. 131. 174 Nr. 102 Taf. 60, 2–4; Weber 2008, 265–267 Abb. 17. 18; Kropp 2013, 74 (jeweils Identifikation als Herodes mit Fragezeichen).

[87] Aus gleichermaßen generellen Überlegungen könnte man auch einen bärtigen Kopf mit Diadem in Haifa (Maritime Museum 2095), der aus Hammat Gader stammen soll, als Herodes-Porträt diskutieren.

[88] Merkel – Korol 1988, 833–847.

[89] Kibbutz Sdot Yam 52.1: Weber 2008, 262–264 Abb. 12.

[90] Jerusalem, Hebrew University (IAA No. 36.2115): Fittschen 2002, 16 f. Abb. 1–4; Weber 2008, 262 Abb. 8–11 (jeweils mit Identifikation als Herodes mit Fragezeichen).

[91] Garstang 1921, 16; Garstang 1922, 117 (»Portions of a giant statue presumed to be that of Herod«). Kritisch dazu: Albright 1922, 17; Kokkinos 1998, 138.

her nur am Rande erwähnte zeitgenössische Porträtstatuen des Herodes sind auch archäologisch durch ihre originalen Basen überliefert; diese bieten wertvolle Hinweise auf Material, Format und Standmotive der heute nicht mehr erhaltenen Figuren sowie zu deren Stiftern und Aufstellungskontexten. Deutlich wird, wie sehr dieser König als großzügiger Euerget der späthellenistischen Welt auftrat und im Gegenzug an mehreren Orten im Mittelmeerraum durch lebens- oder leicht überlebensgroße Porträtstatuen geehrt wurde, die an jeweils zentralen öffentlichen Orten (ἐπιφανέστατοι τόποι) zu sehen waren. So war der König neben den zwei Bauherren des Baalshamintempels von Sia durch eine aus Basalt bestehende oder bronzene Porträtstatue repräsentiert, die ein Angehöriger der lokalen Aristokratie hatte errichten lassen. In den Bereich staatlicher Ehrenstatuen gehören die zwei Statuen des Herodes auf der Akropolis und vermutlich eine weitere auf der Agora von Athen, wo im Jahr 106/5 v. Chr. bereits der hasmonäische Hohepriester Johannes Hyrkanos I. durch eine Ehrenstatue geehrt worden war. Die Tatsache, daß eine der beiden Statuen des Herodes auf der Akropolis durch die Wiederverwendung eines älteren Denkmals entstand, ist ein weiterer Beleg für die weite Verbreitung dieser Ehrenpraxis in Athen; solche ›Umschreibungen‹ wurden hier insbesondere zugunsten hochrangiger römischer Magistrate, mehrfach aber auch für Klientelkönige Roms durchgeführt und müssen durchaus positive Aspekte gehabt haben – für Herodes, den großen Wohltäter Athens, wurde (in diesem Fall) keine Ausnahme gemacht. Die lebens- oder leicht überlebensgroßen bronzenen Ehrenstatuen des Herodes in Athen zeigten den König mit hoher Wahrscheinlichkeit im Himation (Abb. 10), ganz oder weitgehend nackt (Abb. 12) oder aber als gepanzerte Figur; Herodes dürfte hier ebenso wie auf Kos in einem griechischen ›Kostüm‹ repräsentiert gewesen sein. Bei der Wahl von Basisformen sowie Statuentypus und -ikonographie folgte man – sicherlich mit Einwilligung des Königs – jeweils den regionalspezifischen Konventionen; die Ehrenstatuen fügen sich demnach gut in die jeweiligen lokalen Verhältnisse ein. Es gibt zwar Indizien dafür, daß Herodes in Sia und Athen gegenüber anderen Geehrten etwas prominenter herausgehoben war, doch fällt seine statuarische Repräsentation nirgends aus dem Rahmen.

Über die ›Laufzeit‹ der zeitgenössischen Herodesstatuen sind wir nur wenig informiert. Mit Ausnahme der bereits in der frühen Kaiserzeit demontierten Statue auf Kos können sie jedoch durchaus über mehrere Jahrzehnte oder Jahrhunderte sichtbar gewesen sein; in Athen mögen sie zumindest bis zum Ende der iulisch-claudischen Zeit existiert haben und seither einen eindrucksvollen Hintergrund für das Verständnis der Ehrenstatue der Herodes-Urenkelin Iulia Berenike gebildet haben, die als »Nachfahrin großer Könige und Wohltäter Athens« gerühmt wurde. Nicht ausgeschlossen ist ferner, daß auch die Ehrenstatue des Herodes Antipas im Apollonheiligtum von Delos (Abb. 15) mit einer Stiftung seines Vaters Herodes I. im selben Heiligtum korrespondierte[92]. Jedenfalls gibt es keinen Anhaltspunkt für eine systematische Form der *damnatio memoriae* nach dem Tod des Herodes im Jahr 4 v. Chr. Die hier besprochenen Statuenbasen stellen nicht allein wichtige Dokumente für die Existenz und äußere Erscheinung zeitgenössischer Porträtstatuen des Herodes dar, sondern lassen sich mehrfach auch mit konkreten Aufstellungskontexten verbinden. Auf diese Weise bieten sie eine geeignete Grundlage (im engeren Sinne des Wortes) für eine Fallstudie zur statuarischen Repräsentation eines späthellenistischen Königs und mit Rom verbündeten Klientelherrschers.

---

[92] Statue des Herodes Antipas auf Delos: ID 1586; OGIS 417; Boffo 1994, 166–170 Nr. 20; Kokkinos 1998, 137; Schwentzel 2010, 540. Von der Basis dieser Statue ist allein der Basisschaft erhalten (H 0,80 m; B 0,56 m; T 0,53 m); eine Fotografie dieses Blocks verdanken wir F. Herbin. Für die mögliche Stiftung Herodes' I. auf Delos s. o. Anm. 14.

Abb. 15. Delos, Apollonheiligtum: Basis(schaft) einer Ehrenstatue des Herodes Antipas auf Delos (ID 1586)

Bibliographie:
Albright 1922   W. F. Albright, The Excavations at Ascalon, BASOR 6, 1922, 11–18
Aneziri 2010   S. Aneziri, Kaiserzeitliche Ehrenmonumente auf der Akropolis: Die
                         Identität der Geehrten und die Auswahl des Aufstellungsortes, in: Krum-
                         eich – Witschel 2010a, 271–302
Ariel – Fontanille 2012 D. T. Ariel – J.-P. Fontanille, The Coins of Herod. A Modern Analysis
                         and Die Classification (Leiden – Boston 2012)

Baltrusch 2012	E. Baltrusch, Herodes. König im Heiligen Land. Eine Biographie (München 2012)
Bernett 2007	M. Bernett, Der Kaiserkult in Judäa unter den Herodiern und Römern. Untersuchungen zur politischen und religiösen Geschichte Judäas von 30 v. bis 66 n. Chr. (Tübingen 2007)
Blanck 1969	H. Blanck, Wiederverwendung alter Statuen als Ehrendenkmäler bei Griechen und Römern ²(Rom 1969)
Boffo 1994	L. Boffo, Iscrizioni greche e latine per lo studio della Bibbia (Brescia 1994)
Bol 2007	P. C. Bol (Hrsg.), Die Geschichte der antiken Bildhauerkunst III. Hellenistische Plastik (Mainz 2007)
Braund 1984	D. Braund, Rome and the Friendly King. The Character of the Client Kingship (London 1984)
Bruns-Özgan – Özgan 1994	Ch. Bruns-Özgan – R. Özgan, Eine bronzene Bildnisstatue aus Kilikien, in: AntPl 23 (München 1994) 81–92
Butler 1904	H. C. Butler, Architecture and Other Arts, Publications of an American Archaeological Expedition to Syria in 1899–1900 II (New York 1904)
Butler 1916	H. C. Butler, Sîᶜ (Seeia), Publications of the Princeton University Archaeological Expeditions to Syria in 1904–5 and 1909 II A 6 (Leiden 1916)
Cadario 2004	M. Cadario, La corazza di Alessandro. Loricati di tipo ellenistico dal IV secolo a. C. al II d. C. (Mailand 2004)
Camp 1986	J. M. Camp, The Athenian Agora. Excavations in the Heart of Classical Athens (London 1986)
Collignon 1914	M. Collignon, Le Consul Jean Giraud et sa relation de l'Attique au XVIIᵉ siècle, MemInstNatFr 39, 1914, 373–425
De Vogüé 1865–1877	M. De Vogüé, Syrie centrale. Architecture civile et religieuse du Iᵉʳ au VIIᵉ siècle (Paris 1865–1877)
Dentzer 1985	J.-M. Dentzer, Six campagnes de fouilles à Sîᶜ: Développement et culture indigène en Syrie méridionale, DaM 2, 1985, 65–83
Dentzer-Feydy 1986	J. Dentzer-Feydy, Décor architectural et développement du Hauran dans l'antiquité, in: J.-M. Dentzer (Hrsg.), Recherches archéologiques sur la Syrie du Sud à l'époque hellénistique et romaine, Hauran I 2 (Paris 1986) 261–309
Dentzer-Feydy 2010	J. Dentzer-Feydy, Les sanctuaires païens de type régional en Syrie du Sud, in: M. Al-Maqdissi – F. Braemer – J.-M. Dentzer (Hrsg.), La Syrie du Sud du Néolithique à l'antiquité tardive. Recherches récentes. Actes du colloque de Damas 2007, Hauran V 1 (Beirut 2010) 225–238
Despinis – Stephanidou-Tiveriou – Voutiras 2010	G. Despinis – Th. Stephanidou-Tiveriou – E. Voutiras (Hrsg.), Κατάλογος γλυπτῶν τοῦ Ἀρχαιολογικοῦ Μουσείου Θεσσαλονίκης III (Thessaloniki 2010)
Facella 2010	M. Facella, Advantages and Disadvantages of an Allied Kingdom: the Case of Commagene, in: T. Kaizer – M. Facella (Hrsg.), Kingdoms and Principalities in the Roman Near East (Stuttgart 2010) 181–197
Fischer 1998	M. Fischer, Marble Studies. Roman Palestine and the Marble Trade (Konstanz 1998)
Fittschen 2001	K. Fittschen, Rez. zu Roller 1998, Gnomon 73, 2001, 180–183

Fittschen 2002	K. Fittschen, Zur Panzerstatue aus Samaria Sebaste, in: L. V. Rutgers (Hrsg.), What Athens Has to Do with Jerusalem. Essays on Classical, Jewish and Early Christian Art and Archaeology in Honor of Gideon Foerster (Löwen 2002) 9–17
Fleischer 1991	R. Fleischer, Studien zur seleukidischen Kunst I. Herrscherbildnisse (Mainz 1991)
Freyberger 1998	K. S. Freyberger, Die frühkaiserzeitlichen Heiligtümer der Karawanenstationen im hellenisierten Osten, DaF 6 (Mainz 1998)
Garstang 1921	J. Garstang, The Fund's Excavation of Askalon, PEQ 53, 1921, 12–16
Garstang 1922	J. Garstang, The Excavations at Askalon, PEQ 54, 1922, 112–119
Geagan 2011	D. J. Geagan, Inscriptions: The Dedicatory Monuments, Agora 18 (Princeton 2011)
Gergel 1991	R. A. Gergel, The Tel Shalem Hadrian Reconsidered, AJA 95, 1991, 231–251
Graindor 1927	P. Graindor, Athènes sous Auguste (Kairo 1927)
Grushevoi 1985	A. Grushevoi, The Tribe 'Ubaishat in Safaitic, Nabataean and Greek Inscriptions, Berytus 33, 1985, 51–54
Gryson 1979	R. Gryson, Le vêtement d'Aaron interprété par Saint Ambroise, Muséon 92, 1979, 273–280
Günther 2005	L.-M. Günther, Herodes der Große (Darmstadt 2005)
Guinot 1989	J.-N. Guinot, Sur le vêtement du grand prêtre: le δῆλος était-il une pierre divinatoire?, VeteraChr 26, 1989, 23–48
Habicht 1982	Ch. Habicht, Studien zur Geschichte Athens in hellenistischer Zeit (Göttingen 1982)
Habicht 1995	Ch. Habicht, Athen. Die Geschichte der Stadt in hellenistischer Zeit (München 1995)
Habicht 1996	Ch. Habicht, Neue Inschriften aus Kos, ZPE 112, 1996, 83–94
Hackl–Jenni–Schneider 2003	U. Hackl – H. Jenni – Ch. Schneider, Quellen zur Geschichte der Nabatäer (Freiburg i. Üe. 2003)
Hammoud – Omeri 2010	M. Hammoud – I. Omeri, The Temples of Mnin (Damaskus 2010)
Havé-Nikolaus 1998	F. Havé-Nikolaus, Untersuchungen zu den kaiserzeitlichen Togastatuen griechischer Provenienz (Mainz 1998)
Hillers – Cussini 1996	D. R. Hillers – E. Cussini, Palmyrene Aramaic Texts (Baltimore 1996)
Höghammar 1993	K. Höghammar, Sculpture and Society. A Study of the Connection between the Free-Standing Sculpture and Society on Kos in the Hellenistic and Augustan Periods, BoreasUpps 23 (Uppsala 1993)
Holtzmann 2003	B. Holtzmann, L'Acropole d'Athènes (Paris 2003)
Homès-Fredericq 1980	D. Homès-Fredericq (Hrsg.), Inoubliable Petra. Le royaume nabatéen aux confins du désert. Ausstellungskatalog Brüssel (Brüssel 1980)
Hossfeld – Schöllgen 1994	F.-L. Hossfeld – G. Schöllgen in: RAC XVI (1994) 4–58 s. v. Hoherpriester
Ingholt 1963	H. Ingholt, A Colossal Head from Memphis, Severan or Augustan?, JARCE 2, 1963, 125–145
Jacobson 1993/1994	D. M. Jacobson, King Herod, Roman Citizen and Benefactor of Kos, BAngloIsrASoc 13, 1993/1994, 31–35

Japp 2000	S. Japp, Die Baupolitik Herodes' des Großen. Die Bedeutung der Architektur für die Herrschaftslegitimation eines römischen Klientelkönigs (Rahden 2000)
Keesling 2010	C. M. Keesling, The Hellenistic and Roman Afterlives of Dedications on the Athenian Akropolis, in: Krumeich – Witschel 2010a, 303–327
Koenen 1986	U. Koenen, Genesis 19, 4/11 und 22, 3/13 und der Bethlehemitische Kindermord auf dem ›Lotsarkophag‹ von S. Sebastiano in Rom, JbAC 29, 1986, 118–145
Kötzsche-Breitenbruch 1968/1969	L. Kötzsche-Breitenbruch, Zur Ikonographie des bethlehemitischen Kindermordes in der frühchristlichen Kunst, JbAC 11/12, 1968/1969, 104–115
Kokkinos 1998	N. Kokkinos, The Herodian Dynasty. Origins, Role in Society and Eclipse (Sheffield 1998)
Kreikenbom 1992	D. Kreikenbom, Griechische und römische Kolossalporträts bis zum späten ersten Jahrhundert nach Christus, JdI Ergh. 27 (Berlin 1992)
Kropp 2010	A. Kropp, Limits of Hellenisation. Pre-Roman Basalt Temples in the Hauran, in: Meetings between Cultures in the Ancient Mediterranean. Proceedings of the 17th International Congress of Classical Archaeology, Rom 22–26 September 2008, BA online 1, 2010, Volume speciale C 5, 1–18
Kropp 2013	A. J. M. Kropp, Images and Monuments of Near Eastern Dynasts, 100 BC – AD 100 (Oxford 2013)
Kropp – Lohmann 2011	A. J. M. Kropp – D. Lohmann, »Master, look at the size of those stones! Look at the size of those buildings!« Analogies in Construction Techniques between the Temples at Heliopolis (Baalbek) and Jerusalem, Levant 43, 2011, 38–50
Krumeich 2007	R. Krumeich, Human Achievement and Divine Favor: The Religious Context of Early Hellenistic Portraiture, in: P. Schultz – R. von den Hoff (Hrsg.), Early Hellenistic Portraiture. Image, Style, Context (Cambridge 2007) 161–180
Krumeich 2008	R. Krumeich, Formen der statuarischen Repräsentation römischer Honoranden auf der Akropolis von Athen im späten Hellenismus und in der frühen Kaiserzeit, in: S. Vlizos (Hrsg.), Athens During the Roman Period. Recent Discoveries, New Evidence, MusBenaki Suppl. 4 (Athen 2008) 353–370
Krumeich 2010	R. Krumeich, Vor klassischem Hintergrund. Zum Phänomen der Wiederverwendung älterer Statuen auf der Athener Akropolis als Ehrenstatuen für Römer, in: Krumeich – Witschel 2010a, 329–398
Krumeich 2014	R. Krumeich, Ehrung Roms und Stolz auf die Polis. Zur Repräsentation römischer Magistrate auf der Akropolis von Athen, in: J. Griesbach (Hrsg.), Polis und Porträt. Standbilder als Medien öffentlicher Repräsentation im hellenistischen Osten, Studien zur antiken Stadt 13 (Wiesbaden 2014) 141–153
Krumeich – Witschel 2009	R. Krumeich – Ch. Witschel, Hellenistische Statuen in ihrem räumlichen Kontext: Das Beispiel der Akropolis und der Agora von Athen, in: A. Matthaei – M. Zimmermann (Hrsg.), Stadtbilder im Hellenismus (Berlin 2009) 173–226

Krumeich – Witschel 2010a	R. Krumeich – Ch. Witschel (Hrsg.), Die Akropolis von Athen im Hellenismus und in der römischen Kaiserzeit (Wiesbaden 2010)
Krumeich – Witschel 2010b	R. Krumeich – Ch. Witschel, Die Akropolis als zentrales Heiligtum und Ort athenischer Identitätsbildung, in: Krumeich – Witschel 2010a, 1–53
Kyrieleis 1975	H. Kyrieleis, Bildnisse der Ptolemäer, AF 2 (Berlin 1975)
Laube 2006	I. Laube, Thorakophoroi. Gestalt und Semantik des Brustpanzers in der Darstellung des 4. bis 1. Jhs. v. Chr. (Rahden 2006)
Laxander 2003	H. Laxander, Eine neue Löwenprotome vom Baʿalšamīn-Tempel in Sīʿ, ZDPV 119, 2003, 119–139
Lehmann 1996/1997	S. Lehmann, Der Thermenherrscher und die Fußspuren der Attaliden. Zur olympischen Statuenbasis des Q. Caec. Metellus Macedonicus, NüBlA 13, 1996/1997, 107–130
Lica 1992	V. Lica, Φιλορώμαιος oder φιλόκαισαρ?, BJb 192, 1992, 225–230
Lichtenberger 1999	A. Lichtenberger, Die Baupolitik Herodes des Großen (Wiesbaden 1999)
Lichtenberger 2009	A. Lichtenberger, Bilderverbot oder Bildervermeidung? Figürliche Darstellungen im herodianischen Judäa, in: L.-M. Günther (Hrsg.), Herodes und Jerusalem (Stuttgart 2009) 71–97
Lichtenberger – Martin – Nieswandt – Salzmann 2012	A. Lichtenberger – K. Martin – H.-H. Nieswandt – D. Salzmann (Hrsg.), Das Diadem der hellenistischen Herrscher. Übernahme, Transformation oder Neuschöpfung eines Herrschaftszeichens?, Euros 1 (Bonn 2012)
Littmann 1914	E. Littmann, Nabataean Inscriptions, Publications of the Princeton University Archaeological Expeditions to Syria in 1904–5 and 1909 IV A (Leiden 1914)
Livadiotti – Rocco 1996	M. Livadiotti – G. Rocco (Hrsg.), La presenza italiana nel Dodecaneso tra il 1912 e il 1948 (Catania 1996)
Mantzoulinou-Richards 1988	E. Mantzoulinou-Richards, From Syros. A Dedicatory Inscription of Herodes the Great from an Unknown Building, AncW 18, 1988, 87–99
Marcadé 1996	J. Marcadé (Hrsg.), Sculptures déliennes (Paris 1996)
Meritt 1952	B. D. Meritt, Greek Inscriptions, Hesperia 21, 1952, 340–380
Merkel – Korol 1988	H. Merkel – D. Korol in: RAC XIV (1988) 815–849 s. v. Herodes der Große
Meshorer 2001	Y. Meshorer, A Treasury of Jewish Coins. From the Persian Period to Bar Kokhba (Jerusalem – Nyack 2001)
Messerschmidt 2003	W. Messerschmidt, *Prosopopoiia*. Personifikationen politischen Charakters in der spätklassischen und hellenistischen Kunst (Köln 2003)
Mikalson 1998	J. D. Mikalson, Religion in Hellenistic Athens (Oxford 1998)
Millar 1993	F. Millar, The Roman Near East. 31 BC – AD 337 (Cambridge – London 1993)
Mommsen 1868	A. Mommsen, Athenae Christianae (Leipzig 1868)
Monaco 2001	M. Ch. Monaco, Contributi allo studio di alcuni santuari ateniesi I. Il Temenos del Demos e delle Charites, ASAtene 79, 2001, 103–150
Netzer 2006	E. Netzer, The Architecture of Herod, the Great Builder (Tübingen 2006)
Netzer u. a. 2010	E. Netzer – Y. Kalman – R. Porat – R. Chachy-Laureys, Preliminary Report on Herod's Mausoleum and Theatre with a Royal Box at Herodium, JRA 23, 2010, 84–108

Otto 1913	W. Otto in: RE Suppl. II (1913) 1–158 s. v. Herodes (14)
Parlasca 1967	K. Parlasca, Zur syrischen Kunst der frühen Kaiserzeit, AA 1967, 547–568
Prentice 1908	W. K. Prentice, Greek and Latin Inscriptions, Publications of an American Archaeological Expedition to Syria in 1899–1900 III (New York 1908)
Richardson 1996	P. Richardson, Herod. King of the Jews and Friend of the Romans (Columbia, South Carolina 1996)
Rocca 2008	S. Rocca, Herod's Judaea. A Mediterranean State in the Classical World (Tübingen 2008)
Roller 1998	D. W. Roller, The Building Program of Herod the Great (Berkeley – Los Angeles – London 1998)
Rozenberg – Mevorah 2013	S. Rozenberg – D. Mevorah (Hrsg.), Herod the Great. The King's Final Journey. Ausstellungskatalog Jerusalem (Jerusalem 2013)
Ruggeri – Siewert – Steffelbauer 2007	C. Ruggeri – P. Siewert – I. Steffelbauer, Die antiken Schriftzeugnisse über den Kerameikos von Athen 1. Der innere Kerameikos, Tyche Sonderband 5, 1 (Wien 2007)
Schäfer 1998	Th. Schäfer, *Spolia et signa:* Baupolitik und Reichskultur nach dem Parthererfolg des Augustus, NAWG 1998, 2 (Göttingen 1998)
Schalit 2001	A. Schalit, König Herodes. Der Mann und sein Werk ²(Berlin 2001)
Schmalz 2009	G. C. R. Schmalz, Augustan and Julio-Claudian Athens. A New Epigraphy and Prosopography (Leiden 2009)
Schmidt 1995	I. Schmidt, Hellenistische Statuenbasen (Frankfurt a. M. 1995)
Schneider 2001	R. M. Schneider in: RAC Suppl. I (2001) 895–962 s. v. Barbar II
Schürer – Vermes – Millar 1973	E. Schürer, The History of the Jewish People in the Age of Jesus Christ (175 B.C. – A.D. 135) I. A New English Version Revised and Edited by G. Vermes – F. Millar (Edinburgh 1973)
Schürer – Vermes – Millar – Black 1979	E. Schürer, The History of the Jewish People in the Age of Jesus Christ (175 B.C. – A.D. 135) II. A New English Version Revised and Edited by G. Vermes – F. Millar – M. Black (Edinburgh 1979)
Schwentzel 2010	C.-G. Schwentzel, Images grecques de souverains juifs (63 av. J.-C. – 44 apr. J.-C.), RB 117, 2010, 528–549
Segal 2013	A. Segal, Temples and Sanctuaries in the Roman East. Religious Architecture in Syria, Iudaea/Palaestina and Provincia Arabia (Oxford 2013)
Segre 2003	M. Segre, Iscrizioni di Cos (Rom 1993)
Shear 2007	J. L. Shear, Reusing Statues, Rewriting Inscriptions and Bestowing Honours in Roman Athens, in: Z. Newby – R. Leader-Newby (Hrsg.), Art and Inscriptions in the Ancient World (Cambridge 2007) 221–246
Smallwood 1976	E. M. Smallwood, The Jews under Roman Rule (Leiden 1976)
Smith 1988	R. R. R. Smith, Hellenistic Royal Portraits (Oxford 1988)
Smith 1998	R. R. R. Smith, Cultural Choice and Political Identity in Honorific Portrait Statues in the Greek East in the Second Century A.D., JRS 88, 1998, 56–93
Sourdel 1952	D. Sourdel, Les cultes du Hauran à l'époque romaine (Paris 1952)
Spon – Wheler 1678	J. Spon – G. Wheler, Voyage d'Italie, de Dalmatie, de Grèce, et du Levant, fait aux années 1675 & 1676 (Lyon 1678)

Stanwick 2002   P. E. Stanwick, Portraits of the Ptolemies. Greek Kings as Egyptian
                         Pharaohs (Austin 2002)

Starcky 1985   J. Starcky, Les inscriptions nabatéennes et l'histoire de la Syrie méri-
                         dionale et du Nord de la Jordanie, in: J.-M. Dentzer (Hrsg.), Recher-
                         ches archéologiques sur la Syrie du Sud à l'époque hellénistique et
                         romaine, Hauran 1, 1 (Paris 1985) 167–181

Steinsapir 2005   A. I. Steinsapir, Rural Sanctuaries in Roman Syria. The Creation of a
                         Sacred Landscape, BARIntSer 1431 (Oxford 2005)

Stemmer 1978   K. Stemmer, Untersuchungen zur Typologie, Chronologie und Ikono-
                         graphie der Panzerstatuen, AF 4 (Berlin 1978)

Stillwell 1976   R. Stillwell (Hrsg.), The Princeton Encyclopedia of Classical Sites
                         (Princeton 1976)

Strobel 1995   A. Strobel, Eine Büste des Herodes, in: W. Kraus (Hrsg.), Zurück zu
                         den Anfängen. Beiträge und Schriftenverzeichnis von Professor Dr.
                         August Strobel zum 65. Geburtstag (Fürth 1995) 22–25

Swartz 2012   M. D. Swartz, The Signifying Creator. Nontextual Sources of Meaning
                         in Ancient Judaism (New York – London 2012)

Taylor 2002   J. Taylor, Petra and the Lost Kingdom of the Nabataeans (London 2002)

Teixidor 1983   J. Teixidor, Le tarif de Palmyre I. Une commentaire de la version pal-
                         myrénienne, AulaOr 1, 1983, 235–252

Tholbecq 2007   L. Tholbecq, Hérodiens, Nabatéens et Lagides dans le Hawrān au Ier s.
                         av. J.-C. Réflexions autour du sanctuaire de Ba'alšamīn de Sī' (Syrie
                         du Sud), Topoi 15, 2007, 285–310

Thompson – Wycherley 1972 H. A. Thompson – R. E. Wycherley, The Agora of Athens. The History,
                         Shape and Uses of an Ancient City Center, Agora 14 (Princeton 1972)

Threatte 1980   L. Threatte, The Grammar of Attic Inscriptions I. Phonology (Berlin
                         1980)

Tölle-Kastenbein 1994   R. Tölle-Kastenbein, Das Olympieion in Athen (Köln – Weimar –
                         Wien 1994)

Toher 2014   M. Toher, Herod, Athens and Augustus, ZPE 190, 2014, 127–134

Tuchelt 1979   K. Tuchelt, Frühe Denkmäler Roms in Kleinasien I. Roma und Proma-
                         gistrate, IstMitt Beih. 23 (Tübingen 1979)

Waddington 1870   W. H. Waddington, Inscriptions grecques et latines de la Syrie (Paris
                         1870)

Weber 2008   Th. M. Weber, Der beste Freund des Kaisers. Herodes der Große und
                         statuarische Repräsentationsformen in orientalischen Heiligtümern der
                         frühen Kaiserzeit, in: D. Kreikenbom – K.-U. Mahler – P. Schollmeyer
                         – Th. M. Weber (Hrsg.), Augustus – Der Blick von außen. Die Wahr-
                         nehmung des Kaisers in den Provinzen des Reiches und in den Nach-
                         barstaaten (Wiesbaden 2008) 249–269

Weber 2009   Th. M. Weber, Die Skulpturen aus Sahr und die Statuendenkmäler der
                         römischen Kaiserzeit in südsyrischen Heiligtümern, Hauran 4, 2 (Bei-
                         rut 2009)

Weber 2010   Th. M. Weber, Die Basaltplastik des Hauran. Ein Forschungsüberblick,
                         in: M. Al-Maqdissi – F. Braemer – J.-M. Dentzer (Hrsg.), La Syrie du
                         Sud du Néolithique à l'antiquité tardive. Recherches récentes. Actes du
                         colloque de Damas 2007, Hauran 5, 1 (Beirut 2010) 425–433

Wenning 1987	R. Wenning, Die Nabatäer – Denkmäler und Geschichte (Freiburg i. Üe. 1987)
Wenning 1990	R. Wenning, Das Nabatäerreich: seine archäologischen und historischen Hinterlassenschaften, in: H.-P. Kuhnen, Palästina in griechischrömischer Zeit, HdArch Vorderasien II 2 (München 1990) 367–415
Wenning 2001	R. Wenning, Hauranite Sculpture, in: J. M. Padgett (Hrsg.), Roman Sculpture in the Art Museum, Princeton University (Princeton 2001) 312–347
Willers 1990	D. Willers, Hadrians panhellenisches Programm. Archäologische Beiträge zur Neugestaltung Athens durch Hadrian, AntK Beih. 16 (Basel 1990)
Wycherley 1957	R. E. Wycherley, Literary and Epigraphical Testimonia, Agora 3 (Princeton 1957)
Zanker 1995	P. Zanker, Brüche im Bürgerbild? Zur bürgerlichen Selbstdarstellung in den hellenistischen Städten, in: M. Wörrle – P. Zanker (Hrsg.), Stadtbild und Bürgerbild im Hellenismus. Kolloquium, München, 24.–26. Juni 1993 (München 1995) 251–273

Abbildungsnachweis: Abb. 1–4: Israel Museum, Jerusalem Inv. 2010.65.28057; 71.42; 95.2.14795; 92.5.14242 (V. Naikhin). – Abb. 5. 8: Nach Butler 1916, Plan vor S. 365; 375 Abb. 325. – Abb. 6: Nach De Vogüé 1865–1877, Taf. 2, 2. – Abb. 7 a. b: J. Aliquot. – Abb. 9 a; 11 a: R. Krumeich. – Abb. 9 b; 11 b: Zeichnung A. Brauchle. – Abb. 10: D-DAI-IST-R 26.976 (W. Schiele). – Abb. 12: École française d'Athènes Neg. 46.672. – Abb. 13 a. b: American School of Classical Studies at Athens: Agora Excavations (C. A. Mauzy). – Abb. 14 a: D. Bosnakis. – Abb. 14 b. c: © 22. Ephorie prähistorischer und klassischer Altertümer (Rhodos). – Abb. 15: F. Herbin.

Prof. Dr. Ralf Krumeich, Institut für Archäologie und Kulturanthropologie, Abt. Klassische Archäologie der Rheinischen Friedrich-Wilhelms-Universität Bonn, Am Hofgarten 21, 53113 Bonn, Deutschland, E-Mail: rkrumeich@uni-bonn.de

Prof. Dr. Achim Lichtenberger, Institut für Archäologische Wissenschaften der Ruhr-Universität Bochum, Am Bergbaumuseum 31, 44791 Bochum, Deutschland, E-Mail: Achim.Lichtenberger@ruhr-uni-bochum.de

Zusammenfassung:

Ralf Krumeich – Achim Lichtenberger, »Seiner Wohltätigkeit wegen«. Zur statuarischen Repräsentation Herodes' I. von Iudaea

Der späthellenistische Herrscher Iudaeas und Klientelkönig Roms Herodes I. trat außerhalb der jüdischen Gebiete seines Reiches und gegenüber griechischen Poleis primär als großzügiger Euerget hellenistischer Prägung auf und wurde hierfür unter anderem durch staatliche Ehrenstatuen geehrt. Eine Analyse der in der Forschung bisher kaum wahrgenommenen originalen Basen der zu Lebzeiten des Königs entstandenen vier (oder fünf) Porträtstatuen in Sia, Athen und auf Kos kann zunächst deren äußere Erscheinung in Grundzügen klären; deutlich werden darüber hinaus aber auch die Aufstellungskontexte der Porträtstatuen in der Öffentlichkeit sowie ihre Einbindung in regionalspezifische Konventionen der statuarischen Repräsentation sowie in Ehrenpraktiken, zu denen auch die Wiederverwendung älterer Statuen (auf der Athener Akropolis) gehörte. Indizien für eine postume *damnatio memoriae* des Herodes fehlen, und zumindest in Athen wurde die Erinnerung an seine Euergesien noch bis etwa 70 n. Chr. aufrechterhalten. Möglicherweise waren die zwei (oder drei) athenischen Ehrenstatuen des Königs daher noch Jahrzehnte oder gar Jahrhunderte nach seinem Tod zu sehen.

Schlagwörter: Herodes I. von Iudaea – Ehrenstatuen – Athen – Kos – Sia (Syrien)

Abstract:

Ralf Krumeich – Achim Lichtenberger, »For His Munificence«. The Statuary Representation of Herod I of Iudaea

The late Hellenistic ruler of Iudaea and Roman client king Herod I acted primarily as a generous benefactor of Hellenistic character outside the Jewish parts of his kingdom and vis-à-vis Greek *poleis*, and was honoured for this by means of state honorific statues. Analysis of the original bases – largely neglected in research – of the four (or five) portrait statues erected during the monarch's lifetime at Sia, Athens and on Kos establishes the basic features of their outward appearance. There is also clarification of the contexts in which the portrait statues were publicly displayed and of how they were incorporated in specific regional conventions of statuary representation and in honorific practices, to which the reuse of older statues (on the Athens Acropolis) also belonged. There is no evidence of a posthumous *damnatio memoriae* of Herod, and at least in Athens the memory of his benefactions was kept alive until about AD 70. It is possible that the two (or three) Athenian honorific statues of the king were thus displayed for decades or even centuries after his death.

Keywords: Herod I of Iudaea – Honorific Statues – Athens – Kos – Sia (Syria)

In dankbarer Erinnerung an
John Bryan Ward-Perkins

DIE INSCHRIFT-BASIS DES QUADRIGA-MONUMENTS FÜR GERMANICUS UND DRUSUS VOR DEM AUGUSTUS-ROMA-TEMPEL IN LEPCIS MAGNA

von Walter Trillmich

1. VORBEMERKUNGEN

Bei dem im Jahre 1986 in Sevilla veranstalteten Kongreß über die kurz zuvor (1982) gefundene ›Tabula Siarensis‹[1], jene inzwischen berühmte Bronzeinschrift mit Teilen des Senatsprotokolls über die postum beschlossenen Ehrungen des Germanicus, habe ich auf freundliche Aufforderung von Javier Arce und Julián González in aller Kürze eine auf archäologischen Kriterien beruhende Neuordnung der Inschriftfragmente IRT 334 a und 334 b aus Lepcis Magna vorgelegt[2], welche sich zu einer einzigen, ebenfalls postum verfaßten Ehreninschrift für

---

[1] J. González – J. Arce (Hrsg.), Estudios sobre la Tabula Siarensis, Anejos de Archivo Español de Arqueología 9 (Madrid 1988). – Zahlreiche Beiträge zur Textherstellung und Interpretation hat zuvor und in der Folge besonders W. D. Lebek publiziert: W. D. Lebek, Schwierige Stellen der Tabula Siarensis, ZPE 66, 1986, 31–48; W. D. Lebek, Consensus universorum civium. Tab. Siar. frg. II col. b 21–27, ZPE 72, 1988, 235–240; W. D. Lebek, Die circensischen Ehrungen für Germanicus und das Referat des Tacitus im Lichte von Tab. Siar. frg. II col. c 2–11, ZPE 73, 1988, 249–274 und 281–284; W. D. Lebek, Augustalspiele und Landestrauer (Tab. Siar. frg. II col. a 11–14), ZPE 75, 1988, 59–71; W. D. Lebek, Sub edicto suo proponere. Tab. Siar. frg. II col. b 12 und Suet. Aug. 89, 2, ZPE 77, 1989, 39–41; W. D. Lebek, Die Mainzer Ehrungen für Germanicus, den älteren Drusus und Domitian. Tab. Siar. frg. I 26–34. Suet. Claud. 1, 3, ZPE 78, 1989, 45–82. – Neuere Ausgabe der TS: Á. Sánchez-Ostiz Gutiérrez, Tabula Siarensis. Edición, traducción y comentario (Pamplona 1999); dazu vgl. die Rez. von B. Levick, ClassRev 51, 2001, 94 f.; W. Riess, Gnomon 75, 2003, 177 f. – Weitere Literatur zur TS: J. González, Tacitus, Germanicus, Piso and the Tabula Siarensis, AJPh 120, 1994, 123–142; A. Fraschetti (Hrsg.), La commemorazione di Germanico nella documentazione epigrafica. Convegno Internazionale di Studi, Cassino 1991, Saggi di Storia Antica 14 (Rom 2000); J. González, Tácito y las fuentes documentales. SS. CC. De honoribus Germanici decernendis (Tabula Siarensis) y De Cn. Pisone patre (Sevilla 2002); A. Caballos Rufino, Publicación de documentos públicos en la ciudades del Occidente romano. El ejemplo de la Bética, in: R. Haensch (Hrsg.), Selbstdarstellung und Kommunikation. Die Veröffentlichung staatlicher Urkunden auf Stein und Bronze in der römischen Welt. Internationales Kolloquium an der Kommission für Alte Geschichte und Epigraphik in München (Juli 2006), Vestigia 61 (München 2009) 157 f. Nr. II.1.1.

[2] Trillmich 1988a. – Anders als damals verwenden wir hier mit Blick auf die in unserer Inschrift (Block B, Z. 2; Abb. 5 a) gewählte Schreibung die im 1. Jh. n. Chr. ohnehin geläufige Namensform »Lepcis«. – Zum Namen der Stadt vgl. IRT, S. 73–76; Kleinwächter 2001, 209 mit Anm. 1331–1338.

Germanicus und seinen Bruder Drusus zusammenfügen. Hier geben wir den Text in einer gegenüber jener älteren Fassung verbesserten Umschrift wieder:

Ge[r]manico · Cae[sari · Ti(beri) ·] Aug(usti) · f(ilio) ·, pont(ifici) ·,[flamini · Aug(ustali) ·, co(n)]s(uli) · iter(um) [·], imp(eratori) · it[er(um) · et · Druso · Ca]esari · T[i(beri) · Aug(usti) · f(ilio) ·, pont(ifici) ·], co(n)s(uli) · iter(um) ·, [trib(unicia) · pot(estate) · i]ter(um) ·, flamini · Au[g(ustali)] / Lepcit(ani) · public[e].

Die Rekonstruktion des Textes hat insgesamt offensichtlich Anklang gefunden[3], wenn auch vorsichtige Kritik laut wurde. Charles Brian Rose äußerte sich – durchaus zu Recht – verwundert über die jeweils unterschiedliche Abfolge der politischen und der sakralen Ämter in den beiden Teilen der Inschrift[4]. Die von Dietrich Boschung gehegte Hoffnung, »die Schwierigkeit durch eine Umstellung der Fragmente beheben zu können«[5], läßt sich anscheinend nicht erfüllen, jedenfalls nicht durch die hier nun vorgelegte ausführliche archäologische Rekonstruktion der Inschriftbasis.

Von den beiden genannten Autoren ist der damals hergestellte Text auch verwendet worden für Versuche, sich das statuarische Monument vorzustellen, das sich auf jener Basis erhob. Die entsprechenden zeichnerischen Rekonstruktionen freilich, welche die Bestandteile des Inschrifttextes arbiträr auf der Front einer frei erfundenen Basis verteilen, bedeuten eher einen Rückschritt. Abenteuerlich ist die Rekonstruktionszeichnung von Rose, in der erhebliche Teile sogar des erhaltenen Inschrifttextes fehlen, andere dafür – inklusive eines Stifternamens – hinzuerfunden sind[6]. Am erhaltenen bzw. rekonstruierten Text orientiert ist hingegen der Vorschlag von Boschung, welcher aber auch ohne Kenntnis der Steine und ihrer Abmessungen auskommen mußte[7].

Und so sah man denn der großen, teuren und doch wohl endgültigen, von Antonino Di Vita und Monica Livadiotti besorgten Publikation der drei Tempel am ›Foro Vecchio‹ von Lepcis Magna mit Spannung entgegen[8] und wurde bitter enttäuscht, als diese im Jahre 2005 erschien: Die Aufnahme und Veröffentlichung jener untrennbar mit der Architektur des Augustus-Roma-Tempels (Abb. 1) verbundenen Inschriftbasis ist dort schlichtweg unterblieben.

---

[3] Etwas zu weit gehend ist die Zustimmung von Kleinwächter 2001, 230, die den – damals noch nicht publizierten – archäologischen Befund in seiner Aussagekraft überschätzt und einen irrigen Zusammenhang zwischen der rekonstruierten Quadriga-Basis und den Marmorstatuen der Frauen der Kaiserfamilie herstellt. – Berechtigt ist hingegen ihre Kritik an meiner seinerzeitigen Vorstellung (Trillmich 1988a, 55 f.) vom Aussehen der Gruppe: Kleinwächter 2001, 247 Anm. 1639; vgl. auch hier Anm. 135. – Abgedruckt (mit einigen Fehlern) ist meine damalige Lesung auch bei P. Schollmeyer, Antike Gespanndenkmäler, Antiquitates 13 (Hamburg 2001) 162 Anm. 863.

[4] Rose 1997, 278 Anm. 14. Auf diese Merkwürdigkeit hatte ich freilich selbst bereits hingewiesen (Trillmich 1988a, 59 Anm. 36); Rose nimmt sie schließlich hin.

[5] Boschung 2002, 16 Anm. 129.

[6] Rose 1997, Taf. 217 b. Als Modell für die auf Drusus bezügliche rechte Hälfte der Inschrift diente ihm offensichtlich IRT 335, eine Marmor(!)-Tafel, von der schon Aurigemma (1940, 29) gesagt hatte »non ha nulla di comune con l'altra a Germanico«. Es ist besser, Roses Text hier nicht zu wiederholen. Sein Umgang mit der Inschrift überrascht um so mehr, als er (Rose 1997, 183) deren kompletten Text nach meinem Vorschlag von 1988 abdruckt.

[7] Boschung 2002, Beil. 1. Seine Rekonstruktion einer Basis von ca. 6,5 m Länge orientiert sich offensichtlich an der Position der freilich erst später hinzugekommenen claudischen Statuen und Inschriftstelen; die beiden Wörter der Zeile 2 standen nach Ausweis der entsprechenden Steine (unsere Blöcke B und F) weit auseinander.

[8] Vgl. etwa Kleinwächter 2001, 247 mit Anm. 1638 (ebenda 224–228 gute zusammenfassende Darstellung der Baugeschichte und der Erforschung des Foro Vecchio).

Abb. 1. Lepcis Magna, ›Foro Vecchio‹, Frontansicht des Augustus-Roma-Tempels von SO. Vorn das durchlaufende Sockelprofil der vorgelagerten Tribüne (*rostra*). Im Hintergrund die byzantinische Mauer mit Treppe zum Wehrgang

Verschiedentlich wird zwar auf die große formale Ähnlichkeit der profilierten Blöcke dieser Basis mit dem Stylobat des Augustus-Roma-Tempels hingewiesen[9]. Ebenfalls mehrfach wird betont, daß bereits bei der Errichtung des Tempels eine reiche Statuenausstattung vorgesehen war[10], zu der aber – nach Aussage der neopunischen Inschrift über der Cella-Tür (dazu s. u. Kap. 5) – doch auch das Quadriga-Monument für Germanicus und Drusus gehörte. Angesichts alles dessen kann man nicht verstehen, warum die Blöcke der Basis nicht wenigstens im Steinkatalog publiziert wurden.

Giorgio Rocco hat immerhin einige Überlegungen zur Konstruktion und zu gewissen statischen Problemen der Quadriga-Basis angestellt[11] und das Monument sogar in seine Rekonstruktionszeichnung der statuarischen Ausstattung von Tempel und vorgelagerter *tribuna* aufgenommen[12]. Dabei hat er unbegreiflicherweise den Text der Inschrift überhaupt nicht in seine Überlegungen einbezogen, obwohl er vor Ort insgesamt zwölf Blöcke der Basis, darunter sechs beschriftete, hatte identifizieren können[13]. Trotz dieses Vorteils der Autopsie hat er unter gänzlicher Vernachlässigung des Raumbedarfs der Inschrift, vielmehr nur aufgrund der Standspuren der Pferde und von Überlegungen zu deren Größe, recht freihändig eine

---

[9] Livadiotti 2005, 174 Anm. 24; 192 Anm. 77 (»pressoché identici«); 193 Abb. 2.22. – Rocco 2005, 206 Abb. 2.40; 270 Abb. 2.93; 6 (Profilzeichnung des Stylobats).

[10] Livadiotti 2005, 200; Rocco 2005, 230: »il tempio fu realizzato in funzione di questo stesso apparato figurativo«; 231: die Statuenausstattung müsse man sich vorstellen »come la stessa ragion d'essere della realizzazione dell'edificio«; 235: zur Fundamentierung der Statuenausstattung.

[11] Rocco 2005, 231 f. mit Anm. 173.

[12] Rocco 2005, 233 Abb. 2.63 b; vgl. auch Livadiotti 2005, 179 Anm. 37. – Auf alles dies und auf weitere, durchaus interessante und teilweise zutreffende Beobachtungen zur Beziehung der Quadriga zu den großformatigen Porträts (Rocco 2005, 232–234) und zum Problem der Fundamentierung des Monuments (Rocco 2005, 235) wird weiter unten (Kap. 4 d mit Anm. 110) zurückzukommen sein.

[13] Rocco 2005, 231 f. mit Anm. 173.

Gesamtbreite der Basis von maximal 5,30 m errechnet und dieses Maß auch in seine Rekonstruktionszeichnung übernommen.

Aus dieser Forschungssituation ergibt sich nun doch die Berechtigung und gar die Notwendigkeit, meine Skizzen und Notizen zu dem Monument, die ich 1971 vor Ort gefertigt habe, vorzulegen. Wohlgemerkt handelt es sich um nicht mehr als einen Ersatz; doch wo von bauforscherischer Seite keine professionelle Aufnahme erfolgte, wird die archäologische Skizze immerhin willkommen sein. Selbst diese vorzulegen wäre aber nicht möglich ohne die überaus wertvolle Hilfe, die mir als Anfänger seinerzeit von einem Altmeister des Faches und wahren Gentleman zuteil wurde: John Bryan Ward-Perkins, damals Direktor der British School at Rome, der mir in liberalster Kollegialität seine Erinnerungen, Notizen und Photographien zur Verfügung stellte und dessen Andenken diese Zeilen in Dankbarkeit gewidmet seien.

Während meiner Stipendiatenreise konnte ich im März 1971 auf dem ›Foro Vecchio‹ von Lepcis Magna eine Reihe von Blöcken mit Teilen einer Inschrift aufnehmen, deren Text erstmals vollständig von Joyce M. Reynolds und John B. Ward-Perkins in ihrem 1952 erschienenen, noch heute grundlegenden Corpus »The Inscriptions of Roman Tripolitania« publiziert worden ist, und zwar als eine Ehreninschrift für Germanicus (5 Blöcke: IRT 334 a) und Fragmente eines »duplicate text« (2 Blöcke: IRT 334 b). Zur ursprünglichen Form des oder der Monumente wird dort mitgeteilt: »part of a low rectangular base with sockets on the upper face for a statue or a group of statuary«.

Weiter war schon Salvatore Aurigemma in der Auswertung des archäologischen Befundes bei unserem Block A (vgl. Abb. 4) mit der Beschriftung Ge[r]manico · Cae[, den er 1937 selbst gesehen hatte und 1940 zusammen mit einer Abbildung publizierte[14]. Vor allem angesichts des »incavo« auf der Oberseite kam ihm die Vermutung, daß dieser Block Teil einer sehr großen Basis gewesen sein müsse, die eine statuarische Gruppe getragen hätte, möglicherweise die in der neopunischen Inschrift des Tempels genannte Quadriga des Germanicus und des Drusus. Aurigemma kannte ferner von einer Photographie[15] unseren Block E (vgl. Abb. 8), auf dessen Oberseite er völlig zu Recht gleichfalls ein großes Einlaßloch zu erkennen glaubte; er hätte ihn gerne mit jener Germanicus-Inschrift (unser Block A) in Verbindung gebracht, wurde aber durch eine (irrige) Auskunft von Giacomo Caputo über die Maße beider Steine von dem eingeschlagenen, richtigen Wege abgelenkt[16]. Wenn wir diesen hier zu Ende gehen, so seien damit auch die unschätzbaren Verdienste Aurigemmas um die Bekanntmachung der wichtigen und großartigen Porträtgruppen[17] des Augustus-Roma-Tempels von Lepcis Magna hervorgehoben.

Auf dem eigenen langen Weg bis zur Vorlage dieser Arbeit haben mir außer John B. Ward-Perkins viele ihre Hilfe angedeihen lassen. Dem Deutschen Archäologischen Institut danke ich noch heute für die Verleihung des Reisestipendiums; keinen geringen Anteil hieran hatte Walter Hatto Groß. Während des Aufenthaltes in Lepcis Magna war mir meine damalige Frau,

---

[14]   Aurigemma 1940, 27 f. Abb. 14.

[15]   Aurigemma 1940, 37 Abb. 20; vgl. Aurigemma 1940, 7 Abb. 5.

[16]   Aurigemma 1940, 27 Anm. 4.

[17]   Auf die gesamte Problematik der Porträtfiguren, ihrer Gruppierung und Aufstellung (dazu vgl. unsere Anm. 130) wollen wir hier bewußt nicht eingehen. Wirklicher Fortschritt über das von Aurigemma 1940 Begonnene hinaus ist auch für diese Monumente erst von einer vollständigen Aufnahme und Vorlage aller Fragmente zu erhoffen, die wir von Luisa Musso erwarten; vgl. vorläufig L. Musso, Nuovi ritrovamenti di scultura a Leptis Magna. Athena tipo Medici, in: Studi in onore di Sandro Stucchi II (Rom 1996) 115–139; Musso 2008.

Ute Trillmich, die mich auf der Stipendiatenreise begleitete, eine unermüdliche Hilfe bei der Suche nach den Steinen und bei deren Dokumentation; viel später haben Christa Landwehr und besonders Birgit Nennstiel ergänzende Angaben dazu beigetragen. Klaus und Gisela Fitt-schen verdanke ich Photographien und Notizen zu den Funden vom Augustus-Roma-Tempel. Während meiner Assistentenzeit an der Freien Universität Berlin stellte Friedrich Wilhelm Goethert, der sich sehr für das Thema interessierte, Mittel für die optimale Vergrößerung mei-ner laienhaften Aufnahmen durch Karl H. Paulmann zur Verfügung. Wertvolle Hinweise ga-ben Werner Johannowski, Friedrich Rakob, Wolfgang Röllig und Einar von Schuler, in einer späteren Phase Luisa Musso, Trinidad Nogales Basarrate und Frank Sear, ferner die Kollegin-nen aus dem Architekturreferat der Berliner Zentrale des Deutschen Archäologischen Instituts, Claudia Bührig, Nicole Röring, Ulrike Wulf-Rheidt sowie Bernd Marr. Sämtliche hier vorge-legten Zeichnungen hat in unserer glücklichen gemeinsamen Madrider Zeit Uwe Städtler mit ebensoviel Liebe wie Können auf der Grundlage meiner Skizzen und Notizen angefertigt. Die Digitalisierung des gesamten graphischen Materials für den Druck lag in den sensiblen und geschickten Händen von Juren Meister. Für die geduldige und kompetente redaktionelle Be-treuung der Drucklegung danke ich Wanda Löwe. In der Phase der endgültigen Abfassung des Manuskripts habe ich in der Bibliothek der Ny Carlsberg Glyptotek in Kopenhagen Hausrecht genießen dürfen, wofür namentlich Mette Moltesen herzlicher Dank gesagt sei. Alles übrige Verdienst um die Fertigstellung dieser Arbeit kommt meiner Frau Clara Bencivenga zu.

2. KATALOG DER ERHALTENEN BZW. DOKUMENTIERTEN BASIS-BLÖCKE

2 a. Vorbemerkungen

Wir bringen im folgenden zunächst den Katalog der insgesamt sieben uns bekannten be-schrifteten Blöcke (A–G); angeschlossen sind weitere vier Steine ohne Beschriftung (H–L). Ihrer aller Zusammengehörigkeit ergibt sich zweifelsfrei aus der Übereinstimmung von Ma-ßen, Profilen, technischen Details und – soweit sie Teile der Inschrift tragen – aus dem Duktus der Buchstaben und der Form der Worttrenner. Alle Blöcke bestehen aus dem harten, aber mit Löchern und Poren durchsetzten Kalkstein von Ras el-Hammam, der identisch ist mit dem Material, welches für das Tempelpodium, die vorgelagerte Tribüne und – in der ursprüng-lichen Bauphase – für den gesamten Bau und seinen Dekor, einschließlich der Türrahmung mit der neopunischen Inschrift, verwendet wurde. Die Zugehörigkeit der Inschriftbasis zum Augustus-Roma-Tempel ergibt sich außer aus der schon erwähnten (Anm. 9) formalen Ähn-lichkeit mit dessen Stylobatblöcken auch aus der Position der Blöcke B und E (Abb. 2. 3), die 1971 auf den Resten der Umfassungsmauer jener Tribüne lagen[18].

---

[18] Im Falle von Block B wollen wir nicht ausschließen, daß er von den Ausgräbern an die Position unserer Abb. 2 gelegt worden sein könnte. Block E aber lag immerhin auf der zweiten Quaderlage oberhalb des Sockelprofils der Tribüne; deutlicher als in unserer Abb. 3 wird die erhebliche Höhe in der Aufnahme des damals noch nicht vollständig ausgegrabenen Tempels bei Aurigemma 1940, 7 Abb. 5. Daher wird man hier zuversichtlich von ›Sturzlage‹ sprechen dürfen. – Inzwischen sind manche der Steine, offenbar im Zuge einer Inventarisierung der zu dem Quadriga-Monument gehörenden Elemente, bewegt worden. Birgit Nennstiel, die auf meine Bitte hin im Jahre 2003 freundlicherweise – trotz ihrer sehr knapp bemessenen Zeit – eine Nachsuche nach dem vermißten

Abb. 2. Block B (vgl. Abb. 5) in der schon von Aurigemma 1940, 7 Abb. 5 dokumentierten Lage
auf dem Sockelprofil der dem Augustus-Roma-Tempel vorgelagerten Tribüne an deren SO-Ecke

Alle unsere Blöcke haben eine Gesamthöhe von 51 cm. Ihr unteres Profil ist 8,5 cm hoch, das obere 6,5 cm. Das dazwischen liegende Schriftfeld hat eine Höhe von 36 cm.

Die Buchstabenhöhe in der oberen Zeile schwankt zwischen 7,5 und 8,5 cm, wobei die *longae* nicht berücksichtigt sind, welche ca. 9 cm hoch sind. – Die Buchstabenhöhe in der unteren Zeile[19] beträgt 7 cm.

Den Zeichnungen der einzelnen Steine (Abb. 11–16. 20–23) liegen die von mir vor Ort genommenen Maße zugrunde. Weitere Maße, die sich aus der Umzeichnung ergaben und die für die nachfolgende Rekonstruktion von Inschrift und Frontseite des Denkmals besondere Bedeutung haben oder haben könnten, sind zusätzlich dort eingetragen. In den folgenden Katalogbeschreibungen der Blöcke sind wir deshalb mit Maßangaben sparsam.

Zu den metrologischen Verhältnissen an diesem Bau und zu deren möglicher Einbeziehung in die Rekonstruktion der Inschriftbasis ist eine eher einschränkende Vorbemerkung zu machen. Das Nebeneinander zweier Maßsysteme in einer und derselben Konstruktion ist grundsätzlich höchst unpraktisch und deshalb schwer zu erklären, es ist aber ein in Lepcis Magna

---

Block F unternommen hat, konnte sogar insgesamt 14 solcher Steine finden; 12 davon (vgl. Rocco 2005, 231 Anm. 173) waren mit den Nummern Q1–Q12 beschriftet.

[19] Gemessen an Block B (der ebenfalls zweizeilig beschriebene Block F ist nur aus einem Photo bekannt). Das lange »T« der zweiten Zeile ist übrigens genauso hoch (9 cm) wie das in der oberen Zeile von Block B. Zu den gelegentlich erheblichen Unterschieden in der Breitenausdehnung der Schriftzeichen s. Kap. 3 a.

Abb. 3. Block E (vgl. Abb. 8), etwa 4 m hinter der SO-Ecke der Tribüne auf der zweiten Blocklage
von deren östlicher Seitenwand liegend (vgl. Aurigemma 1940, 7 Abb. 5)

mehrfach nachzuweisendes Faktum[20], so auch im Falle des Augustus-Roma-Tempels[21]. In dessen Entwurf waren nach Ansicht der italienischen Bauforscher anscheinend die Grund-rißmaße in römischen Fuß ausgedrückt[22], während im Aufriß die punische bzw. neo-punische Elle (*cubitum*) als Maßeinheit Anwendung gefunden hätte[23]. Eine – kaum vollständige – Er-klärung dieses Phänomens könnte in den althergebrachten Gewohnheiten der lokalen Stein-brüche und Bauhütten liegen, und in der Tat sind auf zahlreichen Quadern des Tempelpodi-

[20] Zuerst beobachtet von G. Ioppolo, La tavola delle unità di misura nel mercato augusteo di Leptis Magna, QuadALibya 5, 1967, 89–98, bes. 95. Der dort besprochene Stein, der nach allgemeiner Meinung – trotz des ver-wendeten Materials (Kalkstein) und seines Fundes im (augusteischen) Macellum – in severische Zeit gehört, ist schon abgebildet bei H. Sichtermann, Archäologische Funde und Forschungen in Libyen, AA 1962, 491 Abb. 54; vgl. auch P. Romanelli, Topografia e archeologia dell'Africa Romana, Enciclopedia Classica, Sezione III Bd. 10 (Turin 1970) 54 Taf. 32; G. Zimmer in: Bauplanung und Bautheorie der Antike, DiskAB 4 (Berlin 1983) 273 f. Abb. 12; P. Barresi, Sopravvivenze dell'unità di misura punica e suoi rapporti con il piede romano nell'Africa di età imperiale, in: A. Mastino (Hrsg.), L'Africa Romana, Atti dell'VIII convegno di studio, Cagliari 1990 (Sassari 1991) 479–502; Barresi 2008, 259–268, bes. 260–262 mit Abb. 2 (Block mit »tavola metrologica« von Lepcis Magna).
[21] Livadiotti 2005, 236–239.
[22] Livadiotti 2005, 239 Tab. 3. Der Grundriß des Tempels mit seiner vorgelagerten *tribuna*, welcher den der *aedes divi Iuli* und ähnlicher Tempel voraussetzt, ist in der Tat das Römischste an diesem Bau: Rocco 2005, 229. – Vgl. zu diesen *rostra* auch Trillmich 2007, 428 f. Anm. 77.
[23] Livadiotti 2005, 238 Tab. 2. – Zu lokalen, der hellenistischen Tradition von Alexandria und Kyrene verpflichteten Zügen im Aufriß des Tempels in seiner ersten Phase: Rocco 2005, 228 f.

ums neopunische Buchstaben angebracht[24], deren Deutung wie üblich äußerst ungewiß bleibt (Steinbruch-, Steinmetz- oder Bestimmungs- bzw. Versatzmarken?).

Auf keinem der von mir selbst gesehenen elf Blöcke unserer Inschriftbasis habe ich punische Schriftzeichen oder Marken entdecken können. Wohl aber entspricht ihre Gesamthöhe von 51 cm offensichtlich einem *cubitum*[25], also einer im Aufriß des Tempels angewandten Maßeinheit lokaler Tradition; genau dieselbe Höhe hat beispielsweise die »cornicia inferiore del podio della seconda terrazza«[26].

Von dem augenscheinlich punischen Höhenmaß der angelieferten Blöcke abgesehen, wird sich die Planung der Basis und vor allem der Anbringung ihrer lateinischen Inschrift in den Händen eines römischen oder jedenfalls römische Maßeinheiten anwendenden Architekten oder Technikers befunden haben. Gelegentlich beziehen wir deshalb in unsere metrologischen Erwägungen zur Rekonstruktion von Basis und Text das römische Fußmaß (zu 29,42 cm)[27] ein – wie wir hoffen, mit gutem Recht, da sich die entsprechenden Werte ausschließlich auf die horizontale Erstreckung der Basis beziehen. Dabei sei nicht verschwiegen, daß sich auch in solchen Zusammenhängen ebenfalls glatte Maße nach der punischen Elle ergeben können. Somit relativiert sich der Wert solcher Gleichsetzungen erheblich[28], wie etwa an den im Katalogtext zu den Blöcken A und B dargestellten Fällen gezeigt.

Zu den auch für die Textherstellung (Kap. 3) fundamentalen technischen Details des archäologischen Befundes gehören die Standspuren der Gespannpferde auf der Oberseite der beschrifteten Steine, die für die Blöcke A, B, C, E und G dokumentiert sind, für andere Abschnitte rekonstruiert oder angenommen (Block F) werden müssen. Zum technischen Aspekt sei auf Kap. 4 a–b verwiesen und vorläufig nur bemerkt, daß die größte Ausdehnung dieser

[24]   Ioppolo a. O. (Anm. 20) 96 Abb. 5; M. G. Amadasi Guzzo, Segni incisi su blocchi del muro sud-occidentale del tempio di Roma e Augusto, in: Di Vita – Livadiotti 2005, 305–308. In einigen Fällen mag es sich vielleicht auch um Zeichen handeln, die keinem Alphabet entstammen, sondern einem internen Steinmetz-Zeichen-Kanon angehören.

[25]   Wir gehen hier auf das Verhältnis von »cubito vetero-punico« zu 50,9 cm (dies die offenbar an unserem Tempel verwendete Maßeinheit) und »cubito neo-punico« zu 51,5 cm (Livadiotti 2005, 236 f. mit Tab. 1) nicht ein, weil solche feinen Unterschiede metrologisch über das bei unserem Rekonstruktionsversuch Erreichbare und Wünschenswerte hinausgehen.

[26]   Livadiotti 2005, 238 Tab. 2. Gemeint sind die Sockelprofile an den Wangen der Treppe, die von der vorgelagerten Tribüne zum Pronaos des Tempels hinaufführt; vgl. die axonometrische Rekonstruktion Livadiotti 2005, 201 Abb. 2.32 a; 266–269 Kat. CIB 1–5.

[27]   Dieses Maß ist durch Armin von Gerkan, der den römischen mit dem attischen Fuß gleichsetzte, in die deutsche Bauforschung eingeführt worden: A. von Gerkan, Der Tempel von Didyma und sein antikes Baumaß, ÖJh 32, 1940, 127–150, bes. 142–144. Vgl. F. Rakob – W.-D. Heilmeyer, Der Rundtempel am Tiber in Rom, DAI Rom, Sonderschriften 2 (Mainz 1973) 16. Kritisch dazu: R. de Zwarte, Der ionische Fuß und das Verhältnis der römischen, ionischen und attischen Fußmaße zueinander, BABesch 69, 1994, 115–143, bes. 117–124 (zu Didyma), der selbst für den römischen Fuß auf 29,394 cm kommt, was nicht eben weit von Gerkans 29,42 cm liegt. – J. Ganzert, Der Mars-Ultor-Tempel auf dem Augustusforum in Rom, DAI Rom, Sonderschriften 11 (Mainz 1996) 224–226 ermittelt in einer Durchschnittsrechnung der an jenem Tempel genommenen Maße 29,479 cm für das dort verwendete Fußmaß, das er aus praktischen Erwägungen für seine weiteren Berechnungen auf 29,5 cm aufrundet. – Die in Lepcis Magna arbeitenden italienischen Architekten setzen – im Anschluß an die Berechnungen von Ioppolo (a. O. [Anm. 20]) – den römischen Fuß mit 29,56 cm an, was nach ihrer Auffassung relativ leicht in *cubita* umzurechnen sei – »anche se con una certa approssimazione«, möchten wir mit Barresi 2008, 262 hinzusetzen. – Vgl. auch die folgende Anmerkung.

[28]   Vgl. die sehr offenen, warnenden Worte von Barresi (2008, 263) über die methodischen Risiken beim Versuch, antike Architekten-Planung zu rekonstruieren und zu analysieren. Sehr lesenswert ist in diesem Zusammenhang auch G. Zimmer, ›Zollstöcke‹ antiker Architekten, in: Bauplanung und Bautheorie der Antike, DiskAB 4 (Berlin 1983) 265–276.

Löcher, welche nicht präzise zu messen ist und gelegentlich (Block G) bis zu etwa 35 cm im Durchmesser beträgt, offensichtlich auf die Arbeit von Metallräubern zurückgeht; nur die inneren Konturen, soweit sie erkennbar sind, entsprechen der antiken Befestigungsvorrichtung.

Wegen der Wichtigkeit dieser Standspuren und ihres genauen Sitzes sind auch die Oberseiten unserer Steine in den Umzeichnungen (Abb. 11–16. 20–23) dargestellt und zwar in der Weise, daß die Aufsicht an der Vorderkante des Abschlußprofils der Frontseite in die Darstellungsebene hochgeklappt wurde.

Bezüglich der graphischen Wiedergabe der erhaltenen Teile der Inschrift versuchen wir im folgenden Steinkatalog (und später auch in Kap. 3), möglichst nahe an deren archäologischem Befund zu bleiben, der insgesamt für unser Rekonstruktionsvorhaben von größter Bedeutung und der auch in unseren Umzeichnungen peinlich genau dargestellt ist. Wir lösen uns deswegen, wo es unter diesem Gesichtspunkt sinnvoll erscheint – gelegentlich auch bei Ergänzung verlorener Schriftzeichen –, von einer konsequenten Anwendung des Leidener Klammersystems und der übrigen editorischen Konvention der Epigraphik. Die Worttrennzeichen sind mit »>« wiedergegeben.

2 b. Sieben beschriftete Blöcke (A–G) von der Vorderfront

Block A (Abb. 4 a. b. – Vgl. Abb. 11)
Mit Standspur. – Inschrift: (vacat) GE[r]MANICO>CAE (13 Schriftzeichen)

Aurigemma 1940, 27 f. Abb. 14; R. Cagnat, AE 1948, 12 Nr. 10; IRT 334 a. – Vgl. Livadiotti 2005, 179 mit Anm. 37 (zum Fund, 1932).

1971 etwa 2,50 m südöstlich der SO-Ecke des Tempels auf dem Forumspflaster stehend. Der in zwei Teile zerbrochene Block war schon von den Ausgräbern wieder zusammengesetzt (vgl. Aurigemma 1940, 27) und ist dabei offensichtlich von seinem Fundort entfernt worden.
Linker Eckblock (also mit dem Beginn der Inschrift): Das untere (erhaltene) Profil läuft auch an der äußeren, linken Schmalseite entlang. Die rechte Schmalseite ist für den Anschluß des nächsten Blocks um einiges sorgfältiger geglättet als die Rückseite.
Die originalen Gesamtmaße dieses Eckblocks ergeben sich zuverlässig aus dem Erhaltenen: s. Abb. 11.
Die Höhe von 51 cm gilt für sämtliche hier behandelten Blöcke; sie dürfte einem *cubitum* entsprechen. Die abzüglich des etwa 4 cm starken Vorderseitenprofils gemessene Tiefe von ca. 59 cm hingegen möchte man eher mit einem Planmaß von 2 römischen Fuß (2 × 29,42 = 58,84) gleichsetzen. Das Schaftmaß der Breite (also abzüglich des Profils an der linken Flanke) von 103 cm entspräche jedenfalls erstaunlich genau 3 ½ Fuß (103 : 29,42 = 3,501), fast ebenso genau aber auch 2 *cubita* (103 : 51 = 2,019). Angesichts solcher Verhältnisse wird man mit weiterführenden Folgerungen aus metrologischen Überlegungen zurückhaltend sein.
Der ebene Boden des hier unregelmäßig ovalen originalen Einlaßloches (Dm ca. 21 cm) liegt etwa 5 cm tiefer als die Fläche der Oberseite.

Block B (Abb. 5 a. b. – Vgl. Abb. 12)
Mit Standspur. – Inschrift: AVG>F>PONT> (11 Schriftzeichen)
                                LEPCIT> (vacat)

Abb. 4 a und b. Block A (vgl. Zeichnung Abb. 11), linker Eckblock der Basis mit Standspur
auf der Oberseite

Abb. 5 a und b. Block B (vgl. Zeichnung Abb. 12). – a. Front (Aufnahme um 180° gedreht). –
b. Subjektiv rechte Flanke mit der angeschnittenen Einlaßgrube

IRT 334 a; A. Di Vita – G. Di Vita-Evrard – L. Bacchielli, Das antike Libyen. Vergessene Stätten des
römischen Imperiums (Köln 1999) 77, Abb. rechte Spalte (»ein Block des Sockels der Quadriga von
Germanicus und Drusus«). – Vgl. Livadiotti 2005, 174 mit Anm. 24 (Nachrichten zum Fund, 1932).

1971 auf den unteren Profilblöcken der östlichen Wand der Tribüne kurz hinter deren SO-Ecke liegend
(Abb. 2; das vordere Drittel des Blocks mit der Einlaßgrube ist auch sichtbar in Abb. 1, rechts von der
lateinisch-punischen Inschriftstele, die zu der claudischen Statuengruppe gehört), mit der Oberseite
nach unten, weswegen Sitz und Ausdehnung des hier ca. 7 cm tiefen Befestigungsloches nur ungefähr
angegeben werden können. Dieses griff jedenfalls auf den rechts anschließenden Block über. Unsere
Abb. 5 b zeigt das angeschnittene Befestigungsloch und gibt einen Eindruck von den auf Anschluß
vorbereiteten Seitenflächen aller dieser Blöcke. – Im Jahre 2003 hat Birgit Nennstiel den inzwischen
mit der Nummer »Q 7« versehenen Stein auf seiner linken Flanke am Boden liegend photographiert.
Am rückwärtigen Ende des Blocks, in einem Abstand von 109 cm von dessen Vorderkante, findet sich
in der Oberseite eine merkwürdige Stufe von 23,5 cm Tiefe; dahinter ist der Block unregelmäßig gebrochen (vgl. einen ähnlichen Befund bei dem unbeschrifteten Block I; s. u. mit Abb. 21). Mit seiner
erhaltenen Tiefe von 117 cm ist Block B immerhin der längste unter allen von mir vermessenen Steinen, die zu dieser Basis gehören.
Die verläßlich meßbare Breite (55,5 cm) dieses wohlerhaltenen Blocks ergibt keine glatten Entspre-
chungen in *pedes* oder *cubita*, was wenig hilfreich, vielmehr eine Warnung ist: Man muß auch mit
zumindest teilweise ›freihändig‹ zugeschnittenen Blockformaten rechnen.

Abb. 6 a und b. Block C (Fragment; vgl. Zeichnung Abb. 13). – a. Front mit Resten der Inschrift. –
b. Oberseite mit Standspur, hier eindeutig in der Form eines Pferdehufes (vgl. auch Abb. 25)

Block C (Abb. 6 a. b. – Vgl. Abb. 13; ferner Abb. 25)
Fragment; mit Standspur. – Inschrift:]S>ITER[

IRT 334 b.

1971 hochkant stehend auf dem Forumspflaster vor der SO-Ecke des Liber Pater-Tempels. – Die
Aufnahme der Vorderseite (unsere Abb. 6 a) wird der Freundlichkeit von J. B. Ward-Perkins verdankt
(Neg. BSR Trip. 47.XXIII.12).
Stark fragmentiert; das obere Profil ist ganz verloren bis auf die Abbruchspur seiner unteren Begrenzungslinie, aus der sich die (übliche) Höhe des Schriftfeldes von 36 cm ergibt. Die linke Seite, so gerade sie aussieht, ist eine Bruchfläche. Die rechte Flanke ist stark bestoßen; dort sind aber Meißelspuren
der ursprünglichen Glättung erhalten. Die größte erhaltene Breite mißt man noch mit 55 cm. Die 1971
auf dem Boden stehende Rückseite ist offenbar gebrochen, so daß die ursprüngliche Tiefe nicht festzustellen war; die erhaltene Tiefe von 83 cm ist in Abb. 13 eingetragen.
Das hier einmal gut erhaltene originale Einlaßloch für den Blei-Zapfen des dort verankerten Pferde-
beins hat eine Breite von 16 cm und eine Längenausdehnung von 21 cm; es zeigt deutlich die Umrißform eines Hufes (vgl. Abb. 6 b; auch Abb. 25).

Block D (Abb. 7 a. b. – Vgl. Abb. 14)
Fragment. – Inschrift: IMP>IT[

IRT 334 a.

Am rechten Bruchrand ist noch ein winziger Rest der Querhaste eines überlängten »T« erhalten, was
auf unserem Photo (Abb. 7 a) wegen des vom Profil geworfenen Schattens kaum auszumachen ist. Dieser Rest ist in Abb. 14 dargestellt, und der Buchstabe ist – nicht ganz konsequent in voller Darstellung
– in die obenstehende Umschrift aufgenommen.
1971 hochkant auf dem Forumspflaster stehend, an die SO-Ecke des Tempels angelehnt. 2003 hat ihn
Birgit Nennstiel auf seiner rechten Flanke liegend photographiert.

Abb. 7 a und b. Block D (Fragment; vgl. Zeichnung Abb. 14). –
a. Stirnseite. – b. Aufsicht

Abb. 8 a und b. Block E (vgl. Zeichnung Abb. 15). –
a. Der Block, von vorn gesehen, in der 1940,
1947 und 1971 dokumentierten Lage auf der
östlichen Seitenwand der Tribüne (vgl. Abb. 3). –
b. Oberseite (Stirnseite unten im Bild) mit Standspur

Die linke Seite ist gepickte Anschlußfläche, im oberen Teil besonders zur Stirnseite hin stark bestoßen. Die rechte Flanke ist ein erstaunlich gerader, aber dennoch unzweifelhafter Bruch: An zahlreichen Stellen ist zu erkennen, daß das Material abgeplatzt ist, vielleicht bei einer absichtlichen Spaltung des Blocks; es sind dort keinerlei Werkspuren einer Bearbeitung oder Glättung zu finden.
Infolge des Bruches der rechten, aber auch der Verletzungen der linken Seite ist die Stirnseite des Blocks an der oberen Kante um 1,5 cm schmaler als an der unteren. Die Rückseite war kaum zu untersuchen, scheint aber eine bearbeitete Fläche zu sein; die ursprüngliche Blocktiefe hätte demnach ca. 91 cm betragen.

Block E (Abb. 8 a. b. – Vgl. Abb. 15)
Fragmentiert; mit Standspur. – Inschrift:]ESARI>T[

Aurigemma 1940, 27 Anm. 4; vgl. Aurigemma 1940, 7 Abb. 5. 37 Abb. 20; IRT 334 b.

Abb. 9. Block F (verschollen)

1971 lag der Block noch genau da, wo ihn die von Aurigemma publizierten Aufnahmen zeigen: etwa 4 m von der SO-Ecke des Tempels entfernt auf der zweiten Blocklage der über dem Profilsockel aufgehenden östlichen Seitenwand der Tribüne (Abb. 3; 8 a). Im Jahre 2003 hat ihn Birgit Nennstiel am Boden liegend angetroffen, sehr viel stärker beschädigt und mit der Nummer »Q 10« versehen.

Dieser Block, dessen Frontseite im ersten Drittel ihres Verlaufs fehlt, ist stärker und gelblicher verwittert als die übrigen; die Schrift ist besonders stark verwaschen. Am hinteren Blockende Bruch; die ursprüngliche Tiefe kann nicht ermittelt werden.

Die Tiefe des Einlaßloches auf der Oberseite beträgt hier 7 cm; der Durchmesser seines originalen Bodens läßt sich auf etwa 18–20 cm schätzen.

Unsere Aufnahme Abb. 3 gibt eine Vorstellung von der Unterseite aller dieser Blöcke, deren Glättung der der Oberseiten (vgl. z. B. Abb. 8 b) und auch der seitlichen Anschlußflächen (vgl. z. B. Abb. 5 b) entspricht.

Block F (Abb. 9)
Verschollen. – Inschrift: COS>ITER> (vacat) (9 Schriftzeichen)
           (vacat) PVBLIC

IRT 334 a.

Diesen an seiner beschrifteten Stirnseite gut erhaltenen Block habe ich bei meinem Aufenthalt in Lepcis im März 1971 nicht gesehen; Birgit Nennstiel und Christa Landwehr haben freundlicherweise in neuerer Zeit auf meine Bitte hin nach ihm gesucht und ihn nicht finden können. Rocco (2005, 231 Anm. 173) kennt ebenfalls nur sechs Blöcke mit Inschrift, die er der Quadriga-Basis zuordnen möchte. Der siebente (unser Block F) muß also wohl wirklich für verschollen gelten.

Immerhin hatte glücklicherweise J. B. Ward-Perkins eine Aufnahme (Neg. Trip. BSR 48.XVII.7) von der Inschriftseite dieses wichtigen Steines in seinen Unterlagen; er hat sie mir seinerzeit überlassen, und hier kann sie nun wiedergegeben werden (Abb. 9, um etwa 110° nach links aus der Aufnahmerichtung gedreht). Der Block lag zur Zeit der englischen Arbeiten ein beträchtliches Stück vom Tempel der Roma und des Augustus entfernt auf dem Pflaster an der Südseite des ›Foro Vecchio‹; das scheint jedenfalls aus den im Hintergrund auf der Photographie erkennbaren Bauten hervorzugehen. Bezugspunkt (aus der originalen Aufnahmerichtung gesehen hart am rechten oberen Bildrand): Treppe zum Wehrgang der byzantinischen Mauer über der *pars postica* unseres Tempels; vgl. die Ansicht bei Livadiotti 2005, 188 Abb. 2.16; Kleinwächter 2001, Taf. 79, 2; auch unsere Abb. 1.

Daß beide Seiten des Blocks als bearbeitete Kanten zu verstehen sind, zeigt das Photo mit aller Deutlichkeit. Dagegen lassen sich über die Tiefe des Steines und vor allem über seine Oberseite – welche

Abb. 10 a und b. Block G (fragmentiert; vgl. Zeichnung Abb. 16), rechter Eckblock der Basis mit
Standspur auf der Oberseite. – a. Stirnseite. – b. Aufsicht (die beschriftete Front rechts im Bild)

nach unserer Rekonstruktion unbedingt ein Befestigungsloch aufweisen müßte; dazu s. u. Kap. 3 zu
Abschnitt X – leider keine Aussagen machen. Die Breite des Blocks F errechnet sich nach dem Photo
aus der bekannten Höhe (51 cm) aller unserer Blöcke auf ebenfalls etwa 51 cm. Die auf diese nicht gerade exakte Weise gewonnenen Proportionen stimmen einigermaßen zu der Front des anderen Blocks
mit zweizeiliger Inschrift (Block B; Breite 55,5 cm). Nach diesen Überlegungen wurde unsere Zei-
chenskizze von der Stirnseite des Blocks F gefertigt, welche in die Rekonstruktion der Basisfront
(Klapptaf. Abb. 30) als Abschnitt X eingefügt ist.

Block G (Abb. 10 a. b. – Vgl. Abb. 16)
Fragmentiert; mit Standspur. – Inschrift: TER>FLAMINI>AV[

IRT 334 a.

1971 etwa 3 m rechts der SW-Ecke der dem Tempel vorgelagerten Tribüne auf deren Sockelprofil
stehend (vgl. Abb. 1, hart am linken Bildrand). Dort hat ihn auch Birgit Nennstiel im Jahre 2003 noch
photographiert.
Die linke Flanke ist durch Glättung auf Anschluß vorbereitet; an der rechten Seite überall Bruch. Die
Rückseite ist die originale: Der Block hatte die relativ geringe Tiefe von 57 cm (mit Profil; Schaftmaß:
53 cm). Es handelt sich gewiß um einen (rechten) Eckblock, wie aus der Verwandtschaft der Proportionen mit denen von Block A (Abb. 11) und des unbeschrifteten Blocks H (Abb. 20) hervorgeht. Zur
Ermittlung der ursprünglichen Breite von Block G s. u. Kap. 3 zu Abschnitt XII.
Die größte Tiefe des Einlaßloches auf der Oberseite (Abb. 10 b) beträgt ca. 5,5 cm; den Durchmesser
seiner originalen, hier annähernd kreisförmigen Grundfläche habe ich mit etwa 17 cm notiert. An den
in Abb. 16 mit Kreuzchen markierten Stellen befinden sich noch Reste einer Metallverdübelung; die
Eisen haben einen quadratischen Querschnitt von 3 × 3 bzw. 4 × 4 cm. – Zu diesem Detail der Befestigungsvorrichtung vgl. u. Kap. 4 a mit Abb. 24–26.

Abb. 11. Block A. M. 1 : 20

Abb. 12. Block B. M. 1 : 20

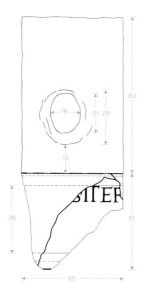

Abb. 13. Block C. M. 1 : 20

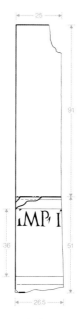

Abb. 14. Block D. M. 1 : 20

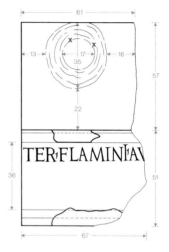

Abb. 15. Block E. M. 1 : 20   Abb. 16. Block G. M. 1 : 20

2 c. Vier Blöcke (H–L) ohne Inschrift

Außer sechs beschrifteten Blöcken (A–E, G) aus der Frontseite der Quadriga-Basis sind noch vier weitere Blöcke von mir im Jahre 1971 gesehen und aufgenommen worden, die nach Material, Abmessungen, Profilen und im Falle des Blocks I obendrein wegen einer der bekannten großen Standspuren auf seiner Oberseite mit Sicherheit in den Verband dieser Basis gehören. Die Maße sind wiederum den von Uwe Städtler gefertigten Zeichnungen dieser Blöcke zu entnehmen. Es ist uns aufgefallen, aber nicht recht erklärlich, daß die Maße dieser vier nicht zur Inschrift-Front des Monuments gehörenden profilierten Blöcke in keinem Falle runden Fußmaßen entsprechen; vielmehr bieten sich verschiedentlich glatte Umsetzungen in *cubita* an.

Block H (Abb. 17. – Vgl. Abb. 20)
1971 lag dieser Stein auf seiner profilierten Flanke im Pronaos-Bereich des östlich neben dem Augustus-Roma-Tempel gelegenen ›Hercules‹-Tempels. – Die auffallend genaue Entsprechung der Gesamtbreite (51 cm mit Profil) zur (üblichen) Gesamthöhe (51 cm) des Blocks läßt an ein (punisches) Standardmaß des Steinbruchbetriebs denken.
Es handelt sich bei diesem wichtigen Element eindeutig um einen Eckblock, wie die an zwei seiner Seiten umlaufenden Profile anzeigen. Gut erhalten ist besonders die Ecke des oberen Abschlußprofils (in unserer Abb. 17 rechts unten). Die beiden Enden der Stirnseite unserer Basis sind durch die Eckblöcke A und G dokumentiert, welche Anfang und Ende des Inschrifttextes tragen (vgl. Kap. 3, Abschnitte I und XII). Block H muß folglich an eine hintere Ecke der viereckig zu denkenden Basis gehören; seine Profile verliefen an deren Rückseite und einer ihrer Flanken.
Wie herum der Block H im Verband der Basis verlegt war, ist nicht ganz verläßlich zu ermitteln. Man könnte immerhin sein Tiefen-Maß (57,5 cm) wegen dessen Nähe zum entsprechenden Maß des rechten Eckblocks G der Stirnseite (57 cm; vgl. Abb. 16) und analog zu dessen klar bestimmbarer Position im

Abb. 17. Block H (vgl. Zeichnung Abb. 20). –
Eckblock

Abb. 18. Block I (vgl. Zeichnung Abb. 21). –
Inschriftloser Block mit weit (ca. 75 cm) hinter der
Vorderkante sitzender Befestigungsgrube

Abb. 19. Block K (vgl. Zeichnung Abb. 22)

Verband als die Tiefenausdehnung des Blocks H von der Rückseite gegen die Frontseite der Basis hin auffassen, und so ist unsere Abb. 20 denn auch angelegt. Demnach wäre Block H an der (von vorne gesehen) linken hinteren Ecke der Basis verlegt gewesen.

Der Block bezeugt jedenfalls – und das macht seine Wichtigkeit aus –, daß unsere Basis und mit ihr das darauf errichtete Monument seitlich und nach hinten frei stand.

Block I (Abb. 18. – Vgl. Abb. 21)
Mit Standspur.
1971 etwa 1 m südlich von Block H auf seiner subjektiv linken Flanke liegend.
Block I ist gleichfalls von großer Wichtigkeit, weil auf ihm der größte Teil eines Befestigungsloches eingetieft ist, das (ähnlich wie im Falle des Inschrift-Blocks B; vgl. Abb. 12) auf den rechts anschlie-ßenden Stein übergriff. Der inschriftlose Block I kann freilich nicht in der Vorderseite der Basis verlegt gewesen sein, auch nicht in einer etwa doch unbeschrifteten Partie der Front: Der Abstand des ›Zen-trums‹ seiner Befestigungsgrube vom Stirnprofil (ca. 75 cm; vgl. Abb. 21) ist dafür viel zu groß. Bei den von mir vermessenen Inschrift-Steinen liegt der jeweils auch nur ungefähr zu bestimmende Mit-telpunkt dieser Vertiefungen zwischen ca. 31 cm (Block C) und 40 cm (Block G) von der Profilkante entfernt (Blöcke A, B und E: ca. 34 cm). – Zum Stand der Pferde vgl. Kap. 4 c.

Wegen seines Profils gehört Block I selbstverständlich an eine Außenseite unserer Basis. Seine Verlegung in deren Rückseite scheidet aus – abermals wegen der Standspur – da hinter den Pferden wesentlich mehr Raum als die hier verfügbare Strecke (vgl. Abb. 21) für den Wagen zu fordern ist. Folglich muß er an eine der Flanken unserer Basis verwiesen werden und die Einlaßgrube für den äußeren Hinterhuf eines der beiden Leinenpferde tragen. Da das Loch nicht komplett erhalten ist (größter gemessener Dm = B: 14 cm), können wir über die Form bzw. Richtung des dort aufstehenden Hufes nichts wirklich Sicheres ermitteln und mithin nicht entscheiden, ob der Block auf die rechte oder die linke Seite des Monuments gehörte.

Am rückwärtigen Ende dieses insgesamt (wie alle anderen) 51 cm hohen Blocks, in einem Abstand von 104 cm von dessen Vorderkante, findet sich eine Stufe (bearbeitete Fläche) von ca. 30 cm Tiefe; darunter setzt sich der Block nach hinten fort (in der Zeichnung Abb. 21 dargestellt), ist aber dann abgebrochen (erhaltene Gesamtlänge 112 cm). Die Abstufung findet eine technische Entsprechung am rückwärtigen Ende des ebenfalls besonders langen Blocks B (Abb. 12). Diese Befunde geben vielleicht einen Hinweis darauf, daß in solchen Bereichen der Konstruktion, auf die nicht durch daraufstehende Teile des Monuments eine Punktlast wirkte, die Basis weniger massiv konstruiert war: Man könnte sich dort ein auf einer Schüttung verlegtes Plattenpflaster vorstellen. Zum Problem der Statik des Quadriga-Monuments s. u. Kap. 4 d mit Anm. 110.

Block K (Abb. 19. – Vgl. Abb. 22)

1971 hochkant vor der SO-Ecke des Liber Pater-Tempels auf dem Platzpflaster stehend.

Beide Flanken und die Rückseite sind als grob gepickte Flächen behandelt. Die Unterseite ist eben, weist aber eine Stufe auf: Ihre hintere Hälfte reicht etwa 2 cm tiefer herab als die vordere, so daß der Block an der Stirnseite die übliche Höhe von 51 cm hat, an der Rückseite dagegen 53 cm stark ist.

Block L (Abb. 23)

1971 auf seiner rechten Flanke liegend beim westlichen Treppeneinschnitt in die vorgelagerte Tribüne des Augustus-Roma-Tempels.

Interessant ist der Versprung am hinteren Ende, der wohl einer besonderen Verbindung mit einem anschließenden Quader diente. Da die schmalere Zunge an der rechten Seite nach hinten zu gebrochen ist, kann die ursprüngliche Gesamttiefe des Blocks nicht mehr festgestellt werden. Die Tiefe (77 cm) des kürzeren Abschnitts entspräche genau 1,5 *cubita*.

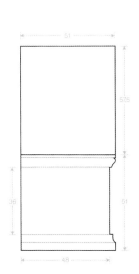

Abb. 20. Block H. M. 1 : 20

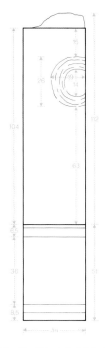

Abb. 21. Block I. M. 1 : 20

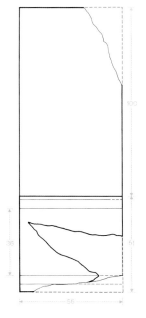

Abb. 22. Block K. M. 1 : 20

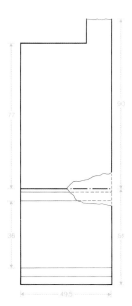

Abb. 23. Block L. M. 1 : 20

3. REKONSTRUKTION DER INSCHRIFT UND DER FRONTSEITE DER BASIS

3 a. Vorbemerkungen

Die in den IRT 334 a unter Verwendung der Textteile auf fünf dieser Steine (unsere Blöcke A, B, F, D und G) gewonnene Rekonstruktion einer Ehreninschrift für Germanicus[29] ist wohlüberlegt[30] und stünde auch in einer gefälligen Anordnung auf der sich ergebenden, etwa 3,85 m langen Frontseite einer Basis: Die beiden einzigen Wörter der zweiten Zeile wären genau symmetrisch zur Mittelachse angeordnet (s. u.).

Dennoch läßt sich der Vorschlag nicht halten. Legt man die erhaltenen Blöcke in dieser Anordnung nebeneinander und fügt dann gemäß der Ergänzung von IRT 334 a die fehlenden Teile des Textes – gleichfalls natürlich als Quader verstanden – ein, so ergibt sich folgende Skizze von der Frontseite des Monuments:

GErMANICO>CAE|sari>ti>|AVG>F>PONT>|augur>|COS>ITER>|IMP>I|TER>FLAMINI>AVg

| LEPCIT | | PVBLICE|

Hieran fällt sogleich ins Auge, daß sehr unterschiedliche Quaderbreiten hingenommen werden müßten; es sieht fast so aus, als habe man sich die Konstruktion im Läufer-Binder-System vorzustellen, was nicht grundsätzlich auszuschließen wäre. Nun ist aber der besonders schmale vorletzte ›Quader‹ (Buchstaben IMP>I = unser Block D) in Wirklichkeit nur ein Fragment, wie wir im Katalog dargestellt haben: Seine rechte Seite ist eine Bruchfläche, welche natürlich nicht an die linke Flanke des in der Ergänzung der IRT folgenden Quaders (Buchstaben TER>FLAMINI>AVg = unser Block G) angelegt werden darf.

Es kommt noch ein weiterer Einwand hinzu. Block F hat in der zweiten Zeile durchaus nicht PVBLICE, sondern nur PVBLIC; dann kommt die Kante, wie unsere Abb. 9, deren Vorlage ich der Freundlichkeit von J. B. Ward-Perkins verdanke, mit aller Deutlichkeit erkennen läßt. Die Adverb-Endung »-e«, die nach der Umschrift in den IRT 334 a angeblich erhalten wäre[31] – und die man wohl auch fordern sollte[32] –, müßte also auf dem dort rechts

---

[29]　Unsere Blöcke E und C werden, gewissermaßen als Dubletten, ausgeschieden und als IRT 334 b vermutungsweise an ein nicht mehr genau zu rekonstruierendes Gegenstück mit identischem Text verwiesen. Die auch erwogene Beziehung dieser ›zweiten‹ Inschrift auf Drusus wird verworfen, weil dieser erst nach dem Tode des Germanicus zum zweiten Male Consul gewesen sei (IRT 101 Nr. 334 Anm. 2).

[30]　Unser Block G ist offensichtlich als rechter Eckblock erkannt worden, woraus sich in der Titulatur des Germanicus die Sperrung der Priesterämter durch dazwischentretende politische und militärische Ämter bzw. Titel ergibt, was auch wir – jedenfalls in der Drusus-Hälfte der von uns vorgeschlagenen Ergänzung – nicht werden vermeiden können; s. dazu aber u. Kap. 3 b zu Abschnitt XII mit Anm. 54.

[31]　Es muss sich hier um einen Fehler in den Notizen der Engländer handeln, der trotz der Existenz des Photos immer mitgeschleppt wurde, wie es bisweilen geschehen kann: Auch Ward-Perkins in einer auf seinen originalen Unterlagen beruhenden brieflichen Mitteilung (vom 01.10.1971) wiederholte für diesen Block (bei ihm Nr. 5 = unser Block F) die Lesung PVBLICE.

[32]　Die Stiftungsformel »Lepcitani publice« ist in Lepcis Magna durch die Jahrhunderte hin ganz geläufig (ein weiteres Beispiel aus der 1. Hälfte des 1. Jhs. n. Chr.: IRT 531), und das Adverb kommt auch in mehreren Abkürzungsvarianten vor. Aus dem späteren 2. Jh. n. Chr. haben wir p(ublice): IRT 380; ferner publ(ice): IRT 418 und ebenso IRT 412 (severisch). Aber die Abkürzung »public« für das Adverb »publice« ist in den IRT überhaupt nirgends belegt und wäre auch außerordentlich ungewöhnlich. Nur sehr zur Not könnte man auf eine entsprechende Abkürzung des Adjektivs verweisen: pecun(ia) public(a) in einer stadtrömischen traianischen Inschrift (CIL VI 1444 = ILS 1022); ex p(ecunia) public(a) in einer hadrianischen Bauinschrift aus dem bithynischen Apameia (CIL III Suppl. 6992 = ILS 314); vgl. auch den Index CIL VI 7,4, S. 4836.

neben Block F angelegten Stein (= unser Block D; Abb. 7), dessen linke Hälfte erhalten ist, in zweiter Zeile erscheinen; dies ist aber eindeutig nicht der Fall.

Wir müssen somit unsere Steine auf ganz neue Weise ordnen und dabei den epigraphischen mit dem archäologischen Befund in Einklang zu bringen suchen.

Zu letzterem gehören außer der Beobachtung von Bruchkanten und bearbeiteten Flächen auch die auf der Oberseite von immerhin fünf der vor Ort untersuchten Inschriftblöcke festgestellten, stets relativ dicht hinter der Vorderkante sitzenden Einlaßgruben und deren Verteilung (Näheres dazu in Kap. 4). Es liegt nahe, die Blöcke mit derartigen Standspuren, von denen einer (Block A) den Namen des Germanicus trägt, und dann auch die übrigen Steine gleicher Art mit jener Quadriga in Verbindung zu bringen[33], welche nach Auskunft der neopunischen Inschrift am Augustus-Roma-Tempel (s. dazu Kap. 5) dem Germanicus und seinem Bruder Drusus gewidmet war, weswegen letzterer auch in der lateinischen Dedikations-Inschrift an der Basis dieses Denkmals genannt gewesen sein muß.

Im folgenden unternehmen wir nun den Versuch, die Frontseite dieses Sockels wiederherzustellen. Wir führen hier, der Kürze halber, nach selbstverständlich zahllosen Experimenten nur denjenigen Vorschlag vor, der schließlich einer Kontrolle unter archäologischen, technischen, metrologischen und epigraphischen Kriterien standzuhalten schien. Die Rekonstruktion (Klapptaf. Abb. 30) ist in engster Zusammenarbeit mit Uwe Städtler entstanden, der sämtliche hier vorgelegten Zeichnungen gefertigt hat. Die Aufsicht auf die Oberseiten der Blöcke ist auch hier wieder an der Vorderkante ihres Stirnprofils in die Darstellungsebene hochgeklappt.

Unsere Maßgrundlage für die zu ergänzenden Teile der Inschrift ist die Strecke, die durchschnittlich für ein Schriftzeichen vorzusehen ist, wobei wir – eben wegen der Durchschnittsrechnung, die womöglich auch dem Entwurf des Inschrifttextes und dessen Anbringung auf der Frontseite des Monuments zugrunde gelegen hat – so unterschiedlich breite Buchstaben wie M und I, aber auch die Worttrennzeichen prinzipiell gleich behandeln.

Bestätigt bzw. gerechtfertigt wird die Anwendung statistischer Überlegungen – insbesondere unserer aus der untenstehenden Tabelle[34] folgenden Grundregel – auf die zeichnerische Rekonstruktion von Inschrift und Basisfront durch die vergleichende Messung einzelner Buchstabenbreiten[35]. Nicht nur spielt hier eine Rolle die, wie gesagt, sehr unterschiedliche Raumforderung der verschiedengestaltigen Schriftzeichen[36], sondern auch deren im Einzelfall unterschiedliche handwerkliche Ausführung. So besetzt etwa am Anfang der Inschrift

---

[33]   Wie gesagt, hatte schon Aurigemma die entsprechende Überlegung angestellt: vgl. o. Kap. 1 mit Anm. 14–16.

[34]   Für diese Tabelle herangezogen sind nur die von mir selbst gesehenen und vermessenen Steine. Block F ist herausgelassen wegen seiner nur aus dem Photo (Abb. 9) zu errechnenden Maße, die allerdings bezüglich der hier angestellten Berechnung nicht von dem generellen Ergebnis abweichen: Von ca. 51 cm Blockbreite ist ein Leerraum von ca. 6 cm am rechten Ende der oberen Zeile abzuziehen; für die neun Zeichen umfassende Schriftstrecke von ca. 45 cm ergäbe sich ein Durchschnittswert von 5 cm pro Zeichen.

[35]   Wir beschränken uns hier auf den Vergleich nur einiger besonders signifikanter Unterschiede, weil die Messungen nicht an den Blöcken, sondern an der – wenn auch äußerst sorgfältigen – Umzeichnung der erhaltenen und durch photographische Aufnahmen dokumentierten Buchstaben durch Uwe Städtler vorgenommen wurden. Die mitgeteilten Maße beziehen sich immer auf die maximale Ausdehnung der Buchstaben, inklusive der Apices.

[36]   Breitestes »M« (Block D): 9,5 cm; einziges meßbares »V« (Block B): 9 cm; breitestes »E« (Blöcke A und C): 6 cm; schmalstes »I« (Block G): 2 cm. Die Worttrennzeichen schließlich sind gelegentlich (auf den Blöcken E und G) so zwischen zwei Buchstaben angeordnet, daß sie praktisch überhaupt keine Raumforderung stellen; auf Block A hingegen messen wir für das zwischen zwei gerundeten Buchstaben angeordnete Zeichen eine Strecke von 1,5 cm.

(Block A) der Buchstabe »A« eine Strecke von 6,5 bzw. 7 cm, die sich am Ende (Block G) auf 5 bzw. 6 cm reduziert; das entspricht also einer Schwankung um fast 30 %. Sogar beim mageren Buchstaben »I« beobachten wir einen vergleichbar spürbaren Rückgang von 3 cm (Blöcke A, C und D) auf 2,5 bzw. 2 cm bei Block G. Das besonders breitbeinige »M« ist auf dem in der Mitte der Basis verlegten Block D 9,5 cm breit, auf dem rechten Eckblock G nur noch 8,5 cm, was einem Schwund von immerhin knapp 10 % entspricht.

Block	Beschriftete Strecke in cm	Zahl der Schriftzeichen	Durchschnitt pro Zeichen in cm
A (li. Eckblock)	86	13	6,61
B	55	11	5,0
C (Frgt., gemessen: S>ITER)	29	6	4,83
D (Frgt.)	25	5	5,0
E (Frgt., gemessen: ESARI>T	35	7	5,0
G (Frgt., gemessen: TER>FLAMINI>A)	62	13	4,76

Block A verfälscht das ansonsten ziemlich homogene Bild etwas. Das liegt zunächst daran, daß hier außer einem »I« und einem Worttrennzeichen nur breite und sehr breite Buchstaben vorkommen. Im übrigen ist es typisch für den Beginn einer Inschrift, daß der *scriptor* dort mit dem Entwurf und dem zur Verfügung stehenden Platz eher großzügig umgeht. Ebenso geläufig ist es, daß er daraufhin am Ende der Inschrift in Bedrängnis gerät. In der Tat ist auf dem Schlußblock (G) an den einzelnen Buchstaben (im rechnerischen Durchschnitt nur 4,76 cm pro Zeichen) und auch am unruhiger werdenden Schriftbild (Abb. 10 a; 16) zu erkennen, daß man im Interesse der Symmetrie – frei zu lassender Raum hinter dem Ende der Inschrift, entsprechend der Leerstelle vor dem Textanfang auf Block A – die Buchstaben hier etwas schmaler gestaltet und zusammengedrängt hat.

Aus der Übersicht ergibt sich für unseren Rekonstruktionsversuch als Faustregel, daß – aufs Ganze gesehen – die durchschnittlich pro Zeichen zur Verfügung zu stellende Strecke ca. 5 cm beträgt (rechnerisch genau: 5,2 cm). Bei der zeichnerischen Vervollständigung der Inschrift (Klapptaf. Abb. 30) haben wir uns bemüht, die erhaltenen Buchstaben (in der Zeichnung schwarz gefüllt) in ihrer individuellen Form möglichst getreu wiederzugeben; für die ergänzten Teile (offene Buchstaben) schien uns außer der Analogie des Erhaltenen die Formel »5 cm pro Zeichen« eine halbwegs verläßliche Handhabe.

Die im folgenden und in unserer Klapptafel Abb. 30 ›Abschnitt‹ genannten Teile der Basis und ihrer Inschrift sind stets real als Quader zu verstehen. Der Ausdruck ›Block‹ soll den erhaltenen Steinen sowie dem einen immerhin durch eine Photographie dokumentierten Block (F) vorbehalten bleiben.

3 b. Abschnitte I–XII der Front (Klapptaf. Abb. 30)

Abschnitt I = Block A

Block A mit den Buchstaben GE[r]MANICO>CAE ist, wie schon im Katalog gesagt, nach den auch an seiner linken Flanke laufenden Profilen ein linker Eckblock; er trägt den Anfang der Inschrift.

Die Umzeichnung (Abb. 11) läßt deutlicher als die Aufnahme (Abb. 4 a) erkennen, daß gerade hier am Beginn der Inschrift einigermaßen unsorgfältig bzw. unregelmäßig geschrieben wurde. Vor allem ist etwa ab dem »N« im Namen »Germanico« die ursprüngliche Standlinie verlassen, und die Inschrift strebt in die Höhe. Der Grund hierfür wird im weiteren Verlauf des Textes deutlich: Auf den übrigen Blöcken (ab Abschnitt III belegbar) sitzen die Buchstaben höher, hängen gewissermaßen direkt unter dem Ansatz des oberen Profils. Um auf jene Standlinie zu kommen, waren wir gezwungen, in dem rekonstruierten Abschnitt II die Inschrift weiter hochklettern zu lassen.

Abschnitt II: ergänzt

Die Textgestaltung SARI>TI> ist in Analogie zu Block E (Abschnitt VIII) erfolgt. Die insgesamt acht Schriftzeichen würden nach unserer 5-cm-Faustregel eine Strecke von 40 cm Länge beanspruchen. Wir haben diesen Abschnitt dennoch auf eine Breite von 45 cm gebracht. Einmal scheint sich das Maß von ca. 45 cm Blockbreite (vielleicht entsprechend 1 ½ Fuß) auch für die ganz bzw. teilweise rekonstruierten Abschnitte IV und VI unserer Rekonstruktion zu ergeben. Zum anderen mußte ausreichend Platz geschaffen werden für die hier vorauszusetzende Standspur des linken Vorderbeines des rechten Leinenpferdes. Dieses Befestigungsloch inklusive der Ausbruchgrube muß nämlich zur Gänze auf dem im Abschnitt II zu denkenden Quader untergebracht werden, wie der entsprechende negative Befund am linken Rand der Oberseite des anschließenden Blocks B (Abschnitt III) lehrt. Die Entfernung von Mittelpunkt zu Mittelpunkt der erhaltenen Standspuren auf Block B und C (Abschnitte III und V), in denen die Vorderbeine des rechten Deichselpferdes verankert waren, beträgt nach unserer Rekonstruktion etwa 78 cm. Die entsprechenden Punkte der Befestigungsvorrichtung für die Beine des rechten Leinenpferdes stünden nach unserer Ergänzung des Abschnitts II wenigstens ca. 73 cm auseinander.

Der von uns ergänzte Text füllt diesen auf 45 cm Breite gebrachten Abschnitt II nicht zur Gänze. Auf den Zusatz von »Caesar« im Namen des Tiberius (etwa in Analogie zur Übung der Tabula Siarensis)[37] wurde verzichtet[38], weil wir dasselbe dann auch für Abschnitt IX fordern müßten, womit aber der dort einzufügende Quader unverhältnismäßig breit geriete. Wir haben im übrigen am Block A gesehen, daß am Anfang der Inschrift offensichtlich weiter geschrieben wurde als im restlichen Verlauf; diese großzügige Schreibweise mag auch noch auf dem zweiten Quader Anwendung gefunden haben, auf dem zusätzlich, wie schon gesagt, die Standlinie der Lettern nach rechts angestiegen sein muß. Auch ist auf den Leerraum am Ende der oberen Zeile auf Block F (Abschnitt X) zu verweisen.

---

[37] TS I 4; II col. B, 11; II col. C, 6/7.

[38] Belege für die hier gewählte verkürzte Form »Ti. Aug. f.«, die auch in den IRT 334 a und b akzeptiert ist, lassen sich unschwer finden. Vgl. etwa die Germanicus-Inschriften CIL VI 909 = ILS 176; CIL VI 921, b = ILS 222,1 (Claudius-Bogen); CIL X 513 = ILS 178. Entsprechend kurz formulierte Filiation für Drusus: z.B. CIL II 3829 = ILS 167; CIL V 4954; CIL VI 910 = ILS 168; CIL X 4638; CIL XII 147 = ILS 169. – Anders freilich (*Imp. Ti. Caesaris Aug. f.*) die anscheinend bei der Ausgrabung des Augustus-Roma-Tempels gefundene Basis-Inschrift einer von dem lepcitanischen Bürger Perperna gestifteten Statue des Drusus: Aurigemma 1940, 29 f. mit Abb.; IRT 335.

Abschnitt III = Block B

Block B, auf dem die Inschrift Standlinie und Duktus erreicht, die dann für den weiteren Verlauf (bis auf den Schlußblock G im Abschnitt XII) verbindlich bleiben, trägt elf Schriftzeichen in der oberen Zeile und ist 55,5 cm breit, ein Maß, das weder in römischen Fuß noch punischen Ellen glatt aufgeht. Das hier durch die rechte Blockkante angeschnittene Befestigungsloch für das rechte Vorderbein des Deichselpferdes der Germanicus-Seite muß sich auf dem (verlorenen) rechts anschließenden Quader fortgesetzt haben.

Abschnitt IV: ergänzt

Abschnitt IV enthielte nach unserer Vorstellung den längeren Teil des auf Abschnitt V übergreifenden Textes »flamini Aug.« (zur Auflösung der Abkürzung s. weiter unten), dessen Einfügung wir für unbedingt nötig halten, da der entsprechende Text im Drusus-Teil der Inschrift erhalten ist (Abschnitt XII: »FLAMINI>AV[G]«), dort freilich erstaunlicherweise an letzter Stelle der Titulatur stehend[39], wie durch die Position auf dem Schlußblock (G) unabweislich ist. Hier im Germanicus-Teil dagegen besteht die Möglichkeit, die Titulatur nach den üblichen Gepflogenheiten zu ordnen: erst die sakralen, dann die politischen Ämter und Würden[40]. Auf den Pontifikat (Abschnitt III = Block B) sollte also der Flaminat in Abschnitt IV folgen. Mit den Buchstaben FLAMINI>A[kann die dortige Lücke passend gefüllt werden, und es ergäbe sich nach unserer Rechnung mit 9 Schriftzeichen für den Abschnitt IV wieder (vgl. zu Abschnitt II und VI) eine Blockbreite von 45 cm (vielleicht einem Planmaß von 1½ Fuß entsprechend).

Im Vorgriff auf die Textergänzung in der zerstörten linken Hälfte des Blocks C im folgenden Abschnitt (V) und mit Blick auf Block G (Abschnitt XII) sei schon hier gesagt, daß wir für den rekonstruierten wie den erhaltenen Text »flamini Aug.« zwei Möglichkeiten der Interpretation bzw. der Auflösung haben, von denen allerdings keine restlos befriedigen will.

Einmal könnten wir lesen »flamini, aug(uri)«. Beide Prinzen waren im Besitz des Augurenamtes, welches üblicherweise in den ihnen gewidmeten Inschriften auch erwähnt ist, und die Abkürzung »aug.« für *augur* ist durchaus belegt[41]. Andererseits verlangt der Priestertitel eines Flamen grundsätzlich nach dem Zusatz der Gottheit, dessen Kult der jeweilige Flamen versieht[42]; wir möchten also lieber auflösen »flamini Aug(ustali)«. Bei dieser Lesung müssen wir dann allerdings für beide Prinzen gänzlich auf die Erwähnung des Augurenamtes verzichten. Die in den IRT 334 a an sich einleuchtend vorgeschlagene Einfügung »[augur(i)]« in den Germanicus-Teil können wir nämlich aufgrund unserer Überlegungen zur möglichen minimalen und maximalen Breite der Blöcke und vor allem zur Verteilung der Standspuren

---

[39] Zu dieser Merkwürdigkeit und überhaupt zum Problem der Bezeugung des Flaminats für Drusus s. u. zu Abschnitt XII mit Anm. 53. 54.

[40] Auch hiervon gibt es freilich Ausnahmen, etwa die schöne Inschrift auf einer Marmorplatte aus Mailand: *Germanico Caesari Ti(beri) Aug(usti) f(ilio), divi Aug(usti) nepoti, divi Iuli pron(epoti), co(n)s(uli) II, imp(eratori) II, auguri, flamini augustali, d(ecreto) d(ecurionum)*: A. Albertini, Iscrizioni romane inedite di Milano, in: Atti del Convegno »Archeologia e Storia a Milano e nella Lombardia Orientale«, 1972 (Como 1980) 257; A. Sartori, Guida alla sezione epigrafica delle raccolte archeologiche di Milano (Mailand 1994) 50 Nr. P 20.

[41] Vgl. etwa CIL XI 1829 = ILS 57; ILS 240. – In Lepcis Magna hingegen wird dieser Priestertitel durchgehend ausgeschrieben, so in der augusteischen Bauinschrift vom Macellum des Annobal Tapapius Rufus (IRT 319: *augure*) und in allen Belegen aus dem 2. und 3. Jh. n. Chr.: IRT 375: *augur(is)*; IRT 396; 551; 605.

[42] Von dieser Regel gibt es freilich seltene Ausnahmen, z. B. CIL XIV 4242 = ILS 1044 (Tivoli, Anfang 2. Jh. n. Chr.; Kommentar von Dessau: *praeter usum omissum vocabulum*, welches die Spezifikation hätte enthalten sollen); CIL VI 1416 = ILS 2929 (2. Jh. n. Chr.).

der Pferdebeine einfach nicht unterbringen[43], und auch für den Drusus-Teil will sich aus denselben Gründen keine entsprechende Möglichkeit für eine eventuelle Einfügung des Augur-Titels finden lassen.

Die hieraus folgende Annahme, daß im Falle unserer Inschrift die Erwähnung des Augurenamtes beider Prinzen in deren Titulatur unterblieben sei, empfinden wir als durchaus mißlich. Im gesamten Zusammenhang des ikonographischen Programms des Augustus-Roma-Tempels wird man freilich die Lesung »flamini Aug(ustali)« favorisieren müssen. Dem möglichen Einwand, daß dieses Amt für Drusus nicht oder nicht ausreichend sicher bezeugt sei, werden wir unten im Kommentar zu Abschnitt XII entgegentreten.

Abschnitt V = Block C

Die in der rechten Hälfte dieses Blocks erhaltenen Buchstaben sind nur zu CO]S>ITER> zu ergänzen. Links davor bleibt ausreichend Platz für die Unterbringung von]VG> als Fortsetzung des ergänzten Textes FLAMINI>A[aus Abschnitt IV. Daß Worte durch die Blockfugen durchschnitten werden können, daß also die Fugen nicht unbedingt zwischen zwei Wörtern liegen müssen, ist allgemein geläufig und wird in unserem Falle belegt durch die Blöcke A und G.

Am rechten Rand von Block C, der stark bestoßen ist, möchten wir noch ein Trennzeichen (>) hinter ITER unterbringen, da dessen Existenz vorauszusetzen und es auf dem nun anschließenden Block D sicher nicht vorhanden ist. Somit kommen wir mit erhaltenen und ergänzten auf insgesamt zwölf Schriftzeichen für diesen fragmentierten Block C. Dessen ursprüngliche Breite, die nirgends vollständig erhalten und meßbar ist (größte erhaltene Breite auf der Oberseite: 55 cm), errechnet sich nach unserer Faustregel (5 cm pro Schriftzeichen) bei dieser Ergänzung auf ca. 60 cm[44] (vielleicht entsprechend 2 Fuß im Planmaß).

Abschnitt VI = Block D (Fragment; rechte Hälfte: ergänzt)

Die Schreibweise »iter« statt des Zahlzeichens »II« ergibt sich aus dem winzigen Rest der Querhaste einer T longa am rechten Bruchrand des Blocks und zudem aus der Analogie auf den Blöcken C, F und G.

Die insgesamt neun vorauszusetzenden Schriftzeichen lassen wiederum (wie in Abschnitt II und IV) eine Blockbreite von 45 cm errechnen. Die Berechnung wird hier gestützt durch die fünf auf dem Blockfragment D erhaltenen Schriftzeichen, die eine Strecke von 25 cm besetzen; die vier ergänzten Schriftzeichen ergeben (rechnerisch) eine zusätzliche Raumforderung von 20 cm.

Mit der rechten (ergänzten) Kante dieses Blocks D erreichen wir genau die Mittellinie der von uns wiederherzustellenden Basisfront. Bis zu diesem Punkt ist die Rekonstruktion einigermaßen glatt vonstatten gegangen. Ab der Mitte des Monuments wird sie schwieriger; gewisse Unregelmäßigkeiten könnten ihre Glaubwürdigkeit beeinträchtigen, müssen jeweils dargestellt und sollen nach Möglichkeit erklärt werden.

---

[43]   Einmal wäre mit nur fünf Schrift- und maximal zwei Trennzeichen ein Abschnitt kaum zu füllen (35 cm Breite für den entsprechenden Stein scheinen zu wenig). Zum anderen würde durch die Einfügung selbst eines relativ schmalen Quaders der Abstand der Befestigungslöcher für die Beine dieses Deichselpferdes im Vergleich zu den übrigen erhaltenen und ergänzten Standspuren (vgl. die Werte in Klapptaf. Abb. 30) unerträglich gedehnt.

[44]   Zum Vergleich: Block B (11 Zeichen): Breite 56 cm; Block E (12 Zeichen): Breite 58 cm.

In der linken Hälfte der Front verfügten wir über einen in seinen Abmessungen zuverlässig zu rekonstruierenden Eckblock (A), ferner einen sehr gut (B), einen leidlich (C) und einen halb erhaltenen Stein (D) mit Teilen der Inschrift, von der also nur zwei Abschnitte frei ergänzt werden mußten, deren einer (II) bezüglich des Textes obendrein so gut wie gesichert erscheint. Im übrigen sind drei von vorauszusetzenden vier Standspuren der Pferdebeine hier erhalten. Für die notwendigen Ergänzungen des Inschrifttextes konnte im allgemeinen die Regel »5 cm pro Schriftzeichen« angewandt werden; eine Ausnahme machte Abschnitt II, den wir mit seinen nur acht Schriftzeichen dennoch auf 45 cm Breite gestreckt haben.

In der rechten Hälfte des Monuments und der Inschrift sind die Bedingungen weniger günstig. Der Eckblock (G) ist hier schwer beschädigt, kann allerdings recht zuverlässig ergänzt werden (s. u. Abschnitt XII). Ferner verfügen wir über einen gut meßbaren Stein (Block E) mit verläßlich rekonstruierbarer Inschrift (Abschnitt VIII). Block F (Abschnitt X) aber ist nur durch eine Photographie und bezüglich seiner Maße nur ungefähr bekannt; von seiner Oberseite, auf der wir eine Standspur voraussetzen müssen, wissen wir leider gar nichts. Deswegen haben wir hier nur zwei dokumentierte Standspuren von Pferdebeinen. Und schließlich müssen in dieser Hälfte statt zweier insgesamt drei Abschnitte (VII, IX und XI) mehr oder weniger frei ergänzt werden.

Hinzu kommt noch, wie kaum anders zu erwarten, in diesem zweiten Teil der Rekonstruktion des Monuments ein Konflikt, der gewiß auch in der Realität ausgetragen werden mußte, nämlich die Diskrepanz zwischen sozusagen mathematischer Planung von Bau und Inschrift auf der einen und der Realisierung des Projekts in und auf Stein durch die Bauleute und Schreiber auf der anderen Seite.

Während wir in der ersten Hälfte der Rekonstruktion relativ schematisch vorgehen konnten, müssen wir in der zweiten Hälfte den Preis dafür bezahlen, nämlich an zwei Stellen (Abschnitte VII und IX) bezüglich der (rekonstruierten) Blockbreiten ausgleichen, um auf ein vernünftiges Gesamtmaß des Monuments zu kommen. Es schien uns redlich, diese Notwendigkeit klar darzustellen statt die Schwierigkeiten durch optisch nicht auffallendes Zusammenschieben oder Dehnen der Buchstaben oder ähnliche graphische Maßnahmen zu verschleiern. Halbwegs legitim wäre auch dies übrigens gewesen, denn in der Wirklichkeit werden entsprechende Schwierigkeiten durch Ungenauigkeiten in der Ausführung natürlich auch aufgetreten und gewiß durch Kunstgriffe von der eben angedeuteten Art behoben oder verdeckt worden sein.

Wir werden nun für alles Weitere von dem bisher gewonnenen Resultat ausgehen, nämlich daß die linke Hälfte der Basisfront aus insgesamt sechs Abschnitten, d. h. Blöcken bestand, die zusammengelegt (ohne das seitliche Profil) eine Strecke von 353 cm ergeben. Dieses Maß entspricht zumindest rechnerisch 12 römischen Fuß[45].

Aus vielerlei Gründen, besonders aber wegen des auf dem Postament stehenden Viergespanns, ist vorauszusetzen, daß eine symmetrische Anlage der beiden Hälften gewählt war. Wir verdoppeln also die bisher errechnete Strecke von 353 cm und postulieren eine Gesamtausdehnung der Frontseite (Schaftmaß, ohne Profile) von 706 cm, was 24 Fuß entspräche[46].

---

[45] 353 durch 29,42 geteilt ergibt 11,998. Trotzdem läge auch bei einer Umrechnung in *cubita* (von ca. 51 cm; vgl. dazu oben mit Anm. 23. 25. 27) das Ergebnis sehr in der Nähe eines glatten Wertes: 353 : 51 = 6,921, was theoretisch einem Planmaß von 7 punischen Ellen entsprechen könnte; s. aber Anm. 46.

[46] 706 : 29,42 = 23,997. – Unschärfer gegenüber der vorigen Kalkulation (Anm. 45) würde bei dieser längeren Strecke die Vergleichung mit dem von uns mit 51 cm angesetzten *cubitum*: 706 : 51 = 13,84. Das Ergebnis wird auch bei der Umrechnung in *cubita* von anderer Länge (vgl. o. Anm. 25) nicht besser.

In die hierdurch vorgegebene Strecke sind an erhaltenen bzw. dokumentierten Steinen einzupassen der 58 cm breite Block E (Abschnitt VIII), der nur photographisch dokumentierte Block F mit einer errechneten Breite von 51 cm (Abschnitt X) und der mit großer Zuversicht auf seine ursprüngliche Breite (90 cm ohne Profil) zu ergänzende Eckblock G (Abschnitt XII).

Die Breite des ganz zu interpolierenden Abschnitts VII rechts der Mittelachse mit der ergänzten Beschriftung »ET>DRVSO« errechnete sich eigentlich nach unserer Regel auf 40 cm (8 Schriftzeichen zu je 5 cm Platzbedarf). Wir sind aber in der Zeichnung sogar auf 47 cm gekommen, weil der vorgesehene Text wegen seiner vielen relativ breiten Buchstaben auf engerem Raum einfach nicht unterzubringen war. Besondere ornamentale Maßnahmen zur Betonung der Mitte unserer Basisfront möchten wir ausschließen. Wir haben keinerlei Anhalt dafür, müßten also ihre Ergänzung völlig hypothetisch vornehmen und würden vor allem den bereits erheblichen Abstand der beiden Deichselpferde noch weiter vergrößern (dazu vgl. im Kap. 4 d).

Die Breite des ebenfalls nicht erhaltenen Abschnitts XI wiederum ist rein rechnerisch gewonnen: Aus der Anzahl der zu ergänzenden Schriftzeichen (10) ergeben sich hierfür 50 cm.

Für den letzten zu ergänzenden Abschnitt (IX) ergab sich dann sozusagen automatisch eine Breite von 57 cm. Hätten wir, wie ursprünglich natürlich nahelag, die Breite von Block B (55,5 cm), der einen identischen Text in seiner oberen Zeile trägt, übernommen, so hätten uns 1,5 cm an der geforderten Gesamtbreite des Monuments (24 Fuß; s. o.) gefehlt – was vielleicht auch hingegangen wäre. Die Geringfügigkeit dieser letztgenannten Abweichung bzw. Unsicherheit (0,21 %) zeigt einmal mehr – mit Blick auf die Realisierung des Entwurfs in dem Kalkstein von Ras el-Hammam – daß wir solche Differenzen nicht als ernsthafte Einwände gegen unsere auf dem Millimeterpapier gewonnene Rekonstruktion auffassen müssen.

Wir fahren nun fort mit der Wiederherstellung der sechs Abschnitte in der rechten Hälfte unserer Inschriftbasis.

Abschnitt VII: ergänzt

Hier beginnt die dem Drusus gewidmete Hälfte unserer Inschrift, die wir mit dem Wort »et« an die Germanicus-Hälfte anschließen; zusätzlich verfahren wir wie soeben dargestellt und fordern für den Block eine Breite von 47 cm.

Abschnitt VIII = Block E

Die Ergänzung der Inschrift macht auf diesem Stein keine Probleme. Wir ziehen das zu erwartende Trennzeichen hinter dem Wort »Druso« in Abschnitt VII auf den Block E herüber, weil dessen zerstörte Partie für die Ergänzung von nur zwei Zeichen zu breit erscheint; wir erhalten also >CA]ESARI>T[I>.

Die Breite von Block E war, wenn auch nicht an seiner stark mitgenommenen Frontseite, mit 58 cm zuverlässig zu messen.

Die hier – anders als bei Block B – durch die rechte Kante nicht angeschnittene originale Einlaßgrube liegt bei unserer Rekonstruktion mit ihrem Mittelpunkt ca. 91 cm von der Mittelachse der Basis entfernt; hier wäre das rechte Vorderbein des linken Deichselpferdes verankert gewesen. Das entsprechende Befestigungsloch für das linke Vorderbein des Pferdes rechts der Deichsel (erhalten auf Block C) hat einen Abstand von 80 cm von der Mittellinie. Die Differenz beträgt zwar 11 cm, doch entspricht das 1,6 % der rekonstruierten Gesamtbreite der Basis (7,06 m) und erscheint insoweit tolerabel, als im Falle einer überlebensgroßen

Bronze-Gruppe natürlich nicht jedes Detail von deren Befestigung mathematisch genau mit dem Entwurf der steinernen Basis abgestimmt sein kann. Wichtig scheint es hingegen, die Abstände jeweils der Vorderbeine der beiden Deichsel- und der beiden Leinenpferde möglichst übereinstimmend rekonstruieren zu können.

Abschnitt IX: ergänzt

Der Inschrifttext ist ergänzt genau nach dem Muster von Abschnitt III = Block B (obere Zeile). Die Breite dieses Abschnitts IX wäre nach unserer Faustregel (11 Zeichen à 5 cm Strecke) auf 55 cm zu berechnen (Block B: 55,5 cm), ist aber in der Rekonstruktion auf 57 cm gestreckt worden, wie oben bereits begründet.

Abschnitt X = Block F

Bis hierher war der auf Drusus bezügliche Teil des Inschrifttextes in Analogie zu dem des Germanicus zu vervollständigen. Es müßten nun eigentlich – nach den zu Abschnitt IV angestellten Überlegungen über die Ordnung der Titulatur – weitere Priesterämter des Drusus folgen. Allerdings ist ein solches – eher als deren zwei (vgl. wieder oben zu Abschnitt IV) – im Falle unserer Inschrift merkwürdigerweise auf dem als Eckblock eindeutig kenntlichen Block G und also ganz am Ende der Titulatur (Abschnitt XII; s. dort) angeordnet. Zusätzlich beweist das »i]ter« vor »flamini Au[g.«, daß hier tatsächlich ein Priesteramt hinter einer politischen Charge, bei der Iteration möglich war, angeordnet wurde. Wir müssen uns also damit abfinden – und es kann dies gewiß kein Fehler der Rekonstruktion sein –, daß hier die übliche und in der Germanicus-Hälfte denn auch eingehaltene Reihenfolge der Ämter aus unbekannten Gründen eine andere ist. Wir fahren deshalb in der Titulatur des Drusus fort mit dessen zweitem Konsulat und fügen Block F an dieser Stelle als Abschnitt X in unsere Inschrift ein.

Eine Bestätigung hierfür sehen wir darin, daß das auf diesen Stein geschriebene zweite und letzte Wort der unteren Inschriftzeile bei der vorgeschlagenen Einpassung in annähernd symmetrischer Entsprechung zu »LEPCIT>« im Abschnitt III (Block B) steht[47].

Dennoch bleibt auch eine schmerzliche Ungewißheit, da uns der Block F nur von einer Photographie seiner Stirnseite bekannt ist. Dieser Stein müßte nämlich, wenn wir ihn richtig eingeordnet haben, unbedingt auf seiner Oberseite die Standspur des linken Vorderbeines des auf dieser Seite angeschirrten Deichselpferdes tragen, welche wir nach Analogie der Abschnitte III/V in einem Abstand von 78 cm (Mittelpunkte) von der Standspur seines rechten Vorderbeines (erhalten auf Block E im Abschnitt VIII) erwarten. Und so wird dieser Block im wahrsten Sinne des Wortes zum Prüfstein unserer gesamten Rekonstruktion: Wenn er doch noch wieder aufgefunden werden und sich zeigen sollte, daß er keine Standspur auf seiner Oberseite aufweist[48], müßte man in der Tat eine ganz neue Zusammensetzung der Basis und ihrer Inschrift versuchen.

---

[47] Vgl. dazu aber auch u. Kap. 3 b, am Ende, mit Anm. 55.

[48] Wir haben diese Möglichkeit natürlich auch durchgespielt und versucht, dem Block F im Germanicus-Teil der Inschrift einen Platz zuzuweisen, an dem gerade keine Standspur zu erwarten ist. Es wollte aber nicht gelingen, die m. E. unbedingt zu fordernde Adverb-Endung »-e« des Wortes »publice« (vgl. dazu Kap. 3 a mit Anm. 32) dort in einem Abschnitt unterzubringen, für den kein Stein erhalten ist. Zudem hätte jene Lösung den Nachteil, daß dann bereits im Germanicus-Teil die Dedikation »Lepcit(ani) publice« stünde und man nicht recht wüßte, was für den entsprechenden Ort in der Drusus-Hälfte ergänzt werden sollte; es käme eigentlich nur eine Wiederholung dieser Dedikation in Frage, was nicht ganz auszuschließen ist, aber unschön wirken müßte, zumal wir die Vorstellung

Block F hält auch auf seiner durch die englische Aufnahme (Abb. 9) bekannten Vorderseite eine Überraschung bereit. Die in der oberen Zeile stehenden neun Schriftzeichen wären nach unserem grundsätzlich angewandten Berechnungsschema (5 cm pro Schriftzeichen) auf einer Strecke von nur 45 cm unterzubringen. Nach dem einzigen vorhandenen Photo errechnet sich aber eine Blockbreite von ca. 51 cm (s. o. im Katalog der Steine). Es zeigt sich nun, daß unser Schema eben schematisch ist: Auf diesem Block ist in der oberen Zeile am rechten Rand eine unbeschriftete Leerstelle von ca. 6 cm Breite zu sehen. Worauf diese Unregelmäßigkeit zurückzuführen ist, bleibt unklar; der Befund ist aber ganz eindeutig und beweist, daß mit gewissen unkalkulierbaren Inkonsequenzen im Schriftbild der Inschrift zu rechnen ist. Somit werden einerseits unsere Axiome für die hier versuchte Rekonstruktion in Frage gestellt; andererseits fühlen wir uns ermutigt zu gewissen Wagnissen und Toleranzen bei unseren Versuchen der Textherstellung (vgl. etwa oben zu Abschnitt II).

Abschnitt XI: ergänzt

Die Ergänzung des Textes in diesem Abschnitt XI muß ausgehen von dem Wort »i]ter.« am linken Rand des nachfolgenden Schlußblocks G (Abschnitt XII): Gesucht wird eine erneuerbare politische Charge, und zwar eine des Drusus, wie wir sogar in einem Gefüge wie der hier versuchten Rekonstruktion zuversichtlich annehmen dürfen. »cos. iter.« für Germanicus ist nämlich erhalten (Abschnitt V, Block C), ein weiteres »cos. iter.« (für Drusus) ist dokumentiert (Abschnitt X, Block F). »imp. i[ter.« ist gleichfalls erhalten (Abschnitt VI, Block D) und kann sich nur auf Germanicus beziehen, weil für Drusus minor keine imperatorische Akklamation bezeugt ist. Für die fragliche Iteration in Abschnitt XII kommt also nur die Erneuerung der *tribunicia potestas* des Drusus in Frage. Es liegt auf der Hand, was diese nach meiner Einschätzung absolut zuverlässige Ergänzung für die Datierung des Monuments bedeutet: Es kann nicht vor dem Jahre 23 n. Chr., in dem Drusus zum zweiten Mal die *tribunicia potestas* übertragen wurde[49] und das zugleich sein Todesjahr ist, errichtet worden sein[50].

Wir wählen für die entsprechende Ergänzung in Abschnitt XI die Abkürzungs- bzw. Schreibweise »TRIB>POT>« (statt »tr. pot.« oder »tr. p.«), um auf eine vernünftige Blockbreite zu kommen: Die somit insgesamt zehn ergänzten Schriftzeichen in diesem Abschnitt (vgl. Klapptaf. Abb. 30) ergeben nach unserer Faustregel eine Breite von 50 cm. Auf diese Weise gewinnen wir auf dem für diesen Abschnitt XI zu postulierenden Stein auch den Raum für die hier vorauszusetzende Standspur des rechten Vorderbeins des linken Leinenpferdes; der Abstand der Hufe dieses Tieres (in den Abschnitten XI/XII) ist übertragen von der entsprechend ermittelten Situation in den Abschnitten I/II.

Bezüglich ihrer Unterbringung problemlos ist die Ergänzung des Endungs-»e« von »publice« ganz am linken Rand dieses Abschnitts XI in einer zweiten Zeile. Ein etwa noch dahinter

---

haben, daß die Front der Basis durchlief und nicht in irgendeiner Form architektonisch gegliedert war, etwa um die beiden Hälften der Inschrift optisch voneinander abzusetzen (vgl. o. unter Abschnitt VI).

[49] Die Teilhabe an der *tribunicia potestas* wurde Drusus im März oder April des Jahres 22 n. Chr. auf Antrag des Tiberius (Tac. ann. 3, 56) erstmals vom Senat übertragen. Die Erneuerung (tr. pot. II) fällt also ins Frühjahr 23 n. Chr.; am 14. September dieses Jahres starb Drusus. Vgl. E. Meise, Der Sesterz des Drusus mit den Zwillingen und die Nachfolgepläne des Tiberius, JNG 16, 1966, 7–21, bes. 8. 15 f.; N. Degrassi, Le iscrizioni di Brescia con una serie di nomi di imperatori, RendPontAc 42, 1969/1970, 140 Nr. 2; Trillmich 1988a, 55 mit Anm. 38.

[50] Vgl. Trillmich 1988a, 54 f. – Datierung akzeptiert von Rose 1997, 183; Boschung 2002, 18; Musso 2008, 168.

folgendes Interpunktionszeichen anzunehmen scheint uns hier, am Zeilenende, nicht notwendig, zumal das Wort nach unserer Vorstellung vollständig ausgeschrieben gewesen wäre[51].

Abschnitt XII = Block G (Fragment)

Block G gibt sich durch seine größte erhaltene Breite von immerhin 67,5 cm, vor allem aber durch seine geringe Tiefe von 57 cm als das Gegenstück zu Block A zu erkennen, nämlich als rechter Eckblock, der den Schluß der Inschrift getragen haben muß.

Wir ergänzen seine ursprüngliche Breite nach zwei Axiomen, die von Block A übernommen werden. Die Mitte des Einlaßloches soll wie dort etwa 65 cm von der äußeren Kante der Basis entfernt liegen, und der freibleibende Raum zwischen dem (ergänzten) letzten Buchstaben der Inschrift und der rechten Kante des Schriftfeldes soll – entsprechend den Verhältnissen am Anfang der Inschrift – 16 cm breit sein. Ob hier, am Zeilenende, noch eines der spitzwinkligen Interpunktionszeichen gesetzt war? Man könnte es sich immerhin – in Analogie zu »LEPCIT>« in Zeile 2 von Block B (Abschnitt III) – wegen der Abkürzung des letzten Wortes denken. Da wir keinen wirklich verläßlichen Anhalt für seine Ergänzung finden, ist es weggelassen.

Somit bringen wir den Block G auf eine Gesamtbreite (ohne Profil) von 90 cm (entsprechend einem Planmaß von 3 Fuß?) und die Breite des Schriftfelds, also das Schaftmaß der gesamten Basis, auf 706 cm, nach dem zuvor Gesagten doch wohl entsprechend 24 Fuß.

Im Kommentar zu Abschnitt IV haben wir bereits begründet, warum wir für den auf diesem Block G erhaltenen und von uns auf Drusus bezogenen Titel die Lesart *flamini Aug(ustali)* – statt *flamini, aug(uri)* – bevorzugen. Hier sei dazu noch folgendes nachgetragen: Daß Drusus das Amt des *flamen Augustalis* versehen habe, ist durch literarische Quellen nicht überliefert. Fragt man sich aber, wer nach dem Tode des allerersten Amtsinhabers, Germanicus, dessen Nachfolge als *flamen Augustalis* angetreten bzw. vom *pontifex maximus* Tiberius dazu ernannt worden sein könnte, so kommt angesichts eines entsprechenden von Tacitus (ann. 2, 83) paraphrasierend überlieferten Senatsbeschlusses, daß nämlich *neve quis flamen aut augur in locum Germanici nisi gentis Iuliae crearetur*[52], eigentlich nur dessen gleichaltriger Adoptivbruder Drusus überhaupt in Frage. In der Tat gibt es eine mit der hier untersuchten gleichzeitige (23 n. Chr.) Ehreninschrift für Drusus aus Gallia Narbonensis, in der das Amt des *flamen Augustalis* für diesen Prinzen einwandfrei bezeugt ist[53]. Diese Inschrift ist für die Rekonstruktion der unseren aus Lepcis Magna nicht nur wegen der Erwähnung dieses Flaminats wichtig, sondern ebenso wegen der auch dort anzutreffenden

---

[51] Vgl. dazu o. Kap. 3a mit Anm. 32. – Auf Block B (Abschnitt III) steht ein Interpunktionszeichen hinter dem einzigen Wort der zweiten Zeile; allerdings handelt es sich dort um den abgekürzt geschriebenen Namen »Lepcit(ani)«.

[52] Diese Bestimmung des Senatsbeschlusses über die Ehrungen für den verstorbenen Germanicus ist in den Bronzeinschriften nicht überliefert bzw. nicht erhalten.

[53] CIL XII 147 = ILS 169. – Zugegebenermaßen ist auf dem Bogen von Spoleto (CIL XI 4776–4777; ebenfalls ins Jahr 23 n. Chr. zu datieren) die Angabe des Flaminats in der Titulatur des Germanicus vorhanden, während sie in der des Drusus fehlt. Dennoch möchte man angesichts des klaren Befundes von CIL XII 147 nicht gerne mit Dessau (ILS 169) bezüglich des Amtes des *flamen Augustalis* einen Fehler der provinzialen *civitates* unterstellen (*flamen* irrtümlich für *sodalis*). Übrigens hat schon A. von Domaszewski, Abhandlungen zur römischen Religion (Leipzig 1909) 93 mit Anm. 6 diese Inschrift mit der genannten Tacitus-Stelle (ann. 2, 83) in Verbindung gebracht und die Richtigkeit der Angabe in der gallischen Inschrift verteidigt.

springenden Anordnung von sakralen und politischen Chargen[54], weswegen wir hier den Text mitteilen: *[D]ruso Caesari [Ti.] Augusti f., divi Augusti nepoti, divi Iulii pronep., [a]uguri, pontif., quaestori, [f]lamini Augustali, cos. II, [t]ribunicia potestate II, [ci]vitates IIII vallis Poeninae.*

Gegen Ende unserer lepcitanischen Inschrift, auf Block G also, wird das Schriftbild wieder unruhig, analog zu den am Beginn der Inschrift (Block A) beobachteten Verhältnissen. Die Standlinie der Buchstaben steigt nach außen hin leicht nach oben an. Offenbar war der auf Block A dokumentierte und von dort auf Block G zu übertragende Abstand zwischen den Außenkanten der Basis und erstem bzw. letztem Buchstaben der Inschrift tatsächlich auch dem Schreiber vorgegeben und von vornherein auf Block G angezeichnet: Auf diesem letzten Stein ist das Schriftbild besonders gedrängt. Messen wir vom ersten (T) bis zum letzten ganz erhaltenen Buchstaben (A), so entfallen auf diese Strecke von 62 cm Länge 13 Schriftzeichen und damit nach unserer Durchschnittsrechnung auf je ein Zeichen nur 4,76 cm: Dies ist der knappste Raum pro Schriftzeichen in der gesamten Inschrift, soweit sie erhalten und meßbar ist (vgl. die tabellarische Zusammenstellung in Kap. 3 a).

Ebenso wie die Großzügigkeit am Anfang der Inschrift (durchschnittlich 6,61 cm pro Schriftzeichen im Abschnitt I = Block A) ist auch die Raumknappheit an deren Ende ein typisches und häufig anzutreffendes Phänomen, Anzeichen einer gewissen ›Freihändigkeit‹ des ausführenden Bildhauers zumal am Arbeitsbeginn. Aus dieser Beobachtung resultiert zugleich, daß der Versuch einer Rekonstruktion solcher Inschriften nicht auf millimetergenauer Exaktheit bestehen kann oder gegründet sein muß.

Und in der Tat, einen Schönheitsfehler hat unsere Rekonstruktion bezüglich der Anordnung der beiden Wörter der zweiten Zeile: Von der linken Basiskante bis zum Beginn des Wortes »LEPCIT>« messen wir eine Strecke von 152 cm; vom (ergänzten) »E« am Ende des Wortes »PVBLICE« bis zur rechten Basiskante nur 135 cm. Der Unterschied von 17 cm entspricht 2,4 % der von uns ermittelten Gesamtbreite der Basis (706 cm); er reduziert sich etwas, wenn wir statt von den Außenkanten von der Mittelachse des Monuments die Strecke bis Wortende bzw. Wortanfang messen: links 169 cm, rechts 180 cm; Differenz also 11 cm = 1,55 % der Gesamtbreite. Die festgestellte Abweichung scheint uns aber auch ohne derlei Kunstgriffe durchaus tolerabel, ja zu vernachlässigen mit Blick auf deutlich stärkere Abweichungen von der Symmetrie der Wort- bzw. Zeilenanordnung selbst in wesentlich aufwendigeren Monumentalinschriften wie etwa der prachtvollen, ehemals in Bronzelettern ausgeführten Inschrift des Mazaeus und Mithridates an dem marmornen Südtor der Agora am Hafen von Ephesos[55] aus dem Jahre 4/3 v. Chr. Im Falle der Lepcitaner Inschrift war übrigens die Ungenauigkeit schon in unserer Rekonstruktions-Zeichnung, die ursprünglich im Maßstab 1 : 10 erarbeitet

---

[54] Man hat bei dieser Inschrift den Eindruck, daß die Abfolge der Ämter, wie in einem aufsteigenden *cursus honorum*, biographischen Charakters ist: Augur und Pontifex war Drusus vor dem Jahre 11 n. Chr., in dem er Quaestor wurde; *flamen Augustalis* kann er ab 19 n. Chr. (Tod des Germanicus) gewesen sein; der zweite Konsulat fällt ins Jahr 21 und die Iteration der *tribunicia potestas* ins Jahr 23 n. Chr.

[55] ILS 8897; C. Hanson – F. P. Johnson, On Certain Portrait Inscriptions, AJA 50, 1946, 391 f. Nr. 11; W. Alzinger, Augusteische Architektur in Ephesos, Sonderschriften des ÖAI 16 (Wien 1974) 9–16 Abb. 1. 3; vgl. P. Scherrer, Der *conventus civium Romanorum* und kaiserliche Freigelassene als Bauherren in Ephesos in augusteischer Zeit, in: M. Meyer (Hrsg.), Neue Zeiten – Neue Sitten. Zu Rezeption und Integration römischen und italischen Kulturguts in Kleinasien (Wien 2007) 63–72, bes. 64 f. Abb. 2. – Interessanterweise ist die zweizeilige griechische Kurzversion des Textes zwischen den seitlichen Risaliten der Attika wesentlich sorgfältiger zentriert als die beiden lateinischen Inschriftteile.

war (hier Klapptaf. Abb. 30: M. 1 : 20), mit bloßem Auge nicht auszumachen; um wieviel weniger bemerkte man sie in der Realität!

Was hingegen die epigraphischen Schönheitsfehler unserer Rekonstruktion angeht, so haben wir sie hoffentlich deutlich genug angemerkt und zur Diskussion gestellt. Zur Entlastung unserer gelegentlich arbiträr wirkenden Entscheidungen sei auf einen von Geza Alföldy gern zitierten Ausspruch von Hans-Georg Pflaum verwiesen, wonach die Epigraphik die Wissenschaft von den Ausnahmen sei. Tatsächlich muß nun alles Weitere den Epigraphikern von Profession zu Kritik und Entscheidung überlassen werden. Die dokumentarische Voraussetzung hierfür hoffen wir mit dieser Vorlage der uns zugänglichen Steine geschaffen zu haben.

4. ZUM QUADRIGA-MONUMENT AUF DER INSCHRIFT-BASIS

Nachdem so die Rekonstruktion der Frontseite des Denkmalsockels und seiner Inschrift abgeschlossen ist, darf man noch einige Beobachtungen und Überlegungen zu Format und Gestalt der darauf stehenden statuarischen Gruppe und zur architektonischen Verbindung des Ganzen mit dem Tempel anstellen. Wohlgemerkt kann es hier nicht um eine Rekonstruktion des Monuments selbst gehen, sondern nur um die Absicherung unseres Vorschlags zur Wiederherstellung der Inschrift an seiner Basis.

Von größter Wichtigkeit sind in diesem Zusammenhang abermals die mehr oder weniger gut erhaltenen Standspuren der bronzenen Pferdebeine auf der Oberseite von insgesamt sechs unserer Blöcke, über deren Befund und Aussage zunächst Klarheit gewonnen werden muß.

4 a. Zur Befestigungstechnik

Verankerung und statische Sicherung im Hohlguß hergestellter Bronzefiguren auf steinerner Unterlage erreicht man in Antike und Neuzeit üblicherweise, vor allem bei großformatigen Skulpturen, durch Verdübelung mit Bleiverguß[56]. Dazu arbeitet man an den Stellen,

[56] Schematische Darstellung der entsprechenden Befestigungstechnik und ihrer Varianten bei P. C. Bol, Großplastik aus Bronze in Olympia, OF 9 (Berlin 1978) 85–87 Abb. 9; P. C. Bol, Antike Bronzetechnik. Kunst und Handwerk antiker Erzbildner (München 1985) 160–163 mit Abb. 117; D. Haynes, The Technique of Greek Bronze Statuary (Mainz 1992) 100–105 mit Abb. 8; F. Willer, Beobachtungen zur Sockelung von bronzenen Statuen und Statuetten, BJb 196, 1996, 337–370; F. Willer, Neue Beobachtungen zur Herstellung und Versockelung von Bronzestatuen, KölnJb 33, 2000, 565–573; F. Willer, Hightech und Herme, AW 37.2, 2006, 28–30 mit Abb. 11; A. Filges, Skulpturen und Statuenbasen von der klassischen Epoche bis in die Kaiserzeit, Didyma 3, 5 (Mainz 2007) 105–110 (Kapitel »Standspuren und Standbilder«) mit reichem Bildmaterial; B. Ruck, Die Großen dieser Welt. Kolossalporträts im antiken Rom, Archäologie und Geschichte 11 (Heidelberg 2007) 47 Anm. 75. – Insbesondere zu den verschiedenen Befestigungstechniken im Falle von Pferdefiguren und entsprechend unterschiedlich geformten Standspuren bzw. Vergußgruben: H. B. Siedentopf, Das hellenistische Reiterdenkmal (Waldsassen 1968) 65–72 mit Abb. 17. 18; Bergemann 1990, Beil. 4; Willer a. O. (1996) 351–353 mit Abb. 11. 12. – Stucchi (1988, 123 Abb. 109) publiziert ein sehr instruktives Photo mit drei bronzenen Pferdehufen von Cartoceto in Unteransicht. Beispiel A zeigt einen gänzlich geschlossenen Huf mit leicht stilisierter anatomischer Ausgestaltung der Unterseite: offensichtlich ein angehobenes, nicht auf der Standplatte zu verankerndes Bein. Der Huf des Beispiels B ist an seiner Unterseite eben, ohne Angabe anatomischer Details und nur in seinem Zentrum annähernd kreisförmig für den Verguß geöffnet; so etwa dürften die Hufe des Pferdes von Munigua (unsere Anm. 66) von unten ausgesehen haben. Stucchis Beispiel C zeigt einen an der Unterseite gänzlich geöffneten Huf (wie wir das für die Pferde von Lepcis Magna erschließen werden; s. u.). Das Fehlen jeglicher Reste von Blei in den Fragmenten

wo die Beine und gegebenenfalls sonstige Teile der Figur aufruhen sollen, in die Oberseite der Basis Löcher ein, die sich gelegentlich nach unten zu leicht erweitern[57]. In deren Boden pflanzt man einen großen eisernen Dübel auf, über den das an seiner Unterseite mit einer oder mehreren Öffnungen versehene Bein gesetzt wird. Dieser Dübel wird dann im Innern des Beins verkeilt durch von oberhalb seines Endes eingegossenes Blei, welches durch die stellenweise oder gänzlich offene Fußsohle auch in die darunterliegende Grube fließt und diese vollständig ausfüllt, womit die Figur gegen Kippen und Verdrehen und natürlich auch Herausreißen gesichert ist.

Ein wahres Lehrbeispiel für durch Bleiverguß erzielte Verankerung bronzener Pferdebeine in steinerner Unterlage ist uns durch einen glücklichen Zufall erhalten und noch dazu gut publiziert (Abb. 24)[58]. Es handelt sich um Huf und Fessel vom Hinterbein eines allenfalls leicht unterlebensgroßen Pferdes aus Ruscino in Gallia Narbonensis (Chateau Roussillon, östlich von Perpignan). Durch den an seiner Unterseite offenen Huf und das Bein ist ein sich nach oben verjüngender und spitz endender, insgesamt 59 cm langer eiserner Vierkant geführt, der sich unten krallenartig öffnet, um mit zwei Enden (jeweils etwa 2,5 cm stark im Geviert) im Boden der Einlaßgrube verankert zu werden. Durch eine Öffnung vermutlich auf Höhe des Sprunggelenks wurde bei der Montage der Statue das Blei eingegossen, das den Unterschenkel füllte und darunter die auf der Oberseite der Basis vorbereitete Sockelgrube, welche bis zu 11 cm tief war, wie der unterhalb des Hufes ausgetretene Bleibatzen zeigt.

Dieses wegen der perfekten Erhaltung praktisch aller seiner technischen Details geradezu kostbare Fragment aus Ruscino erklärt uns zunächst die Funktion der beiden auf Block G im Boden des Befestigungsloches erhaltenen vierkantigen Eisenreste von 3 bzw. 4 cm Seitenlänge (in Abb. 16 mit Kreuzchen markiert)[59]: Es sind die Enden eines unten zangenförmig aufgespaltenen, im Innern des Pferdebeines vom eingegossenen Blei fixierten Befestigungsdübels, die hier als zusätzlich zum Bleiverguß vorgesehene Sicherung im Stein verankert wurden[60].

Der Zahn der Zeit nagt freilich auch an solchem technischen und materiellen Befestigungs-Aufwand. So spricht Prudentius (Contra Symmachum 1, 215–244) von einer Reihe bronzener *simulacra* auf dem römischen Kapitol, welche dort seit undenklichen Zeiten hohe Ver-

---

von Cartoceto deutet übrigens nach Stucchi (1988, 124) darauf hin, daß diese Statuen nie zur Aufstellung gelangt sind. – Eine weitere Variante solcher Befestigungsarten bietet ein Fragment in Tarragona: Bergemann 1990, 114 Kat. P 61 Taf. 88 e. Dort ist die eingekerbte hintere Hälfte des Hufes an der Unterseite sorgfältig ausgestaltet, während die vordere offen ist: Das Pferd hatte diesen Huf leicht angehoben und trat nur mit dessen Spitze auf. Das entsprechende Vergußloch auf der Basis wird etwa halbkreisförmig gewesen sein.

[57] Auf diese Weise erzielt man eine Verkeilung des eingegossenen Bleibatzens, die dem Halt der Statue zugute kommt; vgl. P. C. Bol, Die Skulpturen des Schiffsfundes von Antikythera, AM Beih. 2 (Berlin 1972) Taf. 14, 1. Daher kann die tiefste Ebene der Befestigungsgruben eine größere Ausdehnung haben als die entsprechende Öffnung in der Oberfläche der Standplatte.

[58] G. Barruol – R. Marichal, Le forum de Ruscino, in: Los foros romanos de las provincias occidentales, Mesa redonda Valencia 1986 (Madrid 1987) 45–54. Zu dem Pferdebein: ebenda 47–51 mit Abb. 6. 7. Es wurde in der Nähe des Unterbaus der nördlichen von zwei großen Basen (etwa 3,50 × 2,80 m) gefunden, die an den Schmalseiten des Forums standen und offensichtlich Reiterstatuen trugen.

[59] Einen ähnlichen Befund glaubt man nach den Photos (Abb. 6 b; 25) auf unserem Block C zu erkennen, doch habe ich seinerzeit vor Ort dazu nichts notiert.

[60] Es ist dies eine geläufige, zugleich die aufwendigste Form der Sicherung. Ein Beispiel für die Befestigung einer leicht überlebensgroßen Pferdefigur ohne Dübel und nur durch Bleiverguß publiziert M. E. Marchese, Monumenti equestri ad Ostia Antica, RM 110, 2003, 319–328, bes. 320 Abb. 1. Vgl. dazu auch einen Pferde-Unterschenkel im Stadtmuseum von Wels: Bergemann 1990, 117 Kat. P 67 Taf. 87 d.

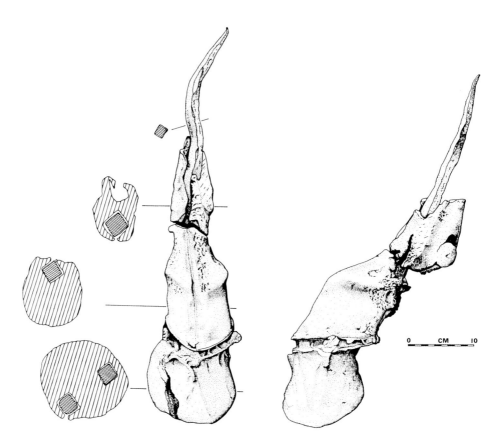

Abb. 24. Bronzenes Pferdebein aus Ruscino (vgl. Anm. 58) mit eisernem Dübel und Bleiverguß. Ohne Maßstab

ehrung genossen und eben wegen ihres Alters – natürlich auch als verabscheuungswürdige Götzenbilder – dem baldigen Untergang geweiht sein mußten. Darunter befanden sich die Statuen der beiden Dioskuren, von denen es (v. 230 f.) heißt:

impendent retinente veru, magnique triumphi
nuntia suffuso figunt vestigia plumbo.

»(Schief) hängen sie (da) über ihrem (spitzen) Dübel[61], welcher sie (gerade noch vom Umfallen) aufhält, und ihre Fußsohlen[62], Boten des großen Sieges [am Regillus-See], heften sich (noch eben) an das daruntergegossene Blei.«

---

[61] *veru, -ūs,* n. = eigentlich Bratspieß, Wurfspieß, auch der oben gespitzte Palisadenpfahl: CIL VI 826 = ILS 4914 (*area ... clausa veribus*).

[62] *vestigium* bedeutet die Fußsohle im Sinne ihrer genauen Umrißform; das Wort steht deswegen auch für ›Fußstapfe(n), Fußabdruck‹.

Die Passage liest sich fast wie eine Erläuterung der soeben beschriebenen Montage-Technik[63].

Wollte nun etwa unser Dichter in seinem christlichen Eifer gar dazu schreiten, jene schon angeschlagenen Statuen ganz zum Umfallen zu bringen, so müßte er seinen Angriff auf eine solche Eisen-Blei-Verankerung im Stein recht weiträumig anlegen[64] und rundherum einen großen Trichter aushacken, wie wir das von zahllosen antiken Basen kennen[65] und eben auch in Lepcis Magna beobachten: Die bis zu etwa 35 cm im Durchmesser großen ›Krater‹ in der Oberseite der Inschrift-Blöcke A (Abb. 4 b), B (Abb. 5 b), C (Abb. 6 b; 25), E (Abb. 8 b) und G (Abb. 10 b) und des unbeschrifteten Blocks I (Abb. 18) sind die typischen Spuren der gierigen Arbeit von Metallräubern.

Die mit grobem Werkzeug gehackten und unregelmäßig konturierten Trichter stehen freilich in deutlichem Gegensatz zu den besonders gut an Block C (Abb. 6 b; 25), auch an Block E (Abb. 8 b) und I (Abb. 21) erkennbaren, scharfkantig geschnittenen, eben noch erhaltenen untersten Partien der ursprünglichen Eintiefungen mit ihrer in unserem Falle sorgfältig geebneten, planen Grundfläche. Und hier zeigt sich nun ein wichtiger Unterschied zu der in Ruscino angewandten Befestigungstechnik. Dort ergibt sich aus Form und Volumen des ausgetretenen Bleibatzens (Abb. 24), daß der Querschnitt des Loches im Stein auf keiner Höhe seines Verlaufs dem Umriß und der Größe des darüber stehenden Pferdehufes entsprochen haben kann. Hätten wir dort gar nur den alleruntersten Abschnitt des originalen Befestigungsloches erhalten – wie es in Lepcis Magna wegen des gewaltsamen Ausbruchs der Fall ist – so könnten wir aus dessen mehr oder weniger rundem ›Grundriss‹ gewiß nicht zweifelsfrei auf einen darüber stehenden Pferdehuf schließen[66].

---

[63] Eine gänzlich andere – doch wohl vermeintliche – Pointe sucht in der Stelle Hermann Tränkle, Prudentius, Contra Symmachum libri duo, Fontes Christiani 85 (Turnhout 2008) 123: »… sie stehen vorgebeugt; ihre Lanzen müssen sie stützen, und ihre Füße, einst Boten gewaltigen Sieges, stecken fest in einem Umguß aus Blei.« Ähnlich übersetzte M. Lavarenne, Prudence III (Paris 1948) 144: »… se tiennent penchés, soutenus pour leur lance, et arrêtant dans du plomb qu'on a fondu sous eux ces pas qui annoncèrent un grand triomphe.«

[64] Das auf den ersten Blick überraschend starke Erweitern solcher Befestigungsgruben dient offensichtlich einem möglichst tiefen Ansatz der Metallsäge, wie das ungewöhnliche Beispiel wohlgemeinter, aber eher zerstörerischer Restaurierungen der Montage des bronzenen Marc Aurel auf dem von Michelangelo entworfenen Sockel lehrt: A. Mura Sommella – C. Parisi Presicce (Hrsg.), Il Marco Aurelio e la sua copia (Rom 1997) 48 f. 57 Abb. 19; 61 Abb. 25; 73. 78 Abb. 10.

[65] Gute Abbildungen von sehr ähnlichen Ausbruchsgruben bei K. Fittschen, Οι αγελάδες της Ερμιόνης, in: Πρακτικά του Ε΄ Διεθνούς Συνεδρίου Πελοποννησιακών Σπουδών, Άργος–Ναύπλιον 6–10 Σεπτεμβρίου 1995 (Athen 1998) I 474–488, bes. Abb. 2–5 und 10 (Basen von bronzenen Kühen in Hermione; vgl. M. Jameson, Inscriptions of the Peloponnesos, Hesperia 22, 1953, 148–154 Taf. 50, 1. 2). – Beliebige Beispiele für den vergleichbar weiträumigen Ausbruch verschiedenartiger Befestigungsvorrichtungen bei menschlichen Füßen: F. Eckstein, Anathemata. Studien zu den Weihgeschenken Strengen Stils im Heiligtum zu Olympia (Berlin 1959) 35–38 Abb. 4–7; K. Tuchelt, Frühe Denkmäler Roms in Kleinasien, IstMitt Beih. 23 (Tübingen 1979) Taf. 3, 3; 13, 2; 19, 2; F. K. Dörner – G. Gruben, Die Exedra der Ciceronen, AM 68, 1953, 72 Beil. 11; S. 74 Abb. 2 (Samos, Heraion, Exedra der Ciceronen; vgl. auch die Aufnahmen bei V. H. Böhm, Herkunft geklärt? Die Bronzen von Cartoceto und die Exedra der Ciceronen auf Samos, AW 31, 2000, 11 Abb. 5 a. b. Die dort vorgeschlagene Verbindung dieses Monuments mit den Bronzen von Cartoceto ist gänzlich aus der Luft gegriffen).

[66] Auch im Falle einer granitenen Basis aus dem hispanischen Munigua (W. Grünhagen, Eine Weihung für Dis Pater in Munigua, MM 17, 1976, 226–237) sind die vier Befestigungslöcher in der dort tadellos erhaltenen Deckplatte (ebenda 228 Abb. 2 Taf. 48 a) im Querschnitt kreisrund und würden – zumal einzeln genommen – von sich aus nicht auf die Gestalt des darin verankerten Bildwerks schließen lassen. Glücklicherweise ist in der Inschrift ausdrücklich gesagt, daß es sich bei dieser Weihung um eine Pferdefigur handelte. Das nur leicht unterlebensgroße Pferd stand offensichtlich unbewegt und trat mit allen vier Hufen voll auf, ohne daß deren Umriß auf der Stand-

Abb. 25. Aufsicht auf Block C (vgl. auch Abb. 6 b)
mit dem im Ausbruch vollständig erhaltenen Boden
der Vergußgrube, in welcher der linke Vorderhuf
des rechten Deichselpferdes befestigt war

Bei Block C unserer Inschrift-Basis dagegen läßt die in ihrem unteren Umriß vollständig erhaltene originale Einarbeitung (Abb. 25) in aller Deutlichkeit – wenn auch in summarisch stilisierter Form – den charakteristischen Kontur (»*vestigium*«) der Hufschale eines Pferdes erkennen.

Anders als bei dem Pferd von Ruscino war hier also eine Befestigungstechnik angewandt, bei der praktisch die gesamte Unterseite des Hufes für den Austritt des Bleis offengelassen war[67], weswegen die Vergußgrube auch an ihrem oberen Ende die Form des Hufes in nur unwesentlicher Verkleinerung genau nachgezeichnet haben muß. Und daraus beziehen wir nun einen entscheidenden Hinweis auf das Format unserer Quadriga-Pferde.

platte irgendwelche Spuren verursacht und hinterlassen hätte. Ihre Unterseite dürfte etwa so ausgesehen haben wie das Beispiel B in der Aufnahme bei Stucchi 1988, 123 Abb. 109.

[67] Ein Beispiel für das gemeinsame Auftreten beider Befestigungstechniken an ein und demselben Denkmal bietet die olympische Mummius-Basis der Eleer: H. Philipp – W. Koenigs, Zu den Basen des L. Mummius in Olympia, AM 94, 1979, 209 Abb. 3. Dort sind die relativ kleinen Vergußlöcher für die Hinterbeine des steigenden Pferdes unspezifisch kreisrund, während der ›Abdruck‹ des linken Fußes eines davor laufenden oder fliehenden Mannes eindeutig kenntlich ist (der offenbar nur mit der Spitze aufgesetzte rechte Fuß dieser Figur dagegen war wiederum in einem kreisrunden Loch verankert).

Ein erhellendes Beispiel für diese Form der Montage liefert der perfekt erhaltene Befund eines menschlichen Bronzefußes aus Mérida (Abb. 26)[68], der hier durch das bewährte freundschaftliche Entgegenkommen von José María Álvarez Martínez ausführlich vorgelegt werden darf.

Es handelt sich um den mit einem *calceus equester* beschuhten rechten Fuß von der etwas überlebensgroßen[69] Statue eines Mannes aus dem Ritterstand, die vermutlich zur Ausstattung des Theater-Peristyls von Mérida gehörte[70]. Der Fuß sitzt auf einem gewaltigen Vierkantdübel (Querschnitt ca. 3 × 3 cm), der auf etwa 12 cm Länge sichtbar und an seinem unteren Ende zweigespalten ist (vordere Spitze ca. 6 cm, hintere ca. 4 cm lang). Unterschenkel und Fuß sind bis oberhalb der Bruchkante mit Blei gefüllt, welches aus der hier in ihrem gesamten Umfang geöffneten Unterseite austrat; die Wandstärke des umlaufenden Konturs der Schuhsohle schwankt zwischen 3 (an der Vorderkante) und 8 mm. Man wird die heute sichtbare unregelmäßige Blei-Fläche, die bis maximal 1 cm unterhalb der Bronzekanten herabgeht, als die positive Ausformung einer entsprechenden, erstaunlich flachen Einarbeitung in die Oberseite der Statuenbasis verstehen dürfen; nur unter der Ferse, an deren Rückseite auch der bronzene Rand der Schuhsohle beschädigt ist, glaubt man parallel laufende Spuren eines spitzen Meißels, also Anzeichen mutwilliger Zerstörung und entsprechenden Materialverlusts, zu erkennen (Abb. 26 e). Etwa in ihrer Mitte freilich muß die Einarbeitung in die Standplatte schlitzförmig bis auf etwa 12 cm in die Tiefe gegangen sein, um dort den Dübel einbringen und verankern zu können. Das durch das Bein eingegossene Blei lief auch in diese Öffnung hinab, zumindest an Vorder- und Rückseite des Dübels, wie die erhaltenen Reste zeigen, und machte ihn in seiner Bettung unbeweglich. In diesem Falle leistete also der eiserne Dübel die Hauptarbeit der statischen Sicherung; seine Unverrückbarkeit im Innern der Statue war durch die enorme Menge des eingegossenen Bleis gewährleistet, welche übrigens dem Fragment ein beachtliches Gewicht verleiht.

Den (verlorenen) ›Abdruck‹ dieses Bronzefußes auf seiner steinernen Standplatte wird man mit des Prudentius oben zitiertem Wort als *vestigium* charakterisieren dürfen: Der Kontur der flachen Einarbeitung in die Oberfläche der Basis muß dem des darüber stehenden Teils der Statue entsprochen haben[71]. Hingegen würde in diesem Falle das eigentliche *vestigium* verlorengegangen sein, wenn durch Metallraub die Einlaßgrube erweitert wor-

---

[68] Museo Nacional de Arte Romano Inv. 7.483: J. Álvarez Sáenz de Buruaga, Museo Arqueológico de Mérida (Badajoz), Memorias de los Museos Arqueológicos Provinciales 9/10, 1948/1949, 24 Nr. 71; T. Nogales Basarrate in: Los Bronzes Romanos en España. Ausstellungskatalog Madrid (Madrid 1990) 106 f.; T. Nogales Basarrate in: La Mirada de Roma. Retratos romanos de los Museos de Mérida, Toulouse y Tarragona (Mérida 1995) 132 Nr. 91 mit Abb.

[69] Länge des Fußes: 33,5 cm; Breite: 10,2 cm. – Erhaltene Höhe (ohne den eisernen Dübel): 27,5 cm.

[70] Das Fragment wurde im November 1948 aus der »Caseta del Jardín del Teatro Romano« ins Museum überführt und könnte aus den Ausgrabungen von Antonio Floriano (1934–1936) stammen, die vor allem im Peristyl (»Jardín«) stattgefunden hatten.

[71] Beliebiges Beispiel für eine solche Einarbeitung: G. Lahusen, Römische Bildnisse. Auftraggeber – Funktionen – Standorte (Mainz 2010) 15 Abb. 6 (Statuenbasis aus Aquileia mit den erhaltenen Füßen einer männlichen Figur). – Entsprechend flach – bis auf die zentrale, kreisrunde Vertiefung für den eigentlichen Vergußzapfen – muß die Einlaßgrube für das bereits erwähnte (Anm. 60) bronzene Pferdebein aus Ostia gewesen sein, die gleichwohl den Umriß der Hufschale erkennen ließ: M. E. Marchese, Monumenti equestri ad Ostia Antica, RM 110, 2003, 320 Abb. 1. – Ein entsprechender Befund ist sehr schön zu sehen an der olympischen Basis eines von den Eriträern geweihten bronzenen Stiers (Paarhufer!): Eckstein a. O. (Anm. 65) 50–53 Nr. 6 Textabb. 10 und Abb. 12. 13; Fittschen a. O. (Anm. 65) I 488 Abb. 11.

den und etwa nur die schlitzförmige Einarbeitung für das untere Ende des Dübels erhalten wäre.

In Lepcis Magna aber war das Schicksal den *vestigia* der Pferdehufe günstig: Trotz der rücksichtslos und gründlich erfolgten Ausraubung des Bleivergusses sind sie nicht ganz verschwunden. Vielmehr ist durch den schon geschilderten Befund an Block C (Abb. 25) offenkundig, daß dort der Umfang des Ausschnitts in der Unterseite der bronzenen Pferdehufe dem für den Bronzefuß in Mérida (Abb. 26) angewandten Verfahren[72] entsprochen hat. Anders als in Mérida aber muß in Lepcis Magna auch der Querschnitt des Vergußloches in der Kalksteinbasis über seine gesamte Tiefenerstreckung hin der Form des darüber stehenden Pferdehufes recht sorgfältig gefolgt sein; das erweist die Form des auf Block C vollständig erhaltenen planen Bodens der Vergußgrube. Soweit erkennbar, stehen die Wände dieser Grube an ihrem untersten Ansatz senkrecht auf der ebenen Sohle der Eintiefung, welche sich also in diesem Falle nicht nach unten erweitert hätte. Das gewaltige Volumen des durch den unten gänzlich offenen Huf[73] austretenden Bleis im Verein mit dem Gesamtgewicht der Pferdefiguren bot in statischer Hinsicht wohl den Ausgleich hierzu und auch zu der verhältnismäßig geringen Tiefe unserer Vergußgruben, die zwischen etwa 5 und 7 cm liegt[74]. Aus alledem wird man folgern dürfen, daß die darüber aufstehenden bronzenen Hufe in ihrem Umfang nur unwesentlich, nämlich gerade um die Wandstärke des Hohlgusses, über den am Boden der Befestigungsgruben dokumentierten Umfang hinausgegangen sein werden.

4 b. Hinweise auf die Größe der Pferdefiguren

Aus diesem Befund und aus den wenigen, wegen des gewaltsamen Ausbruchs unzuverlässigen und jedenfalls nicht präzise zu messenden Resten der insgesamt sechs bezeugten Vergußgruben nun die Proportionen und die tatsächliche Größe der Pferde unserer Quadriga nach der Analogie erhaltener antiker oder neuzeitlicher Pferdefiguren hochrechnen zu wollen, wäre ein riskantes Unterfangen, und wir werden der entsprechenden Versuchung nicht erliegen, zumal es – wie gesagt – nicht die Absicht dieses Artikels ist, das Monument als solches zu rekonstruieren. Nur ein paar Beobachtungen und sehr überschlägige Schätzungen zu dessen Format seien noch mitgeteilt.

Block A (Abb. 11) bewahrt immerhin die annähernd ovale Grundform eines Hufes; gemessen wurde hier am Boden des Loches die erhebliche Breite von etwa 21 cm; die entsprechende Längenausdehnung beträgt etwa 24 cm. Block C (Abb. 6 b; 25) ist bezüglich seiner Standspur der am besten erhaltene; hier wurden am Boden der Grube 16 cm Breite und 21 cm Länge gemessen (vgl. Abb. 13). Block E (Abb. 8 b) bewahrt am vorderen Ende der Standspur, wo auch der ebene Boden gut erhalten ist, eine etwa halbkreisförmige Form, deren senkrechte Wände sicher zum originalen Zustand gehören; dahinter aber verunklärt die Ausbruchgrube den Befund. Auf Block G (Abb. 16) hat sich vom originalen Boden des Befestigungsloches eine annähernd kreisrunde Fläche erhalten, deren Durchmesser wir mit etwa 17 cm notiert

---

[72] Vgl. auch die bronzenen, sandalentragenden Füße von Antikythera, bei denen der gut erhaltene, um etwa 1–2 cm hinter dem Außenrand der Schuhsohle liegende Bleiverguß (= im Negativ der Kontur der Befestigungsgrube) ungefähr dem Kontur des Fußes folgt: Bol, a. O. (Anm. 57) 29–32 Taf. 13. 14.

[73] Vgl. das Beispiel »C« in der schon einmal (unsere Anm. 56) zitierten Aufnahme bei Stucchi 1988, 123 Abb. 109.

[74] Vgl. o. im Katalog der Steine – Kap. 2 b – zu den Blöcken A, B, E und G. Die Tiefe der Einarbeitungen auf den Blöcken C und I habe ich seinerzeit leider nicht notiert.

Abb. 26 a–e. Mérida, Museo Nacional de Arte Romano Inv. 7.483: Rechter Fuß von der Bronzestatue
eines *eques* mit Bleifüllung und Eisendübel

haben. Block I, auf dem eine angeschnittene Standspur erhalten ist (Abb. 21) und der an einer Flanke des Monuments verlegt war (vgl. dazu Kap. 2 c: Katalogtext zu Block I), überliefert uns für die Breite des aus dem dort aufstehenden Hinterhuf ausgetretenen Bleibatzens ein Maß von (nur) 14 cm; die ursprüngliche Länge wird man auf etwa 16 cm schätzen.

Für einen unter jedem erdenklichen Vorbehalt anzustellenden Größenvergleich unserer *vestigia* mit den Hufen erhaltener Pferdefiguren gehen wir von dem Befund auf Block C (Abb. 25) aus. Dort ist zum einen der Umriß der Hufschale eindeutig zu erkennen und zudem unversehrt erhalten; zum anderen liegen die Abmessungen dieser Vergußgrube (vgl. Abb. 13) etwa auf der Mitte zwischen dem besonders großen, möglicherweise nachträglich erweiterten Loch auf Block A (Abb. 11) und dem kleinsten, aber nicht vollständig erhaltenen und nicht ganz zuverlässig meßbaren Loch auf Block I (Abb. 21).

Die originale Einlaßspur auf Block C (Abb. 13. 25) hat auf ihrer ebenen unteren Fläche eine Breite von 16 cm und eine Länge von 21 cm; der bronzene Huf muß, wie gesagt, in seinem Umfang etwas, nämlich mindestens um die Wandstärke des Hohlgusses, größer gewesen sein als das Loch. In der Königlichen Gipsabgußsammlung des Statens Museum for Kunst in Kopenhagen[75] habe ich die Unterseiten der angehobenen Vorderhufe messen können an dem Pferd B der Quadriga von San Marco (Abb. 27 a; Breite 16,5 cm, Länge etwa 17,5 cm)[76] sowie an den (mit Eisen beschlagenen) Pferden des Erasmo da Narni »Gattamelata« von Donatello (Abb. 27 b; Breite 18,5 cm, Länge 21 cm) und des Bartolomeo Colleoni von Andrea del Verrocchio (Abb. 27 c; Breite 23 cm, Länge etwa 24 cm)[77]. Der hilfsbereiten Freundschaft von Claudio Parisi Presicce verdanke ich die entsprechenden Maße vom rechten, angehobenen Vorderhuf des Pferdes des kapitolinischen Marc Aurel[78]: Breite 17 cm, Länge 22 cm.

Demnach wären also die Abmessungen der Hufe und damit der Pferde von Lepcis Magna deutlich größer gewesen als die der immerhin stattlichen Pferde von San Marco und hätten eher in der Größenordnung der mächtigen Reittiere des Gattamelata oder des Marc Aurel gelegen.

Ein zusätzlicher Anhalt für eine zumindest ungefähre Vorstellung von der Größe unserer Gespannpferde liegt in dem Abstand der Befestigungsgruben für die Vorderbeine des rechten Deichselpferdes[79], die glücklicherweise beide dokumentiert sind (Blöcke B und C) und deren ideelle Mittelpunkte nach unserer Rekonstruktion (Klapptaf. Abb. 30, Abschnitte III und V) etwa 78 cm auseinanderliegen. Von den beiden Leinenpferden ist jeweils nur die Standspur des äußeren Beines erhalten (Blöcke A und G); der Abstand zum Mittelpunkt der Einlaßgrube für das jeweils innere Bein errechnet sich nach unserer Wiederherstellung (Klapptaf. Abb. 30,

---

[75] Dem Konservator der Gipssammlung, Henrik Holm, sei für freundliche Aufnahme und Hilfestellung bestens gedankt; Jan Zahle danke ich für seine Vermittlung und Beratung.

[76] Zur Datierung (dort in spätrepublikanisch-frühaugusteische Zeit): D. Bergemann, Die Pferde von San Marco. Zeitstellung und Funktion, RM 95, 1988, 115–128.

[77] Die beiden Renaissance-Statuen abgebildet in: G. Perocco – R. Zorzi (Hrsg.), I cavalli di San Marco (Mailand 1981) 56 f. Abb. 60. 61; Ausstellungskatalog Berlin 1982, 68 f. Abb. 48. 49.

[78] K. Fittschen – P. Zanker, Katalog der römischen Porträts in den kapitolinischen Museen und anderen kommunalen Sammlungen der Stadt Rom I. Kaiser- und Prinzenbildnisse (Mainz 1985) 72–74 Nr. 67 Taf. 76. 77; Bergemann 1990, 105–108 Kat. P 51 Taf. 78–80; Sommella – Parisi Presicce a. O. (Anm. 64). Es ist durchaus merkwürdig, daß über eine so einzigartige Reiterstatue wie die des Marc Aurel so wenige brauchbare Maßangaben publiziert zu sein scheinen. Selbst in der 1984 erschienenen Publikation über die Restaurierung der Statue (Marco Aurelio – Mostra di Cantiere. Le indagini in corso sul monumento. Ausstellungskatalog Rom [Rom 1984]) ist auf immerhin 87 Druckseiten nicht ein einziges Maß mitgeteilt.

[79] Zum Standmotiv unserer Gespannpferde vgl. weiter unten, Kap. 4 c: »Stillstehende Viergespanne«.

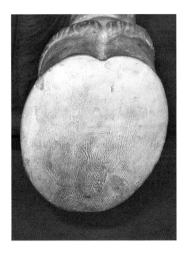 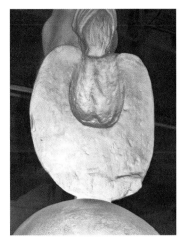 

Abb. 27 a–c. Unteransichten angehobener Vorderhufe bronzener Pferdefiguren (vgl. dazu Abb. 25), Gipsabgüsse. – a. Pferd B der Quadriga von San Marco. – b. Reiterstatue des Gattamelata (Donatello), Padua. – c. Reiterstatue des Colleoni (Verrocchio), Venedig

Abschnitte I/II und XI/XII) auf etwas weniger, nämlich 73 cm, was immer noch auf eine geradezu gewaltige Größe dieser Pferdefiguren deutet.

Wirklich brauchbare Vergleichsmaße sind an den zuvor genannten, sämtlich schreitend dargestellten antiken und neuzeitlichen Pferdefiguren nicht zu nehmen. Der ungefähre Abstand zwischen dem aufstehenden und dem angehobenen Vorderhuf (Mittelpunkte) beträgt bei den Pferden von San Marco 42 cm, bei dem des Gattamelata 60 cm und selbst bei dem des Colleoni nur 66 cm. Interessanter sind vielleicht die Plinthenbreiten der Gipsabgüsse, die den Raumbedarf der Pferdefiguren in der Breite beschreiben und die bei den monumentalen Renaissance-Statuen den Abstand der Vorderhufe um etwa das Anderthalbfache überschreiten[80]. Wenden wir den entsprechenden Faktor an, um den Raumbedarf für unsere Pferde in Lepcis Magna zu ermitteln, wo wir den Hufabstand mit 78 cm gemessen bzw. auf 73 cm errechnet haben, so gelangen wir auf eine ungefähre Breitenausdehnung der Pferdeleiber von etwa 117 bzw. 110 cm.

Hier brechen wir diese Überlegungen ab. Nur so viel sei gesagt: Die Pferde des Gespanns von Lepcis Magna müssen, nach den *vestigia* ihrer Hufe auf den Basisblöcken und mehr noch nach dem Abstand zwischen den Befestigungslöchern jeweils der Vorderbeine zu urteilen, von gewaltigen Dimensionen gewesen sein und erreichten möglicherweise die Größe des Pferdes des kapitolinischen Marc Aurel.

4 c. Stillstehende Viergespanne

Die Anordnung der erhaltenen Standspuren auf den Oberseiten von fünf Blöcken unserer Basisfront (Klapptaf. Abb. 30) – dicht hinter deren Vorderkante praktisch auf einer Linie liegend – sowie ihre mehr oder weniger gleichartige Tiefe, Form und Zurichtung führen zu

---

[80] Gattamelata: 92 cm (Plinthenbreite) : 60 cm (Abstand Vorderhufe); Faktor: 1,53. – Colleoni: 102 cm : 66 cm; Faktor: 1,54. – Die Plinthe des kapitolinischen Marc Aurel (oberer Abschluß des Sockels von Michelangelo) mißt in der Breite 120 cm, in der Länge 280 cm. – Die abgespreizten Beine der Reiter gehen natürlich seitlich über die Pferdeleiber und die Plinthenränder weit hinaus.

dem Schluß, daß alle acht Vorderbeine des Viererzuges ruhig und voll auf dem Boden aufstanden[81].

Vom rechten Deichselpferd sind, wie schon gesagt, glücklicherweise die Standspuren beider Vorderbeine erhalten (auf den Blöcken B und C). Zwar kennen wir die immerhin etwa 7 cm tiefe Befestigungsgrube auf Block B wegen der Sturzlage des Steines nur im Schnitt in ihrer durch die Ausbruchsgrube der Bleiräuber erweiterten Form (Abb. 5 b), aber allein dieser Befund beweist, daß das rechte Vorderbein dieses Pferdes auf der Standfläche verankert war, und zwar genauso massiv und solide, wie das für das linke Bein (auf Block C) geschehen war[82]. Darum ist mit Sicherheit sogar auszuschließen, daß etwa einer der Vorderhufe schräggestellt[83], also nur mit seiner Vorderkante aufgesetzt gewesen und deswegen mit einer deutlich kleineren Verankerung ausgekommen ist[84].

Wir brauchen also gar nicht über den möglichen Rhythmus aufstehender und angehobener Vorderbeine in unserem Gespann zu spekulieren: Wenn eines der Tiere im Stand wiedergegeben war, so muß das nach allen Regeln der Fahr- und der Darstellungskunst für die anderen drei selbstverständlich auch gelten. Es ergibt sich somit, daß dieses Viergespann weder im Fahren noch im Anziehen begriffen, sondern unbewegt war[85].

Auf den ersten Blick mag eine solche statische Front des ja auf Vorderansicht vom Platz her berechneten Monuments befremdlich oder jedenfalls ›archaisch‹ erscheinen[86]. In der Tat ist in der fraglichen Zeit das weithin Übliche, Viergespanne in Fahrt wiederzugeben, wobei die Pferde in identischer Weise oder irgendwie symmetrisch rhythmisierter Anordnung eines der Vorderbeine zum Schritt anheben. Und dennoch muß es auch monumentale Viergespanne gegeben haben, die im Stand dargestellt waren. Für den folgenden kurzen Überblick beschränken wir uns zunächst auf das numismatische Material[87], weil die Münzdarstellungen wegen ihres perfekten ›Erhaltungszustands‹ ikonographisch verläßlicher sind als die üblicherweise

---

[81]   Zustimmend Boschung 2002, 16.

[82]   Vgl. die vier völlig übereinstimmenden Einarbeitungen für die vier aufgesetzten Hufe eines im Paßgang dargestellten Pferdes auf einer Basis in Delos: H. B. Siedentopf, Das hellenistische Reiterdenkmal (Waldsassen 1968) 70 f. mit Abb. 18 f.

[83]   Etwa in der Art der linken der drei Reiterstatuen am Forum von Pompeji, die in dem bekannten Fresko aus der Villa der Iulia Felix (II 4, 3) dargestellt sind: Th. Kraus – L. von Matt, Pompeji und Herculaneum. Antlitz und Schicksal zweier antiker Städte. (Köln 1973) 157 Abb. 182.

[84]   Vgl. das Beispiel bei Siedentopf a. O. (Anm. 82) 68 f. mit Abb. 18 a: Dort war der linke Hinterhuf des Pferdes nur mit der Spitze aufgesetzt und entsprechend – in deutlichem Gegensatz zu dem voll aufstehenden und deswegen in einer großen, runden Einlaßgrube befestigten rechten Hinterbein – in einer kleinen querliegenden Kerbe auf der Standplatte verankert.

[85]   Bezüglich der Stellung der Hinterbeine liegt uns nur das Zeugnis des Blocks I vor, auf dem der größte Teil vom äußeren Hinterhuf eines der Leinenpferde befestigt war (Abb. 21). Ob etwa das andere Hinterbein entlastet vorgestellt und also nur mit der Hufspitze aufgesetzt war, können wir nicht wissen. Selbst in diesem Falle aber wären unsere Pferde im Stillstand dargestellt gewesen, etwa in der Art der auf Münzen abgebildeten Reiterstatue des Sulla: CRR II 463 Nr. 16 Taf. 110, 11; M. H. Crawford, RRC 397 Nr. 381 Taf. 48; Kent u. a. 1973, Taf. 14 Nr. 51; Trillmich 1988b, 475 Abb. 208 b.

[86]   Man denkt unwillkürlich an die Metope von Tempel C in Selinunt (Hafner 1938, 13 Nr. 147; L. Giuliani, Die archaischen Metopen von Selinunt [Mainz 1979] 27–33 Taf. 5, 1; LIMC II (1984) 716 Nr. 1227 Taf. 545, 1227 s. v. Artemis (L. Kahil); C. Marconi, Temple Decoration and Cultural Identity in the Archaic Greek World. The Metopes of Selinus [Cambridge 2007] 139 Abb. 68) oder an Darstellungen von Viergespannen in Vorderansicht auf schwarzfigurigen Vasen; vgl. etwa Hafner 1938, 8 Nr. 70 Taf. 1; Ausstellungskatalog Berlin 1982, 172 f. Nr. 61.

[87]   Aus Raumgründen beschränken wir uns ferner die Nachweise der Münztypen auf den Katalog des British Museum (CRE), den jedermann zur Hand hat, und fallweise auf besonders gute und ebenfalls leicht zugängliche Abbildungen.

schwer zerstörten Monumente, wobei wir uns hinsichtlich der Darstellungsweise bewußt sind, daß wir es hier mit zudem kleinformatiger Flächenkunst zu tun haben.

In der Münzprägung des Augustus und der seiner nächsten Nachfolger werden Viergespanne mit Wagen normalerweise im Profil wiedergegeben und im Anziehen oder in langsamer Schrittfahrt dargestellt. Mit Blick auf unser Quadriga-Monument in Lepcis Magna nennen wir an erster Stelle die schönen Dupondien des Caligula oder Claudius[88], deren Vorderseite den Germanicus auf der Quadriga des Triumphators *de Cheruscis Chattisque et Angrivariis*[89] fahrend zeigt; es gibt aber genügend Beispiele für die entsprechende Darstellungsweise auch aus der augusteischen[90] und tiberischen[91] Prägung. Diese allgemeine Übung gilt selbst für die gar nicht seltenen Gespanndarstellungen, die ohne Lenker auskommen[92], in denen also die Quadriga keinen Bericht ins Bild umsetzt, sondern verselbständigt eine Ehrung symbolisiert[93]. Dieselbe Darstellungsweise des in Bewegung befindlichen Gespanns ist schließlich auch für die Abbildung tatsächlich existierender Monumente belegt, beispielsweise für die ins Profil gedrehte Quadriga auf einem zweitorigen Bogen, dessen Errichtung dem Augustus zu Ehren vom Senat beschlossen wurde mit der Begründung *quod viae mun(itae) sunt*[94].

Es hat aber offensichtlich auch rundplastische Monumente gegeben, die eine Quadriga im Stand darstellten, dabei eindeutig auf Frontalansicht berechnet waren und so auch getreulich – unter mehr oder weniger gut bewältigten graphischen Schwierigkeiten[95] – in der Münzkunst

---

[88]   CRE I 160 f. Nr. 93–100 Taf. 30, 9. 10; Großaufnahme: Kent u. a. 1973, Taf. 46 Nr. 174. Rückseite: Germanicus in voller Rüstung mit Adlerszepter; Legende (im Feld): *signis recept(is) devictis Germ(anis), S C.*

[89]   Tac. ann. 2, 41 zum 26. Mai des Jahres 17 n. Chr.

[90]   Denare der sog. Triumphalprägung zeigen Octavian (Legende: IMP CAESAR) mit großem Lorbeerzweig in der Hand auf einer Quadriga (doch wohl der des dreifachen Triumphes von 29 v. Chr.) fahrend: CRE I 101 Nr. 617–621 Taf. 15, 6. 7; schöne Großaufnahme: Kent u. a. 1973, Taf. 32 Nr. 122. – Aurei und Denare des Jahres 13/14 n. Chr. zeigen auf ihrer Rückseite Tiberius Caesar mit Adlerszepter auf der Quadriga seines Triumphes *ex Pannonis Delmatisque* (23. Oktober 12 n. Chr.) fahrend: CRE I 87 f. Nr. 508–512 Taf. 13, 3–6; vgl. Trillmich 1988b, 526 f. Nr. 374.

[91]   CRE I 120 f. Nr. 1–11 Taf. 22, 1–3 (14/15 n. Chr.); Kent u. a. 1973, Taf. 40 Nr. 150. Der Rückseitentyp ist direkt übernommen aus der in der vorigen Anmerkung genannten spätaugusteischen Edelmetallprägung.

[92]   Stadtrömische Denare des L. Aquillius Florus (wohl 18 v. Chr.): CRE I 7 f. Nr. 38. 39 Taf. 1, 20–2, 1. Aus dem ansonsten leeren Wagenkasten ragen drei Ähren (nach Mattingly) bzw. drei unbestimmbare Objekte. – Aurei und Denare etwa derselben Zeit: CRE I 68 f. Nr. 390–396 Taf. 8, 15–19. Im Wagen aufgepflanzt ein Legionsadler (?); am vorderen Rand des Wagenkastens ist eine Art Standarte mit einer Viererkoppel von galoppierenden Pferden befestigt. – Eine ganz ähnliche Darstellung der fahrerlosen Quadriga, aber ohne den Adler, findet sich auf der Rückseite des etwa gleichzeitig ausgebrachten *toga picta*-Typs der Silberprägung: CRE I 69 f. Nr. 397–402 Taf. 8, 20–9, 3; vgl. Trillmich 1988b, 516 Nr. 344. – Drei Emissionen spättiberischer Sesterzen tragen die detailreiche Darstellung eines reliefverzierten Triumphwagens: CRE I 134 Nr. 103 Taf. 24, 10; 136 Nr. 113–115 Taf. 24, 13 (schöne Großaufnahme: L. von Matt – H. Kühner, Die Cäsaren [Würzburg 1964] Taf. 61 c); 139 Nr. 130. 131 Taf. 25, 3. Auf den zuletzt genannten Abbildungen sieht man deutlich die Befestigung der Zügel am vorderen Rand des leeren Wagenkastens; die führerlosen Pferde gehen mit angehobenem rechten Vorderbein Schritt.

[93]   Eine Parallele bieten die Münzdarstellungen des von zwei Maultieren gezogenen gedeckten Wagens (*carpentum*), dessen Verleihung eine herausragende Ehrung für die Frauen des Kaiserhauses darstellte: Auch diese Gespanne sind grundsätzlich in langsamer Fahrt, aber ohne Lenker dargestellt; die Zügel sind am vorderen Wagenrand befestigt. Carpentum-Sesterzen des Tiberius (22/23 n. Chr.) zu Ehren seiner Mutter Iulia Augusta: CRE I 130 f. Nr. 76–78 Taf. 23, 18. 19; Kent u. a. 1973, Taf. 40 Nr. 153. – Carpentum-Sesterzen des Caligula zum Andenken an seine Mutter Agrippina: CRE I 159 Nr. 81–87 Taf. 30, 4–6; Kent u. a. 1973, Taf. 42 Nr. 165.

[94]   CRE I 75 Nr. 433. 434 Taf. 10, 7. 8; vgl. Fähndrich 2005, 16 f. Nr. 5. 6 Taf. 2, 2–3 b.

[95]   Besonders die kleinasiatischen Stempelschneider der in Anm. 97 genannten silbernen Cistophoren haben sich größte Mühe gegeben, die starre und offensichtlich als unschön empfundene frontale Präsentation solcher Monumente zu verlebendigen, indem sie in origineller, aber unrealistischer Weise das Gespann auffächerten und die einzelnen Pferde unterschiedlich in fast frontaler, Dreiviertel- und Profilansicht wiedergaben. – Weiter noch geht die Wiedergabe einer solchen stillstehenden Quadriga auf Bronzemünzen von Apameia (Phrygien), wo sogar beide

Abb. 28 a. Denar aus der sog. Triumphalprägung   Abb. 28 b. Aureus des Augustus (18/17 v. Chr.)
des Octavian mit stillstehender Quadriga auf   mit stillstehender Quadriga auf dem mittleren
eintorigem Bogen   Durchgang eines dreitorigen Bogens

abgebildet wurden. Bei den dort überlieferten Monumenten handelt es sich ausschließlich um statuarische Bekrönungen von Bogenmonumenten. Das früheste Beispiel bieten Denare aus der sogenannten Triumphalprägung des Octavian (Abb. 28 a)[96]. Im Zusammenhang mit der Rückholung
(20 v. Chr.) der von den Parthern erbeuteten römischen Feldzeichen erscheinen solcherart stillstehende Viergespanne in der kleinasiatischen Cistophorenprägung auf der Attika eines schlanken
Bogens mit nur einem Durchgang[97] oder, in der stadtrömischen Edelmetallprägung, über der mittleren Öffnung zweier verschieden gestalteter dreitoriger Bogenmonumente (Abb. 28 b)[98].

Leinenpferde im Profil dargestellt sind: British Museum, Catalogue of the Greek Coins of Phrygia (London 1906)
93 Nr. 139 Taf. 11, 6; SNG Deutschland, Slg. Hans von Aulock Taf. 113 Nr. 3484; RPC I 507 Nr. 3129 Taf. 132.
– Vgl. zu den graphischen und künstlerischen Aspekten solcher Darstellungen auch Hafner 1938, 115 f. Typus A. –
Keine Bedenken gegen die strikte Frontalansicht eines stillstehenden Viergespanns hatten im späteren 4. Jh. v. Chr.
die Stempelschneider kyrenäischer Statere: British Museum, Catalogue of the Greek Coins of Cyrenaica (London
1927) 26 Nr. 108 Taf. 13, 10; vgl. K. Regling, Die antike Münze als Kunstwerk (Berlin 1924) Taf. 36 Nr. 737; F.
Jünger, Gespann und Herrschaft. Form und Intention großformatiger Gespanndenkmäler im griechischen Kul-
turraum von der archaischen bis in die hellenistische Zeit, Antiquitates 36 (Hamburg 2006) 68 f. Abb. 12.

[96] CRE I 102 Nr. 624 Taf. 15, 8; schöne Aufnahmen: Fuchs 1969, 40 Taf. 7, 86. 87; L. von Matt – H. Kühner, Die
      Caesaren (Würzburg 1964) Taf. 53 d; Ausstellungskatalog Berlin 1982, 186 Nr. 85; E. Simon, Augustus. Kunst
      und Leben um die Zeitenwende (München 1986) 86 Abb. 113; Nedergaard 1988, 225 Abb. 114. Zu diesem Bogen
      vgl. auch Ph. V. Hill, The Monuments of Ancient Rome as Coin Types (London 1989) 53 Abb. 82; Roehmer 1997,
      19–32; Fähndrich 2005, 11 f. Nr. 1 Taf. 1, 1 a. b. – Auf eintorigem Bogen mit Inschrift IMP CAESAR frontal
      stehende, unbewegte Quadriga. Alle Vorderbeine stehen am Boden; die Leinenpferde sind mit der Hinterhand
      in Dreiviertelansicht nach außen gedreht. Nur der obere Rand des Wagenkastens ist angedeutet; die Räder sind
      nicht dargestellt. Im Wagen steht der anscheinend mit der Toga bekleidete Lenker, welcher mit weit seitlich aus-
      gestreckten Armen die Zügel hält. – Für die Genehmigung zur Abbildung der beiden Kopenhagener Münzen
      unserer Abb. 28 a. b danke ich herzlich Helle Horsnæs.

[97] Cistophoren (19/18 v. Chr.): CRE I 114 Nr. 703 Taf. 17, 7 (= CRR III 551 Nr. 310 Taf. 119, 11); RPC I 378 f.
      Nr. 2216 und 2218 Taf. 98; C. H. V. Sutherland, The Cistophori of Augustus (London 1970) 73–76 Nr. 446–478
      Taf. 31. 32; Fähndrich 2005, 12–14 Nr. 2 Taf. 1, 2 a. b; schöne Großaufnahmen (auf denen auch die vor den beiden
      Pylonen des Bogens aufgepflanzten Legionsadler gut zu erkennen sind): Fuchs 1969, Taf. 7, 88. 89; S. Balbi de
      Caro, Money in Ancient Rome (Mailand 1993) 129 Abb. 91. – Auf dem Bogen (im Durchgang: SPR SIGNIS
      RECEPTIS) eine perspektivisch seltsam verzogene (vgl. Anm. 95), eigentlich auf den Beschauer frontal bezogene
      Quadriga; alle Vorderbeine der vier Pferde stehen unbewegt am Boden, die Hinterbeine, soweit sie sichtbar sind,
      ebenfalls. Der Wagen ist nicht dargestellt; die schmächtige Gestalt des Lenkers hält mit weit ausgestreckten
      Armen die Zügel. – In der Münzprägung von Alexandria ist der Rückseitentyp wiederaufgenommen: RPC I 693
      Nr. 5004 Taf. 181; Fähndrich 2005, 19 f. Nr. 11 Taf. 4, 2 a. b. Die vier Pferde scheinen sich hier mit ihren Vorder-
      beinen geradezu auf die Attika des Bogens aufzustemmen.

[98] Aurei und Denare des Jahres 18/17 v. Chr. (TR POT VI): CRE I 73 f. Nr. 427–429 Taf. 10, 2. 3 (= CRR II 37 f.
      Nr. 4453–4455 Taf. 63, 11. 12); Fuchs 1969, 41 Taf. 8, 91. 92; Kent u. a. 1973, Taf. 37 Nr. 144; Simon a. O.

Abb. 29. Rom, Titusbogen, südliches Durchgangsrelief (›Beuterelief‹). Stillstehende Quadriga in Vorderansicht auf Triumphtor. – Gipsabguß Kopenhagen, Statens Museum for Kunst, Kongelige Afstøbningssamling

Und hier dürfen wir nun eine wenn auch abermals kleinformatige plastische Wiedergabe einer solchen stehenden Quadriga anführen, die auf dem Triumphtor am rechten Ende des ›Beuterelief‹ im Durchgang des Titusbogens zu sehen ist (Abb. 29). Zwischen den mittig angeschirrten Pferden ist der Deichselkopf zu sehen; vom Wagen ist nur in ganz flachem Relief

(Anm. 96) 86 Abb. 111; Nedergaard 1988, 225 Abb. 115; Trillmich 1988b, 515 f. Nr. 343; Fähndrich 2005, 14 f. Nr. 3 Taf. 1, 3 a. b. Umschrift der Rückseite: CIVIB ET SIGN MILIT A PART RECVP. Dreitoriger Bogen mit durchlaufender Attica. Die über dem breiteren zentralen Durchgang ruhig stehende Quadriga ist in Frontalansicht wiedergegeben, nur das rechte Leinenpferd (bei manchen Stempeln auch das linke; so in unserer Abb. 28 b) ist mit seiner Hinterhand in Dreiviertelansicht gedreht. Der Wagen ist nicht dargestellt, wohl aber der Lenker, mit ausgebreiteten Armen die Zügel haltend. – Deutlich anders gestaltet ist ein dreitoriges Monument auf Denaren des L. Vinicius (16 v. Chr.): CRE I 14 Nr. 77 Taf. 3, 4; Fuchs 1969, 40 f. Taf. 8, 90; Simon a. O. (Anm. 96) 86 Abb. 112; Nedergaard 1988, 225 Abb. 116; Fähndrich 2005, 18 f. Nr. 10 Taf. 4, 1 a. b. Auf der gewaltig überhöhten Attika über dem bogenförmigen Mitteldurchgang dieses Baus steht die Inschrift SPQR IMP CAES; darüber erhebt sich die Quadriga, die der auf den zuvor genannten Aurei und Denaren im ganzen recht ähnlich ist, nur sind hier beide Leinenpferde mit dem ganzen Körper in die Profilansicht gedreht. Wir müssen an dieser Stelle nicht auf die Partherbogen-Problematik eingehen (dazu vgl. Nedergaard 1988; Roehmer 1997, 32–44; J. W. Rich, Augustus's Parthian Honours, the Temple of Mars Ultor and the Arch in the Forum Romanum, BSR 66, 1998, 71–128; Fähndrich 2005, 19; V. M. Strocka, Die Quadriga auf dem Augustusforum in Rom, RM 115, 2009, 43 f.); es kommt in unserem Zusammenhang nur darauf an, daß auch bei diesem Denar-Typ bzw. bei dem auf ihm dargestellten Quadriga-Monument die Vorderbeine aller vier Pferde fest und unbewegt auf dem Boden aufstehen (die Aufnahme bei Fuchs 1969, Taf. 8, 90 täuscht angehobene Vorderbeine der Leinenpferde vor).

das linke Rad zu erkennen. Deutlich ist aber aus den Resten, daß alle vier Pferde jeweils mit beiden Vorderhufen auftraten, also im Stand dargestellt waren[99].

Derartige Abbildungen von Monumenten, welche eine auf Vorderansicht berechnete, gänzlich bewegungslos dargestellte Quadriga trugen, überheben uns aller Zweifel bezüglich des archäologischen Befundes an der Vorderkante unserer Basis in Lepcis Magna: Das dort verankerte bronzene Viergespann stand still.

4 d. Weitere Hinweise auf Gestalt und Größe des Monuments

Die Position der fünf erhaltenen und der drei erschlossenen Standspuren auf den beschrifteten Blöcken im Verein mit einer weiteren solchen Einlaßgrube, die auf einem inschriftlosen Stein (Block I) erhalten ist, sowie mit einem ebenfalls unbeschrifteten Eckblock (H) gestattet uns noch weitere Überlegungen zur Gestalt des Viergespanns und seiner Basis.

Auffallend ist die weite Spreizung des Gespanns in der Mitte, die sich bei unserer Wiederherstellung von Basis und Inschrift ergibt (Klapptaf. Abb. 30)[100] und die ein unrealistischer Zug ist, insoweit die Anschirrung gerade der eigentlich strikt parallel gehenden Deichselpferde betroffen ist. Der Verweis auf eine entsprechend weite Auffächerung des Viererzuges auf manchen der augusteischen Cistophoren[101] hilft nur bedingt weiter, weil wir es dort mit obendrein kleinformatiger Flächenkunst zu tun haben, macht aber immerhin das Ziel einer solchen Maßnahme deutlich: Durch die zentrale Öffnung des Gespanns soll der Blick auf den Wagen freigegeben werden[102].

Dieser wäre hinter einem sozusagen sachgemäß angeschirrten Viergespann nicht sichtbar, jedenfalls nicht in der Vorderansicht, auf die unser Monument berechnet war, das von dem obendrein etwa dreieinhalb Meter unterhalb seiner Standfläche liegenden Niveau des Forums aus betrachtet werden sollte. Auch bei neuzeitlichen, meist in noch wesentlich größerer Höhe aufgestellten Quadriga-Monumenten läßt sich aus genau demselben Grunde die Tendenz zur unrealistischen Auffächerung der vier Gespannpferde beobachten, etwa bei der unter Verwendung von Kopien der Pferde von San Marco gestalteten Quadriga der Friedensgöttin auf dem

[99]   Die an sich guten Aufnahmen bei M. Pfanner, Der Titusbogen, BeitrESkAr 2 (Mainz 1983) Taf. 56, 4. 5 lassen dieses Detail nicht zuverlässig erkennen. Für die Möglichkeit, den Gipsabguß des Reliefs zu studieren und aus einem geeigneten Winkel aufzunehmen, danke ich wiederum Henrik Holm. – In deutlichem Gegensatz zu den von vorne gesehenen stehenden Pferden ist das weiter links in sehr flachem Relief dargestellte Viergespann in Bewegung.

[100]   Die Mittelpunkte der Standspuren der jeweils inneren Beine der Deichselpferde liegen 171 cm weit auseinander, während die Distanz zwischen den entsprechenden Punkten bei den nebeneinander stehenden Beinen von Deichsel- und Leinenpferden 63 bzw. 54 cm beträgt.

[101]   Vgl. o. Anm. 97, besonders das Exemplar Fuchs 1969, Taf. 7, 88 = Fähndrich 2005, Taf. 1, 2 b.

[102]   Ein frühes Beispiel für dieses Verfahren und das entsprechende perspektivische Experiment bietet die von vorne gesehene Biga auf einem apulischen Volutenkrater des 4. Jhs. v. Chr. in Ruvo: Hafner 1938, 68–70 Taf. 2; H. Sichtermann, Griechische Vasen in Unteritalien aus der Sammlung Jatta in Ruvo (Tübingen 1966) 37 f. Nr. 42 Taf. 71. Ein extremes, spätes Beispiel ist die Wiedergabe der Biga des spielgebenden Beamten aus der sog. Basilica des Iunius Bassus: G. Perocco – R. Zorzi (Hrsg.), I cavalli di San Marco (Mailand 1981) 31 Abb. 30; Ausstellungskatalog Berlin 1982, 53 Abb. 31; M. Sapelli in: S. Ensoli – E. La Rocca (Hrsg.), Aurea Roma. Dalla città pagana alla città cristiana. Ausstellungskatalog Rom (Rom 2000) 536 Nr. 178 mit Lit.; J. Zelazowski, Honos bigae. Le statue onorarie romane su biga (Warschau 2001) 176 Abb. 4; Rovine e rinascite dell'arte in Italia. Ausstellungskatalog Rom (Mailand 2008) 56 Nr. 24.

Pariser Arc de Triomphe du Carrousel (François Joseph Bosio, 1828)[103] oder bei dem Viergespann von Ettore Ximenes auf dem römischen Palazzo di Giustizia (erbaut 1889–1911)[104], während Johann Gottfried Schadow bei der Quadriga der Victoria auf dem Brandenburger Tor in Berlin (1793)[105] den Blick auf den Wagen durch eine ebenfalls unrealistische starke lineare Dehnung des Gespanns in die Breite freimachte[106].

Wir nehmen also die aus unserer Rekonstruktion sich ergebende, starke Mittelöffnung unseres Viergespanns hin. Bei dem an einer der Seiten der Basis verlegt gewesenen Block I liegt der Mittelpunkt des originalen, durch den Metallraub auf ungefähr 26 cm Durchmesser erweiterten Befestigungsloches für das äußere Hinterbein eines Leinenpferdes ca. 75 cm von der profilierten Stirnkante des Blocks entfernt. Beim linken Eckblock der Front (A), auf dem das äußere Vorderbein des rechten Leinenpferdes befestigt war, beträgt die entsprechende Strecke nur ca. 65 cm; bei dem – in seiner Breite ergänzten – rechten Eckblock (G) kommen wir für die entsprechende Montage auf etwa 64 cm Abstand zur Außenkante. Die Differenz zu dem Befund auf Block I ist an sich nicht erheblich, mag aber doch einen Hinweis darauf geben, daß möglicherweise die Leinenpferde mit der Hinterhand etwas nach innen zu geschoben waren, womit vielleicht die starke Auswärtsdrehung der Deichselpferde und die Spreizung des Gespanns in dessen Zentrum abgeschwächt aufgenommen wurde.

Die Breitenausdehnung des Viergespanns ist aus unserer Abb. 30 ablesbar – es nimmt praktisch die gesamte Breite seiner Basis ein. Um eine Vorstellung auch von der ungefähren Tiefenerstreckung zunächst der Pferdefiguren zu gewinnen, dürfen wir wiederum die Standplatten der Gipsabgüsse der Reiterstatuen des Gattamelata (T 280 cm) und des Colleoni (T 293 cm) heranziehen. Wenn wir den dahinter vorzustellenden Wagen recht großzügig mit einer Pferdelänge veranschlagen, so kommen wir auf eine geschätzte Gesamttiefe des Monuments von maximal 6 m[107].

Die Basis für eine derart imposante Gruppe wäre auf der Tribüne vor dem Tempel ohne Behinderung des Zugangs zum Pronaos über die Freitreppe problemlos unterzubringen[108], wenn wir davon ausgehen, daß die nach unserer Vorstellung 7,06 m breite beschriftete Front der Basis auf der vorderen Einfassungsmauer (»S 106«) der knapp drei Meter über das Fo-

---

[103] Hafner 1938, 127 f.; Ausstellungskatalog Berlin 1982, 143 Nr. 21; J. Isager, Bronzer i bybilledet. Græsk og romersk skulptur i antikkens Rom (Odense 2009) 50 Abb. 11.

[104] G. Muratore, Roma. Guida all'architettura (Rom 2007) 61 Nr. 325.

[105] Hafner 1938, 128; P. Bloch in: W. Arenhövel (Hrsg.), Berlin und die Antike. Ausstellungskatalog Berlin (Berlin 1979) 180–182 Nr. 326; U. Kreuzlin in: B. Maaz (Hrsg.), Johann Gottfried Schadow und die Kunst seiner Zeit. Ausstellungskatalog Düsseldorf u. a. (Köln 1994) 72–79. – Zusätzlich wurde dort, wohl wegen der großen Höhe der Aufstellung, der Wagen durch Unterlegen einer Schwelle über das Laufniveau der Pferde angehoben: ebenda Abb. 326 c.

[106] Interessanterweise ist in zeichnerischen Entwürfen und Wiedergaben dieser Quadriga das Auseinanderziehen der Deichselpferde noch verstärkt oder gar durch fächerartige Öffnung ersetzt: W. Arenhövel, Die Quadriga auf dem Brandenburger Tor in Berlin (Berlin 1982) 18 Abb. 12 (Werkzeichnung für das neue Siegesemblem von K. F. Schinkel, 1814); 19 Abb. 13 (Lithographie, nach 1815).

[107] Vgl. die ebenfalls sehr überschlägigen Berechnungen zur Tiefe von (allerdings lebensgroßen) Quadriga-Monumenten bei D. Erkelenz, *Ubique gentium quadriuges et seiuges currus*: Gespannmonumente für Angehörige der hohen *ordines* im römischen Reich, JRA 16, 2003, 201–218, bes. 203.

[108] Der Zutritt zum Tempel war durch die entgegengesetzte Richtung der seitlichen Aufgänge zur vorgelagerten Tribüne und der zum eigentlichen Tempel führenden breiten Freitreppe ohnehin verlangsamt. Die optische Beeinträchtigung des Blicks vom Niveau des Forums auf die Mittelachse des Tempels mit der Cellatür durch die große Bronzegruppe hat man offenbar nicht empfunden oder jedenfalls hingenommen.

rumspflaster aufragenden Tribüne[109] aufruhte. Wie ansonsten die statischen Probleme dieses Monuments gelöst waren, kann aus dem Befund nicht ersehen werden[110].

Hier ging es um die Rekonstruktion der Basisfront mit ihrer Inschrift, aus der sich freilich die Frage nach der Bedeutung des Denkmals ergibt. Und dieser Frage werden wir abschließend noch kurz nachgehen.

5. ZUR NEOPUNISCHEN INSCHRIFT ÜBER DER CELLA-TÜR DES TEMPELS

Zum architektonischen Dekor des Tempels gehören neun erhaltene von ursprünglich zwölf Blöcken eines Türsturzes aus Kalkstein von Ras el-Hammam mit einer linksläufigen Inschrift in neopunischer Sprache[111], welche für die Rekonstruktion der statuarischen Ausstattung von unschätzbarem Wert ist und auch stets gern dafür herangezogen wird, deren Lesung und Übersetzung aber stellenweise immer noch problematisch sind, worauf zumindest hingewiesen werden muß.

Giorgio Levi Della Vida publizierte im Jahre 1935 als erster die ihm in Gipsabgüssen zur Verfügung gestellten Blöcke[112] und fügte sie zu einem in Keilschnitt-Technik gearbeiteten

[109] Livadiotti (2005, 187) nennt eine Höhe von 2,77 m; ebenda 202 dagegen errechnet sie eine Höhe von 2,91 m. Die ebendort genannte Höhe ü. M. der Tribünenoberfläche von 7,65 m führt nach dem Steinplan des Tempels (ebenda Taf. 6) auf eine Höhe von 2,84 m über dem Pflaster des Platzes, dessen H ü. M. dort mit 4,81 m angegeben ist. – Rose (1997, 183) spricht merkwürdigerweise von einem »5-m-high podium« (richtiger ist demgegenüber seine Rekonstruktiozeichnung auf Taf. 217 b); die falsche Höhenangabe auch bei P. Schollmeyer, Antike Gespanndenkmäler, Antiquitates 13 (Hamburg 2001) 161, der offensichtlich die entsprechende Passage von Rose mit dessen Fehlern (Höhenmaß; auch wurde keiner der Basisblöcke »in situ« gefunden) – variiert nur um eigene Übersetzungsfehler (»edge« meint nicht »Ecke«, sondern »Kante, Rand«) – übernommen hat.
[110] Die im Innern der Tribüne angetroffenen Mauerzüge S 156 und S 157 (Di Vita – Livadiotti 2005, Taf. 6), die man zunächst mit der Fundamentierung unserer Quadriga in Verbindung bringen möchte, gelten für Reste einer älteren Konstruktion, die bei der Errichtung des Tempels zerstört worden sein soll: Livadiotti 2005, 186 f. mit Abb. 2.15; 264 Anm. 233. – Rocco (2005, 231 f. mit Anm. 173) geht deshalb davon aus, daß für das bronzene Quadrigamonument im Gegensatz zu den marmornen Porträtstatuen nicht von Anfang an ein Fundament vorgesehen war, weswegen seine Errichtung möglicherweise erst in einer schon fortgeschrittenen Phase der Erbauung des Tempels beschlossen worden und erfolgt sei (ähnlich Boschung 2002, 18; vgl. auch die Überlegungen von Musso 2008, 170 mit Anm. 56–62). Rocco stellt sich (wie in ähnlicher Weise wir auch; vgl. o. im Steinkatalog – Kap. 2 c – zu Block I) eine aus unseren Blöcken gebildete Rahmenkonstruktion vor (»scatola«), die mit Erde gefüllt und mit einem Pflaster bedeckt war, von dem möglicherweise zwei 64 × 171 cm große, immerhin 26 cm starke Platten erhalten gewesen seien (dagegen spricht freilich schon die Tatsache, daß die Pflasterplatten der *tribuna* anscheinend eine Stärke von nur 17 cm hatten: vgl. Livadiotti 2005, 197; 226 Kat. CPP 1. 2). Hierauf weise eine etwa 26 cm tiefe Abtreppung an der Hinterkante einiger Blöcke hin (ich habe freilich bei Block B eine solche Stufe mit 23,5 cm gemessen, bei Block I ist sie etwa 30 cm tief). Im übrigen denkt Rocco zusätzlich an eingestellte Blöcke, »destinati a fondare le statue«, die also an den entsprechenden Stellen die Punktlast von Pferdebeinen und Wagenrädern aufgenommen hätten.
[111] Livadiotti 2005, 223–228. 292–294 Kat. P 12–19. Weiter sind erhalten insgesamt 11 unbeschriftete Fragmente der seitlichen Türlaibungen: ebenda Kat. P 1–10 und P 20. Zeichnerische Rekonstruktion der Türrahmung: ebenda 225 Abb. 2.61 a.
[112] Levi Della Vida 1935, 15–27. Die beschrifteten Steine sind einzeln abgebildet bei Levi Della Vida – Amadasi Guzzo 1987, Taf. 10–14 Nr. 22.

Türsturz mit anschließenden Teilen eines Türgewändes zusammen[113]: Es ergab sich ihm das »portale del tempio« von insgesamt 4,46 m Breite[114], und so wurden die Steine damals auf dem Platz vor dem Tempel ausgelegt[115].

Zweifel an der architektonischen Richtigkeit jener Rekonstruktion hegte John B. Ward-Perkins[116], der mir in einem Brief vom 1. 10. 1971 mitteilte: »I have serious doubts as to whether the Neopunic inscription over the cella door is correctly restored. There are several reasons for believing that there may have been two cellae and two equal doors. I did discuss this possibility with Professor Levi Della Vida, while he was alive, and it is (I understand) epigraphically possible.« In der Tat schreibt Levi Della Vida selbst, er habe den Text »in maniera completamente indipendente dall'indagine archeologica« hergestellt[117]. Maria Giulia Amadasi Guzzo teilt zudem mit, Levi Della Vida habe noch 1967 zur Überprüfung seiner Lesung erneut erwogen, die Blöcke umzuordnen; leider seien die entsprechenden Versuche nicht dokumentiert[118].

All das stimmt natürlich grundsätzlich bedenklich, was Lesung und Übersetzung dieser Inschrift und überhaupt die Kenntnis der neopunischen Schrift und Sprache angeht. Die von Levi Della Vida gebotene Lesung des Textes[119] lag unverändert später auch der Übersetzung von Donner und Röllig zugrunde[120]. Der archäologische Befund ist unter bauforscherischen Gesichtspunkten jetzt überprüft worden durch Monica Livadiotti. Sie und ihre Mitautoren verteidigen vehement die These von einer ungeteilten Cella[121], und in der Tat ist die von ihr vorgenommene und gut dokumentierte Rekonstruktion eines einzigen, sehr großen und nach oben sich leicht verjüngenden Cella-Portals von (auf der Schwelle) 4,02 m lichter Weite ein überzeugendes Argument für diese These[122] und somit doch wohl auch für die Richtigkeit des

---

[113] Levi Della Vida 1935, 7 Abb. 2. 17 Abb. 3; vgl. Aurigemma 1940, 21 Abb. 12; 23 Abb. 13.

[114] Levi Della Vida 1935, 15 f.

[115] Vgl. die Aufnahme bei Di Vita – Livadiotti 2005, 181 Abb. 2.13.

[116] IRT 12 Nr. 28; 98 Anm. 8,a (zu Nr. 319); J. B. Ward-Perkins, zitiert von H. A. Thompson, The Annex to the Stoa of Zeus in the Athenian Agora, Hesperia 35, 1966, 186 Anm. 45. Als ungerechtfertigt zurückgewiesen wird dieses Bedenken (ohne nähere Begründung) von A. Di Vita, Shadrapa e Milk'ashtart, dèi patri di Leptis e i templi del lato nord-ovest del Foro vecchio leptitano, Orientalia 37, 1968, 203 Anm. 4. Vgl. zu dieser und der weiteren Diskussion Levi Della Vida – Amadasi Guzzo (1987, 53 f. Anm. 2) zu Nr. 22. Vgl. auch Boschung 2002, 14 mit Anm. 105. 106.

[117] Levi Della Vida 1935, 16. Dies ist freilich insofern übertrieben, als Levi Della Vida immerhin auf Hinweis von Giacomo Guidi den Keilschnittblock Nr. 4 (= Livadiotti 2005, 293 f. Kat P 16) völlig zu Recht als Zentrum seines Türsturzes und damit seines Textes ansah: vgl. Aurigemma 1940, 21 mit Abb. 12.

[118] Levi Della Vida – Amadasi Guzzo 1987, 53 f. Anm. 2.

[119] In voller Länge wieder abgedruckt – vermutlich, damit wir alle mitlesen können – bei H. Hänlein-Schäfer, Veneratio Augusti. Eine Studie zu den Tempeln des ersten römischen Kaisers, Archaeologica 39 (Rom 1985) 227.

[120] Donner – Röllig 1962, 128 f. Nr. 122. Diese Übersetzung ist abgedruckt bei Boschung 2002, 14.

[121] Di Vita – Livadiotti 2005, 9 mit Anm. 3; Livadiotti 2005, 217 f. (die mittige Längsteilung der Cella im Fundament – Mauer S 142/143 im Plan Taf. 6 – diente nur als »rompitratta« für die Erdfüllung) mit Anm. 125; Rocco 2005, 232 (Cella-Breite hier von G. Rocco mit 8,70 m etwas größer als von Di Vita – Livadiotti 2005, 217, angegeben: 8,40 m). Der Raum reicht jedenfalls nach Vorstellung der italienischen Architekten nur aus für die Unterbringung der beiden kolossalen Sitzstatuen des Augustus und der Roma; vgl. die Rekonstruktionszeichnung ebenda 233 Abb. 2.63 a. – Gänzlich konfus Rose 1997, 182: zwei Cellae von je etwa 4 m Breite; nur ein »entrance«, auf dessen Sturz zwei neopunische Inschriften angebracht wären. – Zwei Cellae nimmt auch Boschung (2002, 13) an; nach seiner Vorstellung wäre nur von einer der beiden Türen die Rahmung mit der Inschrift erhalten (Boschung 2002, 14 mit Anm. 105).

[122] Livadiotti 2005, 218. 223–227 mit Abb. 2.61 a; 288–294 Kat. P 1–20 mit Abb. 2.104–108. – Ungläubig noch Trillmich 2007, 430 Anm. 85.

Rekonstruktionsversuches von 1935. Man wird folglich die von Levi Della Vida seinerzeit vorgenommene Zusammenfügung der Inschriftsteine ebenso wie seine Lesung und Übersetzung des Textes[123] bzw. deren neuerdings durch Maria Giulia Amadasi Guzzo leicht redigierte Fassung[124] weiterhin zur Grundlage nehmen müssen.

Hier sei kurz zusammengefaßt, welche für unsere Fragen wichtigen Informationen immerhin aus dem Text hervorzugehen scheinen[125].

Am Beginn der ersten Zeile stand offenbar eine Dedikations-Formel, sinngemäß etwa – nach dem Vorschlag von Levi Della Vida – »I cittadini di Leptis hanno consacrato ...«[126]. Es folgt das ›Inventar‹ der Stiftung, beginnend mit den (Statuen) des (divus) Augustus und der Roma, des (regierenden Kaisers) Tiberius Augustus und der Iulia Augusta[127] sowie der beiden Caesares Germanicus und Drusus (minor), schließlich der Agrippina (maior), Frau des Germanicus, und der Livilla, Frau des Drusus (in Rasur stehend, aber kaum anders zu ergänzen), sowie der Antonia (minor), Mutter des Germanicus, schließlich der (Agrippa-Tochter Vipsania) Agrippina, Mutter des Drusus. In etwas unklarem Zusammenhang ist im folgenden noch einmal von der oder einer Statue des divus Augustus die Rede sowie von einem Thron für dieselbe.

In der zweiten Zeile wird (nach der Lücke am Anfang) anscheinend abermals die oder eine Statue des Augustus erwähnt, dann spricht der Text von »rivestimenti« der Statuen des Ger-

---

[123] Levi Della Vidas Übersetzung ist abgedruckt bei Aurigemma (1940, 21) und bei Rose 1997, 277 Anm. 2 zu Kat. 125.

[124] Levi Della Vida – Amadasi Guzzo 1987, 53–57 Nr. 22 Taf. 10–14. Die Übersetzung von Amadasi Guzzo unterscheidet sich nicht wesentlich von Levi Della Vidas erstem Versuch. Wegen unsicherer Lesung der betreffenden Stelle ausgefallen ist in der neueren Fassung der »Thron« für (die Statue des) Tiberius (ersetzt durch: »un attributo ignoto per Tiberio«; ebenda 56). Diese neue Übersetzung ist abgedruckt bei Rocco 2005, 230 Anm. 165.

[125] Vgl. auch Boschung 2002, 14. – Für wertvolle Hinweise bin ich Wolfgang Röllig und Einar von Schuler zu Dank verpflichtet.

[126] Levi Della Vida 1935, 19 (etwas anders ebenda 26). Dieser Vorschlag wird immerhin gestützt durch die Dedikations-Formel »Lepcit(ani) public(e)« in der lateinischen Inschrift der Quadriga-Basis. Davon, daß der Tempel und seine Ausstattung eine »Stiftung der Sufeten Balyaton und Bodmelqart« gewesen seien – so Hänlein-Schäfer a. O. (Anm. 119) 229; ebenso: M. Floriani Squarciapino, Leptis Magna (Basel 1966) 82; Rose 1997, 182 –, kann gar keine Rede sein. Die Namen der Sufeten stehen am Ende der neopunischen Inschrift als zur Zeit der Dedikation amtierende (und damit datierende) örtliche Oberbeamte von Lepcis (Levi Della Vida 1935, 27; Levi Della Vida – Amadasi Guzzo 1987, 57; vgl. auch Boschung 2002, 14); dies ist auch die etwas zögernd vorgetragene Ansicht von Kleinwächter 2001, 229 Anm. 1501, welche dennoch der Vorstellung von einer Stiftung durch ein Priesterkollegium oder eine Kultgemeinschaft und gerade nicht durch die Stadt selbst zuneigt (ebenda 247 Anm. 1639). – Daß die beiden Sufeten in dieser Bauinschrift nicht in der Rolle von Stiftern auftreten (anders z. B. der Fall der Bauinschriften des Theaters: IRT 321 und 322), schließt nicht aus, daß sie und womöglich weitere Honoratioren von Lepcis Magna die Kosten für die Errichtung des Tempels getragen hatten. Wir können hier auf den politischen und gesellschaftlichen Hintergrund solcher Projekte, ihrer Finanzierung und Dedikation nicht eingehen. Wenig erhellend für die gewiß komplizierten Verhältnisse scheinen mir goldene Worte wie die von Detlev Kreikenbom: »Analog zu den politischen Rahmenbedingungen mögen lokalgesellschaftliche Identitätskonstruktionen ihre Wertsetzungen und Symbole nicht nur aus überregionalen Orientierungen, sondern auch aus den Rekursen auf die eigene Vergangenheit abgeleitet haben« (in: D. Kreikenbom u. a. [Hrsg.], Augustus – Der Blick von außen. Akten der internationalen Tagung Mainz 2006 [Wiesbaden 2008] 197). Wie man wissenschaftlich an diese Thematik herangeht, wurde vor fast 40 Jahren gezeigt von M. Torelli, Per una storia della classe dirigente di Leptis Magna, RendAccLinc 28, 1973, 377–410.

[127] Gemeint ist natürlich Livia, nicht die Augustus-Tochter und Frau des Tiberius Iulia, wie Levi Della Vida (1935, 20. 23), Donner – Röllig (1962, 129) und noch Levi Della Vida – Amadasi Guzzo (1987, 54) annahmen. Auf den Irrtum hat schon Kleinwächter (2001, 229 Anm. 1500) hingewiesen.

manicus und Drusus[128] sowie von einer offenbar nicht genau bestimmbaren Ausstattung für (die Statue des) Tiberius Augustus. Schließlich ist noch unter erneuter Nennung der Namen des Germanicus und des Drusus eine Quadriga[129] erwähnt. Hier endet die Aufzählung der statuarischen Ausstattungsstücke; der Rest des Textes erwähnt Teile der architektonischen Ausgestaltung und der Bauornamentik.

6. DER BEZUG DES QUADRIGA-MONUMENTS ZUR STATUARISCHEN ERSTAUSSTATTUNG DES TEMPELS

Die statuarische Gesamtausstattung des Tempels und ihr Programm sind hier nicht unser Thema; zudem sind die entsprechenden Probleme in letzter Zeit mehrfach behandelt worden[130]. Wir konzentrieren uns auf die Quadriga mit ihrer Dedikations-Inschrift und berühren das Problem der Porträtgruppe (Kult- und Ehrenstatuen) nur insoweit, als Germanicus und Drusus betroffen sind, denen nach Ausweis der soeben besprochenen neopunischen Bauinschrift wie auch der hier wiederhergestellten lateinischen Basis-Inschrift ebendieses Quadriga-Monument gewidmet war.

Das große Problem, daß die wunderbar erhaltenen, weit überlebensgroßen Porträtköpfe der beiden Prinzen aus Marmor sind, während die Quadriga nach Auskunft der Befestigungsgruben für die Pferdehufe ein Bronzewerk gewesen sein muß, hat verschiedene Lösungsversuche gezeitigt, ist aber wahrscheinlich nur ein Scheinproblem. Um es kurz zu machen: Wir halten die Zusammenfügung einer monumentalen Quadriga aus Bronze mit womöglich noch

[128] Giorgio Levi Della Vida hat sich zur Findung seiner Übersetzung »rivestimenti« von Giacomo Guidi erklären lassen, daß nur die Köpfe und die Extremitäten dieser Statuen aus Marmor gearbeitet gewesen seien, »mentre il tronco, soltanto squadrato, doveva poi essere rivestito di altro materiale (metallo, legno, stoffa)«: Levi Della Vida 1935, 22. – Vielleicht treffender ist die Übersetzung bzw. Interpretation des betreffenden Wortes als »Kleidungsstücke« von Donner – Röllig 1962, 128, die aber dann im Kommentar (ebenda 129) vorsichtiger – und ganz im Sinne der älteren und noch heute gängigen Vorstellung – davon sprechen, daß die Rümpfe »mit anderem Material umkleidet« waren. – Zu diesem Problem s. u. Anm. 131.

[129] Das neopunische QDRYG' (in der Umschrift von Levi Della Vida – Amadasi Guzzo 1987, 56) entspricht offenbar dem lateinischen »quadriga« bzw. vulgär »kadriga«: Donner – Röllig 1962, 129. Der letzte ›Buchstabe‹ des neopunischen Wortes hat zweifelsfrei den Lautwert »a«. Man nimmt also offenbar zu Recht an, daß nur eine Quadriga erwähnt sei, zumal die korrekte lateinische Bezeichnung für ein Viergespann ohnehin der Plural *quadrigae* wäre; vgl. die amüsante Erörterung bei Aulus Gellius (19, 8). Unverständlich ist darum, daß im Kommentar von Donner – Röllig (1962, 129) gesagt wird: »Das Monument zeigt … die Caesaren Germanicus und Drusus … mit ihren Müttern und Gattinnen auf je einer Quadriga stehend« (das Mitfahren der Frauen wäre übrigens zu der fraglichen Zeit ein protokollarischer Skandal gewesen).

[130] Rose 1997, 182–185 Kat. 125 Taf. 218–230 (tiberische Gruppe einschließlich zweier für caliguläisch gehaltener Bildnisse) und Kat. 126 Taf. 231–236 (claudische Gruppe); Kleinwächter 2001, 209 f.; Boschung 2002, 8 f. Nr. 1.1–1.10 Taf. 2–7; S. 14–18 (tiberische Gruppe); S. 9 f. Nr. 1.11–1.14 Taf. 8–10; S. 18–21 (claudische Gruppe); Rocco 2005, 231–235 (»Il ciclo figurativo di età tiberiana«, mit Rekonstruktionszeichnung: 233 Abb. 2.63 a. b). 243 f. (»I cicli figurativi di età claudia«); Livadiotti 2005, 240–243 (»La pavimentazione del piazzale e le stele bilingue«). Wichtige neue Materialien und Beobachtungen bei Musso 2008, 175–181. – Vgl. auch L. Musso, Leptis Magna unter Augustus und Tiberius: Romanisierung und Umgestaltung einer punischen Stadt, in: R. Aßkamp – T. Esch (Hrsg.), Imperium – Varus und seine Zeit. Beiträge zum Internationalen Kolloquium des LWL-Römermuseums, 28.–29.4.2008 in Münster (Münster 2010) 115–133, bes. 125–128 mit neuerer Lit. zu Lepcis Magna (ebenda 130–133).

akrolithen[131] Marmorporträts der darauf Fahrenden aus technischen wie künstlerischen Erwägungen für schlichtweg ausgeschlossen. Die Frage, ob die beiden marmornen Porträtköpfe des Germanicus und des Drusus ihrer Größe nach zu den von uns vorläufig nur sehr ungefähr abzuschätzenden Abmessungen der bronzenen Gespannpferde passen könnten, stellen
wir uns deshalb gar nicht. Aber auch die ungute Verdoppelung der Präsenz des Germanicus
und des Drusus im statuarischen Gesamtprogramm dieses Augustus-Roma-Tempels, die sich
ergäbe, wenn wir dem Vorschlag von G. Rocco folgten – marmorne Statuen der Prinzen
von doppelter Lebensgröße vor dem Pronaos, etwa anderthalbfach lebensgroße, bronzene
Wiederholungen im Wagen der Quadriga auf der vorgelagerten Tribüne[132] –, kann nicht über-
zeugen.

Wie die fragliche Stelle des neopunischen Textes mit der Zuordnung einer Quadriga zu
den beiden Prinzen tatsächlich übersetzt und verstanden werden muß, kann ich nicht wissen.
Donner und Röllig übersetzten »die Quadriga des Germanicus und des Drusus Caesar«; in
den italienischen Übersetzungen aber steht von Anfang an immer »la quadriga per Germanico e per Druso Cesare« (Hervorhebung von mir). Wenn der neopunische Text tatsächlich
die Präposition »für« bietet[133] anstelle des Genetivs, so läge darin ein erwünschter Hinweis
auf die Lösung, die wir ohnehin vorschlagen möchten: Die (bronzene) Quadriga war eine

---

[131] So Boschung 2002, 16; vgl. seine Rekonstruktionszeichnung (Boschung 2002, Beil. 1). – Als »Kopf einer akrolithen Statue« sind die Marmorporträts des Germanicus und des Drusus auch bezeichnet von Kreikenbom 1992,
206–208 Nr. III 76 und III 77 Taf. 17 a. b. Beiläufig sei bemerkt, daß bei diesen beiden Köpfen die zum Einsetzen
hergerichtete Partie des Halses an dessen Übergang in Schultern und Brust eine für römische Einsatzköpfe völlig
normale Form hat; vgl. die Zusammenstellung bei J. Pollini, A New Head of Augustus from Herculaneum. A
Marble Survivor of Vesuvius' Pyroclastic Surge, RM 110, 2003, 309 Abb. 7. Das gilt übrigens auch für die noch
größeren Köpfe des Tiberius (Boschung 2002, 8 Nr. 1.3 Taf. 3, 1. 3; Kreikenbom 1992, 186 f. Nr. III 47 Taf. 11 b)
und der Livia (Boschung 2002, 8 Nr. 1.4 Taf. 3, 2. 4; Kreikenbom 1992, 179 Nr. III 36 Taf. 11 a) aus dieser Gruppe (bei den Köpfen des Augustus und der Roma sind die entsprechenden Partien nicht erhalten). Es ist durchaus nicht einzusehen, warum diese Einsatzköpfe nicht auf ganz normalen, voll ausgearbeiteten Marmorstatuen
montiert gewesen sein sollten, sondern ebenso wie die Hände und Füße von einem Gerüst aus Holz oder Metall,
»covered with fabric« (Rose 1997, 182), getragen worden wären. Die in der neopunischen Inschrift erwähnten
»rivestimenti« der Statuen des Germanicus und des Drusus (vgl. o. Anm. 128) könnten sich möglicherweise
auf deren zusätzliche, vielleicht nur gelegentlich vorgenommene Einkleidung mit kostbaren Stoffen beziehen.
Amadasi Guzzo (in: Levi Della Vida – Amadasi Guzzo 1987) leitet das offensichtlich nur hier belegte Substantiv
(in ihrer Umschrift: MSWY'T) vom Verbum »swy« = vestire ab, übersetzt aber dann, offensichtlich unter dem
Einfluß des archäologischen Pseudo-Befundes, ebenso wie Levi della Vida mit »rivestimenti« (Verkleidung,
Überzug, Außenhaut). Läge es nach der philologischen Situation nicht näher, das punische Substantiv mit »le
vesti« (= Kleidung, Bekleidung) zu übersetzen? – Rose (1977, 182, Absatz 2) gibt das italienische »rivestimenti«
anscheinend wortwörtlich mit »recoating« wieder, was die Sache gewiß nicht trifft. – Grundlegend zur Technik
akrolither Bildwerke (die übrigens in aller Regel nicht zur Aufstellung unter freiem Himmel vorgesehen waren):
G. Despinis, Ακρόλιθα, ADelt Suppl. 21 (Athen 1975); E. Häger-Weigel, Griechische Akrolith-Statuen des 5.
und 4. Jhs. v. Chr. (Berlin 1997). Vgl. auch J. Pollini, A New Head of Augustus from Herculaneum, RM 110,
2003, 303–318, bes. 312 f. – Ebenso sensationell wie (mir) technisch rätselhaft sind die Fragmente der riesigen
Statue in der »Aula del Colosso« auf dem Forum Augustum: B. Ruck, Die Großen dieser Welt. Kolossalporträts
im antiken Rom, Archäologie und Geschichte 11 (Heidelberg 2007) 92 f. 279 Kat. 1 Taf. 15, 1. 2; zuletzt L.
Ungaro in: E. La Rocca – P. León – C. Parisi Presicce (Hrsg.), Le due patrie acquisite, BCom Suppl. 18 (Rom
2008) 404–409 Abb. 5–9.

[132] Rocco 232–235 mit Abb. 2.63 b (Rekonstruktionszeichnung). – Diesem Vorschlag folgend noch Trillmich 2007,
431; dort ist auch die Rekonstruktion von Rocco abgebildet (a. O. 433 Abb. 10).

[133] Rose (1997, 182) hat dies in seiner englischen Version der Übersetzung von Levi della Vida kommentarlos übernommen (»the quadriga for Germanicus and for Drusus Caesar«). – Levi Della Vida (1935, 22) kam merkwürdigerweise aufgrund seiner Übersetzung der Stelle (ebenda 26 f.) zu dem durchaus nicht zwingenden Schluß, »le
statue di Germanico e di Druso erano dunque collocate su una quadriga«.

zusätzliche Ehrung für die beiden Prinzen – so wie es der Dativ der hier rekonstruierten lateinischen Dedikation seinerseits nahelegt –, und sie war entweder leer oder es war nur etwa ein Adlerszepter, ein großer Lorbeerzweig oder sonst ein Gegenstand darin aufgepflanzt[134]. Die (marmornen) Statuen des Germanicus und des Drusus dagegen[135] standen in einem Verband mit den übrigen Marmorstatuen der Familiengruppe, den man sich beispielsweise so vorstellen könnte wie von Giorgio Rocco vorgeschlagen[136], der sich im übrigen – wie andere Autoren auch – schwer tut mit der Erklärung der vermeintlichen Porträt-›Dublette‹ im Falle des Brüderpaares.

Ein möglicher Hinweis darauf, daß die Quadriga tatsächlich ohne Lenker und Beifahrer war, liegt darin, daß – wie schon gesagt – nach Ausweis der Montagespuren auf der Basis alle vier Pferde im Stand waren: Sämtliche acht Vorderhufe berührten den Boden. Es ist dies eine eher ungewöhnliche, aber, wie wir gesehen haben (Kap. 4 c), doch auch anderweitig belegte Wiedergabe eines Viergespanns, welches eben unbewegt und nicht im Schreiten befindlich dargestellt ist, folglich auch keines Lenkers bedarf. Die Vorstellung bei einem solchen ›symbolischen‹ Weihgeschenk für die Brüder von seiten der Lepcitani wäre vermutlich die gewesen, daß man beiden Adressaten die Ehrung einer Fahrt auf der Quadriga – doch wohl der des Triumphators – zuerkennen mochte, auch wenn sie im Falle des Drusus realiter nicht stattgefunden hatte[137]. Wenn nun keiner der beiden auf jener Quadriga stehend dargestellt war,

---

[134] Vgl. hierzu die in Anm. 92 genannten Münzdarstellungen von fahrerlosen Quadrigen. Denkbar wäre natürlich auch, aber nicht unbedingt zu fordern, daß eine Figur der Victoria in dem Wagen stand. – Nicht näher eingehen können wir hier auf Rich a. O. (Anm. 98), auch nicht auf Strocka a. O. (Anm. 98) 48–51 (zu leeren Quadrigen). Beide Autoren kommen auf Haaresbreite an meine eigene Vorstellung von jener Quadriga heran, in deren Inschrift der Senat im Jahre 2 v. Chr. nach des Augustus eigenen Worten (R. Gest. div. Aug. 35) den Zusatz »P P« anbrachte: sie ist m. E. identisch mit dem auf Münzen mehrfach abgebildeten, gelegentlich durch die hochgeschlagene Deichsel als unbenutzt charakterisierten Triumphwagen (CRE I 67 f. Nr. 384–389 Taf. 8, 10–14; vgl. Strocka a. O. [Anm. 98] 48 Abb. 27), den Augustus im Jahre 20 v. Chr. nicht besteigen mochte. Die entscheidende Quelle (Cassiodor) hat Harold Mattingly (CRE I S. CXI Anm. 7) in die Diskussion eingebracht, wie auch Strocka (a. O. [Anm. 98] 49 Anm. 92) zu Recht hervorhebt; vgl. übrigens schon Trillmich 1988b, 516 Nr. 344. Vermutlich hatte dieser Wagen – wie andere Memorabilien des Parther-Erfolges – seine endgültige Aufstellung im programmatischen Zusammenhang des Forum Augustum gefunden, vielleicht in Korrespondenz zu der Romulus-Statue der nordöstlichen Exedra in deren Entsprechung am anderen Ende jener Porticus.

[135] Die Zuordnung der marmornen Köpfe des Germanicus und des Drusus zur Quadriga wird üblicherweise geradezu vorausgesetzt: Hänlein-Schäfer a. O. (Anm. 119) 229; Rose 1997, 183; P. Schollmeyer, Antike Gespanndenkmäler, Antiquitates 13 (Hamburg 2001) 161 f. 208 Nr. 10; Boschung 2002, 16. Falsch auch Trillmich (1988a, 53) mit entsprechender Rekonstruktion (ebenda 55). G. Rocco hingegen trennt völlig zu Recht die beiden Marmorköpfe von der Bronzequadriga: Rocco 2005, 232–234.

[136] Rocco 2005, 233 Abb. 263 b. – Zu den dort in der Front der vorgelagerten Tribüne eingezeichneten *rostra*, die im Zusammenhang der Erstausstattung des Tempels keine rechte Erklärung finden und eher zu der claudischen Erweiterung des Programms gehören könnten, vgl. Trillmich 2007, 428 f. mit Anm. 77.

[137] Germanicus hatte im Jahre 17 n. Chr. einen Triumph über mehrere germanische Völker feiern dürfen (Tac. ann. 2, 41), während Drusus im Jahre 20 n. Chr. nur eine *ovatio »ex Illyrico«* zuerkannt wurde, welche ohne die Fahrt auf der Quadriga auskommen mußte. – W. D. Lebek, Die postumen Ehrenbögen und der Triumph des Drusus Caesar, ZPE 78, 1989, 83–91, hat, zwar unter Bezug auf Tacitus, ann. 4, 9, 2 (*memoriae Drusi eadem quae in Germanicum decernuntur*) mit großer Zuversicht in dem Fragment des Senatsbeschlusses zu Ehren des verstorbenen Drusus (CIL VI 31200, b Z. 2/3) die »einzig vernünftigen Ergänzungen« vorgenommen (a. O. 86) und liest *statua Dru]si Caesaris in cur[ru triumphali*. Der Lesung von Lebek haben zugestimmt G. Alföldy, CIL VI 8,2 (1996) S. 4305 Nr. 912 (zu CIL VI 31200), und P. Schollmeyer, Antike Gespanndenkmäler, Antiquitates 13 (Hamburg 2001) 154; mit berechtigter Vorsicht äußert sich Roehmer 1997, 148–150. Ob man für die Ehrungen des Drusus eine derart perfekte Übereinstimmung mit denen für Germanicus fordern muß, daß etwa mit der Zuerkennung der Triumphalquadriga die historische Wahrheit verfälscht worden wäre, scheint mir trotz der Tacitus-Stelle äußerst fraglich. – Eine andere Sache ist das Mitfahren von Kindern, die noch keinen eigenen *cursus honorum* haben, auf

so war für das gewiß heikle Problem einer gemeinsamen Ehrung der Prinzen eine ausgesprochen diplomatische Lösung[138] gefunden, welche selbst dem in solchen Dingen empfindlichen Tiberius[139] akzeptabel sein mochte.

Abkürzungen:

Aurigemma 1940 · S. Aurigemma, Sculture del Foro Vecchio di Leptis Magna raffiguranti la Dea Roma e principi della casa Giulio-Claudia (pubblicazione provvisoria), Africa Italiana 8, 1940, 1–94

Ausstellungskatalog Berlin 1982 · Die Pferde von San Marco. Ausstellungskatalog Berlin (Berlin 1982)

Barresi 2008 · P. Barresi, I capitolia di Sufetula e di Baelo Claudia: Analisi di progetti, in: S. Camporeale – H. Dessales – A. Pizzo (Hrsg.), Arqueología de la construcción I. Los procesos constructivos en el mundo romano. Italia y provincias occidentales, Anejos de Archivo Español de Arqueología 50 (Mérida 2008) 259–268

Bergemann 1990 · J. Bergemann, Römische Reiterstatuen. Ehrendenkmäler im öffentlichen Bereich, BeitrESkAr 11 (Mainz 1990)

Boschung 2002 · D. Boschung, Gens Augusta. Untersuchungen zu Aufstellung, Wirkung und Bedeutung der Statuengruppen des julisch-claudischen Kaiserhauses (Mainz 2002)

CRE · H. Mattingly, Coins of the Roman Empire in The British Museum I (London 1923); II (London 1930)

CRR · H. A. Grueber, Coins of the Roman Republic in The British Museum I–III (London 1910)

Di Vita – Livadiotti 2005 · A. Di Vita – M. Livadiotti (Hrsg.), I tre templi del lato nord-ovest del Foro Vecchio a Leptis Magna (Rom 2005)

---

der Quadriga, wie es gerade für jenen germanischen Triumph des Germanicus bezeugt ist (Tac. ann. 2, 41: *currus quinque liberis onustus*) und jetzt sogar schon für den aktischen Triumph des Octavian durch eine Reliefplatte vom Siegesmonument in Nikopolis: K. L. Zachos (Hrsg.), Nikopolis B. Proceedings of the Second International Nicopolis Symposium, September 2002 (Preveza 2007) I 425 f.; II 319 Abb. 17; E. La Rocca, Der Frieden der Ara Pacis, in: R. Aßkamp – T. Esch (Hrsg.), Imperium – Varus und seine Zeit. Beiträge zum Internationalen Kolloquium des LWL-Römermuseums, 28.–29. 4. 2008 in Münster (Münster 2010) 219 Abb. 9 mit Anm. 55 und der richtigen Deutung (Iulia und Drusus maior).

[138] Als ausgesprochen diplomatisch und feinfühlig wird man auch den Vorschlag von Boschung (2002, 17 und Beil. 1) bezeichnen: Er verweist zu dem Problem »Drusus auf Triumphalquadriga« ebenfalls auf die von Tacitus (ann. 4, 9, 2) berichtete Gleichstellung des Drusus mit Germanicus hinsichtlich seiner postumen Ehrungen, gibt jedoch in seiner Rekonstruktionszeichnung zwar dem Germanicus Lorbeerzweig und Adlerszepter, dem mitfahrenden, hinter Germanicus stehenden Drusus aber nur einen Zweig.

[139] Es trifft übrigens sicher nicht zu, daß in Lepcis Magna »kolossale Statuen des Tiberius neben dem Divus Augustus, der Göttin Roma und Livia aufgestellt« wurden, und zwar gegen des Tiberius erklärten Willen, wie R. von den Hoff, Caligula. Zur visuellen Repräsentation eines römischen Kaisers, AA 2009, 247, will (ähnlich übrigens auch Boschung 2002, 14–16; vgl. dazu Trillmich 2007, 431 Anm. 86). Trotz mancher noch bestehender Unsicherheit über Anordnung und Programm der Statuengruppe vom Augustus-Roma-Tempel (vgl. die in Anm. 130 genannte Literatur) ist immerhin deutlich, daß das Bildnis des regierenden Kaisers erheblich kleiner war als die Köpfe des divus Augustus und der Roma und daß es vor allem – peinlich genau der Verordnung des Tiberius folgend – eben nicht *inter simulacra deorum sed inter ornamenta aedium* (Suet. Tib. 26, 1) seinen Platz hatte.

Donner – Röllig 1962   H. Donner – W. Röllig, Kanaanäische und aramäische Inschriften (Wiesbaden 1962)

Fähndrich 2005   S. Fähndrich, Bogenmonumente in der römischen Kunst. Ausstattung, Funktion und Bedeutung antiker Bogen- und Torbauten, Internationale Archäologie 90 (Rahden 2005)

Fuchs 1969   G. Fuchs, Architekturdarstellungen auf römischen Münzen der Republik und der frühen Kaiserzeit, AMuGS 1 (Berlin 1969)

Hafner 1938   G. Hafner, Viergespanne in Vorderansicht. Die repräsentative Darstellung der Quadriga in der griechischen und der späteren Kunst, Neue Deutsche Forschungen 2 (Berlin 1938)

ILS   H. Dessau, Inscriptiones latinae selectae I–III 2 (Berlin 1892–1916)

IRT   J. M. Reynolds – J. B. Ward-Perkins, The Inscriptions of Roman Tripolitania (London 1952)

Kent u. a. 1973   J. P. C. Kent – B. Overbeck – A. U. Stylow – M. und A. Hirmer, Die römische Münze (München 1973)

Kleinwächter 2001   C. Kleinwächter, Platzanlagen nordafrikanischer Städte. Untersuchungen zum sogenannten Polyzentrismus in der Urbanistik der römischen Kaiserzeit, BeitrESkAr 20 (Mainz 2001)

Kreikenbom 1992   D. Kreikenbom, Griechische und römische Kolossalporträts bis zum späten ersten Jahrhundert nach Christus, JdI Ergh. 27 (Berlin 1992)

Levi Della Vida 1935   G. Levi Della Vida, Due iscrizioni imperiali neo-puniche di Leptis Magna, Africa Italiana 6, 1935, 1–29

Levi Della Vida – Amadasi Guzzo 1987   G. Levi Della Vida – M. G. Amadasi Guzzo, Iscrizioni puniche della Tripolitania (1927–1967), Monografie di Archeologia Libica 22 (Rom 1987)

Livadiotti 2005   M. Livadiotti (verschiedene von ihr verfaßte Abschnitte) in: Di Vita – Livadiotti 2005

Musso 2008   L. Musso, La romanizzazione di Leptis Magna nel primo periodo imperiale: Augusto e Roma nel ›Foro Vecchio‹, in: D. Kreikenbom u. a. (Hrsg.), Augustus – Der Blick von außen. Die Wahrnehmung des Kaisers in den Provinzen des Reichs und in den Nachbarstaaten. Akten der internationalen Tagung Mainz 2006 (Wiesbaden 2008) 161–196

Nedergaard 1988   E. Nedergaard, Zur Problematik der Augustusbögen auf dem Forum Romanum, in: Kaiser Augustus und die verlorene Republik. Ausstellungskatalog Berlin (Mainz 1988) 224–239

RIC I   H. Mattingly – E. A. Sydenham, The Roman Imperial Coinage I. Augustus to Vitellius (London 1923)

Rocco 2005   G. Rocco (verschiedene von ihm verfaßte Abschnitte) in: Di Vita – Livadiotti 2005

Roehmer 1997   M. Roehmer, Der Bogen als Staatsmonument. Zur politischen Bedeutung der römischen Ehrenbögen des 1. Jhs. n. Chr. (München 1997)

Rose 1997   Ch. B. Rose, Dynastic Commemoration and Imperial Portraiture in the Julio-Claudian Period (Cambridge 1997)

RPC I   A. Burnett – M. Amandry – P. P. Ripollès, Roman Provincial Coinage I. From the Death of Caesar to the Death of Vitellius (44 BC – AD 69) (London – Paris 1992)

Stucchi 1988 — S. Stucchi, Il gruppo bronzeo tiberiano da Cartoceto, StA 32 (1988)

Trillmich 1988a — W. Trillmich, Der Germanicus-Bogen in Rom und das Monument für Germanicus und Drusus in Leptis Magna. Archäologisches zur Tabula Siarensis (I 9–21), in: J. González – J. Arce (Hrsg.), Estudios sobre la Tabula Siarensis, Anejos de Archivo Español de Arqueología 9 (Madrid 1988) 51–60

Trillmich 1988b — W. Trillmich, Münzpropaganda, in: Kaiser Augustus und die verlorene Republik. Ausstellungskatalog Berlin (Mainz 1988) 474–528

Trillmich 2007 — W. Trillmich, Espacios públicos de culto imperial en Augusta Emerita: Entre hipótesis y dudas, in: T. Nogales – J. González, Culto imperial: política y poder. Actas del Congreso Internacional, Mérida Mayo 2006 (Rom 2007) 417–445

TS — »Tabula Siarensis«. – Der Text wird hier zitiert nach der Ausgabe von Julián González 1988 (vgl. unter Trillmich 1988a) 307–315

Abbildungsnachweis: Abb. 1–5; 6b; 7; 8b; 10. 17–19. 25. 27. 29: Verf. (1971). – Abb. 6a; 8a; 9: British School at Rome, Neg. Trip. 47.XXIII.12; 47.XII.19; 48.XVII.7. – Abb. 11–16. 20–23. 30: Zeichnung Uwe Städtler. – Abb. 24: Los foros romanos de las provincias occidentales. Mesa redonda Valencia 1986 (Madrid 1987) 50 Abb. 6. – Abb. 26: Nicole Röring. – Abb. 28: Kopenhagen, Nationalmuseet, Kongelige Mønt- og Medaillesamling.

Dr. Walter Trillmich, Schleifmühlgasse 4, TOP 22, 1040 Wien, Österreich, E-Mail: wtrillmich@gmx.de

Zusammenfassung:
Walter Trillmich, Die Inschrift-Basis des Quadriga-Monuments für Germanicus und Drusus vor dem Augustus-Roma-Tempel in Lepcis Magna

Die vom ›Foro Vecchio‹ in Lepcis Magna stammenden Inschriften-Fragmente IRT 334 a–b werden unter archäologischen Gesichtspunkten dokumentiert und neu geordnet. Es ergibt sich die Frontseite einer 24 Fuß (= 7,06 m) breiten und 51 cm hohen Basis (Klapptaf. Abb. 30). Diese stand auf den dem Augustus-Roma-Tempel vorgelagerten *rostra* und trug eine auch in der neopunischen Inschrift über der Cellatür erwähnte (bronzene) Quadriga. Das Monument war ein Ehrenmal der Stadt Lepcis Magna für den 19 n. Chr. verstorbenen Germanicus und für Drusus minor, aufgestellt frühestens im Todesjahr des letzteren (23 n. Chr.). Aus Form, Größe und Verteilung der Standspuren der Pferde ergibt sich ein stillstehendes Viergespann von gewaltigen Dimensionen. Der Wagen war vermutlich leer; die bekannten von dem Tempel stammenden marmornen Kolossalköpfe des Germanicus und Drusus haben jedenfalls mit diesem Weihgeschenk nichts zu tun.

Schlagwörter: Lepcis Magna – Augustus-Roma-Tempel – Inschriften – Quadriga – Kaiserkult

Abstract:
Walter Trillmich, The Inscribed Base of the Quadriga Monument for Germanicus and Drusus in Front of the Temple of Augustus and Roma at Lepcis Magna

This is an attempt to document and re-arrange, by a combination of archaeological and epigraphic criteria, the fragments of inscription IRT 334 a–b, which came from the temple of Augustus and Roma on the ›Foro Vecchio‹ at Lepcis Magna. The result is a reconstruction of the 24 Roman feet base (fig. 30) of a bronze quadriga (mentioned in the neo-Punic inscription on the architrave of the cella-door) which stood on the *rostra* in front of the temple. The monument was erected by the citizens of Lepcis Magna in honour of Germanicus (died in 19 AD) and Drusus minor, and dedicated at the earliest in the year of the latter's death (23 AD). Shape, size and distribution of the sockets of the horses's hoofs indicate a stationary *quadriga* of monumental size. The chariot was most probably empty and in any case the known marble portraits of Germanicus and Drusus, which come from the temple, do not belong to the *quadriga* monument.

Keywords: Lepcis Magna – Temple of Augustus and Roma – Inscriptions – *quadriga* – Imperial Cult

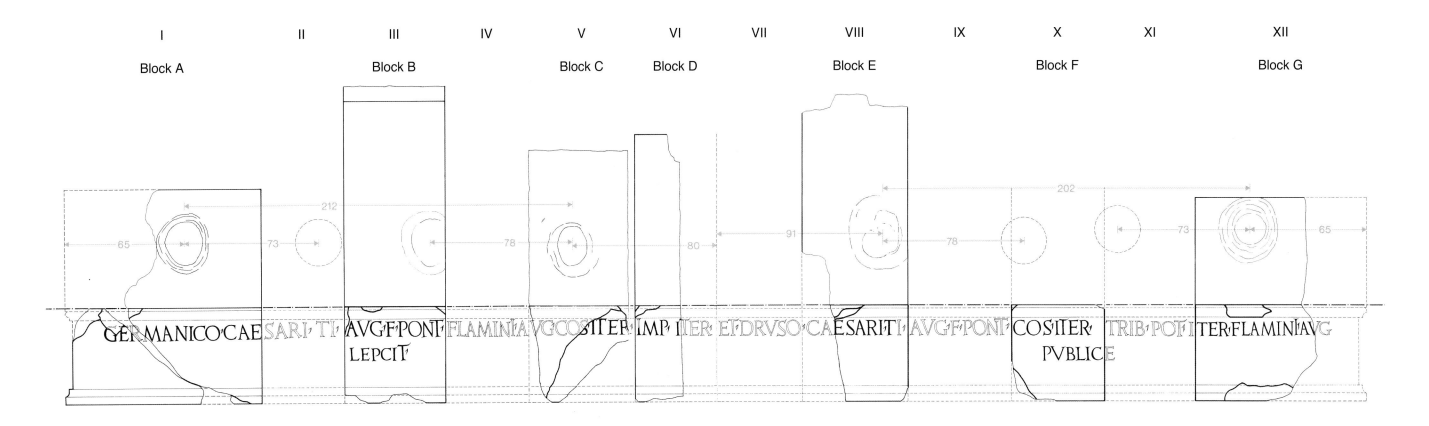

Klapptafel Abb. 30. Lepcis Magna, ›Foro Vecchio‹, Augustus-Roma-Tempel. Rekonstruktion der Inschrift-Basis des Quadriga-Monuments für Germanicus und Drusus, vordere Blocklage, Front (mit der Inschrift) und Aufsicht (mit Standspuren der Quadriga). M. 1:20

HINWEISE FÜR AUTOREN

Das *Jahrbuch des Deutschen Archäologischen Instituts* (JdI) erscheint jährlich seit 1886 mit ausführlichen und grundlegenden Beiträgen zur Kunst- und Stilgeschichte, Ikonographie, Typologie, Hermeneutik und Wissenschaftsgeschichte insbesondere aus dem Bereich der Klassischen Archäologie, aber auch aus anderen archäologischen Fachdisziplinen. Die Themen umfassen den Zeitraum von der Vorgeschichte bis in die Spätantike mit Schwerpunkt auf der griechisch-römischen Zeit, wobei Forschungen von Fachkollegen weltweit publiziert werden. Die Zeitschrift enthält keine Grabungsberichte, Nachrichten oder Buchbesprechungen.

Herausgeber des JdI ist die Zentrale des DAI in Berlin. Dem Beirat für die Bände ab 127/128, 2012/2013 gehören an: M. Bachmann, M. Bergmann, A. H. Borbein, L. Giuliani, L. Haselberger, H. von Hesberg, T. Hölscher, E. La Rocca, A. Scholl, A. Snodgrass, Th. Stephanidou-Tiveriou, M. Trunk und M. Zimmermann.

Es gelten die Richtlinien für Publikationen des Deutschen Archäologischen Instituts, veröffentlicht auf der Homepage des DAI <www.dainst.org> (unter → Publikationen, → Richtlinien für Publikationen). Dort finden Sie die allgemeinen Hinweise der Herausgeber zum Begutachtungsverfahren und zu Zitiernormen, außerdem die Anleitungen zur formalen Gestaltung und Abgabe von Manuskripten.

Einsendeschluß und Adresse
Als Schlußtermin für die Einsendung von Manuskripten für den Band 130, 2015, der dann zum Winckelmannsfest 2015 erscheinen soll, gilt der 1.10.2014.
Manuskripte sind bei der Redaktion der Zentrale des DAI einzureichen:
Deutsches Archäologisches Institut
Zentrale – Redaktion
Podbielskiallee 69–71
14195 Berlin
Deutschland
Tel.: ++49 (0)30 18 77 11-0
Fax: ++49 (0)30 18 77 11-168
redaktion@dainst.de

Layoutvorgaben:
– Satzspiegel: 14,4 × 21,3 cm
– Standard-Bildmaße: max. Breite 14,4 cm, max. Höhe 20 cm
  Tafeln: max. Breite 17 cm, max. Höhe 23 cm

INFORMATION FOR AUTHORS

The *Jahrbuch* (JdI) of the German Archaeological Institute has been published annually since 1886 with comprehensive and ground-breaking articles of fundamental importance for art history and stylistic studies, iconography, typology, hermeneutics, and the history of the archaeological sciences, especially in Classical Archaeology, but in other archaeological disciplines, as well.

The chronological range encompasses Prehistory to Late Antiquity with a focus on the Graeco-Roman period; articles by archaeologists worldwide are welcome. Excavation reports, notices or reviews are not published in the *Jahrbuch* (JdI).

The editor of the *Jahrbuch* is the central department of the German Archaeological Institute (DAI) in Berlin. Members of the editorial board (from volume 127/128, 2012/2013 on) include: M. Bachmann, M. Bergmann, A. H. Borbein, L. Giuliani, L. Haselberger, H. von Hesberg, T. Hölscher, E. La Rocca, A. Scholl, A. Snodgrass, Th. Stephanidou-Tiveriou, M. Trunk, and M. Zimmermann.

Guidelines for contributors to publications of the German Archaeological Institute (DAI) are published at the DAI homepage <www.dainst.org> (see → publications, → guidelines for contributors), which gives general information from the editor to contributors about the peer-review process and citation format, as well as information regarding the preparation, style, and submission of manuscripts.

Deadline for submissions and address
The deadline for submission of manuscripts for volume 130 (2015) of the *Jahrbuch*, which will be published on Winckelmannsfest 2015, is October 1, 2014.
Manuscripts should be submitted to the editorial office of the central department of the DAI:
Deutsches Archäologisches Institut
Zentrale – Redaktion
Podbielskiallee 69–71
14195 Berlin
Germany
Tel.: ++49 (0)30 18 77 11-0
Fax: ++49 (0)30 18 77 11-168
redaktion@dainst.de

Layout Specifications
– print space: $14,4 \times 21,3$ cm
– standard illustration sizes: max. width 14,4 cm, max height 21,3 cm
  plates: max. width 17 cm, max. height 23 cm